丛书策划　陈义望　朱宝元

A CONCISE HISTORY OF
WALES

威尔士史

历史与身份的演进

Geraint H. Jenkins

[英] 吉拉恩特·H. 詹金斯——著

孙超——译

中国出版集团　东方出版中心

图书在版编目（CIP）数据

威尔士史 : 历史与身份的演进 / （英）吉拉恩特·
H.詹金斯著 ; 孙超译. -- 上海 : 东方出版中心， 2024.
9. -- ISBN 978-7-5473-2501-8

Ⅰ. K561

中国国家版本馆 CIP 数据核字第 2024P7J196 号

上海市版权局著作权合同登记：图字 09 - 2024 - 0199 号

This is a simplified Chinese edition of the following title published by Cambridge University Press：
A Concise History of Wales by Geraint H.Jenkins, first published 2007.
This simplified Chinese edition for the People's Republic of China（excluding Hong Kong SAR，
Macau SAR and Taiwan Province）is published by arrangement with the Press Syndicate of the
University of Cambridge, Cambridge, United Kingdom.
© Cambridge University Press & Orient Publishing Center 2024
This simplified Chinese edition is authorized for sale in the People's Republic of China（excluding
Hong Kong SAR，Macau SAR and Taiwan Province）only.Unauthorised export of this simplified
Chinese edition is a violation of the Copyright Act. No part of this publication may be reproduced
or distributed by any means, or stored in a database or retrieval system, without the prior
written permission of Cambridge University Press and Orient Publishing Center.
本书贴有 Cambridge University Press 防伪标签,无标签者不得销售。

审图号：GS(2024)2034 号
本书地图系原文插附地图

威尔士史： 历史与身份的演进

著　　者　[英]吉拉恩特·H.詹金斯
译　　者　孙　超
丛书策划　陈义望　朱宝元
责任编辑　赵　明　刘玉伟
装帧设计　钟　颖

出 版 人　陈义望
出版发行　东方出版中心
地　　址　上海市仙霞路 345 号
邮政编码　200336
电　　话　021-62417400
印 刷 者　上海盛通时代印刷有限公司

开　　本　710mm×1000mm　1/16
印　　张　25
字　　数　330 千字
版　　次　2024 年 10 月第 1 版
印　　次　2024 年 10 月第 1 次印刷
定　　价　98.00 元

目 录 Contents

插图及地图 /1

前言 /1

第一章　早期的居民 /1

第二章　英雄时代(383—1063) /34

第三章　盎格鲁-诺曼征服者(约 1063—1282) /67

第四章　瘟疫、叛乱与复兴(约 1283—1536) /103

第五章　早期现代的威尔士(1536—1776) /141

第六章　现代世界的熔炉(1776—1900) /187

第七章　威尔士觉醒?(1901—2006) /246

第八章　威尔士路在何方? /325

引用来源 /331

进一步阅读指南 /348

索引 /374

插图及地图

插图

1 浪漫派的历史学家和诗人爱德华·威廉姆斯/ 4

2 帕夫兰的山羊洞洞穴/ 8

3 在波伊斯郡泰加斯附近的本尼威洛德村的新石器时代的农民的头骨和电脑复原图/ 12

4 彭布鲁克郡品特·依凡的墓室/ 15

5 铁器时代的威尔士山丘堡垒/ 17

6 梅里奥尼斯郡塔尔·林恩遗迹处发现的铜合金装饰牌匾/ 20

7 凯尔特战神卡拉塔克斯/ 24

8 在卡莱尔(伊萨卡)的一处重建的罗马圆形竞技场的模拟图/ 29

9 奥法堤坝/ 41

10 在安格尔西岛的兰贝德-戈赫发现的被肢解的尸骨/ 42

11 一位威尔士国王的画像/ 52

12 已知最早的一处威尔士语法的文字解释/ 64

13 彭布鲁克郡奈汶的一座经过装饰的十字架/ 66

14 彭布鲁克城堡/ 74

15 位于斯特拉塔·弗罗里达的西多会修道院/ 79

16 康布里的吉拉德/ 83

17 卢埃林·阿波·约沃斯/ 86

18 梅里奥尼斯郡的凯斯特·威·比尔城堡遗址/ 88

19 卢埃林·阿颠·格鲁菲德的头颅在伦敦街头示众/ 101

20 康威城堡/ 112

21 刺杀欧文·劳戈赫/ 118

22 欧文·格林杜尔雕像/ 124

23 位于登比郡兰荷亚德-伊恩谷-恩格亨梅希村的耶西之窗/ 134

24 亨利·都铎半身像/ 137

25 第一幅精确的威尔士地图/ 145

26 第一部威尔士语版的《圣经》的书名页/ 168

27 卫理公会的主要倡导者霍威尔·哈里斯/ 176

28 威廉·威廉姆斯/ 177

29 爱德华·鲁维德的《不列颠考古学》/ 182

30 第一本威尔士年历的制作者托马斯·琼斯/ 184

31 一出威尔士的幕间短剧/ 185

32 格拉摩根的朗达·富尔/ 195

33 位于特雷哈福德的李维斯·梅瑟煤矿/ 197

34 瑞贝卡起义/ 209

35 位于登比郡克雷格德鲁迪恩的救济院/ 213

36 一幅威尔士的卡通画/ 214

37 宪章运动者的反抗活动/ 218

38 "威尔士夫人"把英国的调查委员们扔进大海/ 233

39 大卫·劳德·乔治/ 247

40 《威尔士觉醒》/ 249

41 1905 年 12 月 16 日的威尔士橄榄球 XV 队/ 252

42 詹姆斯·格里菲斯和安奈林·比万/ 260

43 伊利斯·汉弗莱·埃文斯(海斯·温)/ 271

44 在蒙哥马利郡纽敦市的被疏散儿童/ 277

45 桑德斯·李维斯/ 285

46 威尔士语言协会/ 287

47 "绅士巨人"约翰·查尔斯/ 306

48 安奈林·比万贬斥托利党/ 316

49 对淹没梅里奥尼斯郡基普塞伦村行为的抗议/ 319

50 在 2003 年 5 月威尔士国民议会成员中一半为妇女/ 323

地图

1 罗马时代的威尔士道路/ 27

2 英雄时代的威尔士及古代北方的布立吞王国/ 38

3 格鲁菲德·阿颜·卢埃林在他于 1063 年去世前侵占的土地范围/ 47

4 14 世纪的威尔士及其边界/ 72

5 威尔士的教省和修道院的分布情况,约 1300 年/ 76

6 1536 年的《统一法案》/ 157

7 威尔士的巡回学校,1756—1757 年/ 175

8 威尔士的煤田地带/ 191

9 1891 年人口普查中的语言数据/ 244

10 2001 年时能够说威尔士语的人口的百分比/ 289

11 1974 年地方政府的重组/ 311

12 1997 年 9 月举行的关于权力下放公投的结果/ 322

前　　言

尽管这个任务说起来很是可怕,但出于各种原因,我还是很乐意接受这一使命。我一直相信,并且仍旧认为,没有一位有自尊心的历史学者会放弃书写他/她的故土全史的机会。我喜欢迎接挑战,对于完成一部面向国际读者和威尔士人民的作品的前景,其诱惑力之大让人难以抵御。威尔士及其历史值得在更大范围内为人所知并为人理解。

我尝试着对每个时期的事件、运动和观念给予合理的关照,并且如果您觉得现代部分的各章节更加冗长的话,那也只是反映了如下事实:自印刷术出现后,可获得的材料在数量上更多并且在内容上更多元。撰写这样的一本书不可避免地要对许多学者欠下难以回报的人情债。无论是过去还是现在,他们的工作都对我有着深深的启发。我曾在大量的原始资料与无数的论文和威尔士语出版物中探究(有时确也比较谨慎),但本书末尾列出的参考书目已经表明了我主要的"债务"所在。我真的希望读者能够感受到呈现在此的这一批评性的综合作品中充满了我自己的观点、解释以及偶尔出现的并可以被原谅的偏见。最重要的是,我希望这本书能传递出威尔士历史中的丰富性和生命力。

非常高兴在此对几位同事的支持表达谢意。米兰达和斯蒂芬·阿尔德豪斯-格林、罗伯特·约翰斯顿、约翰·T·科赫、休·普瑞斯、保罗·奥里亚雷、罗素·戴维斯、尼尔·伊文思、斯蒂文·汤普森和克里斯·威廉姆斯阅读了部分章节的书稿,提出了批评性的建议并且使我免除了许多错误和不当之处。我对他们的善意充满了感激之情。然而,我所欠最多的是已故的格拉摩尔·威廉姆斯。他为提高同事和朋友们的工作水平而热情付出,这是众所周知的。他阅读了打印稿中最优质的部分,并且通过建议和鼓励而让我始终保持热情。我觉得他会乐意阅读印刷版全文的。无须赘言,我自己要对仍然存在的错误和不足之处负责。

我的个人助手尼娅·戴维斯总是乐于将我手写的草体字转变为干净整洁的打印体,并且她在各个方面都帮我确保这个作品在交到出版商手中时是适当的。为此,我致以最深切的谢意。威尔士国立图书馆的工作人员总是能给予我无尽的帮助和善意。我对约翰·詹金斯、保罗·乔伊纳、彭尼·艾克和帕特里夏·摩尔在选择合适的插图时所提供的帮助表示感谢,同时还要感谢安东尼·斯密帮我准备了大部分的地图。威廉·豪厄尔斯满怀好意地准备了索引。剑桥大学出版社的伊莎贝拉·达姆布拉科特真是耐心与效率兼备的典范。一如往常,我欠我的家庭太多了。我的妻子安妮比任何人都更了解这本书对我有多大的意义,并且她也更了解这本书夺走了我们多少休闲和娱乐时光。由于自写作开始时她就在承受着这一切,我所能做的就是把这本书献给她,这里充满了爱与钦慕。

吉拉恩特·H.詹金斯

2006 年 4 月

第一章 早期的居民

18世纪时，在卡迪根郡（Cardiganshire）的一处隐蔽又坚固的农舍内，生活着一位颇有天赋的安立甘宗牧师，他的名字叫西奥菲勒斯·伊文思（Theophilus Evans）。在这所灯光昏暗的小屋内，他用本地语言写了一部威尔士的传奇史。这本书一直到维多利亚女王统治末期都是畅销书。这部叫作《早期时代的镜鉴》（*Drych y Prif Oesoedd*，1716年出版）的历史书叙述精彩，作者在其中向世人描述了威尔士人的光荣起源。伊文思充满感情的写作是针对英格兰人的讽刺而来的。当时英格兰人把威尔士描述为"世界的落后地区"和"诺亚洪水产生的垃圾"，这令威尔士人感到厌恶。作为一个极其优秀的故事讲述者，伊文思在书中关注的更多的是英雄及其精彩的故事，而不是血腥的战斗。他塑造了一系列的杰出人物，比如，戈默（Gomer）、布鲁图斯（Brutus）、布瑞安（Brân）和亚瑟（Arthur）［布狄卡（Boudica）被伊文思叫作Buddug，是进入这场历史剧的唯一的女英雄］。他刺激了威尔士阅读公众的想象力，并塑造了他们对遥远过往的观念。这是一部历史书，也是一部充满了大量神秘内容的书。在这部以坎布里亚为中心的作品中，充满了生动的传说和英雄们的成败故事。它切合人们正急切地寻找本民族认同的需求。特别是当维多利亚时代的几版收录了精美的刻版插图以后，它变成了大众的经典书。19世纪时，大量的威尔士人移民到宾夕法尼

亚。1834 年,移民们在伊本斯堡(Ebensburg)坚持印刷该书的英文版,
这是为了让在美国出生的后裔能够熟悉自己祖先的国度发生的重要历
史事件。历史学家 O. M.爱德华斯(O. M. Edwards)在为该书 1898 年
的威尔士语版所写的美妙的颂词中称赞:没有一部威尔士的历史书能
够媲美伊文思的这部展示英雄万神殿的史书。

有一位著名的现代威尔士考古学家,他可能从未去看最初的版本,
但他却评价这部具有戏剧感的历史著作为"一部疯疯癫癫的书籍"。对
于现代读者而言,该书的确对证据审查不严,缺乏批判的眼光,并且有
些疯狂,但它却对威尔士人的历史观有着深远的影响。与作者同时代
的人一样,这位并不太令人信服的民族的记忆者的世界观受到了最神
圣的《圣经》文本内容的主导。在他写作时,一本威尔士语《圣经》放在
他手边——这是基督教历史学家最权威的资料——以提供给他无可辩
驳的上帝创造世界的证据以及准确的、关于过去的编年记录。根据阿
马地区主教詹姆士·厄舍(James Ussher)的计算,伊文思相信创世的
时间在公元前 4004 年。要是他阅读了剑桥学者约翰·莱特福特(John
Lightfoot)的作品,那他就可以肯定准确的时间是公元前 4004 年的 10
月 18 日。而且很快,在五天之后(早上 9 点),亚当就被创造出来了。
这对我们来说是很令人惊奇的,但伊文思却深信不疑。在他看来,创世
之后,人类源自亚当;洪水之后,世界上的人都是诺亚的三个儿子——
闪、含、雅弗的后代。在他们的后裔中,最著名的戈默成为辛布里人
(Cimbri)这个部族的创立者。辛布里人是威尔士这块土地最早的殖民
者。因此,在伊文思的传说故事中,最重要的部分就是他骄傲地断言:
威尔士人在从创世到大洪水发生的这段时期内拥有特殊的地位。在第
二版中,他说:"这就是古老的威尔士人的血脉和种族,与世上的任何一
个(部族的)谱系一样高贵。"在当时的背景下,这一宣言相当受人认可。

18 世纪威尔士文艺复兴时期,人们对古代不列颠和凯尔特边缘地
区历史地位的研究兴趣快速提高。对此,爱德华·鲁维德(Edward
Lhuyd)在 1707 年出版的杰作《不列颠考古学》(*Archaeologia
Britannica*)一书功不可没。该书提供了有关凯尔特语言的单一起源

的不可辩驳的证据,借此他赞颂了威尔士人光荣的祖先。这样,"孤立的凯尔特人"这一概念借助这位博学的、富有远见的威尔士大学问家而产生。学界和大众所秉持的不列颠和爱尔兰的"凯尔特性"(Celticity)就是源于鲁维德。鲁维德在 1691—1709 年间还担任了牛津大学阿什莫尔博物馆的负责人,这也增加了他的作品的权威性。威尔士人开始了发现、发明乃至再发明他们的文学、历史和音乐财富的过程。当他们发现自己在历史上具有比英格兰更为古老的身份时,这些历史知识让他们感到非常满意。1715 年在伦敦成立的早期居民荣誉研究会(Honourable Society of Cymmrodorion)的成员宣称,(威尔士人)是古代不列颠原住民的后裔。该协会还出版了制作精美的关于史前遗迹的地形志和图片书。浪漫主义的风潮制造了一波最疯狂、最离谱的痴迷——人们对凯尔特人这一尊贵祖先的痴迷。这波风潮还有一层重要的作用,那就是人们对于欧洲最古老的活语言的历史重新产生了兴趣。

18 世纪末,西奥菲勒斯·伊文思的爱国火炬由爱德华·威廉姆斯(Edwar Williams)接棒。他给自己起的一个吟游诗人式的笔名约洛·莫根威格(Iolo Morganwg,也就是格拉摩根的爱德华之义)更为著名。在威尔士,没有谁能成为比这位博学的、富有创造力的石匠更重要的文化人物了。他来自格拉摩根河谷地区的弗莱明斯顿(Flemingston),是一位信仰唯一神论的语言学大师。与安立甘信徒西奥菲勒斯·伊文思一样,他相信《圣经》的描写是神圣的启示,其中提供了关于宇宙的起源以及人类和动物多样性的可资信赖的唯一的解释。他明确表示坚信上帝创造万物,并且说:"万能的主已经明确地表明了他的存在,并且主是突然说万物要产生,万物就以无法言表的喜悦心情出现了。"但是,约洛·莫根威格比伊文思走得更远。在鸦片酊的刺激下,他那混合着事实、虚构和迷狂之情的写作,让他成为欧洲最成功的文学和历史的伪造者。在当时那场热烈寻找威尔士历史的热潮中,约洛领风气之先,甚至直到今天他依然是最为神秘也最具争议的人物。他对古老的坟墓、土石防御工事、山上的要塞,特别是巨石阵等都非常着迷。他的作品充满了吟游诗人和德

4 　鲁伊特人①的传说。他的最持久的遗产是不列颠岛吟游诗人大会(the Gorsedd of the Bards of Island of Britain)。这个吟游诗人大会最初于1792年6月在伦敦的普里姆罗斯山(Primrose Hill)召开,并且很快就被合并到威尔士民族庆祝节(National Eisteddford of Wales)的官方活动中

图1 　浪漫派的历史学家和诗人爱德华·威廉姆斯(Edward Williams, 1747—1826)凭借其吟游诗人式的笔名约洛·莫根威格而广为人知。他极大地影响了人们对史前史的解读。这幅画由威廉·欧文·普盖作于1798年。(威尔士国立图书馆)

---

① 　德鲁伊特人(Druid)是古代凯尔特民族内部的知识分子阶层,包括法律宣读者、诗人和宗教领袖。——译者注

去了。通过吸引具有相同观念的德鲁伊特人、诗人、学者和民主派人士进入这一知识的温床，约洛不仅希望宣传古代德鲁伊特人的传说，他还希望推动雅各宾主义的激进事业，并且为威尔士民族性提供一个新的视野。一个民族只有在集体的记忆中才能生存和发展。凯尔特民族作为欧洲众多被遗忘民族之一，它的首个民族机构就是为了加强威尔士人的自信和骄傲而建立起来的。约洛·莫根威格的作品对 19 世纪威尔士的文化生活具有深刻的影响，并且直到第一次世界大战都在主导着学界的认识。

　　最后的结果就是：创世，诺亚与洪水、民族的散布、诺亚儿子雅弗所生的辛布里人的后裔的故事，以及德鲁伊特人作为知识和神秘传说的守卫者的作用，这些都成为威尔士民族文化根基中的一部分。大量增加的不从国教者不断地被灌输着《圣经》中关于人类起源的记录。1821 年，在一所主日学校的考试中，梅里奥尼斯郡甘伦威德村（Ganllwyd, Merioneth）的玛格丽特·琼斯（Margaret Jones）完整又准确地大声背出了《旧约》的三十二章。她明确强调这是非国教徒们所珍视的信仰的基础。1890 年，年轻的威尔士学者约翰·莫里斯-琼斯（John Morris-Jones）还因为直言不讳而惹了一身麻烦，只因为他指出：相信所谓诺亚的孙子、雅弗的儿子戈默具有历史真实性体现了威尔士人无知、盲目的信仰。这时的考古学、史前史和历史学研究都处于初期阶段，上帝创世的相关解释仍然占据主导地位。"史前"这个词直到 1851 年才进入正式的词汇表中。没有准确的、可信赖的时间表（time frame）意味着长时段的地质和历史时间是无法确定的。这就解释了为什么民间对威尔士巨石阵的称呼——比如，Carreg Samson，Bedd yr Afanc，Barclodiad y Gawres①——都来源于民众们所非常熟悉的《圣

---

　　①　Carreg Samson，意为"参孙的石头"，是位于威尔士彭布鲁克郡海岸的一处新石器时代的墓石牌坊。传说中大力士参孙在此处放置了一块墓顶石；Bedd yr Afanc，意为"水兽之墓"。根据莫根威格的记载，这个叫作阿瓦克（Afanc）的湖兽曾经发洪水淹死了不列颠岛上的大部分居民。该处墓地位于彭布鲁克郡的布伦伯瑞安（Brynberian）镇附近；Barclodiad y Gawres，意为"女巨人的围裙"，该处巨石阵位于威尔士的安格尔西岛。传说中女巨人携带一围裙的石头去安格尔西建一个新房子，却在路上被一个铜匠所欺骗。劳累的女巨人遂把石头扔在地上形成了巨石阵。作者在这里要说明的是，这三处巨石阵都是古代墓葬外墓石装饰品，在缺乏现代历史和考古手段下，民众将古代传说安放在这些墓石奇观上。——译者注

经》或者古典文学中的故事。

　　尽管当时人们依然深信那些与(科学)知识发展潮流相悖的《圣经》记录与神秘传说，但是新的调查方法已经开始出现了。在 19 世纪 30 年代，地质学家亚当·赛奇威克(Adam Sedgwick)和 R. I.默奇森(R. I. Murchison)开始研究威尔士的下古生代(Lower Palaeozoic)的岩石，并且发展出了一套分类体系。比如，"寒武纪"(Cambrian)、"志留纪"(Silurian)、"奥陶纪"(Ordovician)都是借用自古代凯尔特部落的名称。他们命名的努力最终获得了国际承认。很少有人意识到"物竞天择"这一生物进化理论的共同创立者是一位威尔士人。在乌斯克出生的阿尔弗雷德·罗素·华莱士(Alfred Russel Wallace)是维多利亚时代中期威尔士最激进的科学家。1859 年在巴布亚新几内亚(Papua New Guinea)旅行时，他形成了自己对于生命的解释理论，他的理论是独立于达尔文提出来的。华莱士认为生命就是"优胜劣汰"(successful errors)的过程，其是依靠着逐渐地进化变迁而实现这一目标的。要是华莱士能更善于自我宣传的话，他本可以超越伟大的达尔文。当然，这样激进的观点在当时并没有人会相信，华莱士等人也受到很多的嘲讽。一位著名的浸礼会牧师宣称：达尔文和他的帮手们"更愿意成为猴子的亲属，也不愿意成为人类祖先的后裔"。这一时期，约翰·琼斯(John Jones)这位来自泰拉萨恩(Tal-y-sarn)村的只会讲威尔士语的加尔文派卫理公会的布道者也认为："这是要把上帝从他一手创造的世界中赶走的阴谋活动。"但是，《圣经》中关于史前记述的内容已经明显地岌岌可危，因为威尔士人已经开始接受科学和考古调查中的一些根本原则。得到工业家和专业人士支持而不断涌现出的科学和哲学协会成为维多利亚早期城市共同体生活中的一道亮丽风景。1835 年在斯旺西(Swansea)成立的南威尔士皇家协会(The Royal Institution of South Wales)资助了一批严肃的科学研究，并且协会自身也逐渐向一所大学转型。不断增多的业余历史学家和绅士学者(gentlemen-scholar)充满热情地在田野中、在树篱中、在小路上挥舞着铁锹，并且在坎布里亚考古协会(Cambrian Archaeological Association，成立于 1846 年)的会刊

《坎布里亚考古》(*Archaeologia Cambrensis*)上发表他们的新发现,这些文章字里行间笔调谦逊。他们的一些令人惊奇的猜测在今天可能让我们感到可笑,但是即使是胡乱猜测也比短视的神学教条要好得多。威尔士大学(1893年)和威尔士国立博物馆(1907年)成立以后,很快,威尔士和蒙茅斯郡(Monmouthshire)古代和历史遗迹与建筑皇家委员会(Royal Commonission on the Ancient and Historical Monuments and Construction in Wales and Monmouthshire,成立于1908年)也成立了。最终把考古学从贵族式的、无计划的古物学研究转变为具有职业标准的、集挖掘、观察和田野记录于一体的严格学术科学的进程就此开启。近年来,学术界在放射性碳年代测定,树木年代学(对树木年轮进行测定的科学),花粉在土壤、泥煤、湖泊沉积物中的测定,以及具有高难度的高空摄影等科学技术上的进步至关重要。借助于电脑模型,我们甚至能奇迹般地看到我们史前祖先可能具有的特征。考古学家、地理学家、地质学者、博物馆员、艺术家,乃至法医学家之间成果丰硕的合作意味着威尔士史前史成了一个热门的研究领域。然而,研究史前时代的威尔士就好像在异域中寻找自我。它的年代顺序并不准确,文本证据几乎空白,考古证据也是断断续续,并且充满了模糊性。而且,奇怪的是,我们研究得越深入,它反而变得越神秘。

7

我们的故事是关于移居、定居、冲突、变迁、持续的历史。它开始于旧石器时代。在我们今天所认识的威尔士完全形成的千百万年前,这块土地被几百米的冰层覆盖。这些不可渗透的冰盖物推动了威尔士环境的进化。在那个阶段,不列颠和欧洲大陆经常是有一部分非连接的。但只有当极端天气减弱以后,猎人们才有可能进入这一地区。现存最完好的若干威尔士(史前)遗迹发现于有利于遗迹保存的石灰石洞穴内。在20世纪后期,对登比郡(Denbighshire)的埃尔温河谷(Elwy valley)的庞特尼威德(Pontnewydd)洞穴所进行的令人振奋的考古发掘工作,向我们揭示,在距今遥远得无法想象的22.5万年前的冰川时期,猎人就已存在。庞特尼威德因此是威尔士已知最古老的人类生活地。它也是这一时期欧亚大陆最为西北端的人类定居点。在这处早期的尼安德特人(Neanderthal)的洞穴中,人们吃惊地发现了大量的动物遗骨和火山岩人造物,但没有发现燧石。尼安德特人身材高大,有可能是灰色皮肤,他们眉毛凸出,脸庞适中,但下巴宽大。他们有时候生活在建造良好的洞穴里,依靠犀牛、熊、狼、红鹿和马生存。他们还用矛和手斧来武装自己。令人难以想象的是,这些猎人和清道夫(scanvengers)居然在极度寒冷和不见日光的环境中生存下来了。庞特尼威德看起来主要在22.5万年前和17.5万年前两次给以青年男性为主的一小群人提供了临时的居所。其中,最有趣的遗迹是五个尼安德特人的19颗牙齿。他们都具有牛牙症(taurodontism)的特征——这是一种牙髓腔中空,并且牙根短小的病症。这些原始人的遗迹有可能是被特意保存在庞特尼威德洞穴中的。如果真是这样的话,威尔士就能骄傲地宣称他

图2 帕夫兰的山羊洞洞穴(Goat's Hole cave, Paviland)位于高尔南部海岸。红色女士(Red Lady)是在这里被发现的。这幅插图出现在威廉·巴克兰德(1784—1865年)1823年所著的《洪水的证据》一书中。在书中,他认为地球表面曾经被大洪水所淹没。这幅画是帕夫兰洞穴的平面和截面图。(威尔士国立图书馆)

们拥有世界上最古老的、有意识保存人类遗体的遗迹。

大约 3 万年前,尼安德特人灭绝了,我们的种族晚期智人(homo sapiens)代替他们出现。1823 年 1 月,牛津大学地质系教授威廉·巴克兰德牧师(Revd. William Buckland)在一个叫作山羊洞(Goat's Hole,也叫帕夫兰洞穴,Paviland cave)的地方发现了威尔士地区第一处更新世的人类遗迹。这处遗迹位于格拉摩根郡的高尔(Gower)半岛。这位大洪水理论假设的坚定倡导者相信,他发现的那具缺失了头部的人类遗骨属于罗马时代,并且此人生前可能是一名巫师(exciseman)。巴克兰德把他的发现放在了他在 1823 年出版的《洪水的证据》(*Reliquiae Diluvianae*)一书中。这本书让无数的游客和集物爱好者奔去寻找或者偷窃洞内的物品。由于遗体长期掩埋在红色的赭矿石中并且装饰有象牙手镯,人们于是认为这是一具女性遗体。最后,帕夫兰的"红色女士"(Red Lady)一词进入了威尔士考古民俗传说的记载中。但是,现代考古学者已经确定无疑地证实,这是一具健康的成年男性遗体。他的年龄在 25—30 岁之间,身高 1.74 米,大约被埋葬在 2.6 万年前,并且他的埋葬地可能是一处朝圣圣地。此外,在对被错误地冠名为"红色女性"之人的 DNA 进行排序后发现,它们能与欧洲现在最常见的谱系对应上。在能发现比这更早的坟墓之前——如果真能发现的话——这位被特别小心埋葬的帕夫兰男性将是史前威尔士完全进化成现代人类的第一人。这处遗迹在调查人员最近的一次调查后生动地显示,帕夫兰洞穴内的人类故事的讲述"是通过人造装饰品的遗物来完成的,其中包括:造型独特的石质艺术品,象牙饰物,乃至一具年轻男性的身体。这位男性体现出的葬礼仪式领先,或者接近领先于欧洲五千年之久的传统仪式"。

尽管数十亿年的地质时间塑造了威尔士的岩层,但我们今天所熟悉的它的地形地貌却是在"冰川凸起部所作的水滴石穿作用"中逐渐形成的。直到大规模的冰川消退——我们也称之为全球变暖——出现以前,人们是无法对土地景观进行改造的,也无法建立永久的或者半永久的定居点。但是,当冰期结束(大约公元前 1.2 万年时)后,温度开始升高,海平面开始上升,树木(桦树、松树和橡树)也开始在天际线处显现轮廓。这一时期,流动的猎人们也不断增加。他们会随身携带着各种用途的石质工具,比如栓、针、鱼叉和鱼钩。他们去开拓林地,建造简单的住所,并且靠捕获鹿、野牛、鱼和野生植物为生。中石器时代,海平面明显上升,大块的陆地沉入海面以下。与“百户低地”(Cantre'r Gwaelod)和“特雷斯·拉凡”(Traeth Lafan)①有关的这些沉没土地的传说故事提醒着我们,威尔士当时的海岸线与我们今日所见是相当不同的。人们在靠近纽波特城的乌斯科茅斯(Uskmouth)的潮间浅滩处发现了一些公元前 7000 年时人类的足迹。该足迹是由两位成年人和一位儿童在向海边走去时留下的。这显示了后冰川时期,气候变迁造成的不断升高的海面对海岸的影响。到公元前 6000 年时,最后一处连接威尔士和欧洲大陆的陆地桥沉入海下,今日不列颠岛的轮廓开始显现。也是在这一阶段,所谓后冰川时期的“气候适宜温度”(climatic optimum)让天气如此温暖,这让落叶林开始迅速扩散。狩猎-采集者们积累了丰富的生活经验,他们移动能力强,并且大多聚集在海岸平原地区生活。在他们砍倒树木时,刀斧在温暖的阳光中闪闪发亮。在蒙茅斯郡的戈德克里夫(Goldcliff)有一处人们已经发现的距今最近的中石器时代的聚居点。在那里,为了能畜养食草类动物,人们小心地燃烧植被。同时,在彭布鲁克郡,马洛斯附近的纳布海德(Nab Head)也有一处曾经繁荣的捕鱼场存在过。这些早期的定居者都是精明强壮之人。他们能够与自然作战,并且在靠近西部海道(western seaways)的地方,他们能准确地发现潜在的肥沃土地。我们不应当低估他们的能力和耐力。实际上,他们的勇敢与心灵手巧很难不让我们感到吃惊。他们坐在狭小的木舟上,迎着风暴、交叉气流(cross-currents)和漩涡来到这里。他们带来了新的、更高级的知识和技术,促进了当地养殖业

---

① Cantre'r Gwaelod,在英语中意味“百户低地”(Lowland Hundred),是指古代威尔士传说中的沉入海底的王国。该王国以土地肥沃而出名,大约位于今天拉姆齐岛和巴德斯岛之间,也就是威尔士西部的卡迪根湾处。Traeth Lafan 是一处位于班戈和兰韦尔弗亨之间的一处浅滩,随着潮水的落去变成泥沙地。这一地区在中世纪时是安格尔西岛的宗教和商贸中心。——译者注

和手工业的进步。威尔士历史地理学家 E.G.布朗(E.G.Brown)是最早强调"西部海道的第一个黄金时期"人类迁徙具有重要性的学者。布朗还认为大西洋作为连接力量具有重要意义。最近,考古学者巴利·坎利夫(Barry Cunliffe)敏锐地意识到,那些生活在或者航行在大西洋海岸的民族具有亲属关系。他认为,在数千年的时间里,欧洲那漫长的大西洋海岸边的各民族发展了一系列共有的信仰、价值观和"海洋心态"。这一心态包括"不惧挑战、令人敬畏、高度的时间意识以及深深的不满足感"。

　　由于移民、海员和商人起到了沟通欧洲大陆与不列颠西部和爱尔兰地区的作用,西部地区的贸易航线的确获得了繁荣的发展。这意味着,在一个长时段内,通过长距离的交换网络,中石器时代之人是能够利用并传播新石器时代的物质文化的。新石器时代(大约公元前 4000 年—公元前 2500 年)的特色是游牧和农垦经济。它是建立在对牛、绵羊、猪和山羊的驯养以及谷类作物的种植基础上的。由于人们能够高效率地使用磨制砍斧、扁斧和打制燧石的凿子,新石器时代之人在葛瑞格·里德(Y Graig Lwyd)、在本曼冒尔(Penmaen)的海岸斜坡上以及在林恩半岛的米德瑞(Mynydd Rhiw)这些接近海岸的地方建立了繁荣的制斧采石场。从狩猎-采集者的世界向游牧者的世界转变是人类发展史中一个极其重要的阶段。新石器时代之人适应能力强,他们通过驯养家畜,种植谷物,砍伐和燃烧森林,能够充分地利用开阔的空间,这在燧石和石头易得的地方更加明显。一般认为,这些游牧者平均身高 1.6 米,他们肌肉发达,健步如飞。尽管当时的人类对食物的获取能力和喜好因地而异,但是这一时期的农民已经获得了关于土地及其资源的丰富知识,并且随着时间的推移,他们更有能力去改造和更新自己的知识。

　　莫蒂默·惠勒爵士(Sir Mortimer Wheeler)是一位优秀又富有远见的威尔士国立博物馆馆长(1924—1926 年间任职)。他坚持认为,挖掘出来的人类遗迹要比传世的人造艺术品更能吸引人。这一时期,在威尔士有更多的人类遗骨残骸存世,这是因为尸骨在精心建造的坟

11

12

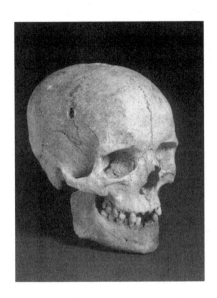

图 3　这是一位新石器时代农民的头骨和面部
电脑复原图。这位农民在大约公元前 3500 年时
被埋葬在波伊斯郡泰加斯附近的本尼威洛德
村。（威尔士国立博物馆和美术馆）

墓中能够保存得更好。最近在技术上的进步,尤其是 CT 扫描技术的应用,使得(新被命名的)威尔士国立博物馆和美术馆能够绘制出令人感到惊奇的电脑人像。其中包括一个帅气的、大约生活在公元前 3500 年时的新石器时代农民的样貌。他的残骸是在位于波伊斯郡泰加斯的本尼威洛德村(Penywyrlod, Talgarth)的一处古坟中被发现的。

我们对早期新石器时代那些临时的或者永久的房屋建筑了解得非常少。但是,威尔士有着丰富的集体墓穴建筑,这些建筑的构造和位置与爱尔兰和苏格兰西南地区,而不是南部不列颠地区的情况更相似。这些遗迹由普通坟墓、围墙坟墓(enclosures)、卡萨斯坟墓、圆形巨石阵坟①、石头圈坟墓和木质栅栏坟墓组成。坟墓建造者要根据景观的特定条件进行精心选择。在对(坟墓所处的)山、河、海、岩层这些要素的考察中,不仅要考虑其观赏性,还要考虑到它们的象征内涵。由于对死亡及死后世界的认知已经在这些农业共同体中开始显现,人们愿意投入大量的人力、物力为死者寻找一块合适的安眠之地。在新石器时代那些奇观中,令人印象深刻的是那种被分隔成一间一间小屋的坟墓(chambered tomes),男人、女人和小孩以群体的方式埋葬在其中。学者们已经确认,某些地区的(坟墓)构造与这些引人注目的墓葬有着千丝万缕的联系。石板墓(portal dolmen)②明显流行于西南威尔士地区,它反映了其与爱尔兰海地区和大西洋沿岸民族的紧密联系。在安格尔西岛(Anglesey),有一处叫作"女巨人的围裙"(Barclodiad y Gawres)的坟墓。这处坟墓就与东爱尔兰的类似坟墓有亲缘关系。与之相对的是,在威尔士东部,大量的长石冢则显示了不列颠东部新石器时代(墓葬)传统的影响。格拉摩根郡的庭科斯伍德(Tinkinswood)和

① 13

---

① 卡萨斯坟墓(cursus monuments)是一种长方形围墙围成的坟墓,内部为平地,外部有两条壕沟,其长度从 50 码到 6 英里不等,宽度则在 100 码左右(1 码=0.914 4 米,1 英里=1.609 3 千米)。圆形巨石阵坟(henge monuments)与卡萨斯类似,其不同之处是由许多圆形巨型石头围绕而成。——译者注

② 石板墓是指墓前有两块竖立着的巨大石头,并且在两块石头上覆盖着第三块巨石所组成的坟墓。——译者注

圣利坦斯(St Lythans)两地那些令人印象深刻的坟墓则与科特斯伍德-塞汶(Cotswold-Severn)地区的墓群有着相似的特征。在新石器时代晚期,圆形石坟墓开始出现。在班戈尔城附近的兰德盖尔(Llandygái)有两处典型的圆形石坟墓。这些巨大的坟墓建筑留传至今的大约有150处。它们是关于古老过去的生动教科书。这些坟墓要花费数百小时才能筑成,这是一项艰巨的集体任务。我们现在知道,覆盖在庭科斯伍德墓堆之上的顶石重达20吨,需要200个人合力才能将其运送并竖立起来。地质学家们已经确定无疑地证明了,那些通常被叫作青石(bluestones)的斑纹粗玄岩是由一群群汗流浃背的普通人从彭布鲁克郡的布雷斯劳山(Preselau mountains)先运到海边,然后在公元前2045年前后运达并组成巨石阵的。彭布鲁克郡的品特·依凡(Pentre Ifan)那令人惊奇又印象深刻的墓室直到今天仍让人赞叹不已,因为它那高高的顶石能够容纳一位骑士骑马通过。人们在这些集体墓葬处表演神秘的仪式,显示了他们之间平等的关系。这些墓葬既是他们集体力量和建筑天赋的纪念碑,也是他们宗教特色的展示牌。现代考古学家在这些伟大的、被竖立起来的石头中寻找风景、神话和历史,他们将之称为"飘向天空的石头",这真是一个绝妙的比喻。

青铜器时代(大约公元前2500—前700年),气候温和的夏天对于农民们是一件好事,因为那些崎岖的高地对于殖民定居者变得更有吸引力。在这个时期,与爱尔兰的传统联系减弱了,而东部地区,特别是约克郡(Yorkshire)、皮克区(Peak District)、塞汶(Severn)和瓦伊(Wye)河谷的影响力则变得明显起来。人口也在不断增长。有人乐观地认为,在青铜时代高峰期,人口在1万到2万人之间,这是有一定道理的。这一时期,金属制造的出现是一项影响深远的技术工艺。原来人们生活在开敞式的农庄或者用木板搭成的小屋里,而现在借助金属制作技艺,人们可以发展专业技能,并且制造具有杀伤力的斧子和匕首。铜、锡、金都是珍贵的商贸资产。在威尔士,人们已经发现了四处青铜时期的矿藏。其中水平最高的是兰迪德诺的大奥姆矿(Great Orme at Llandudno)。传统上大量建造的集体坟墓被个人墓葬所替代,个人墓

图 4　彭布鲁克郡品特·依凡的墓室是新石器时代不列颠最好的一处坟墓。四个尖顶的边石中的三个顶着一块美观的楔形顶石。根据简·莫里斯的看法，这处墓石的"风格令人感到神思宁静，有一种和谐感，这是确定无疑的"。（政府版权：威尔士古代与历史遗迹皇家委员会）

葬处可以见到各种坟堆和石头圈。这种变化与那些装饰精美的瓦罐和烧杯的出现几乎同时发生。制造这些物品的人群被叫作"宽口陶器人"（Beaker Folk）。传统观点认为，这些独特的钟形陶罐是由"宽口陶器人"从下莱茵地区带来的。这一观点如今已经受到质疑。现在，人们倾向于认为它们是作为重要的物品通过与海员们交易换来的。各种各样光彩夺目的青铜器或者金器、武器和装饰品留传下来。有一件金斗篷于 1833 年在登比郡的莫尔德（Mold）地区的一处石冢中被发现。这件无价之宝覆盖在一名男性的骨架之上，它是青铜时代匠人高超技艺的绝好见证。

在青铜时代早期经历了干燥又温和的气候之后，天气在公元前 1000 年时开始变得恶劣起来。这对欧洲大部分地区的社会-经济变迁产生了影响。大雨和强风侵蚀了土地，泥炭沼泽（peat bogs）开始大量出现，森林开始消退，高地地区的农场以惊人的速度被遗弃。造成环境问题的潜在的致命因素给青铜时代晚期和整个铁器时代(公元前 700—公元 75 年)的人以普遍的、深深的焦虑感和不安。为了实现经济和军事安全这一紧迫的任务,威尔士史前时代数量最多又最独特的遗迹——山丘堡垒(Hillforts)开始出现,并遍布各地。现在已经发现了大约 600 座这种堡垒群体定居点,它们一直以来都在吸引着学者们前来一探究竟。空中测量和耗时费力的挖掘成果都在给人们提供着有价值的信息。这些堡垒无论大小都位于山顶。对于不断增多的易受侵害的人群和动物来说,堡垒能够使其免遭掠夺成性的士兵和偷牛贼们的骚扰。它们是部落权力和地位的焦点所在,并且标志着一种新型社会组织形态的出现。它们把权力与威望以一种高度可见的形式表现出来。虽然这些防御型围场是地方军事和经济基础设施的主要组成部分,但它们在规模和资源条件上存在着较大的差异。一般来说,最大和最复杂的[比如拉纳马内赫(Llanymynech)、布莱丁(Breiddin)和弗雷德·法德温(Ffridd Faldwyn)]堡垒都位于东北边地,而最小的那些(不到半公顷)则位于西南边地。人们花费大量的人力去建造这些堡垒。如果想体验铁器时代生活中的景色、气味和声音,最好的方式就是去彭布鲁克郡已被重建的那处山丘堡垒——海里斯城堡(Castell Henllys)。最值得纪念的一些城堡位于高山上的险要处,在那里可以远眺大海。这些地方既能给人留下深刻印象,也能吓退掠夺者。其中一处最杰出的山顶堡垒位于林恩半岛的特瑞赛瑞(Tre'r Ceiri)。该处堡垒难得地保存良好,并且位置优越,人们在堡垒中建造了用无浆石墙(dry-stone)围起来的石头小屋。圆形在日常生活中经常见到:在威尔士,到处是圆屋建筑。只有位于格温特平原(Gwent Levels)的戈德克里夫是个例外,因为那里流行的是长方形的建筑样式。即使是最小的堡垒中也有最勇猛的战士。当然,它们在这个以游牧经济为主的地区也起着贸易中心和工艺技术中心的作用。

这把我们带入了最具争议性的研究领域:关于"凯尔特人"、"凯尔特主义"和"凯尔特性"(Celticity)这些术语是否能应用于这一时期。公众对于凯尔特人和凯尔特性的兴趣一直很高。与此巧合的是,一些

图5 多样的山丘堡垒是威尔士铁器时代的特征之一。这处不大但位置上佳的堡垒叫作莫尔·亚瑟(Moel Arthur),位于弗林特郡的克里维迪安(Clwydian)山区。(政府版权:威尔士古代与历史遗迹皇家委员会)

学者,主要是那些从事铁器时代考古的学者对于是否存在作为统一的族裔群体的凯尔特人,哈尔斯塔特(Hallstatt)和拉坦诺(La Tène)考古文化是否与凯尔特性之间存在联系,甚至"凯尔特"这个词本身的适用性都产生了深深的质疑。这真是一件令人感到有趣的事情。关于凯尔特性的争论在最近已经"变成了一个战场"。"拥护凯尔特"派和"质疑凯尔特"派这两大对立派别定期会左右开弓打击对手。他们的学术作品中不断地充斥着学术斗士们心血(blood and brains)。争论的内容显示,考古学者和词源学家是带有政治和文化倾向的。可以确信,在学

17

术争论中,凯尔特人在过去,而且极有可能在将来会不断地被再解释。我们不需要过分纠缠于这些争议的细节,接下来我们将关注他们在凯尔特威尔士的生活情况。

一般认为,大约到公元前500年时,欧洲的凯尔特人明显已经是一个民族了。尽管他们在繁荣时期也没能建立一个帝国,但自公元前2000年以来,他们的扩张无论是在空间上,还是数量上都令人瞠目结舌。一个能有勇气和力量去洗劫罗马和德尔斐的民族是不容小觑的。罗马人蔑视地称呼他们为"蛮族人",但可能私下里却对他们充满恐惧。他们占据了从西部的爱尔兰到东部土耳其之间的广阔土地。他们作战时赤身裸体,驱赶着两轮的战车,挥舞着长斧,发出令人毛骨悚然的战吼,而且随时会砍掉俘虏的脑袋。他们身材颀长,皮肤细白,有着蓝色的眼睛和长长的头发。他们作战猛如虎,他们会在战场上为一场胜利举办盛大的庆祝仪式。凯尔特人除了好战和爱吹嘘以外,这个组织松散的民族最明显、最持续的特征是他们独特的物质文化,特别是他们的艺术被正确地评价为"欧洲历史的荣光之一"。它具有两处文化核心地带。一处是在上奥地利的萨尔茨卡默古特的哈尔斯塔特(Hallstatt),另一处是在瑞士纳沙泰尔湖(Neuchâtel)北岸的拉坦诺(La Tène)。那里的考古遗存体现了(当时)最高水平的工艺技术。拉坦诺艺术特别令人着迷,因为人们用抽象的几何图案、古典的植物造型和东方图案去装饰手镯、饰针、大头针、戒指、火架(firedogs)、桶、剑和匕首。它的制作工艺精细、巧妙与制作粗糙又生硬的哈尔斯塔特艺术截然不同。但是,两地的文化都反映了凯尔特人在制作铁器、珠宝、玻璃器皿和石头雕刻上的天赋。

凯尔特人是在何时、通过何种方式把他们的军事技术、铁器制造技艺以及高度精巧的物质文化带到不列颠岛的呢? 如果本书在1950年时写作,那么答案就会是:在公元前700年大规模入侵时带入的。但是,重大事件未必会有重大的影响。历史学家们虽然从未怀疑海洋作为交流通道所起的关键作用,但他们如今已经或多或少地放弃了这种移民理论。今日的普遍趋势是认为,讲凯尔特语的民族、他们的财富和他们多样的物质文化是在几千年的时间里逐渐地渗透进来的,并且这种文化(在传入以后)还经过了本地社会长期地吸收、改造和发展。

　　自青铜器时代以来,凯尔特人就放弃了复杂的葬礼仪式,他们更愿意以献祭的方式被埋葬在河、湖、泥塘或者沼泽地里。他们相信这才是神圣的场所。在威尔士的两处湖泊里人们意外地发现了一批物品,它们是用来向诸神做供奉用的献祭品。1911 年,在对朗达(Rhondda)地区的林恩·法瑞(Llyn Fawr)一处遗存的发掘中,人们在泥炭煤中发现了哈尔斯塔特早期沉积物。这些沉积物包括两只铜片锅、带有锯齿的镰刀、六把青铜锯齿斧头,并且有三把斧头是制作于公元前 700 年至公元前 600 年之间。林恩·法瑞遗存提供了不列颠地区铁器制造最早的证据,铁器制造工艺已经被铁匠大量地应用到青铜器时代的技术中去了。在 30 年后的 1942 年,在对安格尔西岛的飞机场进行拆除时,人们在泥炭煤中发现了 177 件铜铁合金的人造物。这些遗存位于林朗菲尔·因·纽布尔(Llanfair-yn-neubwll)附近的林恩·克雷格(Llyn Cerrig)湖岸南部边沿地区。当时,人们并不知道这些铁器的重要性。19 一个工人甚至用其中一条珍贵的铁链去把卡车从泥淖中拖出来。幸运的是,除了四件物品以外,其余的诸如剑、矛、盾牌、马饰品(horse trappings)和奴隶铁链如今都被完好地保存在威尔士国立博物馆和美术馆中。这些献祭沉积物的一个不同寻常的特征是,他们并不都是前罗马时代的物品。这些人造物中有些具有 1 世纪末期或者 2 世纪早期的特征,但是大多数仍然是公元前 300 年至罗马早期时代之间的产物。拉坦诺艺术中还有一些上乘的遗存被发现,其中包括:在德比郡克雷格德里顿(Cerrigydrudion)发现的吊碗(当然,有些人认为它可能是个头盔或者盖子);在卡那封郡(Caernarfonshire)开普·加门(Capel Garmon)发现的铁制火架;在梅里奥尼斯郡塔尔·林恩 20 (Tal-y-llyn)发现的铜制牌匾。这些著名的献祭物被投入到水中是为了抚慰灵魂,对这些仪式也要放到人们与彼世(Otherworld)的关系背景中来理解。超自然力量被认为无处不在,人们大量地使用动物或者人作为祭品献给诸神。

图6　这是一块公元前150年至公元前50年间的铜合金装
饰牌匾，上面绘有人的面部。它是在梅里奥尼斯郡塔尔·
林恩遗迹处被发现的。（威尔士国立博物馆和美术馆）

　　人们在威尔士的一些沼泽中发现了人祭受害者的残骸，这些保存
下来的遗体，特别是那些暴力活动的受害者所形成的神秘氛围激起了
人们极大的兴趣。然而，关于史前杀人献祭的最著名、最令人信服的考
古证据是在柴郡（Cheshire）附近被发现的。那些半裸的林道人
（Lindow Man）的遗迹在1984年夏天被发现后曾在世界范围内巡展。
有明确的证据显示，在这处遗迹中，一位身体较重的年轻男性[有些轻
率的考古学者叫他"彼得·马什"（Peter Marsh）]的头部受到过打击，
并且被窒息而死；他的喉咙被割断，最后又被悄无声息地（也可能是大
张旗鼓地）以脸朝下的方式扔进泥潭中。德鲁伊特人是高度受人尊敬

的知识阶层。他们的智慧和影响力既让人感到恐惧，也让人产生敬畏感。他们经常会批准这样的仪式性的杀戮，并且还会教导他们的信众：人的灵魂是不灭的，会在死后进入另一个人的身体。不过，德鲁伊特人在威尔士的形象充满了迷雾，这点在他们主要聚集点安格尔西岛以外就更加明显了。关于他们的文献在爱尔兰更多，古代希腊和罗马的作家们在写作高卢人时也会提到他们。到 18 世纪时，"德鲁伊特热潮"由安格尔西岛的亨利·罗兰兹（Henry Rowlands）和格拉摩根的约洛·莫根威格等人推动出现。这场热潮给威尔士人的（历史）想象施加了深刻的影响。

对凯尔特威尔士地区的口语文化的研究受到前罗马时期文字档案匮乏的困扰。通过地名或者刻有文字的物品等形式来获得语言数据的方法也行不通。不过，可以确定的是，史前威尔士有许多传奇。在口头传说中，有神秘的人类、野兽和鸟，它们有着超级的魔力。这些依靠记忆流传的秘密知识被隐藏在骏黑的洞穴或者神圣的橡树林中。中世纪后期的诗歌中充满了我们知之甚少的古代的神秘主题和形象的残迹。不过，虽然这些文献还需要进一步探究，我们还是可以作出一些宽泛的结论。我们知道各种凯尔特语有一个共同的祖先。威廉·琼斯（William Jones）先生是一位具有首创精神的语言学家，也是安格尔西岛上一位杰出数学家的儿子。他于 1786 年在加尔各答的亚洲协会上提出：大多数欧洲语言和一部分的亚洲语言都属于印欧语言家族。凯尔特语是这个语言家族中主要支脉之一。现代学者辨认出了已经绝迹的大陆凯尔特语[在中世纪早期灭绝的高卢语、凯尔特伊比利亚语、南阿尔卑高卢语（Lepontic）、加拉提亚语（Galatian）]与海岛凯尔特语之间的不同。海岛凯尔特语分为两支：一支是不列颠语和布列吞语（Brittonic）（P-凯尔特语），在一个相当晚的时期分裂为威尔士语（Welsh）、布列塔尼语（Breton）、康沃尔语（Cornish）和坎伯兰语（Cumbrian）；另一支戈伊德尔语（Goidelic）和盖尔语（Gaelic）（Q-凯尔特语）则进化为爱尔兰语、苏格兰盖尔语和曼岛语（Manx）。我们现在可以大体确认：到史前时代快结束时，这个岛上的绝大部分人（如果不是全部的话）属于 P 族凯

21

尔特部落,他们说布列塔尼凯尔特语。(岛上的)神话、崇拜和仪式都是通过这一口头媒介而得以传承。

在基督诞生的第 45 年时,一支由 4 000 人组成的强大的罗马军队踏上了不列颠的土地。这支军队是由多瑙河流域的潘诺尼亚地区总督奥鲁斯·普劳提乌斯(Aulus Plautius)统领的。在入侵者看来,这次远征很幸运地碰上了一个温暖又干燥的气候。罗马人最初只是打算征服南部英格兰地区,但是当发现了住在更加偏远地区的、被罗马人视为不可救药的蛮族人后,入侵者感觉有义务对他们也予以征服。苏格兰抵御住了入侵,爱尔兰则既没有经历过战争的荣光,也不曾面对罗马人的残忍。不过,威尔士的部族则很快发现他们陷入激战之中。罗马士兵相当自信,他们狂妄自大地认为他们是天下无敌的。他们所谓的进行科林斯式的公平竞争完全是一派胡言。他们穿上坚硬的护甲,拿着致命的标枪和刀剑,这些训练有素的罗马军团是令人恐惧的杀人机器。四个威尔士部落地区轻松落入他们的控制之中:北部海岸的迪肯戈利部族(Deceangli)、高地区的古奥陶部族(Ordovices)、东南地区的志留人部族(Silures)和西南地区的迪米特人部族(Demetae)。在这个战争部落交错杂居的地区,各部落间积怨甚深,以致他们无法团结一致抗敌。但是,让入侵者感到有点震惊的是,西部地区的蛮族人开始进行零星的抵抗,而且在不断增多。他们肯定没有想到的是,这场征服竟花了 30 多年的时间。事实上,罗马人征服威尔士是一个漫长又痛苦的过程,其间罗马人耗费了大量的金钱。甚至到公元 78 年时,还有多达 3 万的罗马士兵驻扎在威尔士。在超过一代人的时间里,每次征服的努力都受到了挑战,这阻碍并延缓了罗马人前进的脚步。

当新的总督奥斯特雷乌斯·斯卡普拉(Ostorius Scapla)在公元 47 年艰苦地打到东北威尔士的迪肯戈利人地盘后,他们遇到了激烈的抵抗。这场抵抗是由黑皮肤的(这是根据塔西佗的记载)、顽强的志留人领导的。志留人深谙敌我之势,他们采取全新的游击战进行掠夺,这是罗马从未经历过的。他们出其不意的袭击极大地打击了罗马部队的士气,士兵们对已经被打得晕头转向的将军们无力阻止敌人的破坏深感不满。威尔士一方部落的领导者是充满智慧的、拥有着钢铁般意志的卡拉塔克斯(Caratacus)。他是库诺比莱纳斯(Cunobelinus)之子,而库诺比莱纳斯也是一位充满勇气的冒险者,卡拉塔克斯那卓越的才能曾在对抗入侵者战争中取得了不小的成就。他在公元51年带领一大群充满激情的战士进入卡尔苏斯(Carsws,位于蒙哥马利郡)附近的主战场时,遇到了一次极大的挑战。这次战役对于志留人来说是一场灾难,他们被罗马人打得溃不成军。在这场战役中,罗马军团及其辅助部队无论在军事能力还是战略手腕上都远超志留人。卡拉塔克斯逃往布里甘特族(Brigantes)那里,结果被他们的女王卡迪曼图阿(Cartimandua)出卖(给罗马人)。卡迪曼图阿是一个只求自保的机会主义者,她最后成为罗马人的代理统治者(client ruler)。卡拉塔克斯锁链加身被送往罗马。在那里,他保持了自己的尊严,利用机会发表了一场感人的演讲。在演讲中,他公开斥责了皇帝克劳狄乌斯(Claudius)的国人那无耻的贪婪:

> 如果我取得胜利,以我高贵的出身和地位,我将以朋友而不是囚犯的身份进入这座城市。你们将会毫不犹豫地与我结盟,与我这个有着尊贵祖先的人结盟,与我这个统治着众多部落的人结盟。我现在的窘境让我感到可耻,可对你们来说却是荣光。我曾经拥有马匹、战士和财富。我是不愿意失去这一切的,这不是一点都不奇怪吗? 如果你想统治世界,难道每个人都会愿意做你的奴隶?

卡拉塔克斯的魅力和勇气给人们留下如此深刻的印象,以至于他和他的家人都被赦免了。卡拉塔克斯在他生前和身后的时代不断地被神化。他的名字在威尔士语中叫作卡拉多克(Caradog)。这个名字后来在早期威尔士王室家族中广受欢迎。18世纪90年代,在伦敦的威尔士人成立了卡拉多克协会。他们自豪地展出了一幅生动的图画,在画中,卡拉塔克斯正在怒斥克劳狄乌斯。1859年,约翰·亨利·福利

24

23

图 7　伟大的凯尔特战神卡拉塔克斯(也叫卡拉多克)是罗马人的眼中钉。这尊由
J. H.福利在 1856—1859 年制作的雕像展示了卡拉塔克斯在面对罗马人进攻时向
自己战士发表慷慨激昂的演讲时的情景："今天将决定不列颠的命运。一个自由的
还是永久被奴役的时代将从此刻开始决定。"(伦敦金融城的市政厅艺廊)

(John Henry Foley)完成了一座杰出的卡拉塔克斯雕像。1898 年,爱德华·埃尔加(Edward Elgar)写出了一部赞扬他的合唱剧。在许多方面,卡拉塔克斯可以被看作威尔士人的第一位民族英雄。

　　虽然志留人失去了他们的领袖,但是他们不会很快就屈服于罗马人的枷锁。他们继续折磨着入侵者。在公元 52 年的一次重要战争中,他们击溃了 20 个罗马军团。这是一次重大的胜利。在这次打击中,两位不幸的(罗马)总督被早早送入坟墓。在第三位总督加鲁斯(Gallus)统治时,罗马人重新组织武装,投入更多精力,他们利用一系列新建立的辅助堡垒来阻止志留人和奥陶人通过边地的主要峡谷地带对(罗马)帝国控制地域进行渗透。第五位总督苏埃托尼乌斯·保皇努斯(Suetonius Paulinus)是一位强硬的军人,他决定要在威尔士贯彻罗马人的意志。他很明智地在公元 60 年时改变攻击方向,转而对德鲁伊特人控制的安格尔西岛进行野蛮的袭击。在这里,(罗马人)怀着对"不文明"的凯尔特人的深深的恶意完成了一场长久留在人们记忆中的血洗之战。塔西佗(Tacitus)在他那著名的《编年史》(Annals)第 14 卷中记载,罗马人勇敢地面对着密密麻麻的敌军战士,以及穿着黑色衣服、惊惶尖叫的妇女和发出可怕诅咒的德鲁伊特人。罗马人毫不留情地对他们展开屠戮:

　　　　后来受到统帅的说服,他们之间又相互激励不要在一群疯狂的妇女面前退缩,这样他们才在队旗的前导下发动了进攻。他们杀死了所有迎击他们的人,并且把敌人包围在他们自己点起的火中间。继而他就在这里配置了一支卫戍部队,来镇抚被征服的居民,并且摧毁了当地蛮族用来献给他们自己的神的丛林:原来他们的一条必须遵守的教规,便是用被俘敌人的鲜血来浸灌祭坛,并且用人的内脏来进行占卜。[①]

---

　　① 本段译文参考自《编年史》中译本。参见王以铸、崔妙因译:《塔西佗〈编年史〉》,北京:商务印书馆 2009 年版,第 530 页。——译者注

要不是布卡迪起义①及时到来,整个北方威尔士都将陷入大规模种族灭绝的灾难中。后来,直到冷酷又强硬的尤利乌斯·弗朗提乌斯(Julius Frontinus)在公元74—78年间开展大规模的报复性战争后,征服的任务才算是完成了。面对着这样持续的、无情的打击,连好勇斗狠的志留人都无法抵抗。

我们可以认为这场军事上的征服是并不彻底的,而且迁延太久,但是我们必须承认已经取得的成就是要依赖于辅助性的后勤基础设施的建立才能完成的。为了加强他们的军事威慑力,罗马人建立了永久性的军团堡垒、临时性的辅助堡垒和流动军营(marching camp)。凯尔特的工匠们喜欢弯弯绕绕的曲折建筑,而罗马工程技师则热衷于直线和几何图形。他们建立了可供全天候使用的道路网络。这个网络呈四边形,在四个角上有两个强大的军团堡垒是位于彻斯特的德瓦(Deva)堡垒和位于卡莱尔的伊斯卡(Isca)堡垒;另外两处则为辅助堡垒,分别是位于卡那封的奇格提乌姆(Segontium)堡垒和喀麦登的莫里顿乌姆·迪米塔乌姆(Moridunum Demetarum)堡垒。堡垒位于罗马道路系统的关键位置,它们主要负责确保新被征服的地区能够被有效统治。到弗拉维(Flavian)统治时期(公元74—77年),一个布局广泛的道路系统已经建立,延伸长度至少有1 025千米。通过使用这套新的、杰出的运输网络系统,罗马的士兵在镇压那些令人烦恼的地方部落时,能够快速地进行远距离兵力投送。然而,在公元75年以后,所有的堡垒不再被要求维持全员配置,只有在危机出现时才会补足人员。为了确保北方边境省份的安全,一批(堡垒)卫戍人员调离开来,这在公元122年修建哈德良长城时变得更明显。

---

① 布卡迪是不列颠艾西尼部落的女王。布卡迪原为艾西尼国王普拉苏塔古斯(Prasutagus)的王后。普拉苏塔古斯曾经与罗马统治者签订了一份协议,在他死后,将自己一半的国土赠送给罗马皇帝尼禄来偿还自己所欠债务。在普拉苏塔古斯去世后,布卡迪继承王位。罗马人却要占领整个艾西尼王国,并且囚禁了布卡迪,剥夺了王国贵族的财物。公元61年夏季,布卡迪领导的起义爆发。这场起义最后被罗马军团镇压。布卡迪在中世纪被人遗忘,文艺复兴后逐渐被重新发掘,并被塑造为英国的民族英雄。——译者注

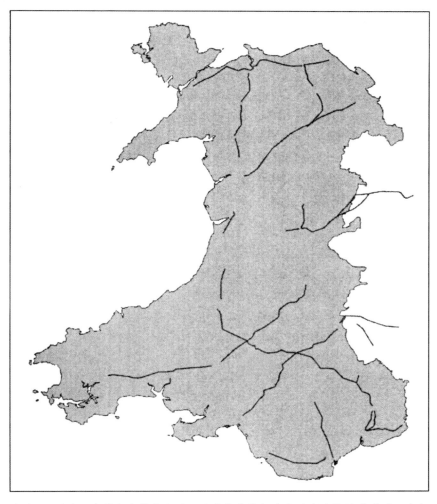

地图 1 罗马人在威尔士最令人瞩目的成就是他们建立了战略性的道路网。它们能够连接各个要塞,加速兵力的部署进程,并且及时提供物资。(政府版权:威尔士古代与历史遗迹皇家委员会)

位于蒙茅斯郡的卡莱尔(Caerleon)是罗马在欧洲最重要的军事据点之一。从公元 75 年开始,它成为第二奥古斯特军团(Second Augustan Legion)总部所在地。这个军团是一支由 5 500 名重装步兵组成的部队,他们完全忠诚于帝国。这支高水平部队的战士拥有一流的装备,被合理地安排在一个面积达 20.5 公顷的堡垒内驻扎。堡垒内有一处营房、一处广场、一座医院，以及一批谷仓、作坊、公共浴室［考古学家在其中发现了宝石和乳牙（milk teeth），表明这里是平民和士兵共用的水池］；还有一个装修良好的露天剧场，士兵可以在这里受训，这里也可以容纳大约 6 000 名咆哮的观众欣赏血腥的角斗士的争斗，或者是观看包括熊、狼和野猫进行的野蛮的（动物争斗）活动。卡莱尔充满了人沙哑的吼声和血腥的味道，这里可不是一个能够让人神思宁静的地方。在许久以后，这处著名的要塞的遗迹成为西南威尔士地区的亚瑟作家们（Arthurian authors）寻找灵感的地方。

27　　在很大程度上，公元 75 年以后，部落虽然仍在制造麻烦，但不再是严重的威胁了。部落领袖在获取财富和地位方面拥有大量机会，这是部落威胁性减弱的部分原因。傲气的入侵者们展示了自己既能够镇压性格刚烈的志留人，也能够吸引这些战争贵族们垂涎于罗马式的物质和文化成就的能力。罗马人在志留人的首府卡尔文特（Caerwent，也叫 Venta Silurum）和迪米特人首府喀麦登（Carmarthen）这两处规划的省城引入了市民政治（civitae）管理体制。这是一种地方自我管理体制，它在高卢地区的运转颇有成效。罗马人通过将整个部落作为一个城邦国家来对待，从而迎合了本地不列颠人的需求，让他们慢慢地无法抵抗城市的舒适生活，并且抛弃了环境恶劣的乡村。我们无从得知卡拉塔克斯会如何看待这些摆脱了悲惨生活之人，但是这些最勇敢的志留人和迪米特人不应该受到指责，他们是为了个人的安全和家族的利益而作此选择的。他们应该不会对罗马征服者们有什么太深的忠诚感或者亲密感，但他们很乐意抓住各种机会去提升自己的生活品质。

28　　虽然只有 18 公顷，但卡尔文特却是一处独特的、令人瞩目的市民共同体（civitas），罗马城所有的闪光点都能在这里找到痕迹。到公元 3—4 世纪时，这里的 3 000 多名居民能够直接感受到地中海的城市文明和文化成就所带来的社会文化震撼。卡尔文特有一处广场会堂，它既是集市也是市政大厅，并且比市内其他公共建筑、浴室、商店和酒屋都要高。一些建造最精良的房屋的墙壁和天花板上绘有美丽的图案，

图 8 卡莱尔(Isca,伊萨卡)的一处重建的罗马圆形竞技场的模拟图。在《国王编年史》(*Brut y Brenhinedd*)中,卡莱尔被描绘为"在其房屋的精美上,在其拥有金银的富裕程度上,包括它的傲气都仅次于罗马城"。[威尔士议会历史环境部政府版权:约翰·班伯里(John Banbury)绘制]

地板上则铺有马赛克,并且还拥有一套罗马式的供暖系统,这是由军团的匠人或者移居过来的石雕工们所打造的。街道是按照规律的网格状来设计的,土地被分隔成了街区(insulae),并在里面修建了漂亮的房屋和商店。卡尔文特城内墙壁上有许多迷人的粗画(graffito),这既说明本地人的文化水平在提高,也显示了族裔之间的不断融合:"多米蒂拉(Domitilla)向她的(心上人)维克多(展示爱意)。真不害臊!"很明显,对于志留人和罗马人来说,真爱之路并不总是平坦的。虽然喀麦登比卡尔文特要小得多,但它也有许多令人印象深刻的公共建筑,这包括:一个面积很大的圆形竞技场,一个罗马-不列颠人的寺庙,以及货源充足的商店和作坊。在市中心,那些接受了罗马式生活的人过着富裕又舒适的生活,这是那些饱受贫困困扰的农村人(rural dewllers)不敢想象的。这些城市人也说拉丁语(这是一种高级别语言),并且占有社会-文化权力。与之相对的是,那些早期铁器时代的农场——大部分的威尔士非城市区域明显还是这个样子——与东南地区那些精致的庄园别墅(villas)相比又是截然不同的。在南部平原地区的一些地方,比如朗兰特威特·梅杰(Llantwit Major)、伊利(Ely)和朗兰多哥(Llandough)都为自己拥有大量的庄园别墅型农场感到自豪,因为这无疑是罗马化的表现。在朗兰特威特,最壮观的带有庭院的庄园别墅都建造了浴室、配有马赛克的建筑和罗马式的供暖系统。甚至在格拉摩根河谷和格温特的一些地区的小型农场里,农场主看起来也要面对日益增加的人口对谷物、新鲜蔬菜和水果那永不满足的需求。

29

但是罗马人并不只是在这两处市民首府和内地地区搞建设。在更加边远但靠近堡垒的地区,罗马人建立了一些叫作维奇(vici)①的小型市民定居点。一些来自帝国其他地区的店主和商人在这里过着一种半罗马式的生活。在许多地方,新的农产品(肉、谷物、兽皮、毛皮)市场和铁器、陶器、林木交易市场也纷纷成立。在南部平原地区以外,最成功的一处定居点是位于西北威尔士的迪恩·林威(Din Lligwy)。这处 2 世纪建立的定居点建有牲畜围栏,有梯田,有本地手工艺和铁器制造活动,这里一派繁荣景象。安格尔西岛的帕里斯山(Parys Mountain)和兰德迪诺附近的大奥尔默(Great Orme)都盛产黄铜。在卡马森郡,人们在多莱克西金矿(Dolaucothi)采用高度复杂的工艺技术,安装了功能良好的渡槽,这带来了丰厚的利润。事实上,各地的铁矿、煤矿和银矿都是如此。新的道路系统刺激了贸易的发展,并且到 4 世纪时,城市里钱币开始使用,这说明商业和贸易能够完好地适应罗马的钱币系统。

宗教和仪式在罗马文化中占有重要地位。当然,德鲁伊特教是个例外,因为罗马人对其既害怕,又鄙视。罗马人允许(自己的)诸神与凯尔特神话相融合。尽管他们认为自己是一个具有独特宗教性的民族,并且拥有足够的军事实力施加自己的意志,但罗马人既不期待其他的民族会接受他们的宗教,也不想放弃自己传统信仰的神明。一些地方

---

① Vici 在拉丁语中具有"征服"的含义。——译者注

发展出了对东方神秘信仰的崇拜,密特拉神①在凯尔里昂(Caerleon)和卡那封就吸引了一批忠实的信众。基督教也是在罗马时期出现的。基督教早期传教时受到各种敌视,尤利乌斯和亚伦这两位基督教的殉道者在凯尔里昂就因为扰乱了"诸神的宁静"而被处死。公元312年,当君士坦丁在罗马附近的弥尔维安桥(Milvian Bridge)上赢得那场著名的战斗②后,历史性的转折点出现了。君士坦丁成为第一位接受基督教的皇帝。基督教现在与其他的信仰地位平等了,基督信徒们抓住了这一新出现的机会。到公元4世纪时,在卡尔文特城已经有一些小型信众群体在进行规律的信仰仪式活动,他们有意识地与那些乡村里"落后的"异教徒们隔离开。这些群体很有可能掌握了拉丁语这种帝国的语言,因为这是通往财富和权力之路的钥匙。拉丁语词汇开始明显进入布列吞语言中。由于布列吞语的字尾是有变化的,这更能促进拉丁语的吸收。今日威尔士语中的书籍(llyfr)、桥梁(pont)和房间(ystafell)都是来源于拉丁语。这些古典遗产说明了拉丁语对威尔士语言和文学的影响。事实上,20世纪威尔士最优美的诗歌都是深受古典文学和神秘学影响的产物。

　　然而,夸大征服者对威尔士面貌的改造程度是不可取的。在三个半世纪里,罗马化从未完全地、有效地实现。在军事集中区和繁华的城市以外,凯尔特贵族们能够获得罗马公民权,并且能够参加市政管理和贸易活动,但是在那里罗马影响的痕迹就少得多了。大规模的罗马化需要的资源超过了帝国的承受能力。因此,就定居方式和生活方式而言,仍处在铁器时代的社会群体仍然生活在崎岖的内陆地区,与他们的先辈没什么区别。在许多方面,他们看起来与过去是一种延续状态,而不是断裂状态。在总人口中,只有一小部分人能够穿上罗马宽袍,说着拉丁语,吃着葡萄和新鲜蔬菜,享受温暖舒适的罗马供热系统,并且住

30

---

① 密特拉神(Mithraea)是古代波斯的光神。——译者注
② 公元312年10月弥尔维安桥之役,是罗马两位皇帝君士坦丁和马克森提乌斯的争霸战。最后,君士坦丁获胜,马克森提乌斯兵败身亡,罗马帝国重新统一,开始了君士坦丁时代。——译者注

在装饰精美的庄园别墅中。罗马人具有协调和组织天赋，有着更高级的生活方式，但他们只是凯尔特威尔士地区（Celtic Wales）的少数民族，他们不再是象征凶残的罗马之鹰，非精英群体也就不再对他们有太多的抱怨。

罗马在威尔士统治的结束是一个长期的过程，并非一蹴而就。到公元 4 世纪时，内部的分裂争吵伴随着外部的严重威胁。来自爱尔兰、法兰克和萨克逊的洗劫者让帝国的统治变得日益艰难。在这种情况下，从岛上撤军是一个明智的决定。而且，公元 383 年，加利西亚人马格纳斯·马克西姆斯（Magnus Maximus）在不列颠军队的簇拥下称帝。由于他对欧洲大陆存有野心，这进一步加速了撤军的步伐。马克西姆斯为了在高卢实现自己的皇帝梦，孤注一掷将不列颠最好的驻守部队占为己有。他成功地发起了战争，直到其在锡萨克（Siscia）被狄奥多西乌斯（Theodosius）击败才结束了他的皇帝生涯。随后，他在公元 388 年被押往意大利西北处的阿奎莱亚城（Aquileia）并在那里被处死。由于马克西姆斯在死后声望日隆，出现了关于他的各种神秘故事和传奇，这使我们不好断定他那非凡的声望究竟因何而起。很明显，他在威尔士神话故事中是一位让人记忆深刻的战士。他被叫作马克森·威尔德希（Macsen Wledig），他娶了一位来自西格诺提乌姆（Segontium，位于罗马卡那封）的公主伊莱·卢多克（Elen Luyddog，意味"圣体伊莱"①）。最近，许多人（既包括著名的学者，也包括大众文化的推动者和鼓吹者）著书立说谈论他在威尔士形成中的作用，但是人们给他的慷慨赞誉看起来是有问题的。一位颇具影响力的历史学者认为："实际上，威尔士可以说开始于不列颠英雄马克西姆斯时期。"就凭着这一大胆的结论，一首振奋人心的威尔士歌曲'Yma o Hyd'（仍旧在这儿）宣称：在马克森·威尔德希 383 年离开时，他"留下了一个统一的国度"。虽然神话（传说）与现实（政治）都很重要，但是马克西姆斯的传奇与他

①　传说中，伊莱·卢多克作为不列颠皇帝马克森·威尔希德的皇后受到不列颠人的尊重，她后来跟随皇帝前往大陆争夺皇帝权力，并且没有再返回不列颠，伊莱遂获得"圣体伊莱"（Elen of the Hosts）的称号。——译者注

的姓名所带有的政治作用只是在未来才显示了价值。后世有人把他称为建造师,认为他塑造了这块土地的地理边疆,并且养育出了生活在这块土地上的一个民族,就是后来著名的威尔士,但这种观点是一种目的论式的废话。无论是在史前时代还是罗马时代,威尔士并不是也不曾变成一个明确的实体,或者是一个独特的政治的、管理的单元,它甚至不是一个观念上的虚构物。在这一章中,"威尔士"其实是一个时代错置的词语,用在这里仅仅是为了方便起见。那么,威尔士和威尔士人的历史究竟开始于何时呢?就目前这个时期而言,答案是"还没有"。

第二章 英雄时代(383—1063)

　　一些历史学家常给威尔士的历史贴上一些标签,而这些标签是过时的、不公允的。这是一种不负责任的行为,它损害了威尔士的历史声望。人们常把罗马人撤退到诺曼人到来的这段时间看作"黑暗时代",这可能是其中最根深蒂固的一个概念了。最初人们在使用这个称呼时是指历史资料的相对匮乏,而不是一种轻蔑的评价。研究这段历史的学者们强烈地意识到这是威尔士历史中最为模糊、最为复杂的一个时期。用一位11世纪威尔士评论家的话说:如此多的历史资料由于"蛀虫的吞噬和岁月年复一年的侵蚀"而消失在烟尘中。学者们为此付出了不懈的努力,——这是一份也得了丰厚报偿的工作——他们对这些破碎的、不易辨读的、不完整的材料进行了细致的探究和分析,取得了一些成果,但是我们对于这一时期的认识仍然相当不完整。在某种意义上,这段档案缺乏的时期的确是个"黑暗时代",所以我们很容易看到一些历史学者不得不使用更晚期的证据来解释这段历史。甚至一些关键人物,诸如库涅达(Cunedda)、亚瑟(Arthur)、圣大卫(St David)都成为深陷迷雾之中的幽灵。但是,今天的人们更多地把"黑暗时代"这个术语与战争、强奸、掠夺、道德败坏联系起来,而且人们还产生了一种印象,那就是前诺曼时代的文明水平不高,那时的人也受到后人嘲笑。这样的评价既严重歪曲了事实又过度简化了历史。在这一章中，我们要对"英雄时代"给予更加慷慨的评价。
从这样的视角出发，这一时期将呈现出政治-宗教的巨变、社会的进步
和文化的发展等态势。这包括四个方面的主题：政治王国并列出现；
本地法律的编纂；威尔士圣徒强有力的传教过程；威尔士语言和地方文
学的诞生。在这一时期的发展过程中，威尔士开始呈现为一种独特的
地域和文化体。

33

甚至在我们这样一个现代的、经济发达的、文化多元的时代，残
忍、杀戮、毁灭这样的图景仍然具有吸引力，因为其包含着一种引人
注目的死亡主题。在评价后罗马时期威尔士那些令人厌恶的历史面
貌时，这一点应该牢记在心。当然，这是一段难以想象的野蛮时代，
充满了恐怖的复仇、驱逐（expulsion）、谋杀和各种可怕的残忍行为。
诗歌和英雄故事中经常描写"有乌鸦因饱啄人血而呱呱乱叫，以及英
雄和圣徒的坟墓下发出哀叹"这类场景。小国的国王不会因为对敌
人过度的报复行为而内心产生丝毫的不安：西班牙宗教裁判人员和
美洲的歹徒们也会对这些丑陋的行为——敲诈、勒索、阉割、挖目、斩
首、飞镖穿身——报以赞许的微笑。这种残忍和反复无常成为这些
时代的特征。没有哪个人像 6 世纪的改革家吉尔达斯（Gildas）那样
对威尔士统治者的权术算计、浮夸、贪婪和不道德给予严厉的批评
了。吉尔达斯在 6 世纪前半期写成的名著《论不列颠的毁灭》（*De
excidio Britanniae*）一书中发表了一通言论。他严肃地斥责了不敬神
的统治者，认为他们没有承担起自身的职责，他们本应是击打到不列
颠人身上的鞭子和绳子，具有清除罪孽的惩罚作用。正是吉尔达斯
最早记录了一段被称作"长刀背叛"（Treachery of the Long Knives）的
伤心往事[这个故事后来还经由尼乌斯（Nennius）进一步加工]，并且
成为人们心中不曾褪色的记忆。这段传奇起于公元 400 年时，当时
的波伊斯（Powys）王国建立者沃蒂根（Vortigern，威尔士语中叫作
Gwrtheyrn）对萨克逊领袖亨基斯特（Hengist）的女儿爱丽丝·罗文娜
（Alice Rowena）痴迷不已。由于这一原因，沃蒂根邀请萨克逊人来赴

宴，最后却造成了 300 名不列颠战士被携带长刀的萨克逊人屠戮而死的惨剧。在当时，这种骇人听闻的残忍故事比比皆是。这种状况并未随着时间的流逝而有所改善，因为威尔士领主们的权力都是从冲突中得来的，或者依靠血腥屠灭敌手来实现的。在威尔士的编年史中，随处可见这类令人不快的记录。甚至在这一时期的后半段写成的《国王编年史》(*Brut y Tywysogyon*，写于 13 世纪后期—约 1330 年之间)中也充满着关于冷血的谋杀、挖目、阉割等种种事例。无疑，这样的故事在传播过程中越来越多。正如我们将要看到的，政治权力的平衡在这一时期可能不断变化，但令人倒胃口的暴力活动始终是日常生活中的普遍现象。

威尔士之所以在这一时期成为各种冲突的熔炉(cauldron)，是因为其面临着严重的、持续的内外压力。多元性和差异性是后罗马时期的时代特征。多王并存是常见的现象，而地方认同则相当不牢固。除了格温内斯(Gwynedd)、波伊斯(Powys)、布莱卡涅戈(Brycheiniog)、德维德(Dyfed)和格里威辛格(Glywysing)等几个早期王国以外，还有不少小型的王国和部落，它们会以令人眼花缭乱的方式突然出现，又突然崩溃。威尔士的地理形态、地方认同的强大以及不断增加的内部厮杀和冲突都说明了一种离心分裂的倾向流行于当地社会。小王国之间松散又不稳定的联盟展示出的是派系的内耗、阴谋的出现、观念的不和以及权力的更迭。正如我们将要看到的，在这些王国中如果出现一位富有远见的、勇敢的领导者，再加上一群作战勇猛的精英部队支持的话，领土的扩张和社会的繁荣将随之而来。威尔士的入侵者包括东方来的盎格鲁-萨克逊人。此外，还有一批叫作"黑色异教徒"(Black Gentiles，这是一种对斯堪的纳维亚人的蔑称)的入侵者，他们驻扎在爱尔兰海岸冬季营地，并且从那里发动闪电般的洗劫活动。有点矛盾的是，在迎击入侵者的过程中，威尔士反而形成了一些面积更大，也更加统一的王国。不过，需要强调的是，威尔士的统治者更加关心的是军事上的获利，而不是制度上的发展。这种自私自利的行为的确不利于王朝国家的发展。

随着罗马人的离开，新的情况使不列颠的政治生活发生了巨变。大约从公元 430 年起，来自日耳曼族——盎格鲁人、萨克逊人和朱特人——的定居者开始在东部英格兰驻扎生活，并且他们稳扎稳打地向内陆推移，这迫使本地原住民迁往西部。面对大量涌入的人口和军事火力（的袭击），不列颠人（Britons）不知所措，无力抵抗，他们不是这群入侵者的对手。他们或者逃离家园，或者臣服于敌。不过，风水轮流转。按照《威尔士编年史》（*Annales Cambriae*，撰写于公元 450—955 年）的记载，公元 516 年，盎格鲁-萨克逊人在巴登山（Mount Badon，拉丁文为 *Badonicus mons*）被不列颠人击溃。根据后来的惯例，这场战役是由一个叫作亚瑟的部落首领领导的。一直到今天，亚瑟的名字都在激发着文学和历史的想象。有可能在历史上亚瑟是存在的，但是与他相关的证据相当稀少。只是在后来，主要是在蒙茅斯的杰弗里（Geoffrey of Monmouth）那传奇式的著作——《不列颠诸王史》（*Historia Regum Brittaniae*，作于大约公元 1139 年）出现后，亚瑟才被塑造成为伟大的民族英雄和勇猛的化身。他的生活和业绩由此都蒙上了一层传奇的色彩，也只是在后人对其不断美化的过程中他的名字才对威尔士人具有了某种意义。不过，萨克逊人的西进运动并未因为在巴登山处受阻而有所退缩。公元 577 年，迪拉姆（Dyrham／Deorham，靠近布里斯托）决战不仅为萨克逊人在 10 世纪时征服康沃尔打下了基础，而且也在威尔士的不列颠人和他们西南地区的表兄弟之间插下了不可跨越的藩篱①。幸存的罗马-不列颠群体聚集在诺森伯利亚（Northumbria）、麦西亚（Mercia）和威塞克斯（Wessex）地区。他们在边境间的部落混战是个不祥的兆头，他们的弱小和分散统治使其无力抵御敌人的军事进攻。7 世纪时，雷吉德（Rheged）和葛德丁（Gododdin）这两个不列颠王国被吞并。只有斯特拉斯克莱德（Strathclyde）王国维持了自己的独立，其存在可能直到 11 世纪末才结

35

36

---

①　康沃尔地区的不列颠人和威尔士不列颠人原属于凯尔特文化，但是随着盎格鲁-萨克逊人征服西南地区，康沃尔和德文逐渐成为英格兰王国的一部分，虽然他们仍保存了较为独立的文化特色，但西南地区对英格兰的认同不断增强。——译者注

地图 2 不列颠在后罗马和前维京时代。该图显示了英雄时代的威尔士以及古代
北方的布立吞王国的情形。（威尔士大学高级威尔士与凯尔特研究中心）

束。凯尔特西部地区的土地和财富刺激着麦西亚军队的胃口。他们在公元 640—800 年间的入侵不仅造成了该地经济大规模衰退,还导致彭了葛温(Pengwern)宫廷的毁灭。这一事件在一系列威尔士诗歌(englynion)中有着真实的反映。这些充满着哀伤情绪的诗歌被统称为"西德兰之宫"(Hall of Cynddylan),这是一曲关于波伊斯被征服的挽歌。诗歌借助西德兰王的妹妹海蕾特(Heledd)之口描写了宫廷陷于火海的情景,展现了关于失败、湮灭和消失等残酷的现实场景:

> 西德兰宫今夜处于黑暗之中,
> 没有火,也没有安眠之处。
> 我哭泣了一会儿,然后陷入沉默。
>
> 西德兰宫今夜处于黑暗之中,
> 没有火,也没有蜡烛照明,
> 除了上帝,谁能让我头脑清醒?
>
> 西德兰宫今夜处于黑暗之中,
> 没有火,也没有人唱出乐章,
> 泪水在脸庞上缓缓流下。
>
> 西德兰宫,我每时每刻都在哀伤,
> 带来愉悦的同伴们如今流散四方,
> 当年我们相见于你的炉旁。

不足为奇,凯尔特人的王国在巨大的压力下开始屈服于萨克逊人的武力。随着罗马不列颠时期的结束,盎格鲁-萨克逊人的英格兰和不列颠人的威尔士接续了历史的发展。

　　边界由于大型堤坝的修建而变得更加明显。这些堤坝是英格兰政府主持的第一个——也是最令人印象深刻的——公共土木工事。奥法

37

堤坝(*Clawdd Offa*)是沿着从南部的瓦伊(Wye)河口到北部的普里斯坦丁(Prestatyn)之间的广袤地区进行修筑的。尽管关于当时修建的时间和建筑样式的资料已经不存在了,但是人们普遍相信,麦西亚国王奥法可能是罗马人撤退之后第一位提供充足资源和动力去修建堤坝的君王。堤坝修建的时间可能是在公元 770 年前后,并且是由来自不同地区的、技艺高超的工匠们(堤坝上出现的一种奇怪的、突然转弯的走势可以说明这点)打造的。一位考古学者把这处超级工程比作大金字塔式的建筑。奥法堤坝不仅是边界的地标,还是一种防御工事。通过为麦西亚提供这种线性的边界,它能够阻止威尔士的洗劫者,因为他们的马匹并不愿意跨越高达 25 英尺的堤坝。这种土石制成的堤坝是西欧最大的人造边界,也是对威尔士他者性(otherness)的一种表达。它为盎格鲁-萨克逊人和凯尔特西部居民之间提供了一种势均力敌的边界。尽管它经常因为双方的越界入侵而被打破,但是它的存在帮助塑造了威尔士的疆域边界,并且从长期来看,它也对威尔士人的认同意识产生了深刻的影响。

盎格鲁-萨克逊人对东部边疆产生的压力始终存在,并且如一只啄食的海鸟(pecking gull)那样令人感到麻烦不已。威尔士国王们对埃塞尔斯坦国王(King Ethelstan)的臣服以及之后在 927 年瓦伊河边界签订和约成为决定性的转折点。不过,对于威尔士人来说,他们在西部边界还要对付其他的异教徒。对于维京人来说,他们不太把威尔士看作定居点,更多的是把它当作一个抢了就跑(hit-and-run)的舞台,或者是作为残忍成性的海盗们紧急关头的落脚点。大约从公元 800 年起——特别是在 10 世纪后半期——维京人部队开始在爱尔兰的海岸建立长期的冬营基地。借助于行动便捷的劫掠船,他们能快速通过爱尔兰海去搜刮财宝以及掠夺奴隶和俘虏。这些勇猛又残忍的战士挥舞着致命的大刀、矛枪和战斧,他们给威尔士海岸制造了一种恐怖的气氛。一想到"北方人的怒火"(the fury of Northman),人们就睡不着39 觉。北欧人嗜杀成性的传说所带来的恐惧甚至直击那些经验丰富的战士的内心。比如,在安格尔西岛的兰贝德-戈赫(Llanbedr-goch)的考

图9　奥法堤坝,一个超级工程,在威尔士边境上延伸长达 240 千米。它可能是麦西亚国王奥法时代(757—796 年)的成就。这处堤坝促进了威尔士地区的范围和威尔士概念的确立。(政府版权:威尔士古代与历史遗迹皇家委员会)

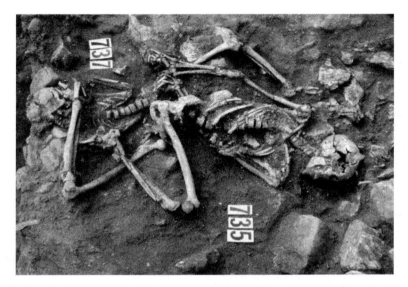

图 10　维京掠夺者经常被冠以"黑色异教徒"的称号。他们给威尔士人造成了恐怖的心理影响。这些在安格尔西岛的兰贝德-戈赫（Llanbedr-goch）发现的被肢解的尸骨是他们破坏行为的见证。（威尔士国立博物馆和美术馆）

古发掘中，人们在一些浅墓坑中发现了五具被肢解的尸骨。几乎可以确定，所有这些被匆匆掩埋的尸骨都是在 9 世纪时被维京人的部队残忍杀害的。在政治不稳定和社会混乱的时代，来自斯堪的纳维亚的洗劫者们很好地利用了这一机会。安格尔西岛、林恩半岛和彭布鲁克郡成了活靶子（sitting target），在这里甚少或者没有什么抵抗出现。987年，维京人挟持 2 000 名安格尔西岛的居民逃走，并把他们当作奴隶贩卖，这激起了（当地人的）愤怒。教会面对暴力、偷盗、掠夺和肆意破坏无能为力。在 10 世纪 80 年代，圣戴维斯（St David's）主教座堂就遭受了四次洗劫。999 年（如果威尔士的吉拉德能够被信任的话），维京捕食者们将行事马虎又是非不分的圣戴维斯的主教莫根瑙（Morgenau）杀死，这让教会的领导者们因为恐惧而颤抖不已。然而，我们不应该夸大维京人给威尔士所造成的破坏的程度，以及他们对当地人的社会、政治和文化生活的影响。海边地区的群体忍受住了零星发生的季节性袭击所带来的巨大冲击，并且乡村地区也较少因为他们

40

的侵害而被扰乱。北方人（Northmen）没有建立重要的城市定居点。和平式的海洋活动影响更加深远，它们对西北和西南威尔士地区的地名（包括巴德斯岛、普利斯特荷尔摩、奥勒姆兹海德、安格尔西、米尔福特、菲什加德、拉姆齐和斯寇莫岛）的影响要比维京掠夺者的舰队的造访更加显著。这些由商人和贸易人员完成的和平海洋活动一直持续到11世纪末期。

威尔士的政治发展进程明显受到外部威胁的影响。这些无论是来自东部还是西部的威胁对于威尔士诸王既是新的挑战也是新的机遇，国王们都在追求建立更具权势的王朝，实现自己在威尔士地区的政治霸权。其中一批重要的人物开始崛起，他们不再满足于普通的地方混战，而要建立更加庞大的王国。在某些情况下，这些人还会宣称威尔士是一处具有独特性的地域单元。格温内斯（Gwynedd）地区开始了这一趋势最初的实践。库涅达（Cunedda，活跃于公元400年或者450年时）在这里建立了第一个王朝。库涅达是葛德丁（Gododdin）部落的首领。根据9世纪的《不列颠人史》（*Histroia Brittonum*）一书的记载，库涅达曾经与他的八个儿子一起将爱尔兰人赶出了北方威尔士。9世纪时，摩里芬·弗里其（Merfyn Frych，统治到844年）接棒建立了第二个格温内斯王朝。我们对摩里芬了解不多，他可能来自马恩岛。在爱德华征服（Edwardian conquest）前在威尔士地区诸王的祖先可追溯到摩里芬这里，这是摩里芬在历史上声望的来源。罗德里·马维尔（Rhodri Mawr，即伟大的罗德里，统治到878年）继承了其父王位后成功地将统治区域扩大到波伊斯和克利迪艮（Ceredigion）地区。罗德里·马维尔是一位能力非凡、成就卓越的国王，他是第一位被冠以"伟人"（Great）这一称号的威尔士统治者。他抓住了政治上的机会把格温内斯和波伊斯王国统一起来。他还通过联姻的方式获得了塞西里威格（Seisyllwg）地区［由克里迪艮和伊斯特拉·塔伊（Ystrad Tywi）组成］。这意味着超过一半的威尔士地区已经落入他的手中。罗德里还在军事上与维京人展开斗争，但是这一鲁莽的行为激怒了维京人，他被赶至爱尔兰。罗德里最终在878年的一场战斗中被盎格鲁-萨克逊人杀死。

41   罗德里·马维尔完成了初步的统一，他的儿子安拉德（Anarawd）时期统一进程也在缓慢推进，但并不持续。在他死后，权力处于真空状态，这给萨克逊人和维京人提供机会发起新的进攻。不过，罗德里·马维尔的孙子海维尔·达·阿颇·卡戴尔（Hywel Dda ap Cadell，统治到950年）是按照英雄模式抚养长大的。与其他所有中世纪威尔士的领袖相比，他的独特之处在于，他将政治智慧与勇猛精神融于一身。作为德赫巴思王国（Deheubarth）的创立者，他距离将整个威尔士纳入他的统治以实现全国性的统一只有一步之遥。他继承了塞西里威格王国，通过与勒瓦奇·阿颇·哈菲德（Llywarch ap Hyfaidd）的女儿伊伦（Elen）通婚，又得到了德维德王国。在伊德沃·富尔（Idwal Foel）①于942年去世以后，格温内斯也成为他的领地，只有（威尔士的）东南方不在他的控制之下。仅用了短短的八年时间，这位富有远见的威尔士的所罗门王就取得了比所有前任国王们更高的声望、展现了更加老练的统治手段。他不反对盎格鲁人（Anglophobe），承认埃塞尔斯坦国王的地位，而且还成为萨克逊宫廷里一位尊贵的客人。他对威塞克斯王朝所表达的谄媚、奉承和讨好之情，以及至少在策略上所使用的接受英格兰人领主地位的手段都让他能够有一个和平的（外部）环境去追求自己的内部目标。他不仅仅是一位战士-国王（warrior-king），并且有着更多的形象。在威尔士所有的国王中，只有他是以"好人海维尔"（Hywel the Good/ Hywel Dda）闻名于世的。这一称号表示他是一位聪明又爱好和平的统治者。可以确定的是，这样一个称号还与他的另一项影响深远的贡献有关——编纂威尔士民族的成文法。法律的编纂加速了威尔士人把自己看作一个统一的民族的过程。12世纪时的头等大事，是如何提升威尔士法律成为处理事务过程中的有效机制。在一个虚构的传说中谈到，"好人海维尔"从全国各处康莫特百户区②共挑选了六位智者到卡马森郡的惠特兰（Whitland）。在那里，智者们花费了40天的

---

① 伊德沃·富尔，又名秃头伊德沃，是10世纪时格温内斯国王。——译者注

② 康莫特百户区（commote）是中世纪威尔士土地分区的方法，在理论上是有半个百户区那么大，但实际上每个康莫特规模变化较大。——译者注

时间编制了关于土地的法律。这段饶有趣味的传奇把海维尔塑造成为一位追求和平的、富有雅量的、带来进步的统治者。海维尔还为自己打造了钱币：在彻斯特城(Chester)铸造出的一便士上便包括了传说中的"海维尔王"(Howael Rex)的形象，这极有可能是为了给他那尊贵的形象添砖加瓦。公元950年海维尔去世时，他正处于权力的顶峰。《国王编年史》的作者为了表示对他那威严权力深深的羡慕之情而将他称为"全体不列颠人的首脑和荣耀所在"。从此之后，关于他的作品层出不穷。1876年，艺术家威廉·爱德华·琼斯(William Edward Jones)把他描绘为一位睿智的民族英雄。在这里，"好人海维尔"是威尔士虔诚的爱国者们的榜样。这位最具魅力的统治者制作了第一部伟大的本地成文法，并且他为建立独立的国家体制指明了方向，所以在12世纪后期的惠特兰(这里是德维德的一处王宫所在地)所建立起来的民族记忆中，海维尔的成就成为人们赞赏的对象。

42

海维尔死后，威尔士面临着长时期的宫廷内斗、政治纷争和部落暴力的困境。在海维尔手中统一的格温内斯和德赫巴思两王国也分崩离析。威尔士的诸国再一次变成了战场。在950—1063年间，大约有35位威尔士的统治者惨死，而且他们大部分是死于同胞之手。萨克逊人的入侵暴露了威尔士的王公们在边境军事部署上的孱弱。由于格温内斯和德赫巴思王国内部政治联盟的碎片化，维京人在洗劫时已经不把他们放在眼里了。关系复杂的窝里斗现象意味着王国领土无论是扩张还是萎缩都依赖于统治者个人所取得的军事成就。在这一时期，英格兰人和爱尔兰人都把威尔士看作落后、贫穷的地区，而且他们认为威尔士人的城市文明远不如自己。威尔士的领主们为了弥补自己在这些方面的不足转向在战场上寻找自信。在这个变幻莫测的时代，前诺曼时期最伟大的威尔士战争领导者是格鲁菲德·阿颇·卢埃林(Gruffudd ap Llywelyn)，他是在1018—1023年间统治格温内斯的卢埃林·阿颇·塞西里(Llywelyn ap Seisyll)之子。他的性格既愤世嫉俗又残酷无情。他决心像自己的某些先辈那样建立同盟，绝不能向盎格鲁-萨克逊国王屈膝称臣。1039年，在占领了格温内斯和波伊斯后，也突然登上历史舞台。不久之后，在十字架渡口战役(battle of Rhyd-y-groes)中，他击退了麦西亚入侵者。此后，他把注意力转向争夺德赫巴思王国，他在那里主要通过烧杀抢掠的方式获得了霸权。此外，卢埃林还把格温特和莫根威格两地的朝廷驱赶逃离。格鲁菲德·阿颥·卢埃林始终能够随机应变，他毫不掩饰自己想要征服德赫巴思王国的野心，因为这意味着他将统治整个威尔士，这是他的先辈们所不曾完成的梦想。1055 年，在杀死格鲁菲德·阿颥·瑞德希(Geruffudd ap Rhydderch)之后，他的梦想之路上最后一个障碍被扫除了。其意义在于，他证明了统一整个威尔士是可以实现的，他是前诺曼时代最伟大的战争领袖。他的确是一个倔强又脸皮极厚之人，为了建立自己无可争议的权威，他对那些怀有敌意的威尔士王公、王室大乡绅(royal thegn)①乃至主教都进行了毫不留情的处置。1095 年，他开始干涉英格兰的政治。他宣布收回奥法堤坝东部的土地，并且在赫里福德(Hereford)大肆烧杀抢掠。对于一位威尔士王公来说，这是一出具有极高风险的危险的游戏。他天性喜爱炫耀，《英国人诸王史》(*Brenhinedd y Saesson*)中提到他是一位"金光闪耀的(golden-torqued)国王"。他非常重视国家威望的展示，在后人的作品中就曾记载，他在鲁德兰(Rhuddlan)宫廷中举办的宴饮活动堪称精妙奇特。

格鲁菲德·阿颥·卢埃林从未成为威尔士民族英雄万神殿中的重要角色，这极有可能是由于他那贪婪的性格和野蛮的武力威吓行为。通过采取消灭对手，或者让他们沉默的方式，他不可避免地树敌过多。1063 年，他的被刺身亡很可能就是来自内部的背叛。格鲁菲德的头颅被他自己的手下割下来送给了他的死敌哈罗德·葛德文森(Harold Godwinesson)作为投名状。在威尔士的历史中，这种行为是威尔士人的历史污点，它不是第一次发生，也不会是最后一次出现。无疑，他取得了巨大的成就，他具有比所有先辈诸王更加强大的权势，但讽刺的

---

① 王室大乡绅是盎格鲁-萨克逊时期贵族阶层，其原为王室家族服务的仆人，后来逐渐成为一个阶层的称呼，其地位低于伯爵。——译者注

地图 3　在 1055—1063 年这八年时间里,威尔士处在一个史无前例的状况中。当时,本地王公格鲁菲德·阿颇·卢埃林的王权地位获得了整个威尔士的认可。这幅地图显示了在他于 1063 年 8 月惨死前他侵占各地的过程。

是,他却没有去建立一个王朝。他的两个儿子在其去世时因为太过年幼而不能像他们父亲那样统治。在面对比之前任何一种势力更加强大的诺曼人军队的入侵时,威尔士处于一种无力的、混乱的、虚弱的状态。格鲁菲德·阿颇·卢埃林死于关键时刻,他留下了一个巨大的政治真空,这明显是一种不祥之兆。虽然他不曾成为海维尔·达那样具有非凡魅力的人物,但这位强人是作为唯一一位曾经统治整个威尔士的本土王公而扬名于世的。在一个不长的时期里——1055 年至 1063年——他建立了一个松散的联盟,联盟里诸王国都承认他的至尊地位。在一部威尔士的史书中,他还获得了"不列颠人的领袖、保护者和捍卫者"的称号。对于沃尔特·马普①来说,他是威尔士的亚历山大大帝。

19 世纪和 20 世纪的民族主义历史学者在书写前诺曼时代的威尔士历史时,经常把威尔士描绘成处在命中注定地走向民族国家的进程中。他们还把以上所提及的几位君主看作早期民族主义者(proto-nationlist)。这样的解释是站不住脚的。尽管有更多的人物纷纷在这一时期涌现,尽管有诸如罗德里·马维尔、海维尔·达、格鲁菲德·阿颇·卢埃林这类人物追求将威尔士笼络起来,但是威尔士的统治者们首要关注的仍是地方事务以及扩张土地的前景。与 13 世纪的格温内斯诸王所梦寐以求的建立统一威尔士国家的理想相比,这些国王没有这样高远的志向。谁会把格鲁菲德·阿颇·卢埃林描绘成威尔士国家的始祖呢?情况并不像有人所暗示的那样:威尔士人天生注定因软弱而遭受折磨,他们无力建立或者实现政治上的民族性。地理上的阻碍和信息交流的落后都意味着建立有效的中央统治的努力是几乎不可能完成的。9 世纪以来的碎片化现象——威尔士大家族分裂为小的支脉——以及对土地充满野心的萨克逊人和贪婪的维京战士都严重阻碍了(政治)制度的发展。此外,1066 年,伴随着诺曼底的威廉公爵的到来,真正的恐怖才显现:威尔士人将不再作为一个独立的民族立于世界之中,更不用提成为一个民族国家的事情了。

还有一点需要指出,一位重要的学者最近对"中世纪早期威尔士缺乏一部社会史"的现象表示了不满。这一明显的缺陷是由于资料的匮乏所造成的,但它也与过分关注中世纪早期的英雄与(群体)认同研究取向有密切的关系,而近来欧洲的历史学家们主要在定居类型、城市化、商业交流、文化识字率等主题上下功夫。威尔士的历史学家们是否有能力挑战现状,给我们提供对这个混乱时期的社会-经济权力关系的多样的理解,这一切要交给时间来回答。

下面我们将进入第二个主题:威尔士的法典。威尔士的法典是一

---

① 沃尔特·马普(Walter Map)是威尔士中世纪时期的一位历史作家。——译者注

种构成非常复杂但又颇具启发性的资料,它不仅能够说明(当地)法律惯例与习俗,还能够展现当时的社会-经济状况。自中世纪法律成为威尔士民族认同的关键构成以后,对法律编纂的重要性再怎么强调也不为过。正如我们上文所述,其中关键的人物是伟大的、高瞻远瞩的海维尔·达。在人们的记忆中,他引导当时的法律实践,重构了当时法律的结构,将当时法律习俗变成了成文法典,并且他给律师们提供了一系列的法则和惯例,并且使它们在中世纪的发展过程中得到不断改善。可以毫不夸张地说,海维尔法律(cyfraith Hywel)是威尔士对欧洲文明诸多贡献中最重大的一个。大约有 80 部包含着威尔士法律书籍的威尔士语或拉丁语手稿存留于世,其制作日期可以追溯到 13 世纪口期。虽然它们无法说明海维尔·达在法律编纂成文过程中具体的贡献,但是威尔士法研究的重要权威达菲德·詹金斯(Dafydd Jenkins)相信这些文本共有的核心内容里存在着"一个海维尔源头"。我们可以合理地确信海维尔发挥了重要的作用,他监督了法律编纂成文的过程,但是(法律)材料更多存在于"律师们的口中,而不是他们的书里",并且这些法律是随着社会和经济状况的变化而不断得到修订的。因此,威尔士本地法与其说是一些固定的原则,不如说是具有流动性、可塑性的口语材料,它们具有开放性,可以有不同的解释。海维尔法在历史中不断变迁,但是其根源和内容中的许多要素仍可追溯至前诺曼时代。

46

　　这些法律书籍告诉了我们中世纪早期社会是怎样的一幅图景呢?在这个社会里,人们无疑能够深刻地感受到亲属和邻里关系的重要性。跟爱尔兰一样,威尔士的亲属关系处在一种复杂的进程中,其中包含着传统和革新因素之间微妙的互动。过去人们一般认为(威尔士)经济主要是畜牧业,威尔士人的生活处于半游牧状态,是一种以部落为基础的社会。现在钟摆则明显向另一方倾斜,人们开始认为(当时威尔士人生活)在一个稳定的、定居式的、以耕种基础的社会中,而且他们以一种大家族或者部落聚居于强大的农业庄园的形式生活。在土地持有方面,当时的流行趋势是土地分割继承制,这种对大地产(gwelyau)的蚕食一直持续到 11 世纪中期。除了没有权利的奴隶以外,还有三种等级分类:国王(brenin)、贵族(breyr)以及受制于领主和土地的维兰阶层(bilain)。在这些群体中,地位的高低是由血统、亲属关系和财富来决定的。一条巨大的社会-经济链条把精英阶层的自由民(breyr)和形态各异的不自由的大众(bilain)分隔开来。前者能够炫耀他们那证据确凿的家族系谱,陶醉于他们的法律地位和军事力量,而后者则备受贫困袭扰,并且还要忍受沉重的劳役对他们体力的无情压榨。对于非自由民来说,日常生活既要为生存而斗争,又要忍受卑下的臣仆地位。

　　海维尔法是对习惯法进行提炼的产物,它是在一个漫长时期里逐步得到修正、补充和改造的,并且在很大程度上与宫廷、土地法、担保、妇女地位有关。在这些珍贵的手稿中,几乎每一页都体现了中世纪早期生活中的习俗,不过我们在这里只能展示其中的一二要点。在威尔士法律中,死刑针对的是严重的盗窃行为而不是谋杀。人们相信,那些从事秘密犯罪活动的人破坏了共同体之间的信任,将"好邻居"(good neighbourliness)传统推向危险的边缘。所以,对这类犯罪就要施加最严厉的惩罚。不过,在实践中,惩罚的严厉程度往往是由犯罪的实际情况来决定的。如果一个小偷是在行窃时被当场人赃俱获的,那么他将被处以死刑。但是,如果对他的审判只是建立在目击证人之证词上,那么他更有可能被驱逐或者被贩卖为奴。那些为了免于饿死而偷取食物的人会被免除惩罚,同时,对于那些偷取价值一般的物品为自己使用者则简单地处以罚款(galanas)。在许多方面,受害者认为罚款比实施惩罚更重要。罚款是根据犯罪者的地位等级确定数额的,并且赔偿的规定是为了鼓励改正错误而不是复仇。与罚款紧密相关的一种罪行叫作侮辱罪(sarhaed)。在受害者指控这种罪行时,其要能够证明他因为侮辱性的或者卑劣的错误行为而遭受了身体或者财产的侵害,这样才能提起赔偿申诉。

　　在威尔士法典中最具特色的部分是针对妇女的。在一个宣称以男性为主导的社会中,海维尔法揭示了大量关于婚姻财产和性行为规范的相关内容。要想保持女性在结婚时的贞洁就要偿付安博拉氐偿金(amobr)。这种抵偿金是在女性结婚前为了保护其声誉而付给领主的。还有一种叫阿格维迪(agweddi,一种嫁妆)的补偿金是当婚姻在七年内的任何时间结束时偿付(给妇女的)。这种偿付一般以共同认可的形式执行,但是如果丈夫性无能、患有麻风病、有三次通奸行为或者患有口臭的话,也可单方面实行。如果妻子没有合情合理的缘由要结束婚姻的话,她那份夫妻共同财产将被罚没,不过她可以保留她的少女费(cowyll,这是丈夫因为与之结婚而给予妻子的礼物,也指丈夫根据妻子的社会地位给予其一笔钱)。在威尔士,妇女们可能并不参与公共生活,但她们拥有比欧洲其他地区的女性更高程度的自由。

　　海维尔·达这位威尔士历史上最著名的立法者死于 950 年,但是他的视野要比他的生命更加长远。在 1536 年至 1543 年的《统一法案》①之前,它给(威尔士)的法律实践提供了核心的要素,对戎尔士人的生活产生了深刻的影响。法律的编纂、修订和完善是在一个长期的过程中实施的,不过这一过程也会加速进行,因为法律让威尔士人对政治统一与民族认同所带来的益处进行了利弊权衡。比如,13 世纪时,格内温斯诸王在支持并加速创建一个威尔士国家时,他们拉采了海维尔法以应急使用。在一个变幻不定的社会里,威尔士已经受分裂对立这一状况的折磨很久了,法律成为统一的一个象征物。在 10 世纪时,在这个部落社会中存在着多元的法律体系,要是当时这样的体系继续肆虐,而不是被深谋远虑地形成一个受到广泛尊重的法律结构的话,那么威尔士将会变得极其了无生气,而且可以预见的是,它的未来也将呈现一幅完全不同的景象。在一个政治与管理机制都严重不足的时代里,威尔士法律象征了威尔士的他者性,它为政治统治提供了一个强有力的、使用威尔士语的法律基础。不管怎么看,威尔士法律的编纂成文是威尔士历史中具有转折意义的时刻。

48

49

---

　　① 1536—1543 年,英格兰国王亨利八世通过立法的形式将英格兰与威尔士合并,英格兰法律体系和行政体系进入威尔士,亨利八世成为威尔士国王。——译者注

图 11　在一本威尔士法典（佩尼那斯 28 号①）中有几幅精美的插图，其中包含一位威尔士国王的画像。画中的国王手持权杖，身穿古典服饰，坐于王座之上。（威尔士国立图书馆）

　　基督光明在这里播撒也对威尔士的形成产生了长远的影响。这个过程主要依赖于凯尔特圣徒们杰出的传教活动。在过去 1 500 年的绝大多数时间里，基督教给威尔士文化烙下了自己的痕迹，并且对威尔士人的精神生活产生了深刻的影响。虽然这个时期始终给人们一种残忍暴虐、战火连绵和荒芜毁灭的印象，但是我们不该低估那些具有高度流动性的凯尔特圣徒们那不断增长的影响力。他们敬拜上帝，建立修道院，并且给当地的知识生活增添了活力，他们可谓成就卓著。不过，在进一步探究宗教发展情况之前，我们要先解决两个经常见到的词语——凯尔特教会（the Celtic Church）和凯尔特基督教（Celtic Christianity），

---

　　①　佩尼那斯 28 号（Peniarth 28）是佩尼那斯手稿卷档的一部分，其中包含有已知最早的海维尔·达的法律内容。——译者注

它们在大众和学术话语中都有着不良的影响。尽管在凯尔特人居住的爱尔兰、苏格兰、威尔士、布列塔尼(Brittany)和康沃尔等地区存在着密切的互动,但是把它们统称为一个"凯尔特教会"是站不住脚的,因为这种称呼是在强调它们具有内在一致性和组织性,而实际上凯尔特教会远远达不到这一点。不过,以下提法则好得多:在讲凯尔特语的地区有一个基督教会,并且在这一背景下,它们之间在教义实践、制度安排、文化构成上存在诸多不同。"凯尔特基督教"则是一个更加随意的称呼,而且是一个具有潜在危害性的虚无缥缈之物。最近社会上出现的这波对"凯尔特的"精神性的兴趣聚焦在德鲁伊特人、异教徒和新时代的旅行者身上。在很大程度上,他们更关心如何提高自己的精神生活,而不是探究对过去真实历史的理解。一些所谓"凯尔特的"神学家不顾证据破碎与稀少,急匆匆地跳过这些不可跨越历史的裂痕,只是为了妄言一些结论。对此,值得尊敬的学者们已经扛起了大旗,他们已经对这些行为给予了一些打击。那些"凯尔特基督教"的卫道士和消费者们不断地出现,除非他们能够找到更加有力的证据支持自己的观点,不然,他们的努力是不太有可信度的。

对于那些不谨慎的读者来说,他们应该警惕中世纪的圣徒传作家们的作品,因为他们书写圣徒祖先时是站在自己的立场上来评价的。威尔士圣徒们的生平传记是在他们死后的五到六个世纪时才出现的,这些作家自然觉得他们有责任去赞扬这些被拣选出来的主人公。作家们不但要使用各种溢美之词来描绘他们,而且还要给这些男男女女们一种声望,那就是他们能够行奇迹。中世纪的圣徒传作家们都是经验老到的政治化妆师(spin doctors)、宣传家和传奇故事传播者(purveyors of legend),完全依赖他们的证据是不明智的。当然,其中一些传奇故事可能源自口头传统,但是大部分的内容都是包含着政治-宗教需求,特别是自 11 世纪以来,人们开始追求捍卫威尔士教会的民族特性,并且力图证明圣大卫兹(St David's)大主教区的历史合法性。我们不应当忘记这样一个事实,我们所知道的关于圣大卫——这位威尔士守护神——的故事都是 11 世纪的圣徒传作家瑞格法西(Rhygyfarch, 1099

年去世）编纂的。他写圣大卫的神秘故事是为了证明这位圣徒是真理的预告者，是行奇迹者，是独立于坎特伯雷的威尔士教会的大主教。不管他写得多么天花乱坠，威尔士圣徒传都不是可信的人物传记。围绕着某个特别的圣徒的墓地或者遗骨会形成崇拜，许多关于他们的传记不过就是为了提高这种崇拜的声望，因为人们认为上帝行奇迹正是通过这些圣徒来完成的。萨姆森（Samson）于 6 世纪时出生于威尔士，而关于他的第一部生平传记是 7 或 8 世纪在布列塔尼被写就的。当他被祝圣为主教时，传说萨姆森能从口鼻中喷出火来；圣卡多各（St Cadog）能让不孕的妇女生育；圣大卫则能让他脚下的地面升起以方便他向一群聚集的教士和追随者发表演说。当温弗里德（Winefride）被她那受到奚落的爱人卡拉多克（Caradog）杀死后，她的叔叔圣布诺（St Beuno）不但让她起死回生，而且在她被砍头的地方还出现了一眼汩汩冒水的圣泉。在霍利韦尔（Holywell）的圣温弗里德泉成为威尔士七大奇迹之一，直到今天还依然是不列颠保存最好的中世纪朝圣中心。在圣徒生平传中，圣徒们通过行奇迹成为超自然权力的提供者。就其水平而言，这些圣徒传与童话传说其实处在同一水平。这不是第一次，也不是最后一次威尔士的文化精英对历史记录进行歪曲。不管这些威尔士圣徒们天赋如何，很难不让人觉得，其实际成就远不像中世纪圣徒传作家们为之捉刀代笔所塑造的形象那么伟大。这些作品在过去曾经，在将来也会继续成为一种引人入胜的读物，但是它也在提醒着我们，人类是一种易犯错误的，也易于轻信他人的生物。

可以想见，把基督教传播到罗马化的不列颠精英群体以外可不是一件容易的事情。吉尔达斯——那个言语刻薄、耶利米式的人物——严厉地批评腐败的教会和平信徒（laymen）。他宣称：瘟疫和饥荒这样的自然灾害，以及皮克特人、爱尔兰人和萨克逊人带来的劫掠活动都是上帝对他们罪孽的惩罚。在罗马人的影响微弱甚至尚未到达的遥远地区，异教的习俗和信仰仍呈繁荣之势。基督信仰在东南地区的城市中心区发展得最好，因为这里的人口更加密集，并且还有传授知识的学校大量存在。不过，在公元 5 到 8 世纪期间，一群群的僧侣、苦修者和巡回布道者(itinerant preacher)深入到目前为止依然处于异教信仰的地区,他们在这个更为广阔的区域内传播了教义。最近,学者们强调,不列颠凯尔特人、布列塔尼人(Bretons)、加里西亚人(Galicians)以及其他一些炫耀他们与这些航海近邻有亲属关系的民族发展出了一种文化和精神意识,一种对"大西洋"认同的意识。学者们开展了从古典时代向中世纪早期经济转型的重要研究。在研究中,他们认为欧洲当时是开放的,不是一个"内向型的、经济停滞的区域"。他们还强调,在把新的人员、观念和货物进行相对远距离运输的过程中,航海线路起到了关键的作用。大西洋所创建和维持的统一性联系作用是真实存在的。就威尔士而言,海洋成为基督教传播过程中一个重要的超级高速公路。在木制的船上载满了传教士,他们带着基督的教义,在西部的海道上航行。借助海道,威尔士、德文(Devon)、康沃尔(Cornwall)、萨默塞特(Somerset)、爱尔兰和布列塔尼这些地区得以连接。他们一旦上岸,这些朝圣圣徒们(pilgrim saints)以脚量地,在数百英里的内陆地区传播基督福音,而这些地区在当时还是危险的、充满敌意的异教徒社会。

搜集可资信赖的、能证实的关于凯尔特圣徒的资料可不是一件容易的事情。尽管后来编纂的圣徒传的传奇故事努力让我们相信,上帝是通过他们来行奇迹的,但是人们还是怀疑他们的生平比书中写的要普通得多、乏味得多。不过,圣徒无疑是"基督教一揽子组合中的一部分"。他们身上那不同寻常的道德情操与信仰标准,以及他们所宣称的超自然力量,都让他们与社会上的其他人有了区别。圣迪弗里格(St Dyfrig)是威尔士南部最具影响力的早期圣徒,他同时还是一位教师、组织者和主教,他的声望远超过当地的埃尔格[Erging,也就是后来的阿彻菲尔德(Archenfield)]和兰达夫(Llandaff),在 7 世纪萨姆森的《生平传》(Life)中称他为父亲(papa)。与他齐名的是圣艾尔泰德(St Illtud,逝于 6 世纪早期)。圣艾尔泰德具有很高的人格魅力,他在早期基督教文明中属于第一流的人物。他是一位《圣经》和哲学研究大师。在他手上,朗兰特威特·梅杰(Llantwit Major)修道院成为一处著名的

52

信仰和知识活动的中心。艾尔泰德是一位仁慈的、心地善良之人,他因为带着运粮船去拯救处于饥荒中的布列塔尼灾民而声名鹊起。他的一位非常有名的同事——圣萨姆森(St Samson)也曾在成年后去布列塔尼,还在那里的多尔(Dol)地区建立了一所修道院和一个主教辖区。在威尔士西南地区,圣泰罗(St Teilo)实现了建立修道院的理想,这给卡马森郡拉达罗·富尔(Llandeilo Fawr)地区的人们带来了心灵与思想上的改变。苏利恩(Sulien)主教和他的四个儿子瑞格法西(Rhygyfarch)、丹尼尔(Daniel)、叶延(Ieuan)和阿尔腾(Arthen)展现了自己无可争议的学术水平。他们生活的兰巴达恩·富尔(Llanbadarn Fawr)修道院是一处杰出的学习中心,整个中世纪期间它都是民族认同的重要舞台。在北方威尔士,对圣布诺(St Beuno, 6 世纪的圣徒)的崇拜存在于在林恩(Llyn)的克利瑙格·富尔(Clynnog Fawr)地区,其对该地的影响力在新教改革之后仍然存在。戴尼奥尔(Deiniol, 6 世纪中期圣徒)建立了班格尔·富尔(Bangor Fawr)和班格尔·伊斯克德(Bangor Is-coed)修道院。他被视为班格尔的第一任主教。根据比德(Bede)的记载,这处位于班格尔·富尔的布列吞人修道院是整个不列颠基督教地区最负盛名者。在这里生活着超过 2 000 名僧侣,其中的 1 200 人在 615 年的彻斯特战役中被杀身亡。

　　威尔士圣徒之集大成者是大卫,没有谁比他更受尊敬了。这主要还是由于瑞格法西的作品《大卫生平》(Vita Davidis)——一部于 1095 年在兰巴达恩·富尔(Llanbadarn Fawr)写就的著作——的影响,大卫成为威尔士的守护圣徒。不过,在生前,他并不是一个全民族瞩目的公共人物,他的影响力主要在西南威尔士地区,那里公认他为圣大卫兹主教区(church of St David's)①的修道院长兼主教。在一些爱尔兰材料中也可以发现一些关于他的最早的记录。欧甘碑铭(ogam inscription)②、地名和语言学证据揭示了西南威尔士是戈伊德尔人的

①　圣大卫兹主教区主要包括西南威尔士的锡尔迪金郡、卡马森郡、彭布鲁克郡以及格拉摩根郡的一部分。——译者注
②　欧甘文字为古代爱尔兰人所使用的一种文字。——译者注

活动中心地区,并且在对早期信仰基督的爱尔兰人产生精神影响的人物中,大卫本人是其中的佼佼者。830 年前后,塔拉特的安格斯①(Óengus of Tallaght)撰写了一部关于爱尔兰人的殉道传记。在这部充满韵律的作品中,大卫作为唯一一位威尔士裔圣徒被收录进书中。在兰德威布利菲(Llanddewibrefi)的一块基督徒碑文上用拉丁语撰写了如下一句话:"这里埋葬着伊阿戈(Iago)之子伊德内斯(Idnerth),他因亵渎圣大卫而被杀死。"学者阿希尔(Asser,逝于 909 年)在他的作品中曾提及大卫。在预言诗《不列颠的预言》(*Armes Prydein*,写于大约930 年)中,大卫成为一位勇猛的战争圣徒,在他那"纯洁的旗帜下",他的国人聚集起来抵抗萨克逊人的压迫。瑞格法西也对他进行了描写。瑞格法西的材料来源应该是口头传播的故事以及一些残存的证据。随着他声望日隆,有数十个教堂和圣泉都说跟他有关,实际上,它们都分布在威尔士的南部。因此,由于这样那样的原因,人们真心实意地把圣大卫塑造成一个强有力的象征,借此形成了威尔士教会独特的认同感。

正如我们看到的那样,威尔士的圣徒们因为他们被赞誉具有英雄品质而闻名遐迩。他们是战士,是预言者,是奇迹制造者,是精神治疗师,他们有能力做出超越常人的事。但是,如果用一种更加严肃的态度来探究他们的真实形象的话,他们只是一群普通人,他们只是热衷于精神的祈祷、知识的学习和善事的完成。他们的修道院强调苦行、简朴和纯净。与当时的教堂或者基督教会的建筑最密切相关的一个词是:兰恩(llan)②,并且这些宗教建筑会用某个圣徒或者僧侣的名字来命名,这是因为他们直接建立或者间接出资捐建了这些建筑。当时的教堂或者修道院是用木头、枝条和泥浆(daub)筑造而成的。用现在的标准来看,它们显得一点也不大气(Lilliputian)。直到 12 世纪时,用石头筑造的教堂才普遍出现。在茵那斯·塞瑞欧[Ynys Seiriol,位于普里斯托莫(Priestholm)]的教堂仅 1.5 米见方。甚至在 1120 年用石块筑成的

---

① 塔拉特的安格斯是 9 世纪爱尔兰的一位主教,著有《安格斯殉道传》。——译者注

② Llan 最初的意思是指皈依基督信仰者的聚居地。——译者注

54　　兰达夫(Llandaff)主教座堂的高度也没有超过 12.2 米。还有一些独居者的隐修所常建在风暴潮肆虐的岛上。圣徒们认为,这个世界充满罪孽,房子虽然建在这样不牢靠的地方,却能让他们远离野蛮的人群。在这样的地方生活就是为了追求身体上的不舒适感,这样可以在脆弱的个体身上留下精神的或者肉体的持续的伤痕。当圣萨姆森发现卡迪(Caldy)岛上的修道生活正符合他那挑剔的口味后,他便退隐到塞汶河边的一处要塞或者洞穴里居住,因为这种"分离主义"在当时的塞汶河地区是个时髦之物。圭厄雷(Gwynllyw)和古尔蒂斯(Gwladys)习惯于常年在厄斯克(Usk)河的冰水里泡澡。直到他们的儿子圣卡多各(St Cadog)苦劝之后,他们才改为以更加温和一点的方式进行锻炼。尽管并未要求主教或者神父们过独身的生活,但是圣徒们还是指出:禁欲有助于增强人们的道德修养。圣大卫一直履行着他在布道时的言论:做一个工作勤奋、精神纯净、钱财不多之人;生活中坚持赤足行走,穿动物的皮毛,食物则以水、面包以及蔬菜为主。博亚(Boia)的妻子曾经给圣大卫送去袒胸露乳的妇女,希望他能热血沸腾,却被他断然拒绝。诗人和圣徒传作家们曾经提到他的职业为一名船工(aquaticus)。但是,讽刺的是,许多个世纪之后,在威尔士不从国教者(Nonconformist)提倡节制改革的说教文学(homiletic literature)中,他的职业成为人们谈论的主题①。在接连几个世纪的时间里,跟圣徒有关的遗物(特别是遗骨)、圣地成为朝圣者时常接触、拜访的对象。数百处的神井和圣泉被认为具有医疗功效,它们如磁石一般吸引着患病之人和好奇之士前来。在 1990 年代,那些被认为含有圣大卫遗骨的文物被证明只是一堆 12 世纪时的物品,这给整个威尔士带来了一种深深的遗憾。

　　当时还没有诞生现代意义上的教区和堂区,主教审判权还处于一种极其涣散的状态。虽然在讨论 8 世纪前的这个时期历史时,学者们已经谈及威尔士的修道院,但是只是在写作 8 世纪之后的历史时(即使

---

① 在 19 世纪,英国出现的"节制运动"推动政府制定《禁酒法》,限制人们饮酒消费。——译者注

没有证据说明诺曼征服之前存在着修道院这个术语），他们才开始使用clas这个词——母教会（mother-church）——来描绘这类教会共同体。所谓的clas（更好的一个词是monasterium）成为当时基督徒生活的关键构成。由于母教会里的教士（claswr）能够把自己在教会中的那份财产和税收遗赠给继承人，所以并没有强制要求教士独身。Clasu（即母教会clas）处在一位修道院长的管理下，他们建立一些子教会（daughter churches），在其中安置一些僧侣（regular monks）和俗家弟子（non-monastic clergy），而这些母教会就是靠子教会的纳贡生存的。就这样，基督教逐渐开始赢得越来越多的人的好感，基督信仰变成他们生活中不可或缺的一部分。在这片环境恶劣、发展艰难的土地上，对上帝的信仰成为他们传教的动力："这个世界不是在明亮悦耳的歌声中出现的。即使是小草和树木都应当歌唱您所有的荣光。真实的主啊……他建造了这个世界，本欲拯救我们，现在我们已然得救。"事实上，我们可以确信基督教的传播促进了独特的威尔士认同的形成。威尔士人开始把自己看作一个基督教民族了，他们与凶残的盎格鲁-萨克逊人是不同的，他们因此具有文化上的优越感。早在603年时，一段插曲的发生显示了其在文化层面上惊人的变迁。当时，教皇格利高里派遣特使圣奥古斯丁与不列颠教会的主教们以及知识阶层的代表会面。奥古斯丁的使命是让他的客人们信服罗马的指挥。奥古斯丁的目的不仅是寻求威尔士人的合作来推动不信基督的盎格鲁-萨克逊人及其同盟者的皈依，他还要求威尔士人承认自己首席精神领袖的地位，要求他们服从罗马的复活节传统，要求他们放弃凯尔特式的洗礼和坚振礼仪式，并且要求僧侣们放弃他们独特的削发习俗（一种从脑袋前部开始的削成半圆状的发型）。这些要求在我们看来没有什么，却戳到了当时之人的痛处。特别是复活节，它是基督复活的时间，其代表着光明战胜黑暗，所以复活节日期的计算必须是准确而又令人信服的。圣奥古斯丁的行为让威尔士人感到对方傲慢自大，这伤害了他们的感情，威尔士人对此极为愤怒，他们拒绝放弃自己的仪式习惯，他们不能在奥古斯丁手上遭受这般公开的羞辱。观念上的差距不是小事，我们完全能够理解威尔士

55

人捍卫自己所深深珍视的习俗和理念的愿望。人们相信威尔士人对圣奥古斯丁报以了冷言冷语的斥责。他们的确是最后一批被纳入罗马（宗教生活）方式的凯尔特人：直到 768 年，威尔士人才改变了他们对复活节时间的计算方式。基督教与剑从未分离使用。八个世纪之后，圣大卫兹教区的主教理查德·戴维斯（Richard Davies）指出：威尔士人一直顽强地抵制着罗马人的要求，他们只是在萨克逊人的斧钺即将到来时才最终屈服。

56

因此，主要借助于爱尔兰、布列塔尼和威尔士之间紧密的海上联系，一代新人横空出世：他们显然对基督的事业有着无尽的热情；他们拥有一种精神文化，让他们与那野蛮的、混乱的世俗世界告别。

正当基督教在精神世界中的传播风头正劲时，文化因素的影响也给威尔士人带来了活力。其中影响最为深远的一项变化是威尔士语出现在了历史舞台上，并且成为人们使用的主要语言。我们并不知道从布立呑语（Brittonic）向威尔士语的转变发生的确切时间，也无法清晰地阐释这种转变的方式如何。有可能是在 6 世纪中期，一种地方语突然崛起，它成为吟游诗人们唱诵英雄诗歌的绝佳工具。有些诗人为了取悦那些是非不分的统治者而胡乱创作一些粗俗的诗歌，这让雄辩家吉尔达斯感到不悦，他斥责他们是"一群流氓……撒谎成性，吐出的不过是一堆痰液"。但是，在 12 个世纪之后，约洛·莫根威格的说法更加公允些。他认为："我们的诗韵在普遍看作黑暗的时代里达到了最繁盛的状态。"这一说法虽然有所夸张，但能让人接受。在"剑桥尤文库斯手稿"（Cambridge Juvencus Manuscript）中藏有 12 首"伊兰诺恩诗歌"（*englynion*）。它是由一个叫努埃达（Nuada）的爱尔兰抄写员在 9 世纪后半期的一处威尔士藏经楼里抄写出来的。尽管它成为现存最早的威尔士诗歌，但在威尔士的颂歌和悼词文学传统中，人们仍然把 6 世纪时塔列辛（Taliesin）和安奈林（Aneirin）创作的英雄诗看作威尔士诗歌的开端。有趣的是，威尔士诗歌传统的建立者们来自戈德丁（Gododdin）、斯特拉斯克莱德（Strathclyde）、雷吉德（Rheged）这些不列颠王国——这些地方就是今天的英格兰北方和苏格兰南部地区。雷吉德王国包括今天的苏格兰西南部和坎伯兰郡（Cumberland），塔列辛就是来自雷吉德的一位宫廷诗人。同样，安奈林是在戈德丁的土地上吟唱诗歌的，这个王国的首都就是图恩·爱迪恩（Din Eidyn，即爱丁堡）。对于他们生平和作品的记载出现在很久之后的 13 世纪时的作品中，但是森菲尔德（Cynfeirdd，即"早期诗人们"）创作的英雄文学在此之前就已经通过口头的方式在传播了，并且他们的作品明显受到了热烈的欢迎。

57

　　尽管我们对塔列辛（活跃于 6 世纪后期）的个人情况不甚清楚，但他却被冠以"诗人之首"（the Chief of Poets）的称号，由此可见其声望如何。塔列辛喜欢对战争中的屠杀场面进行描绘。现在有 12—13 首诗歌被认为作者是塔列辛，其中的八首是关于赞誉雷吉德统治者、勇士之王尤里安（Urien）及其子欧文（Owain）的成就的。在大约 570 年时，安奈林（活跃于 6 世纪后期）创作了一部充满黑暗气息的、情节紧张的巨著《厄戈德丁》（Y Gododdin）。这部作品有 1 000 多行，讲述了一场悲剧传奇：梅内多葛·梅恩富尔（Mynyddog Mwynfawr）是戈德丁部落的首领。他精心挑选了 3 000 名训练精良的年轻勇士跟随他。一次，他们莽撞地决定对驻扎在约克郡北部卡特里恩［Catraeth，今卡特瑞克（Catterick）］的盎格鲁军队展开黎明突袭。盎格鲁军队在人数上占有绝对优势。虽然这些穿戴着"黄金饰环"的战士们勇猛无比，但他们最后只有一人在战斗中活了下来："在他们的头发灰白之前，'安奈林说，"死亡就向他们袭来。"此后一代代人围绕着篝火，听着诗人们吟唱他们悲壮死去的传奇故事。《厄戈德丁》成为威尔士英雄传统中具有标志性意义的作品，因为它是一出痛苦的寓言，寓意着民族虽败犹荣的形象。当 18 世纪的学者偶然发现了这部诗歌的手抄本时，他们兴奋地把这一发现看作类似于哥伦布发现美洲这样的伟大事件。其实，到 9 世纪时，塔列辛式的颂词诗篇似乎就已经衰落了。关于赞颂诸如摩里芬·弗里其、罗德里·马维尔和海维尔·达这些国王的颂歌或者悼词并未被发现，从中我们可以感觉到这一传统的消亡趋势。取而代之的是史诗型诗歌。旧体的英雄诗歌偏爱赞颂血腥的战斗和死亡场景，这类描写方式明显受到新体诗的排斥。事实上，人们已经本能地反感过去那种令人胆寒的恐怖行为。《卢沃奇·亨之歌》(*Canu Llywarch Hen*, 作于 850 年前后)极有可能是在位于布莱卡涅戈(Brycheiniog)的兰格斯(Llan-gors)的某处宫廷或者宗教中心创作出来的。这部作品充满了哀伤之情，它主要围绕着一位年老力衰而痛苦不堪的老守财奴的回忆而写作的。7 世纪时，波伊斯王国的统治者西德兰去世，在一部叫作《海蕾特之歌》(*Canu Heledd*)的作品中，作者展现了海蕾特因失去她的兄弟西德兰而痛苦不堪的心情。关于死亡与哀伤以及回忆国王过往的荣耀之类的主题比比皆是，但是我们无法确知，这些内容在多大程度上影响了威尔士人的集体认同和凝聚力。

当时的文学文化(literary culture)是以口语方式传播的。书面材料的稀少虽然令人感到遗憾，却正好反映了口语传播的兴盛，这在人们看来都是司空见惯之事。在创作于 9 世纪的《圣查德之书》[*Book of St Chad*, 也就是著名的《利奇菲尔德福音书》(*Lichfield Gospels*)]的一处土地权条目(entry)中，人们可以找到现存最古老的威尔士语法解释的文字片段。这部制作精美的手稿在历史上的大部分时间里都被保存在卡马森郡拉达罗·富尔村，在几经周折流传后，最终被利奇菲尔德主教座堂图书馆收藏。这本书最后是被人用一匹价值不菲的良马而交换出去的。用威尔士语写作的这处土地权条目被叫作《苏埃克斯特备忘录》(*Surexit Memorandum*)。全文共 64 个词，记录了一次土地所有权争执的解决过程，因为当时有两个人都宣称一块叫作"提尔·泰西"(Tir Telych)的土地应该归自己所有。在这样一个阴谋层出不穷、行为目的杂驳不纯的时代里，这一段记录显示了普通邻里之间追求和平解决冲突的意愿，甚至在翻译后仍能让人感觉这是一条令人感动的历史证据：

托德维奇（Tudfwlch）是勒维德（Llywyd）之子、托德瑞（Tudri）的女婿。托德维奇提出"提尔·泰西"这块土地（应归他所有)。"提尔·泰西"实际当时为盖里(Gelli)之子埃古(Elgu)及伊德瓦雷德(Idwared)部落占有。他们为此争吵了很久。最后,他们通过法律原则否定了托德瑞的女婿的要求。但是,心怀善意的人们互相之间承诺:"让我们和平相处吧。"埃古随后给了托德维奇一匹马、三头母牛、三头刚产犊的奶牛。他这样做是希望他们之间不要因为这样的决定而把怨气带入末日审判时期。

在中世纪早期威尔士的历史文献中,《不列颠史》占据重要的地位。这部著作创作于 829/830 年,后世之人多认为其作者是南尼厄斯(Nennius,活跃于 800 年前后)。这部史书以优美的文笔叙述了从大洪水时代以来的不列颠人的历史,并且它对后来蒙茅斯的杰弗里创作的《不列颠诸王史》(大约 1139 年)具有重要的影响。教会学者们的思想也受到世俗世界的关注,他们的思想被整理出来,并且影响力也与日俱增,因为他们在文学和艺术活动的中心成为人们讨论的对象。到 11 世纪中期,在圣大卫兹、兰巴达恩和朗兰特威特·梅杰的教会骄傲于自己那具有创造力的环境。在这里,天资聪颖又训练充分的抄写员们发挥了自己在知识上的领导地位,他们推动了拉丁语的教学,编纂早期圣徒的生平故事,并且他们还喜欢在一些威尔士诗歌、叙事传奇(prose tales)和短格言诗(triads)的文本边缝处记下自己的所思所想。尽管他们的主要目标是让基督教的精神之光普照大地,但是还有一点是不可置疑的,那就是他们共同的遗产是无比荣耀之物,他们证明了自己对其坚定的维护之心。在这个时期,这样的活动是一次绝对鼓舞人心的生命之旅。

刻有文字的石头星罗棋布于各处的景色之中。它们用一种自己独有的方式向世人宣告着个人在圣徒时代的信仰状况,这也是一种用视觉化的方式塑造身份认同的过程。在经历了大西洋风暴那 1 600 年不停地肆虐之后,现在在威尔士大约有 535 处墓碑留存下来。那些 5—7 世纪期间的墓碑主要是一些竖立着的独块巨石,在其上面刻有拉丁文或者爱尔兰文字,还有一些是用欧甘字母(这是一种独特的书写形式,

60

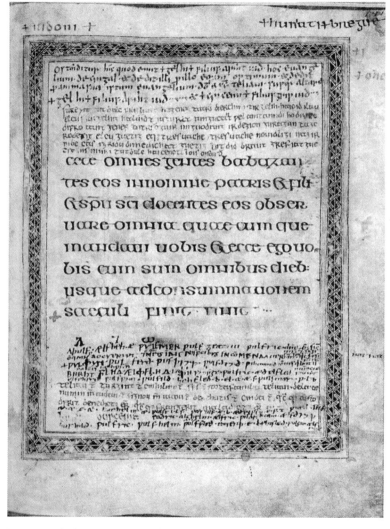

图 12 《圣查德之书》,也就是著名的《利奇菲尔德福音书》创作于 9 世纪早期。在图中这页中的边缘处包含有已知最早的一处威尔士语法的文字解释。(利奇菲尔德教长和牧师会座堂)

这种文字是在石碑的边缘处横平竖直地刻写,从而形成字母单元)书写而成的爱尔兰语碑刻。早在 4 世纪时,一个爱尔兰人的殖民地就在西南威尔士建立起来了,建立者是来自沃特福德郡(Waterford)的戴西族王国之人。这个殖民地直到 10 世纪之前一直保持着较大的人口规模。其成员讲戈伊德尔语和布立吞语,并且他们习惯在宗教场所附近的石头上用欧甘字母刻写文字作为纪念碑。与之相反的是,在北方威尔士,墓碑往往作为边界的地标,或者精英阶层宣示土地所有权的象征物,它们有些建在罗马人修建的道路边沿,有些则在史前的或者罗马时代的遗迹附近出现。在 7—9 世纪期间,装饰有十字架的石头不断出现,它们在教堂或者墓地中出现主要是用来标示坟墓的位置,而在 9—11 世纪期间,雕刻师们那颇具想象力的才华则在那些独自矗立、雕刻精美的高位十字架上体现出来,例如,在彭布鲁克郡的奈汶(Neverr.)、卡鲁(Carew)地区的十字架,其中包含着雕刻细致的交错花纹图案,它们复制自凯尔特的手稿资料,需要杰出的工艺水平。在这样一种情况下,大西洋海岸的重要性就显得尤为突出了。最近学术界的观点认为,这个时期的视觉文化存在着一种动态的、关系复杂的交流互动。这些费尽心血制作的纪念碑既有历史意义又有艺术价值,它们都在有力地提醒着人们对于地方、区域和族裔的认同,也在告诉人们这是一处处基督教的遗产。

当诺曼人在 1066 年进入英格兰时,威尔士作为一个特定地域概念已经为世人所接受。正是借助于诗人以及其他历史传播者的努力,不列颠人维系住了他们的历史认同。康布里 - 拉丁作家们(Cambro-Latin)一直把威尔士称作 Britannia,把威尔士人称作 Britons。直到 12 世纪,诺曼人到来以后,他们才用 Wales 和 Welsh(它们源自古英语中的 Walh 或者 Wealh)来代替原来的称呼。这是些带有贬义的名词,其意思分别为"外部的土地"和"外部人"。然而,早在 7 世纪时,Cymry(后来拼写为 Cymru)这个名词源自凯尔特语的 Cambrogi 一词(意思是"居住在同一地区或者国度的人群")就出现在一首赞颂格温内斯之

61

图 13　在彭布鲁克郡的奈汶，圣布里那奇（St Brynach）堂区教堂的一处空地上立着经过装饰的十字架。这是威尔士境内最精美的一座基督徒墓碑。（政府版权：威尔士古代和历史遗迹皇家委员会）

王凯德沃伦（Cadwallon，634 年去世）的诗中。10 世纪早期的诗歌《不列颠预言》（*Armes Prydein*）是当时最著名的政治诗，在其中，作者也把威尔士民族称作 Cymry。在威尔士（Cymry），一种地域的意识不可避免地要比民族性的概念更为强烈，但是，他们是有着共同的语言、共享的文学和共同的法律的。他们钦慕着圣徒，对其有着无尽的崇拜，他们愿意接纳基督信仰的教义，因为这是上帝赐予他们祖先的，这在（威尔士）认同的形成中是一股强大的推动力量，让他们倍感骄傲。威尔士（Cymru）的意识已经变成了现实。威尔士的统治者和人民该如何面对资源充足、武装先进的诺曼入侵者呢？这是我们下一章谈论的话题。

62

第三章　盎格鲁-诺曼征服者
（约 1063—1282）

1900 年 5 月,班格尔的约翰·爱德华·劳埃德(John Edward Lloyd of Bangor)教授在伦敦的西默容多罗恩荣誉协会(Honourable Society of Cymmrodorion)①发表了一次演讲。这次演讲的题目是"威尔士与诺曼人的到来"。劳埃德在演讲时身着整洁的黑灰色套装,其服饰的高领处、衬衫前胸处(shirt front)以及袖口处都浆洗得笔挺,而且劳埃德的谈吐朴素优雅、思路清晰,这些无一不体现着维多利亚时期大学教员们的独特风采。虽然此时的劳埃德还处于职业的早期阶段,但这位具有超绝才智的学者已经收获了广泛的赞誉,而他后来更是被称为"那个失落世纪的指路明灯"。劳埃德不是那种特别能令人兴奋的演讲者——比如,他更喜欢说"亨利王移骑伫立马下"(King Henry dismounted from his steed),而不会说"亨利从他的马上跳下来"(Henry got off his horse)。不过,他在自己的研究领域有着无人可超越的知识量,并且他能够始终致力于提高学术研究的水平。事实上,劳埃德是威尔士中世纪史研究的奠基人。他在西默容多罗恩荣誉协会的

---

① 西默容多罗恩荣誉协会最早成立于 1751 年,是建立在伦敦的一处威尔士文化研究和宣传协会。西默容多罗恩来源于威尔士语,意为"最早的居民"。——译者注

演讲是他那两卷本的杰作——《威尔士史：从最早的时期到爱德华征服》(*A History of Wales from the Earliest Times to the Edwardian Conquest*)——出版前的一次预告。这本书出版于 1911 年，它是威尔士历史研究成果中的一座高峰。劳埃德的那些前辈史家的作品中充满了感性的因素，但缺乏理性的思考。只是到了劳埃德这里，威尔士中世纪史研究才进入了严肃的学术研究阶段。他的作品直到今天仍在威尔士的历史写作中占据着崇高的地位，学者们能够从阅读他的作品中获得诸多的益处与快乐。

当然，正如人们所预料的那样，在过去的 100 年里，中世纪史的研究者们一直通过不断开拓新的视角对这一主题进行研究。最近，学者们已经把注意力对从宏大主题的描写转向了分析当时的社会和文化进程上来。今日的学术研究能够获得比劳埃德时代更加丰富、更加多样的史料。材料的易得让学者们能够揭示那些已经无法发声的古人的生活状态，而且还不断地激起人们对历史问题的争议。关于从诺曼人来临到爱德华征服时期的研究在近期发生了两处变化。由此，这一时期变得更加清晰，也更加有趣。第一处变化是修正主义史家们提出与他们的先辈学者不同的观点，他们不再把自己严格限定在盎格鲁中心主义(anglocentricity)的世界观中。现在的人们已经明确地认识到，这一时期的威尔士与欧洲大陆处于不断地交流融合过程中，威尔士受到欧洲大陆的影响。第二处变化是严肃的中世纪史家在对这一时期进行研究时认为，不去参考苏格兰和爱尔兰同一时期的那些独特的经历是不可能的，因为在这一时期，盎格鲁-诺曼人开始寻求将自己的王家权力施加于所有凯尔特民族之上。就整个这一时期来看，尽管威尔士变成了一个被征服的民族，但它也变得更加具有开放性，在族裔性和文化上更加多元，并且更倾向于保持多重的忠诚。这些令人耳目一新的视角给予我们一个更加令人信服的解释框架去探索这出人类大戏。这场戏剧中伴随着的是盎格鲁-诺曼人统治地域的扩张。

我们首先要予以强调的是，11 世纪后半期以来，在推动盎格鲁-诺曼人入侵威尔士的热情中存在着一些意识形态上的动因。诺曼征服者们对于自己作为欧洲最残忍、最有成效的战争集团充满了骄傲：他们在哈斯汀斯（Hastings）摧毁了盎格鲁-萨克逊人的军队；他们在南部意大利降伏了拜占庭人和拉丁人；他们将西西里的穆斯林部队打得溃不成军。于是，诺曼征服者决定将自己在政治、社会以及文化生活中的一系列规章制度施加到凯尔特民族身上。他们精挑细选自己想要夺取的地域，他们在满足自己的领土扩张野心时自私自利。他们对本地威尔士人怀着既好奇又偏颇的眼光看待之，这竟成为他们能够残酷地对待威尔士人而免受处罚的理由。他们形成了一系列对威尔士人侮辱性的评价：威尔士人被描绘成"在乡野中成长，并且过着如同野兽般兰活的民族"。本以为威尔士的吉拉德（Gerald of Wales）能够更加公王，但是连他都如此评价威尔士人：他们是一群软弱、懒惰、生活混乱又残忍的野蛮人；威尔士人是蛮族（barbari），是低人一等的民族，他们急需文明价值观的良药。这些来到这里争夺土地和权力的法国骑士们是具有贵族血统之人，他们对于杀戮这个"粗鄙的"、"不道德的"民族的人民没有丝毫良心上的不安，他们对本地传统的重要意义以及传统之间的联系尽情诋毁。他们的使命是臣服、改造（威尔士人）。《国王编年史》是由一位匿名的编纂者在斯特拉塔·弗罗里达修道院（Strata Florida Abbey）写就的。这位编纂者认为，盎格鲁-诺曼人决心"消灭不列颠人，他们要让不列颠人这一名称永远不再被人记住"。这些所向无敌的入侵者把自己装扮得具有文化上的优越性，这是他们最不招人喜欢的品质。威尔士和爱尔兰社会本来就是脆弱的，经不起这样的冲击，这种区分"我们"与"他们"的心态的流行给当地造成了痛苦的族群分裂。与之相反，苏格兰存在着稳定的王室统治，他们的领土控制强而有力，这使他们能够抵御盎格鲁-诺曼人的进攻，这是苏格兰的骄傲之处。值得注意的是，到 12 世纪早期，那些用拉丁语写作的威尔士作家们称呼他们的同胞采用了 Walenses（威尔士人，Welsh）这个词，并且使用 Wallia（威尔士，Wales）这个词来称呼自己的国家。这是采取了与盎格鲁-诺曼人一样的称呼方式。这类命名的采用反映了英国人领主地位的

65

确立。同时，它或许也透露出一丝渴望，那就是采用拉丁语来对Cymry(威尔士)和Cymru(威尔士人)这两个术语作一个更加准确的定义。

不可否认的是，这些冷酷的诺曼冒险家使用了凶残的恐怖手段为自己的军事入侵扫清了道路。他们由骑士、战士、建造师组成，他们心肠狠硬，面对困难百折不挠，充满了对土地和成功的渴望。他们配有更加先进的武器和战服。从1067年起，诺曼军队的铁蹄践踏着威尔士的土地，到处是大的战争、小的冲突、各种围困战以及烧杀抢掠的行为。我们不应当让这个时代所谓的骑士形象遮蔽那背后的残忍暴行。本质上这是一种军事上的活动，它是依靠刀剑的力量来完成的。而其最终目标则是到13世纪时达成政治和文化上的大一统。尽管威尔士人在武器上无法与诺曼人抗衡，但是他们也有自己擅长的战争手段——游击战，其特点在于快速行军战术和打了就跑(hit-and-run)的掠夺活动，这是威尔士人的法宝。那些支持抵抗活动的诗人们为他们的勇敢、荣耀乃至英雄般的失败进行写作。威尔士的吉拉德也宣称：威尔士人认为死于战场才是他们的风采所在，他们以安眠于床上为羞耻。这样的评说是相当有道理的，他们的确不是瑟瑟颤抖的羔羊。威尔士的宫廷诗人们经常描述"血花四溅"，"僵硬的、流满血的尸体"，以及"荆棘上挂着内脏"这类场面。那些充斥着杀戮欲和复仇感的故事让人不寒而栗：1129—1130年，在阿威斯利(Arwystli)王国，有七位堂兄妹(first cousins)被他们的家族成员处以戳瞎双眼、阉割身体或者砍头处死等刑罚。1130年，波伊斯郡的马瑞多德·阿颠·布莱登(Maredudd ap Bleddyn)把他的侄子卢埃林·阿波·欧文(Llywelyn ab Owain)的双眼挖掉，并且割掉了他的睾丸。里斯王(Lord Rhys)是德赫巴斯国广受爱戴的君王，连他都与自己的侄女有乱伦行为。战争、流血和骚乱频繁出现。当一位威尔士的编年史作家在为1112年的历史写作并记下"在这一年里存在着和平"时，我们从中可以察觉到一种明显的放松的口气。

然而，征服威尔士的事业是一个缓慢推进的过程。它是在漫长的时间里，通过血腥的手段，以一种令人筋疲力尽的方式最终达成的。征服者威廉(William the Conqueror)有过短暂的念头想征服威尔士,他曾在 1081 年率领远征军到达过圣大卫兹地区。但是威廉对威尔士的兴趣终究不大,征服威尔士的工作主要还是依靠三位极端鹰派(überhawks)人物来完成的,这三个人被允许组织并率领三路大军入侵威尔士,他们把边境地区作为主要的战争舞台。这三个人是:位于赫里福德郡的威廉·菲茨·奥斯本(William Fitz Osbern)、位于什鲁斯伯里郡(Shrewsbury)的蒙哥马利的罗杰(Roger of Montgomery)以及位于彻斯特的那位身材高大的阿弗朗什的休(Hugh of Avranches)。他们都是冷酷无情的领主,都使用铁拳进行统治,其权威来源于王室的恩宠。主要在这三个人的推动下,诺曼人与其盟军对威尔士的南部、中部和北部地区展开惩罚性的洗劫,并且逐步拔掉了那些最具威胁性的威尔士抵抗人士。不过,正如我们看到的那样,威尔士人不是那么容易被消灭的。在道路崎岖的高地山区生活着桀骜不驯的山民,要消灭他们尤其不易。因此,诺曼掠夺者们集中精力在威尔士的边境和南部、东部地区建立持久的军事和领土统治。这些地方是低地地区,这里有着更加肥沃、更有生产效率的可耕地。到了 12 世纪中期,这个匡度已经分裂成了两部分。一部分为威尔士边地(Marchia Walliae)。边地为边地领主(marcher lords)所控制,并且王权也能进行一定的管理;另一部分是威尔士人控制的威尔士地区(Pura Wallia),其主要分布于威尔士的北部和西部地区,这里仍然为独立的威尔士领主们所掌控。边地作为前线地区其分布多种多样,并且边界模糊,那些不了解情况的新来者永远搞不清他们是否进入了威尔士地区。边界形状根据王权与边地领主势力的此消彼长而处于变化之中,也会因为战争结果的变幻莫测而不断改变。边地领主们继承了排他性的权势与特权,这意味着他们能够不受国王敕令与英国普通法的制约。他们积极地推动自己在管理权和司法权上的独立。1250 年,一位边地领主做了一件具有挑衅行为的事。亨利三世派遣的王家信使携带有国王敕令,这位领主却逼迫信使将敕令与印章活活吞了下去。在拓展自己的权威和领域过程中,诺曼领主的内心有一种种族优越性和常胜不败的意识。他们正是

67

68

怀着这样的心态在东地中海、伊比利亚半岛和波罗的海海岸寻找开疆拓土的重要的机会。在威尔士，那些气候最为宜人的河谷地区以及海岸平原地区开始回荡着来自诺曼底、安茹（Anjou）、曼恩（Maine）以及布列塔尼的（入侵者们所发出的）各种地方语言的声音。像努夫马彻（Neufmarché）、德·坎特鲁普（de Cantilupe）和德·莫蒂默（de Mortimer）这些人名的发音对于只会讲威尔士语的人来说非常拗口，这让他们发现自己生活在一个异族人统治的国家中，而且这让他们感觉这似乎是一处完全不属于威尔士的地域。

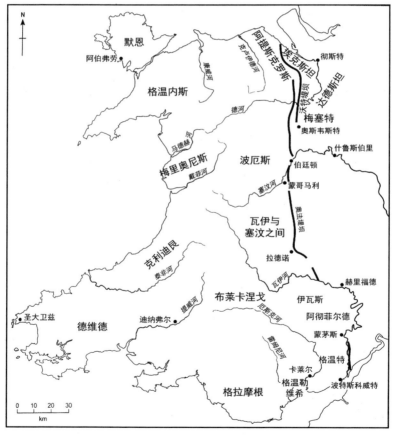

地图4　14世纪的威尔士及其边界：东部边界处于变动的状态，并且它大体上是由于军事命运的变化而被塑造和再塑造着。

诺曼人的骑士和弓箭手的作战效率高超,并且他们在围城时所用武器具有毁灭性的打击效果,这些成为诺曼人权势的来源。不过,在他们一系列的军事武器中最重要的还是城堡(castle)。这是一种全新的威尔士堡垒,这种城堡对于这个极其不稳定、极其脆弱的地区非常重要。起先,诺曼人采取迅速完工的方式建造了一些构造并不复杂的泥土工程,它们叫作莫特-百利城堡(motto-bailey castle)①。这些城堡总共有 600 座,它们并未装备有能够阻挡那些勇猛的威尔士起义者的武器。到了 12 世纪,它们被用石头制造的堡垒所取代。这些新堡垒成为(诺曼人)军事优势和殖民活动的重要象征。其中经过加固的那些新构造物——比如,彻普斯托(Chepstow)的石堡,特累托尔(Tretower)的三层圆塔以及彭布鲁克那具有标志意义的石堡——主要起到恫吓威尔士人的作用,其目的是把他们驱赶进入生存环境恶劣的山区。但是,即使是这些要塞也无法与爱德华一世时期建造的那些令人生畏的军事堡垒相比。1277—1295 年,爱德华一世建造了一些堡垒,他想借比确保英格兰国土的安全,并且他还希望威尔士的诸王公能够臣服于他,使自己成为他们当之无愧的封建领主。一系列守卫完备、几乎无法攻克的石头堡垒在威尔士北方的一些要地被建立起来。这些石头堡垒花费了多达 17.5 万英镑,它们是根据来自萨瓦(Savoyard)的建筑大师[特别是圣乔治的詹姆斯(James of St George)大师]规划的蓝图建成的。这些堡垒都具有战略和经济价值,它们能够确保天性不安分的威尔士人不再破坏国王的和平。这些令人印象深刻的、令人畏惧的军事建筑遗迹能够与欧洲任何类似建筑相媲美。但是,对于威尔士人来说,它们在提醒着一个残忍的事实:到 13 世纪末期,威尔士人已经确定无疑地成为一个被征服的民族。

城堡数量的增加与城市的拓殖紧密相关。这也是殖民的一种方式,因为城市的扩大可以安置新来的定居者。绝大多数的定居者是英

69

---

　　①　莫特(motto)意思是高处的土石工程,而百利(bailey)意为围城的庭院。莫特-百利城堡在 10 世纪时伴随着诺曼人的军事活动而流行于欧洲地区。——译者注

图 14　坚固的彭布鲁克城堡是在威廉·马歇尔指挥下用石头建造而成的。它是征服的象征。这处 12 世纪后期建成的堡垒有着圆柱形的塔和石质的屋顶，这是其最重要的建筑特征。（政府版权：威尔士古代与历史遗迹皇家委员会）

格兰人。他们"蜷缩在军队保护者和资助者的裙摆下"，不过他们跟那些耸立在他们头顶上的堡垒一样，都是殖民活动的明确象征。尽管移民前来威尔士定居的现象一直存在，但是盎格鲁-诺曼人的入侵规模——既包括军人，也包括普通人——比之前任何一次入侵的群体的规模更加庞大。早期的城市拓殖就已经在改变着前线地区和南部海岸地区的风貌。当爱德华一世从 1277 年起在威尔士北方建立那一批批令人畏惧的城堡市镇（castle-boroughs）时，这个国家开始充斥着更多的殖民象征物，它们不断地提醒着人们：权力的平衡已经发生了巨变。这些定居者中的精英战功卓著、掠夺成性。他们不仅在城堡内建造了围有城墙的市镇，而且还开拓了庄园和领地农场。这些地方的选址地段良好，它们被称为"英国人区"（Englishries）。这些好战的定居者对南部高尔地区的农民进行排挤打击，因为它们想在这里建立能够高度持久运作的、安立甘化的殖民地，这些殖民地叫作"安立甘高

70

尔区"(Gower Anglicana)。大约在 1190 年,在亨利一世的鼓励下,由维佐(Wizo)和坦卡德(Tancard)率领的一个弗莱明人(Flemish)殖民地被小心翼翼地建立起来了。这块殖民地位于彭布鲁克郡南部的罗斯(Rhos)和多格莱德(Daugleddau)两个地区(cantrefi,英译为 cantreds①)。对地方族群进行清洗的任务是成功的,因为其结果是一条兰德斯克(Landsker)分界线出现了。这条分界线将这个国家几乎准确地分裂为北方讲威尔士语的人群与南方讲英语的人群。甚至直到伊丽莎白时期,亨利斯的乔治·欧文(George Owen of Henllys)还能注意到这样一个情况:无论何时,当他跨越分界线进入"威尔士以外的小英格兰区"(Little England beyond Wales)时,他都会受到类似"快看,那边走来一个威尔士人"这样的嘲笑,好像他是从另一个世界来的。这些具有高度排他性却又持续存在的地区是一个个的权力集团。它们给"移民们代表了社会的'更加富裕的阶层'(haves)"这类观点提供了更加明确的证据。

教会也成为征服的工具,并且是作为一种外来的事物而扎根于这片土地的。矛盾的是,诺曼贵族们虽然在世俗世界中是嗜杀残忍的机会主义者,但是他们却愿意成为这个欣欣向荣的信仰的恩主。但是,诺曼人首先要做的是打扫干净屋子。诺曼人认为本地宗教传统几乎没有值得保留之处,于是他们全力予以消灭。事实上,在许多方面,诺曼人对教会生活的影响要比其对世俗社会的影响更加激进。他们在基督教世界享有"进击的改革者"(militant reformers)这样的声望。在威尔士发生了大规模的变化,这场变化的基础要从欧洲大陆内部反复锤炼而成的模式基础之上去找。这些变化影响之深刻完全不输于新教改革时代所发生的那一系列的事情。

教会的改革是受到了一股强烈的政治驱动力而发生的。1081 年,当征服者威廉开始他那著名的圣大卫兹"朝圣之旅"时,他在政治上宣

---

① Cantrefi 是威尔士的郡之下的地域单元称呼,类似于英格兰的"百户区"。——译者注

告坎特伯雷的权威能够辐射到威尔士。诺曼人决心让(威尔士的)高级教士和王公们保持对坎特伯雷持续的效忠。诺曼人建立了四个教区，并且在这四个教区之下又建立了副主教辖区(archdeaconries)、乡村神父辖区(rural deaneries)以及堂区(parishes)这些基层组织。听命的主教们被准许主持对仪式的改造工作，并且他们负责剔除威尔士圣徒的名字，转而用罗马教会的圣徒来代替之。在与威尔士传统教会(clasau)决裂以后，主教们在建筑修造上投入了大量心血。兰达夫教

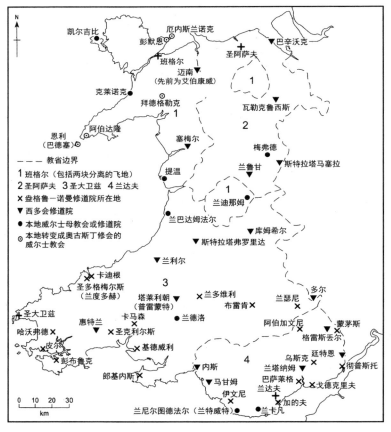

地图 5　在 12 和 13 世纪时，威尔士本地的修道院被欧洲的修道院生活所取代。其中，西多会的影响是最为重要的。这幅地图显示了大约 1300 年时威尔士的教省和修道院的分布情况。

堂的西侧建造精美,而圣大卫兹教堂的正厅则美轮美奂,它们可谓中世纪建筑的精彩典范之作。最近在视觉文化领域的一系列发现显示,威尔士本地人对于欧洲大陆所盛行的精神和知识变化并不陌生,他们对于艺术上的美丽之作也并非懵然不知。

诺曼贵族们喜欢把自己看作基督的战士。他们给予那些来自蒂龙(Tiron)、萨维尼(Savigny)尤其是来自西多(Cîteaux)地区的僧侣和修女们机会,让他们前往威尔士。所以,在威尔士的修道院,欧洲大陆的影响力尤其强大。本笃会士(Benedictines)——也就是黑衣修士——成为殖民权力的工具,诺曼人用他们来榨取本已备受欺凌的威尔士人的财富。在这个时代最令人气愤的一个特征便是,威尔士的教会、土地和什一税成为被掠夺的财富,这些财富流入了诺曼底和英格兰的修道院。这真是一种自私自利的方式啊! 西多会士——也就是白衣修士——则进入了信仰真空之地。在人们的印象中,他们与那些(诺曼人的)堡垒定居点并无联系,因为西多会士寻找遥远的、适宜的地方居住,他们要"远离人群"。他们在诸如廷特恩(Tintern)、斯特拉塔·弗罗里达、瓦勒·库色斯(Valle Crucis)等地按照勃艮第样式建造了一批精美的修道院。从 1140 年起,来自克莱尔沃(Clairvaux)的僧侣们开始抵达威尔士。他们于 1151 年在惠特兰定居下来,这里是威尔士人控制区(Pura Wallia)内西多会的源头。西多会在 13 世纪期间建立了超过600 座的房屋建筑,在威尔士就有 15 座。这里面还包括了两座修女院。修女院要求进行体力劳动以及虔诚的祭拜活动。西多会士们思想单纯,他们从公共空间领域中撤离,但是这并未阻止他们积极参与传教活动。他们的足迹几乎遍布所有的威尔士王国,并且他们在传教过程中能够与本地风俗相结合。然而,就他们的能力而言,西多会士们太过自信以致自命不凡(smugness)。有些人对于改革后的威尔士教会成为追名逐利(competing interests)的战场感到遗憾。如果他们听到马尔斯伯里的威廉(William of Malesbury)对西多会那带有嘲讽意味的评论的话,他们一定会表示赞许。威廉曾称:西多会真是提供了"通往天堂的最可靠的道路"。

因此，在两百年的时间里，盎格鲁-诺曼人为威尔士引入了品类繁多的新制度、新事物，其中包括城堡、卫戍部队（garrisons）、市镇、领主权和修道院。它们不仅改变了当地的景观特征，而且也成为征服者的

73

政治体制的支柱。不过，有三点需要予以强调。第一，征服威尔士和让威尔士人接受盎格鲁-诺曼人的世界观是一大任务，但这一任务的完成过程严重缺乏连贯性，推进过程也不均衡，并且耗时漫长，几乎花了200年才完成。1282—1283年，征服者的活动范围也只局限于富裕的

74

低地地区。在这里，城堡、市镇和庄园能够不断增加。但是，在位于北部和西部那山路崎岖的高地地区里，土著王公们叫嚷着反抗并积极密谋叛乱。有几个时期，威尔士人进行了政治改革，并且威胁着要把威尔士统合为一个统一的政治体。第二，在这个时期，威尔士人充分证明了自己的可塑性和韧劲。他们能够吸收新的流行事物，并且加以改造以适应自己的需求和渴望。有趣的是，他们这种扩宽视野的意愿导致他们获得了新的表达自己的民族认同感的机会。这种民族认同是建立在语言、法律和历史的基础上的。第三，虽然有些本地王公对英格兰国王和盎格鲁-诺曼贵族怀有一种相当暧昧的态度，但是整体来看，威尔士人在面对这群挥舞着刀剑的诺曼武士所犯下的残忍的罪行时，他们普遍都有一种义愤填膺的反应。罗德兰的罗伯特（Robert of Rhuddlan）是一个备受威尔士人痛恨的领主。1093年，罗伯特在德根威（Degannwy）被他的随从格鲁菲德·阿颜·塞南（Gruffudd ap Cynan）刺杀身亡，并且他的头颅还被砍下并悬挂于一艘船的桅杆之上。这条消息让威尔士人欣喜不已。威尔士人的诗歌和浪漫故事中对鲜血四溅、枭首砍头以及流血的长矛这类场景有着大量的描写。在他们看来，这是对压在他们身上的耻辱的报复，这是甜蜜的复仇。在这个时期的不同阶段，都有很多人表达了自己对这些不受欢迎的入侵者的厌恶之情。他们宣称，除掉压在威尔士人身上的诺曼枷锁（Norman York）既是必要的，也是合情合理的。瑞格法西（Rhygyfarch）是11世纪末的一位颇具影响力的神职人员和知识分子，他曾经对傲慢的诺曼人所引发的混乱状况发表过一通激动人心的抗议言论："一个邪恶的诺曼人只

图 15　这是一处建于 13 世纪早期的西多会修道院的西门遗址。其位于卡迪根郡的斯特拉塔·弗罗里达(意为"鲜花谷")。《国王编年史》的部分内容在这里写就,并且有几位国王也被埋葬于此。一般认为,达菲德·阿颇·格威利姆①被埋葬于此处墓园中央的一棵紫杉树下。(政府版权:威尔士古代与历史遗迹皇家委员会)

---

　　①　达菲德·阿颇·格威利姆(Dafydd ap Gwilym)是中世纪威尔士的著名诗人。——译者注

需一声令下就能把 100 名本地人给吓破胆,光看看他的脸就让他们不敢动弹……我们的四肢被砍断,我们被大卸八块,我们的头颅被砍掉,我们的臂膀上缠绕着铁链。"1163 年,威尔士人那顽强不屈的精神在(威尔士的吉拉德所记载的)一段对话中被表述出来。一位居住在本卡迪尔(Pencader)的老人告诉亨利二世:"在世间这片小小角落里",是威尔士人,并且也只能是威尔士人能够符合最高审判者(Supreme Judge)的要求。更加具有意义的事情是不满与愤恨作为情感源泉给予了威尔士人勇气。1255 年,正是这份勇气鼓舞着卢埃林·阿颇·格鲁菲德(Llywelyn ap Gruffudd,死于 1282 年)的支持者们宣称:他们宁愿"在争取自由的战争中被杀死,也不愿意被外来者肆意践踏"。这些令人感动的反抗压迫的决心让人心情沉重。它在提醒着我们,即使如威尔士人内部纷争不断,在紧急时刻,他们也准备亲冒矢石与敌战斗。

然而,在这样一个生存艰难、社会动荡的时代里,当军事和心理上的压力开始吞噬人们的头脑时,本地王公们便对诺曼人的权势产生了一系列复杂的反应,其中包括:有些人故意采取不作为的战术,有些人有技巧地拖延回应诺曼人,有些人与诺曼人不情愿地妥协,有些人怀着不满的心情敬而远之,有些人签订了并不友好的和平协议,还有些人则进行公开的抵抗。威尔士人有着勇敢的反抗言论,但是我们不应该忘记有些威尔士人同样擅长与外国人妥协或者背叛自己的领袖。在战争状态时,对盎格鲁-诺曼人的抵抗活动中既有优柔寡断的举动,也有勇往直前的故事;既有不切实际的提议,也有理想主义的号角;既有自私自利的活动,也有大公无私的行动。在这个殖民者与被殖民者之间互相警惕地注视着对方的世界里,赤胆忠心容易动摇,联盟举步维艰,有时甚至都无法维持下去。

精心维持的联盟能够阻滞入侵的步伐,至少在一个短暂的时期里能够促进和平共存状态的形成。当一切招数使尽后,诺曼-威尔士人之间的通婚可以看作入侵者取得优势地位的一个明显标志。当然,双方的通婚既可以看作开疆拓土的手段,也是加强政治伙伴关系的妙方。现存证据中关于妇女在政府运作中的活动和角色的描写并不多,但是她们中的一些人明显在家族和王朝网络中发挥着影响力。在男人主导的政治游戏中,我们很容易把她们贬低到婚姻抵押物(marriage pawn)的地位。威尔士的吉拉德就曾用辛辣的笔调记录了他的祖父温莎的吉拉德(Gerald of Windsor)与威尔士公主奈斯特(Nest,活跃于 1100—1120 年间)的故事。这位迷人的公主是里斯·阿颇·泰得(Rhys ap Tewdwr)的女儿。吉拉德迎娶她是为了"让自己和随从们能够更好地在那些地方扎根"。但是,奈斯特却引诱了许多男人到她的床上共度春宵,其中包括风流的亨利一世。1109 年,波伊斯的欧文·阿颇·卡德瓦根(Owain ap Cadwagan)在塞格兰城堡(Cilgerran Castle)强奸了奈斯特。事实上,在这起著名的强奸案中,奈斯特是主动与欧文发生关系的共谋犯①。这些都说明:甚至在一个男性荷尔蒙驱动的世界里,一位言语轻佻、意志坚定的妇女也能发挥其巨大的影响力。甚至这个时期最重要的政治人物也要小心翼翼地迎合英国国王和外来贵族们的需求。德赫巴斯国王里斯通过安排自己的儿女与其他家族之人通婚来实现与诺曼殖民者的盟友关系。里斯王通婚的对象包括:塞麦斯戜爵菲兹马丁家族(Fitzmartin, lord of Cemais)、布莱卡涅戈勋爵布劳瑟家族(Braose, lord of Brycheiniog)、比尔斯(Builth)家族和拉德诺(Radnor)家族。通婚活动推动了德赫巴斯家族政治影响力的增长。1205 年,卢埃林·阿波·约沃斯(Llywelyn ab Iorwerth, 1240 年去世)迎娶了约翰王的私生女琼(Joan)。此后,他又想尽办法让自己的所有孩子都与显要的边地贵族家庭通婚。在关键时刻,妇女们能够对威尔士的权势贵族的职业生涯产生重要影响。色那那(Senana)是格鲁菲德·阿颇·卢埃林(1244 年去世)的妻子。她曾积极与敌谈判让她那刚愎自用的丈夫获释。埃莉诺·德·蒙特福特(Eleanor de Montfort)则是格鲁菲德·阿颇·卢埃林的妻子。在威尔士独立战争后期,她施展高超的外交技巧在她丈夫和爱德华一世之间调停斡旋。尽管她们的活动范围受

76

----

　　① 在传统的记载中,奈斯特是为了保护自己的丈夫吉拉德而被强奸的,但现代史学家则认为,奈斯特与欧文是相爱的,为了掩盖这一感情而虚构了这起"强奸案"。——译者注

到明显的限制，但是这些妇女充满着智慧，能够抓住机会。有时候，她们甚至有能力挑战男性的优势地位，并且实现策略上的成功。

有些人与威尔士和诺曼阵营同时存在着千丝万缕的联系，他们在殖民化大潮中左右为难，其中的典范便是威尔士的吉拉德。吉拉德是一位大学问家，也是一位神职人员。一方面，吉拉德认为威尔士"是英格兰王国的一部分，其本身不是一个独立的王国"，不过，另一方面，他又对"不列颠人"（gens Britannica）这个概念的消失抱怨不已，他对"现在所使用的'威尔士人'（Walensica）……这个低等（corrupt）的词语"深感不满。尽管他列举了大量的事实证明他既是威尔士人又是诺曼人，但实际上，在他身体里流淌的血液只有四分之一属于威尔士人。吉拉德的外祖父是勇士里斯·阿颇·泰得，同时他还是威廉·德·巴瑞（William de Barri）和安格哈德（Angharad）所生的四个儿子［他们都出生于彭布鲁克郡马诺比尔（Manorbier）地区］中最年幼的一位。他因此对自己的诺曼血统和威尔士血统骄傲不已。吉拉德懂得法语、拉丁语、英语和威尔士语（尽管最后这门语言他讲得并不流利）。吉拉德是边地社会的产物，也是一名王室职员和教会人士，他对多个职业领域都有涉及。吉拉德手不离书，做研究时是他最开心的时刻。他喜欢文字，喜欢高谈阔论，也喜欢默默书写。吉拉德所使用的语言文字具备准确、充满灵气以及锋利清晰的特质。作为康布里-威尔士世界的一面镜子，吉拉德那丰富又多样的写作文本在欧洲范围内来看都是一座宝库。不过，吉拉德是凭借其作为第一个在威尔士出版作品的作家而闻名于世的。他的《威尔士巡游》（*Itinerarium Kambriae*，1191 年）和《威尔士速记》（*Descriptio Kambriae*，1194 年）这两部作品尽管有些观点不够公允，但是它们可以被视为内容丰富的民族志作品。要不是他的作品存留下来，我们对 12 世纪后期的历史的了解要贫乏得多。他敏于观察，喜欢记录传闻和流言蜚语，并且在作品中分析了他那个时代种族和文化上的内在张力，这些都使得吉拉德成为最常被引用的中世纪评论家。尤为特别的是，他对敌人的斥骂也同样精彩，他具备成为一名杰出的小报专栏作家（tabloid columnist）的潜质。在他的描

图 16 康布里的吉拉德(Giraldus Cambrensis,1146—1223 年)——也被叫作威尔士的吉拉德——是一位著作等身、作品丰富多样的作家。他的记事作品展示了诺曼人统治下的威尔士的独特样貌。他笔下的威尔士人有如下特征:热情奔放,充满激情,富有辩才,脾气倔强,性格不定,同时又热衷于捍卫自己的国度。(剑桥大学图书管理事会)

绘中,这个民族[①]依靠面包、燕麦、奶制品为食,并且这个民族实行季节性放牧迁移(transhumance),而且他们对于城市生活深感陌生。威尔士人把头发剪短,对眼睛和耳朵周边的头发进行修整塑形。他们经常用绿色榛子的嫩枝和棉布擦拭牙齿,这样能使其光洁如象牙一般。威尔士人对他们的出身很自豪,对自己的节俭、脸皮薄、友好、爱音乐、浮躁、道德感匮乏和爱撒谎等性格也不觉得羞愧。他们是勇敢又意志坚定的战士,为了追求自由,他们不惜反复按下自杀式的按钮。尽管吉拉德的这些观察不全是真实可信的,但它们依然能令人产生兴趣。

78

---

① 指威尔士人。——译者注

　　威尔士的吉拉德非常正确地强调了威尔士人内部的政治分裂这一问题。他们与爱尔兰人一样，饱受领土问题的折磨，因为他们热衷于窝里斗、部落混战和继承权的争夺，这让他们在面对边地领主和英国王权的入侵时脆弱不堪。有时候特别是西部和北部的威尔士的王公们能够重新掌握战略主动权，但这主要因为是盎格鲁-诺曼领主和英国诸王在军事监督上是松散的，也无法做到全覆盖。每当他们意识到殖民者被其他地方的事务羁绊时，或者英王受到内部纷争的困扰时，行动敏捷的游击战士们就会抓住机会摧毁城堡，收复失地。在1094—1100年和1135—1154年期间，勇敢的威尔士王公努力摆脱诺曼人的枷锁，他们的丰功伟绩被记录了下来。格鲁菲德·阿颇·塞南（Gruffudd ap Cynan，约1055—1137年）是一位对诺曼入侵者痛恨不已的勇士。他从爱尔兰流亡回来以后率军攻占了格温内斯西部的康威城（Conwy），将该城从外来领主与亨利一世军队的压迫下解放出来。同时，在饱受战乱之苦的西南威尔士，他最小的女儿戈温莉安（Gwenllian）在战场上显示出了杰出的军事才能。戈温莉安是一位美丽的公主，她的身体存在着令人吃惊的雌雄两性的特征，所以威尔士的吉拉德把她称作亚马孙女王（Queen of Amazons）①。在德赫巴斯军团中的威尔士士兵都愿意聚拢在她的旗帜下战斗。1136年，戈温莉安凭着一身鲁莽之气在对基德威利城堡展开的进攻中兵败身死。她的阵亡地今日被称为"戈温莉安之地"（Gwenllian's field）。这位行事大胆之人引发了大众的想象力——"戈温莉安"成了一个有力的聚集人心的口号，至少在民间文化中这点可以常见到——而且其还培育了一种叛逆精神。但是，每当威尔士人作出非常勇敢的举动为自己争取权益时，英国国王们就会展示自己的军事权势。英国国王还有一点是毫不退让的，他们宣称威尔士的领主们有义务俯首称臣并效忠国王。12世纪中期，亨利二世就发动了四次远征，这些都在明确告诉人们：威尔士人是他的臣属。即使他

79

---

　　① 亚马孙人是古代传说中位于地中海地区的崇尚武力的部落，其成员皆为女性战士。——译者注

们咬紧牙关表示不再受效忠王权誓言的制约,他们依然处于从属地位,这点是毫无疑问的。

然而这样的反击并不能抑制格鲁菲德·阿颇·赛南之子欧文·格温内斯(Owain Gwynedd,1100—1170年)和里斯·阿颇·格鲁菲德(Rhys ap Gruffudd,1132—1197年)这两个人的热情。他们对威尔士大规模的诺曼化趋势进行了艰苦的抵抗,对格温内斯和德赫巴斯两国分别进行了防御型建设。这样的统治者是如何塑造自己的形象,以及他们是如何获得他人对自己的认可等问题都是极其重要的。在欧文·格温内斯的晚年,他乐于享受在自己的名字前加上"威尔士之王"(princeps Wallensium)这样的前缀,而里斯·阿颇·格鲁菲德可能出于谦逊则只以"里斯王"(Lord Rhys)这样的称号闻名于世。前者因其政治家的才干为格温内斯家族在未来的繁荣强盛打下了基础,而后者——被赞誉为"强大的征服者"——则犯了一个致命的错误。他有八个合法的儿子和七个私生子,这成为他于1197年去世后王国纷争的根源。波伊斯王国由于内部纷争和土地均分制(gavelkind)所造成的碎片化而逐渐衰落。于是,(威尔士的)领导权不可避免地落入格温内斯王国这里。这是一次重要的跨越。从此,一个实现威尔士独立梦想的时代开启了。

是什么因素让卢埃林·阿波·约沃斯(约1173—1240年)和他的孙子卢埃林·阿颇·格鲁菲德(1282年去世)成为中世纪威尔士最伟大的君主?是什么因素让人们相信政治大一统这样的共同意识是能够出现的呢?是什么因素让人们相信格温内斯王国作为一个微型封建国家是能够实现统一霸权的呢?又是什么因素能够让格温内斯的统治者们被英国国王尊称为"威尔士之王"呢?

社会-经济上的深刻变迁出现在13世纪,这些变化打破了共同体之间的孤立性。格温内斯王国因其地理位置的独特性而不易被盎格鲁-诺曼人侵入或者征服,这也是其成为一个霸权集团的重要原因,但是它的人民的流动性还是比以前增强了许多。许许多多的威尔士士兵响应号召参加了"十字军"作战，或者到法国去给国王服军役。还有许多商人、贸易者和海员通行在陆地和海洋上。他们离开故乡那一洼土地，奔波到几千英里远的地方。一些受过教育的精英们在各地旅行，他们能够敏锐地发现欧洲各地关系复杂的封建模式在不断蔓延。他们有理由相信，威尔士区（*Pura Wallia*）也能够形成一个强有力的统一政体。人口的增加加速了变迁的过程。到 1300 年时，威尔士的人口增加

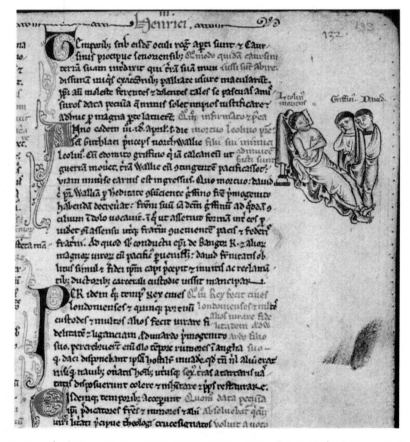

图 17　卢埃林·阿波·约沃斯（约 1173—1240 年）又称卢埃林·法瑞（Llywelyn Fawr，意为"伟大的卢埃林"）。他是格温内斯王国最有智慧、成就最高的统治者。这份后世写就的文献是由马修·帕里斯（Matthew Paris）在 1259 年前后所作，反映了卢埃林与他的两个儿子格鲁菲德和达菲德在一起时的场景。（剑桥大学圣体学院）

到 13 万之多。直到斯图亚特时代早期才再次恢复到这么多人。当时的气候也非常舒适——当时年均气温只比现在高 2 摄氏度——这就给从事畜牧业的农民和城镇居民提供了更多可耕地。到 12 世纪末,奴隶制正在消失。自由民们家底殷实,他们大多生活在敞田制耕地的边缘或者公共地区。自由民成为人口中的主流。大量的农奴和妇女正在摆脱身上的枷锁,他们适应了一个新世界的生活。在这个世界里,他们有着自由的地位,这给他们带来了更多的安全感和自尊。威尔士的吉拉德在他对威尔士的概述中用一种怀疑的眼光看待他们。他认为,威尔士人不喜欢城市生活,他们更愿意住在林地的边缘,并且他们用稀疏的篱笆围成小屋居住。不过,事实是,从 1100 年到 1300 年间,居住在威尔士城镇的人口比例几乎从零增长到 10%。最繁荣的城镇都位于诺曼人控制的地区。它们大多位于边境或者南部海岸平原区。在那些地方居住着衣着考究的外来市民,他们被给予特别的权利。不过,西北威尔士的城市景观也在发生着变化。市镇(Boroughs)是内陆地区经济发展的催化剂。殖民者、商人和市民是经济发展的主要受益者。不过,社会-经济的勃发也给兰·菲思(Llan-faes)、奈芬(Nefyn)和普尔赫利(Pwllheli)这样的小型威尔士港口带来了商业上的繁荣局面。尽管在威尔士没有建立钱币厂,但是在格温内斯,复杂的货币交换体系也获得不断的发展。这里家畜与羊毛贸易发达。到 13 世纪中期时,这处公国的经济要比死气沉沉的边地地区更加具有前景,也更加具有灵活性。

　　13 世纪时,格温内斯王国在战略要地兴建石头堡垒,这也促进了王国统治能力的发展。两代卢埃林王都深切地意识到发展城堡和军事技术是极其重要的。格温内斯的统治者们对外来征服者们展开模仿,并且借鉴了里斯王的城堡建设计划。他们也开始建设自己的城堡,并且训练全副武装的骑士,安装攻城器械和弹射器(catapults)以破坏和击溃入侵者。现今大约有 24 处威尔士城堡或完整,或破损地留存于世,其中三分之一是建在格温内斯地区的。下面列举三处最为杰出的堡垒:多威德兰城堡(Dolwyddelan,建于约 1220 年)位于南特康威(Nantconwy)的一处易守难攻的山隘处,能够起到牢固的防守作用;多

图18 这处由卢埃林·阿波·约沃斯于1221年前后所建的凯斯特·威·比尔城堡遗址位于梅里奥尼斯郡的迪塞尼(Dysynni)河谷处。其被建于一处石山的要塞处。与其他几处威尔士本地的城堡一样，在它的两端各有一个如同一个拉长的"D"字母形状的半圆形塔。（政府版权：威尔士古代与历史遗迹皇家委员会）

巴达恩城堡(Dolbadarn，大约建于1200年)位于斯诺登(Snowdon)山下兰贝里斯(Llanberis)关口的前部；凯斯特·威·比尔(Catell y Bere，建于大约1221年)则位于迪塞尼(Dysynni)河谷。这处堡垒被建在一处孤零零的岩石露头(rock outcrop)之上。这三处堡垒和其他几处都是卢埃林·阿波·约沃斯所建。它们都被建在关键地段以捍卫格温内斯领土边界的安全。他的孙子卢埃林·阿颇·格鲁菲德充分利用了这些军事遗产。并且他在这些样板城堡的基础上又建造了多佛维恩城堡(Dolforwyn，大约建于1273—1277年)。这是一处山顶堡垒，能够俯瞰塞汶河谷，并且对格温内斯边界之外的一些地区也能进行观察。这些遗迹的建筑特征——特别是圆塔和门楼的使用——揭示了威尔士统治者们对法国所使用的城堡建设技术的某些吸收借鉴。此外，格温内斯王公们的军队开始采纳复杂的战略战术，它们与12世纪时所采用的临时性的流动劫掠战术已经极为不同了。威尔士的地形复杂，完全不适

83

合重装骑兵和运行缓慢的军事器械在此地应用。威尔士军队正是明智地利用了这样的情况,从而证明了自己是很难被征服的。

　　与军事安全同样重要的是一个强大、有效的政府管理体系。在这片曾经处于碎片化、内部纷争不断的社会里,13 世纪的格温内斯王国的政治基础在一系列才干卓著的行政人员、律师和教会人员的支撑下得以运作,他们倾力把这块祖先之地转变为一个微型的封建政体。这不是一个容易的任务:对家族的忠诚意识已经根深蒂固,而且其他旧的习惯也很难消失。格温内斯诸王对于这一使命也不敢奢求太多,不过他们很有远见地挑选了一批有能力、有经验的官员(mandarins)。这些官员不仅能够担当政府日常有效管理的任务,而且能使用一系列老练的外交手腕服务自己的王国。其中一些领导者都是具有真才实干的人物。特别是作为格温内斯王国总管(seneschal)的艾德内芬德·费晨(Ednyfed Fychan,1246 年去世)。他是王国的顾问大臣、谈判专家和协调高手,他的能力证明了其对于卢埃林·阿波·约沃斯来说是不可替代的。连他的儿子们也晋升大臣行列,他们成为 13 世纪后期卢埃林·阿波·格鲁菲德政府统治的支持势力。

　　由于格温内斯的国王们被世人评价为政治上成熟老练并且立场强硬,所以在他们身边围绕着一群宫廷诗人,这群诗人被称作戈哥菲尔德(Gogynfeirdd,意为“出色的早期诗人”或者“威尔士王的诗人”)。戈哥菲尔德们不仅擅长舞文弄墨,而且还身处权力的旋涡之中。他们是如此地娴于辞令和计谋以至于操纵公众舆论成为家常便饭,这在王朝内部紧张时更加明显。大约有 30 位宫廷诗人的作品留存于世——共计1.27 万行诗歌——尽管他们明显接受了大陆传来的新观念和新样式,但是他们依然骄傲于自己首先是森菲尔德的传人这一身份。借此,他们也就成了本地记忆的当之无愧的捍卫者。绝非偶然的是,12 和 13世纪时出现了大量对威尔士朝廷进行赞颂的诗歌,这是与威尔士诸王力图抵制盎格鲁-诺曼人进攻浪潮紧密相关的。可能受到法国庆典普伊(puy)的影响,里斯王于 1176 年在卡迪根城堡开启了威尔士诗人大会传统。这是一次文化的盛宴。在这里,诗人和音乐家们用作品招待

84　宾客，他们之间也互相展开竞争。诗人们并非都是阿谀奉承之人，他们也不全都用语隐晦（cyphers）。辛德尔·布雷迪·马维尔（Cynddelw Brydydd Mawr，活跃于 1155—1200 年）是当时作品最多、成就最高的一位诗人。他曾对当时所有主要的王公大臣表演歌唱，并且提出要求："安静，吟游诗人们！你们该听听一位吟游诗人唱的。"他告诫里斯王，他既会赞誉他，也会批评他。辛德尔的著名诗歌《波伊斯人民的自由》（*Breintian Gwŷr Powys*）中包含着其坚决反对严酷的统治者对共同体利益的侵犯的立场。不过，到 13 世纪时，吟游诗人们与北方威尔士宫廷建立了紧密的联系，他们成为富有经验的宣传机器和民族独立的发言人。吟游诗人们通过精湛的艺术作品，把过去的荣光与现世的潜力连接起来。他们在政治上下了大赌注，他们在自己与王室资助者之间建立了特别的关系。达菲德·本弗拉斯（Dafydd Benfras，活跃于 1220—1260 年间）给予卢埃林·阿波·约沃斯如下称号：

> 卢埃林，万王之王，
> 在智者会议中，他是一位文质彬彬的建议者。

里加德·古尔（Llygad Gŵr，活跃于 1258—约 1293 年）完成了五首赞颂卢埃林·阿颇·格鲁菲德的颂诗。在这些激动人心的诗歌中，他赞誉了这位大英雄抵抗住了"外来之人。这些人使用着陌生的语言发出了呜咽的呻吟声"。正是受到了吟游诗人们那些充满激情的作品的刺激，格温内斯诸王相信自己有权力成为整个威尔士的宗主。

　　如果说宫廷诗人们的铿锵韵律坚定了威尔士诸王的决心的话，那么历史学家和立法者煞费苦心写就的作品也有同样功效。蒙茅斯的杰弗里（Geoffrey of Monmouth，约 1090—1155 年）出生于蒙茅斯郡，他是一位诺曼化的布列塔尼人。他的《不列颠诸王史》（约 1139 年）是重要的历史文本。在其中，杰弗里讲述了从特洛伊人劫难到 682 年受祝福者卡德瓦拉德（Cadwaladr the Blessed）去世之间的历史，不过这部书虽然引起了后人极大的兴趣，却是一部结合了文献与想象的不列颠伪史书。该书用语直白但却能刺激人心柔软处,因为作者聚焦在威尔士人通过丧失主权于萨克逊人而补赎自己罪孽这样的主题上。然而,作者又使读者们坚信,这一切并未真正失去,因为威尔士的预言曾经提到丧失的统治终将恢复;自由终将起于奴役之中;心狠手辣的外国人终将被驱离。在他那机智精巧的字里行间中,亚瑟成为最主要的角色。这位具有骑士精神的战争之王将在未来觉醒,并且在威尔士人的紧急时刻解放他们于困厄之中。杰弗里的传奇故事,特别是被改编为威尔士语版的《国王编年史》这部著作,在威尔士获得巨大的欢迎。威尔士的吉拉德相信,整个威尔士都认为他们的无价的祖先遗产——整个不列颠岛——完全能够收复。这是第一部在欧洲大卖的威尔士杰作。它的确在威尔士诸王的心中占有一席之地,并且它给予诸王们抵抗盎格鲁-诺曼人入侵的勇气。在决定命运的 1282 年,卢埃林·阿颇·格鲁菲德在与爱德华一世和他的使臣、(坎特伯雷)大主教约翰·佩卡姆(John Pecham)交流时,就明智地使用了威尔士人的起源有着光荣历史这样的观点(作为谈判筹码)。

　　格温内斯诸王有充分的理由对于法律表示尊敬与喜爱。与苏格兰普通法对英格兰习俗进行模仿不同,本地法(native law,不包括盎格鲁-诺曼边地领主区)则在威尔士(和爱尔兰)广为流行,并且它们成为威尔士人独特认同的最有力的公共象征物。海维尔·达之法(the law of Hywel Dda)是一种具有可塑性的、充满活力的法律体系。包括本地王公及其大臣们在内的各种利益团体都试图利用它、占有它。威尔士法典的编纂者们毫不犹豫地对文本进行修订以刺激北方威尔士统治者们的政治野心。威尔士的本地统治者希望赶走外国军队并且在统一的国家基础上建立威尔士人的统治霸权。海维尔法(cyfraith Hywel)是实现这一野心的支柱。由此,族裔(gens)和民族(natio)这样的词语开始大量出现在法律和历史档案中。格温内斯的法律谋士们精心构建威尔士律法,他们要证明阿伯弗劳①(当然,就是格温内斯)对迪内弗尔

---

① 　阿伯弗劳(Aberffraw)是格温内斯的首府。——译者注

(Dinefwr)和马斯拉法(Mathrafal)等其他古老的王廷具有统治权。因此，威尔士法律远不是一成不变、僵化保守的。威尔士法律要服务于两代卢埃林国王和阿伯弗劳王朝的法律地位，并且还要推动他们真心实意地维护——从法律、语言、历史和习俗等方面不同于英格兰的——民族权利的责任感。正是因为这个原因，英国大主教佩卡姆才故意说海维尔·达之法是不道德的，是在魔鬼刺激下产生的。佩卡姆这么说不足为怪。

威尔士诸王的许多谏臣们所采纳的修辞术也影响到了威尔士教会。正如我们所见，殖民化的动力中包括强力逼迫威尔士教会承认坎特伯雷的领导权。1107 年是威尔士教会史中关键的一个年份，因为这一年标志着威尔士主教［这次是主教兰达夫的厄本（Urban of Llandaff）］第一次宣称坚决服从坎特伯雷大主教的领导。其他一些重要的主教也被期待着追随这一榜样，但是由于厄本主教这一行为伤害了人们的感情，得罪了威尔士人，以至于伯纳德——1115 年至 1148 年担任圣大卫兹主教——对威尔士人所珍视的价值观更加小心对待，并且他在面对成为坎特伯雷臣属这一问题上更加不情愿。在 12 世纪 20年代，伯纳德以惊人的勇气公开领导了一场威尔士教会独立运动。尽管他的斗争没有取得成功，但是伯纳德所高擎的火炬在 12 世纪后期由威尔士的吉拉德接过去了。吉拉德虽然有四分之三的血统属于诺曼人，但他所领导的运动蓬勃开展，其本人也成为圣大卫兹教区独立运动的领袖人物。不过，这场运动最终也归于失败。我们好奇的是，如果吉拉德为他所深深引为骄傲的这处教区争得了独立地位的话，那他要受到多大的崇拜呢？吉拉德于 1223 年在痛苦中死去。对此，威尔士人从其他地方获得更大的安慰。他们转向对圣大卫进行崇拜，圣大卫成为具有广泛影响力的标志性人物，而且圣大卫兹教区成为最神圣、最多访客的朝圣中心。"去一次罗马等于去两次圣大卫兹"成为大众格言。按照欧文·格温内斯（Owain Gwynedd）的观点，在北方威尔士，诺曼族的高级教士与外国枷锁和外国语言（法语和拉丁语）有着千丝万缕的联系，所以他直接拒绝接纳任何来自诺曼族的被提名人（担任威尔士本地教职)。同时,卢埃林·阿波·约沃斯则对于不讲威尔士语的主教和神父担任教职的现象不断增多公开表示了不满,因为这些教职人员在没有翻译帮助的情况下既不能布道也无法听取忏悔。

让那些诺曼化的宗教团体中的领导者们感到沮丧的是,他们发现西多会的修道团体并不肯轻易听他们指挥。一些诸如巴辛威克(Baingwerk)和廷特恩(Tintern)等西多会修道院位于威尔士边地地区,它们往往受到英格兰的影响并接受其资助,而那些位于威尔士人控制区的修道院则会投入到威尔士人的怀抱之中。其实,西多会的到来是威尔士知识和文化生活的重要分水岭。白衣修士们是卓有成效的经济管理者,他们养育了大批羊群和牛群,他们在铅矿、煤矿的开采以及铸造工艺上都是领军人物,但是他们最重要的身份是威尔士认同的捍卫者。这些卓有才干的教会抄写员生活在与世隔绝的修道所内。他们培育了一种新的自信,那就是相信威尔士语言的力量以及这种语言所体现的历史传统。在早期的历史中,由于很少有人能识字或者能够阅读到书籍,所以就需要人们用耳朵听取他人的复述、听取歌谣和雄辩的言论。威尔士的文学传统很大程度上是借助于西法维迪艾迪(Cyfarwyddiaid)的影响而产生的。西法维迪艾迪是一批颇具天赋的讲故事专家,他们讲述的故事是从本地文化和口头传说中加工而成的。他们与爱尔兰的菲利德和盖尔苏格兰地区的尚那赫昔①这类诗人作用类似。这些口头传统保存下来的并不多,而那些现存于世的材料大部分都保存在修道院的手稿中。这些材料不但让现代的读者感到非常有趣,也同样深深吸引了中世纪的阅读者。传统的观点认为《马宾诺戈的四个分支》(*Four Branches of Mabinogi*)是戈温莉安公主于1120—1136年期间写成的一个恐怖故事,但最近研究者对这样的观点已经普遍予以抛弃,因为这个作品更有可能是11世纪后期一位神职人员所著。不管它的作者是谁,这都是一部臻于完美的艺术品。这些杰出的、

87

---

①　传统文化和故事的讲述者广泛存在于凯尔特文明区。这些故事讲述者(storyteller)在爱尔兰被叫作菲利德(filid),而在苏格兰的盖尔区则被叫作尚那赫昔(shennachie)。——译者注

引人入胜的传奇故事中包含着巨人、野兽和巫师这样的形象，它们讲述了英雄的活动、阴谋背叛、奇迹的出现、毁尸灭迹（mutilation）以及实施魔法这些主题。它们给外国来的军阀们以明确的提醒：这些岛屿上的第一批居民们暗地里给欧洲文化作出了重要贡献。《马宾诺戈》这部作品是在维多利亚中期集结而成的，其中包含有 11 个内容丰富、形式多样的诗歌作品。《马宾诺戈》为威尔士讲故事者的谷仓中提供了上等的原料。在后来书面文本的制作过程中，它也是研究口语与书面模式如何交流互动的一个样本，它给予研究者极大的启发。抄写员们在经年累月的努力中也保存了关于过去的知识。《康布里年鉴》（*Annales Cambriae*）是关于威尔士的历史记录。在现存于世的四个拉丁语版本中的其中三个是由在圣大卫兹主教座堂、奈斯修道院和惠特兰修道院的抄写员耐心抄写而得以传世的。这三处作品的特点在于，抄写员们放弃使用海岛字体，转而使用新型的草写小字体，也就是卡洛宁字体（Caroline script）①来书写。斯特拉塔·弗罗里达受到里斯王的资助，他对威尔士人有一种特别的热爱。弗罗里达对于《国王编年史》的编纂和传播起到了关键性的作用。《国王编年史》是一部用语简洁、叙述清晰的历史著作，讲述了 682—1282 年之间威尔士民族的发展历程。从 13 世纪以降，威尔士人就对自身的认同感有着清晰的认识，所以他们决定要为后代保存最珍贵的文献材料。例如，著名的《卡马森郡的黑皮书》（*Llyfr Du Caerfyrddin*）中描写了一位优秀的古文字学学者凭借一颗"坚定又疯狂的头脑""缓慢搭建成了爱的作品"，此外，书中还记录了这位学者致力于宗教和传奇故事探索的过程。《卡马森郡的黑皮书》成为现存最古老的威尔士语的诗歌手稿。西多会的僧侣对于深耕本土传统具有浓厚的兴趣，而且他们把威尔士语言看作维持独特的族裔认同的标志。威尔士人借此能够维持他们的神话学以及刺激他们在精神和文化上的追求。由于大多数盎格鲁-诺曼人对于地方语不屑一

①　海岛字体（Insular script）最初是由爱尔兰人发明的，后来传入盎格鲁-撒克逊英格兰和欧洲大陆地区。这种字体用来书写神圣的文本。后来，其被更加适宜快速书写的卡洛宁字体所代替。——译者注

顾,这一(维护威尔士语言文化的)责任就显得更加重要了。

此外,西多会的修道院并不太愿意暴露他们在政治上的立场。本地的王朝资助他们、给他们各种赠礼是有着多方面的考虑的:修道院要能够在动乱时提供安全的庇护所;僧侣们要能够对他人提供帮助,为他人祈祷,并且为了得到保护,他们也提供其他一些好处;修道院长要能够在微妙的政治谈判过程中扮演使者和调停人的角色。因此,在许多方面,西多会的修道院能够与威尔士王公们形成共同的目标,并且他们能够在民族构建的过程中扮演着创造性的角色。两代卢埃林国王与白衣修士之间所建立的联系既不是幼稚无知的行为,也不是鲁莽的活动——它们是建立在互相尊重的基础之上的。正是由于如此深厚的联系,卢埃林·阿波·约沃斯才会在 1240 年以僧侣的方式被葬于艾伯康威(Aberconwy)修道院,而约沃斯那缺失了头颅的孙子也是因为这一原因于 1282 年被葬于库姆-希尔(Cum-hir)修道院。

因此,从许多方面可以看出,有一股强大的浪潮在 13 世纪时袭来。这股浪潮有利于格温内斯的国王们,并且这股浪潮显示着建立一个独立的威尔士国家的前景是可行的。不过,一个残忍的事实是,这些前提条件并不足以维持威尔士的封建政体。正如我们将要看到的,到 1284 年时,威尔士王公们的梦想正在以一种极其耻辱的方式被撕得粉碎。

1197 年,里斯王死后,德赫巴斯王国内部崩乱。天平倾倒至格温内斯王国一方。当时格温内斯国王卢埃林·阿波·约沃斯是约沃斯·德伍恩多(Iorwerth Drwyndwn,绰号"塌鼻子")之子。卢埃林厌定趁此机会去实现比单纯的王朝统一更远大的目标。卢埃林·阿波·约沃斯在威尔士年鉴记录者的笔下是以卢埃林·富尔(Llywelyn Fawr,即"伟大的"卢埃林)而著称的。这位卢埃林国王是一位精明的、诡计多端之人,他在 13 世纪的头 20 年里利用(英国)王权面临的内在困境从中渔利。1205 年,他娶了约翰王的私生女琼。在他的岳父遭遇男爵叛乱而身不由己之时,他逮到这一机会缔结了一系列深谋远虑的婚约,他安排自己的女儿们与有权势的边地领主们通婚。他还是一位老练的谈判专家,在他那聪慧与慈祥的外表下隐藏着无情的本质。1230 年,在威

89

廉·德·布里乌兹（William de Brioze）与他的妻子被当场捉奸后，他毫不留情地在巴拉城附近将其当众绞死。此时，他自称"阿伯弗劳之王与斯诺登（Snowdon）的领主"。他极力模仿封建时代的欧洲王公，并且对于构建一个威尔士公国的使命痴迷不已。通过利用威尔士内诸王朝对立的局面，他获得了宗主国的地位。政治是一种可能性的艺术（art of the possible）。卢埃林确信时间已经成熟，他将带来一种按照我们今日的说法称为"王国的现代化"（modernization of realm）的历史进程。他寻求通过胡萝卜加大棒的方式加强威尔士的团结局面，并且他还为自己构建了封建政体所必不可少的制度，比如一群值得信赖的谏臣与行政人员以及一支强大的军队。此外，他还需要一群专职奉承的诗人们，他们相信卢埃林是上帝拣选的工具（instrument）。卢沃奇·阿颜·卢埃林［Llywarch ap Llywelyn，绰号"猪群诗人"（Prydydd y Moch）］就苦劝波伊斯的战士们服从卢埃林的统治。卢沃奇的理由是：宁可由一位威尔士民族政治和文化的继承者来统治，也不要在外族的践踏下痛苦呻吟。

虽然卢埃林·阿波·约沃斯可以看作中世纪威尔士最伟大的统治者，但现代的修正主义史学家们已经不像他们的前辈那般盛赞其政治成就了。可以确定的是，在卢埃林所取得的成就中恰恰缺少他自己所希冀达到的。他的权力基石相当脆弱。面对威尔士领主们臣服于英格兰之王的情况，他没能让领主们认同只有向格温内斯国王效忠才能保证长期和平这一观念。从许多方面来看，他的不幸在于其死得太早（虽然他于1240年4月去世时已经67岁了），而当时他的继位权和指定继承人达菲德·阿颜·卢埃林都受到他另一个儿子的挑战。这位挑战者是在他娶琼之前所生之子格鲁菲德。不管这位卢埃林的政策如何不完美，总是比王朝的混乱与伴随而来的杀戮流血好得多。亨利三世当时正想秀肌肉、炫实力，他和其朝臣们在格洛斯特（Gloucester）与达菲德会面，亨利要求达菲德向自己宣誓效忠。同时，格鲁菲德被关押在伦敦塔里。1244年的圣大卫日（St David's Day），格鲁菲德临时弄到一条绳子意欲逃亡。当他顺着绳子降落时，绳子却中途断裂，格鲁菲德掉落

身亡。这一事件刺激达菲德集结兵马反抗英王,不过他却于 1246 年
2 月突然暴病身亡(并且没有留下子嗣)。这造成了格温内斯王国内
部剧烈的权力斗争,也给亨利三世以新的机会利用这一内部纷争重
新建立盎格鲁-诺曼人的统治。达菲德同父异母的兄弟格鲁菲德的
两个最年长的儿子——欧文与卢埃林,并未参与反抗英王的军事力
量。1247 年 4 月,英王霸权地位在伍德斯托克(Woodstock)得以确
立,威尔士所有的领主都被要求向英王效忠。这一羞辱深深地折磨
着威尔士人,但是这些并未让他们团结起来,反而进一步刺激了他们
内部的分裂。

　　最终,卢埃林·阿波·格鲁菲德杀出一条血路并取得了决定性的
胜利。其中尤为关键的一场战役是 1255 年 6 月在克莱诺格(Clynnog)
附近的布林·德文(Bryn Derwin)之战。为了避免进一步的流血冲突,
他不得不将自己的兄弟欧文囚禁长达 24 年,同时,他还在格温内斯境
内外建立了广泛的霸权统治。我们对这位卢埃林国王的个性了解不太
多,他似乎既保守谨慎又意气冲动。他对于政权的建设充满了责任感,
同时又致力于捍卫他的子民们的权利与荣耀。他利用亨利三世的某些
弱点对东北威尔士的英王领地进行了渗透。此后,他便进军波伊斯和
德赫巴斯两地,并且自称是为了把威尔士人从英国人的奴役枷锁中解
救出来。1258 年 3 月之后,除了波伊斯北部的格鲁菲德·阿颇·格温
威温(Gruffydd ap Gwenwynwyn)背叛了他以外,威尔士大大小小的领
主们都坚定地站在了卢埃林的背后,而他也给自己加封了"威尔士之
王"这样伟大的称号。此后,他夺取了更多的领地。到 1263 年时,格鲁
菲德·阿颇·格温威温也向他宣誓效忠。在 1267 年 9 月签署的《蒙哥
马利协定》(*Treaty of Montgomery*)中,英王承认了威尔士公国的合
法地位,并且认可了卢埃林·阿颇·格鲁菲德为威尔士之王的首领地
位。这是卢埃林的光荣时刻。到这时,他感到高兴的是,他做到了他那
伟大的祖父所不曾完成的目标。因此,1267 年是威尔士历史的转
折点。

　　有人认为,卢埃林在蒙哥马利所取得的成就只是说明了英王在某

91

个特定时间内存在着不足,这不是格温内斯王国能够长期维护的成果。1272 年,软弱无能的亨利三世退位,其子爱德华一世继承大统。卢埃林随后发现自己要使尽浑身解数来应对(英王)那无情的战略:任何想分享权力的行为都是痴人说梦。从一开始,爱德华就打算把卢埃林变成自己的臣仆(vassal)。爱德华一世是自 1066 年以来,第一位对自己有一个英国名字(English name)而倍感骄傲的英格兰国王。他对凯尔特民族充满了反感,并采取了一系列的行动,最终实现了威尔士、爱尔兰和苏格兰在政治上融合为一个王国的目标,并且英格兰在其中实行霸权统治。18 世纪威尔士的激进主义者统统将爱德华看作一只野兽。当他们路过威斯敏斯特大教堂中爱德华的坟墓时,都忍不住冲其小便。对于爱德华来说,《蒙哥马利协定》代表着一种走向混乱与对抗的灾难性后果。当卢埃林没能履行他的进贡和效忠承诺时,这一故意的敌对行为将不可避免地导致爆炸性的后果。卢埃林拒不缴纳税金,无视国王招安赦令多达五次,并且坚持迎娶西蒙·德·蒙福特(Simon de Montfort)的女儿埃莉诺为妻。德·蒙福特是爱德华不共戴天的仇敌,这一行为对于两者已经恶化的关系简直是火上浇油。对此,爱德华在 1275 年把埃莉诺扣押为人质,这是在正式告知对手,他要挫败威尔士人的野心。同时,格温内斯内部的问题也在不断冒出。卢埃林的兄弟达菲德是个两面派。在他于 1274 年刺杀卢埃林的行为败露以后,他则强硬(macho posturing)对待卢埃林。格温内斯的人民深受沉重赋税之苦,他们充满了幻灭感,不断地发出抱怨的声音。信任与自信一旦丧失是很难重建的。卢埃林从未能确保其他威尔士王公们的支持,当然也包括他那我行我素的兄弟。由于卢埃林的财政资源已经极度脆弱,一场战争将会产生灾难性的后果。卢埃林每年的收入最多有 3 500 英镑。如果要与像爱德华这样强大的勇士国王作战的话,这点战争经费是可怜的。爱德华能够聚集的军队数量是卢埃林的五倍。这位"勇敢的战争之狮"(brave battle-lion)——他的随从里加德·古尔(Llygad Gwr)如此称呼他——极有可能低估了爱德华的军事优势。不管如何,卢埃林都不愿意屈服于英王的控制。

92

爱德华的政策无比强硬,他在 1276—1277 年决定对卢埃林展开清算。一支庞大的军队(背叛者达菲德也在其列)登陆威尔士,同时,一队行动快速的战舰则阻止了卢埃林从安格尔西岛获取粮草的可能性。卢埃林无力为士兵提供口粮,遂投降。在 1277 年签订的《艾伯康威和约》(*Treaty of Abercowny*)中,卢埃林被剥夺了大部分的领土,同时英王还对其处以巨额罚金。卢埃林只保留了一顶"威尔士之王"的空王冠。这是一次严厉的羞辱,也是一次沉重的打击。唯一值得安慰之处是,至少卢埃林得以保留一条性命好让他卷土重来。为了维持在军事上的成果,爱德华在格温内斯建立了一系列的强大的城堡,并且把自己的臣仆安置于军事要地。在精心选出的战略要地上,到处回响着伐木声、凿石声、地基挖掘声、脚手架搭建声和筑墙声。成百上千名泥瓦匠、木匠和挖掘工们在阿伯里斯特威斯(Aberystwyth)、比尔斯(Builth)、弗林特(Flint)和罗德兰(Rhuddlan)挥汗如雨,他们建造出的这些英国军事实力的象征物令人心生畏惧。

在接下来的五年里,各方在法律及其程序问题上互相打太极。面对专横的英王官员与日益沉重的税收压榨,备受压迫的威尔士人的反感之情愈发明显。达菲德·阿颇·格鲁菲德也对英王给予的微不足道的报偿感到不满,他决定不再忍受这种羞辱了。怀着对战斗的渴望,达菲德在 1282 年的棕榈主日发动了对哈瓦登城堡(Hawarden Castle)的一次闪电袭击。在威尔士其他各处也都发生了骚乱和暴动,这极有可能经过了事先的规划和协调。虽然卢埃林不太可能抛弃他那鲁莽的兄弟,也不太可能只是坐山观虎斗,但他确实一直拖延着不去行动。直到 6 月中旬,当他的妻子埃莉诺因生戈温莉安难产而死后,他才擎起了民族起义首领的大旗。不过,其中绝望的反抗多于希望的抗争。爱德华对此极其愤怒,他再次召集大批军队,意欲给威尔士人的反抗念头致命一击。英国军队执行"搜查并摧毁"(search-and-destory)的策略横扫威尔士北境,同时,安格尔西岛则被英国舰队封锁隔离。

呼吁签订和平协议的声音出现了。坎特伯雷大主教约翰·佩卡姆被派往北方威尔士从事调停工作。佩卡姆态度傲慢,性格暴躁,并且反感凯尔特人，他认为威尔士法律是上帝憎恶之物，很难想象有谁能比佩卡姆更不适合担任大使工作了。他还认为，要想文明化威尔士人，最有效的方式就是用武力将他们驱赶到城镇居住。卢埃林说了一句让他永生光辉的话，他告诉佩卡姆，他的子民"不愿意屈服于任何外来人，不愿意屈服于任何在语言、习俗和律法上与他们不一致的外来人"。除了这样激动人心的语言，1317 年爱尔兰的抗议书以及 1320 年苏格兰人的《阿布罗斯宣言》(Declaration of Arbroath)这些内涵明确的言论都可以被看作早期民族主义情感的样本。在三天的谈判中，双方时而言辞激烈，时而冷淡沉默，时而冷眼相对，所以，谈判最后在互相的指责中宣告破裂也就不足为奇了。由于某些不为人知的原因，卢埃林这时离开了他的大本营前往威尔士边地。在历史档案中可以寻到一丝背叛的信息。卢埃林有可能受到了欺骗而带领他的军队从斯诺多尼亚(Snowdonia)开启了冒险远征。极有可能是以爱德蒙·莫蒂默(Edmund Mortimer)为首的边地男爵设计陷害于他。1282 年 12 月 11 日，卢埃林发现自己与他的部队走失。随后，在布雷克郡(Breconshire)靠近埃尔芬河(Irfon river)的一处地方[今日被称作塞麦瑞(Cilmeri)]，极有可能是由罗伯特·博迪(Robert Body)或者斯蒂芬·德·法兰克顿(Stephen de Frankton)将他刺杀身亡。没有光荣的背水一战，只有在 12 月寒冷清晨的一场卑劣的伏击战，卢埃林在威尔士中部地区一处偏远的丛林中被暗杀者的长矛一通乱刺而丢失了性命。恐怕只有最铁石心肠之人才会否认，这位虽有缺点却勇猛无比的威尔士之王应当有一种更好的死法。

卢埃林的头颅被送往伦敦。他的脑袋上放置了一圈常春藤，并被插在一根竿子上，在旁观者的嘲笑声中在伦敦的街道上示众。由于卢埃林的死亡发生得太突然，达菲德作为最可能的替罪羊被逮捕。他在接受了绞刑后，又被挖去内脏，并被肢解尸体。达菲德成为第一个在英格兰受此酷刑的威尔士人。达菲德和他兄弟的头颅一起被安置于白塔(White Tower)之上示众。心怀恨意的爱德华继续坚持剿灭这个家族的其他重要成员。卢埃林的妻子埃莉诺因难产而死。她那尚在襁褓之

94

图 19　在于 1282 年 12 月 11 日死去后,卢埃林·阿颇·格鲁菲德——末代之王卢埃林(Llywelyn the Last)——的尸体被葬于拉德诺郡(Radnorshire)的库姆希尔修道院。他的头颅在被砍下后曾送给爱德华验看。此后,它被送往伦敦,并被悬挂于伦敦塔之上。(哈顿·盖蒂图片集)

中的女儿戈温莉安被偷走后藏于塞普林格汉姆(Sempringham)的女修院中。1337 年,戈温莉安在那里去世。达菲德的两个儿子也被投入到布里斯托城堡的地牢之中。在完成了 1277 年时未竟之事业后,爱德华一世决心在城堡上建设一处穹顶——这象征着盎格鲁-诺曼人的恐怖统治——以控制威尔士人。爱德华一世还把格温内斯政权建设者(state-builders)的克罗斯·奈德(Croes Naid)——这是一件神圣的、受到高度崇敬的威尔士王位徽章——给夺走了。1326 年,爱德华还将斯康石(Stone of Scone)——独特的苏格兰民族认同的护身符——占为己有。卢埃林·阿颇·格鲁菲德的名字逐渐趋于消亡。直到 20 世纪

95

后半期，他仍然只是"与构成民族性的材料缺乏明显关联的人物"。只是近来，威尔士和英格兰的学术传记才开始全面地研究他的生涯。威尔士人从未隆重地纪念这位充满热血的历史人物。

本章以杰出的威尔士历史学家 J.E.劳埃德的观点为开端。他向世人展示了卢埃林·阿颀·格鲁菲德在历史和民族发展中的重要性：他是**第一位**威尔士之王，也是**最后一位**威尔士之王(Llywelyn Ein Llyw Olaf)。这是劳埃德最具洞察力的发现之一。1282 年时，威尔士的诗人们比其他任何人更加深刻地认识到致命的、决定性的一击已经发生在塞麦瑞尔。对政治独立的追求戛然而止，威尔士人已经成为一个被征服的民族了。当厄运袭来时，他们陷入了迷失与茫然无措之中。在一首抱怨这位死去王公的名诗中，格鲁菲德·阿波·耶·亚德·科克(Gruffudd ab yr Ynad Coch)如此谈论他那无法抚慰的忧伤：

> 你难道没看见大海正鞭打着海岸吗？
> 你难道没看见末日审判正在隐现吗？
> 你难道没看见太阳正在天空横冲直撞吗？
> 你难道没看见星辰正纷纷陨落吗？
> 愚蠢的人们，你们不信上帝吗？
> 你难道没看见这个世界正处于危亡之中吗？
> 啊，主啊，海洋正在吞没大地！

在这类惋惜声中，布莱登·法德(Bleddyn Fardd)那充满修辞技巧的提问更加让人难忘："此世已然终结了吗？"(Ys terfyn byd?)

第四章 瘟疫、叛乱与复兴
（约 1283—1536）

霍希·杜（Hwch Ddu,黑色种子）和希威伦·比姆（Chwilen
Bwm,金龟子,甲壳虫）这两位性格鲁莽的人物出现在近期出版的一部
叫作《瘟疫》(*Y Pla*,出版于 1991 年)的小说中。《瘟疫》是一部富有想
象力也颇受欢迎的威尔士小说。作者模仿薄伽丘的写作模式(薄伽丘
也在小说中短暂出现过)讲述了一位年轻的伊斯兰学生萨拉·伊宾·
阿尔·哈提卜(Salah Ibn al Khatib)从开罗去刺杀法国国王的故事,而
当时欧洲人民正在忍受着一场被称为黑死病的灾难性流行病所带来的
痛苦。在他的传奇冒险中,这位学生发现他到达了阿封那斯
(Eifionydd)地区多伯曼恩村(Dolbenmaen)的一处私人高地上。当时,
瘟疫正肆虐在这处威尔士西北部的中世纪小村庄中,当地社会-经济结
构面临着被摧毁的威胁。他一到达这里就被人叫作"黑暗之人"(Dark
One),称他为恶魔的代理人。对于饱受精神创伤的农民来说,正是他
带来了瘟疫。霍希·杜是一位农奴的女儿,她作出了一个令人倍感沮
丧的预言:"我们将变成小牛屁股上的苍蝇,日夜受到恶魔尾巴的鞭
笞。"这一预言不仅说明了人类生命的易逝,也在提醒着人们:不管男
人还是女人,在面临这场致命的、杀人于无形的疾病时完全无力抵抗。
坦率来说,与那些 14 世纪时威尔士官方档案的历史记录相比,这部令

人揪心的传奇作品提供了更加令人信服的关于瘟疫肆虐的描写视角。在社区中到处弥漫着死尸的刺鼻气味，这令人作呕，也引人咒骂。瘟疫也迫使威尔士的农奴们大口吞咽着各种奇怪的药剂，仿佛它们有着奇迹般的作用。其实，这不过是他们妄图驱散瘟疫的努力罢了。这一切都不卫生。小说的作者威廉·欧文·罗伯茨（William Owen Roberts）通过使用一种炫目的文学风格把中世纪后期威尔士的这场最难以忍受的灾难事件带到了读者面前。

从 1284 年的《威尔士法令》（*Statute of Wales*）到 1536 年的第一部《统一法案》（*Act of Union*）这 250 多年的历史成为过去一代人所激烈争论的主题，同时，相关的结论也不断被修正。由于中世纪威尔士史研究在这个时代已经变得不那么流行，这样的争论是一种令人鼓舞的发展。我们有理由相信，对于政治结构、社会-经济成果以及宗教和文化变迁的研究能够最终帮助我们更好地理解历史。它们能够帮助我们更加完整地认识到殖民者和被殖民者之间的紧张关系和反感情绪，还能够让我们更好地理解民族大起义这样一场戏剧的高潮时刻的意义，能够让我们更好地评价新出现的、具有解放作用的力量是如何把社会带往更加稳定、更少暴力流血的发展方向的。虽然不能囊括所有主题，但是"瘟疫、叛乱和复兴"这三个词依然可以总括我们对这个丰富多彩、内容庞杂的社会的评价。接下来，我们将依次讲述这三个主题。

正如我们已经暗示的那样，这一时期欧洲历史上最严重的生物医学灾难出现了，即 1348—1349 年鼠疫的爆发。尽管 6 世纪时威尔士爆发的黄热瘟疫（Fad Felen）曾经引发过大恐慌，但是如黑死病这样大规模的瘟疫却是前所未见的。学者们对黑死病爆发的原因存在着分歧。传统的观点认为——这一观点如今已经不太可信——鼠疫杆菌（Yersinia pestis）是通过水接触传播的，而且这种毒性超强的病毒的携带者是黑鼠（rattus rattus）。这种带有跳蚤的黑鼠携带着致命的传染病，并且以极快的速度从亚洲草原地带传播到欧洲主要的贸易港口。近来，学者们已经否定了关于老鼠和跳蚤携带病菌的观点，但是关于这场瘟疫的真正的原因仍然没有令人确信的答案。不过人们已经搞清楚的是,这种致命的瘟疫于 1348 年 6 月爆发于南部欧洲,并且以惊人的速度向西北方向传播。1348—1349 年的冬季,瘟疫兵分两路穿过塞汶河,并向特瓦伊河谷(Tywi valley)袭来。沿途的港口、河谷岸边、高地领主区以及市镇中出现了一幅幅惨象。此后,瘟疫渗入到威尔士内陆地区,并且沿着边地地区悄悄传播,最终进入格温内斯王国区域。其以蚕食的方式爆发于各地,其制造的后果令人惊骇、残忍无比。由于史料中关于这场 14 世纪中期的鼠疫在威尔士的传播路径和影响的记载要少于在英格兰的,我们很难讲清楚是否整个威尔士都受到了鼠疫集中爆发的严重影响。不过,能够合理假定的是,各地的影响并不相同:东北威尔士地区城市人口的死亡率肯定比周围乡村要高,但是在格温内斯地区以及诸如伊斯特拉 · 塔伊(Ystrad Tywi)和克旦迪艮(Ceredigion)这些康莫特百户区的情况则相反。不过,不管瘟疫肆虐到哪儿,死者枕藉(y Farwolaeth Fawr)——人们如此称呼这次残酷的灾难——的后果造成了当地人口大规模下降。"黑死病"这样的称呼是很合适的。与我们这个时代所面临的人类免疫缺陷病毒(HIV)和艾滋病(Aids)一样,黑死病也带来了人口的大量死亡和身心的极度痛苦,这给活着的人烙下难以磨灭的心理阴影和沉重的记忆。

98

不过,当时之人对这一事件的评论稀疏可见,也很简洁,这的确令人感到震惊。人们怀疑这是因为死亡之神所带来的灾难性结果把当时的有识之士给吓傻了。只有像格鲁菲德 · 阿颀 · 马瑞多德(Gruffudd ap Maredudd)和卢埃林 · 费晨(Llywelyn Fychan)等诗人才在他们的作品中描写了他们遭受的发热、头疼、抽搐、呕吐,或者肢体因肿胀而变得丑陋不堪以及横痃——这也是这种特别瘟疫得名的原因——等情况。作家们向读者展示了瘟疫给他们的亲人们所带来的痛苦与忧伤。卢埃林 · 费晨在 14 世纪后期创作了一首叫作《瘟疫》的著名诗歌。在诗中,费晨回忆了那场"消灭一切的幽灵"(eradicating phantom)如何夺取了他五个孩子的性命。这些"温柔可爱"的孩子们丧命于"腋窝下的肿胀(shilling),……他们发着低烧,如同一块炽热的煤炭",作者只能徒自哀叹自己"苟活于这浊世之中"。面对着这场无休止的灾难,中世纪的医学无能为力。梅斯法(Myddfai)村的医生们曾因其医术高超而受到崇拜,他们的声望远播到其生活的卡马森郡西北地区以外,但现在连他们也束手无策。这场瘟疫忠实于民主的本质:富人和穷人,新生婴儿和耄耋老人,威尔士土著和英格兰移民,修道院长和神父们,统统都被消灭。无人能逃过这次掠夺。在瘟疫肆虐过的威尔士地区,留下的是腐烂尸体的滚滚臭味,挖墓工人们不停歇地将他们迅速掩埋。幸存者也受到了精神的创伤,他们无力给予死者合适的哀悼。当他们试图去理解这场灾难是如何发生的时候,他们找到了某种安慰性的结论:这是上天的惩罚,只有通过忏悔和虔诚的宗教仪式才能缓解它。

在我们所了解的关于受害者的记录中充满着对他们的辛辣讽刺。就我们所知而言,没有显赫的威尔士领主被瘟疫击倒。不过,由于在登比郡的迪夫林·克卢伊德(Dyffryn Clwyd)的殖民领地里人口密集,在这里生活的波斯特恩(Posterns)、斯塔沃斯曼(Stalworthmans)、梅尔(Meols)和皮尔(Pills)等英国人家族——他们是因为在北方威尔士能够获得丰饶土地和大量特权而迁居于此——则遭受了瘟疫的打击。在讲威尔士语之人的死亡事件中,最著名的可能是威尔士诗圣达菲德·阿颇·格威利姆(Dyfydd ap Gwilym)及其苦苦追求的两位妇女——性情温和的黑发迪斯古(Dyddgu)和性情放浪的金发莫尔富斯(Morfudd)——在1350 年前后的共同消亡事件。面对着黑死病的肆虐,具有骑士风度的蒙茅斯郡的战士亨利——也就是兰加斯特公爵(Duke of Lancaster)——发奋写就了《神圣的医学或者救治术之书》(*Le Livre des seintes medicines*)这篇文章。不过,1361 年时,瘟疫把亨利的性命也夺去了。谁能想象出当堂区的神父或者托钵会修士们有多么害怕,因为他们在对病人或者濒死之人给予临终关怀时,其自身也更容易受到瘟疫的侵害,而他们原来相信这场瘟疫本是一次神圣的惩罚(divine visitation)。约翰·克林恩(John Clynn)修士是一位生活在基尔肯尼(Kilkenny①)的方济各会僧侣。

① 基尔肯尼是位于威尔士东南部的一座城市。——译者注

有一批跟克林恩类似之人在死亡来临前抓紧记录了瘟疫肆虐的过程,从而留下了一批内容感人的历史作品,它们的存世是"为了在未来一旦有人活下来或者任何亚当之子能够逃脱这场瘟疫后",人们能够阅读它。

尽管黑死病作为一次人口发展的分水岭让人永远无法忘却,但我们还需要意识到,自 14 世纪早期以来,由于气候变化和饥荒的发生,人口数量一直在下降。当时的冬天变得愈加寒冷,夏日则愈加潮湿,而且荒年也更加频繁。严重的饥荒在 1315 年和 1322 年曾经影响到了北方欧洲,史称"大饥荒"(Great Famine)。1330—1331 年横扫欧洲大陆的饥荒再次出现。饥荒造成了人口的高死亡率。童年时受到饥荒折磨的儿童其免疫系统被严重削弱,他们在面对 1349—1350 年疫情时显得最为脆弱。因此,在许多方面,这些本来已经启动的社会经济发展趋势在这些大型灾难(Great Pestilence)面前进一步恶化。作为一种催化剂,大型灾难对社会的长期和短期的发展都有影响。1361 年、1369 年、1379 年和 1391 年致命的灾难不断来临,这给当时之人留下了一种周期性不安全的印象。所以,这就不难理解为什么 14 世纪经常被人称作"悲剧的时代"。

农奴(bond population)传统上要比自由民受到更加明显的束缚,当然,他们也遭受着瘟疫的折磨。不过,未曾预料到的是,这些活下来的农奴(bondmen)利用了这一机会,并除掉了身上的枷锁,而这些枷锁曾经将农奴们困守在某块土地上。现在,农奴们能够用脚投票,他们放弃了自己的财产,离开了所生活的教区。契约变成了一纸空文;成熟的庄稼无人收割,任凭其烂在地里;磨坊和渔场也因无人使用而荒废坍塌。1349 年,在卡迪根郡的乡村里,有人哀怨地哭喊说:"现在只剩下七个人了,而过去却有着 104 名佃农,他们被叫作加布勒瑞(gabularii)。加布勒瑞们在今年因为瘟疫纷纷逃离。"威尔士旧的封建制度是建立在圭利(gwely)和加法尔(gafael)①的土地制度基础之上的,现在,劳动力的大量流失敲

① 圭利原意为"床",是指一个部落或者家族所拥有的地域。加法尔原意为"所有物"。它们都是指"一块土地单元",而且是指通过谱系可以全部(或者部分地)继承的土地,不过圭利的使用更加常见。圭利制度是根据家族谱系兄弟共同继承土地财产。当人口扩张,部分家族成员移民他处,但新开辟的土地质地更差,也更分散,同时移民者还享有最初家族土地的部分地产。——译者注

响了陈旧的封建制度的丧钟,并且导致人口流动性大为增强。随着旧社会的生活方式的结束,威尔士人群之间的区分更多地依靠各自的财产和地位,而不是各自的亲属关系。劳工税的征收采取了货币的形式。这种实践活动的进行产生了(新的)发展动力。土地市场变得更加不稳定,个人主义开始崛起。这些与旧的部族生活方式相抵牾,但对新的社会群体却有着莫大的好处。特别是伍彻威(uchelwyr,即乡绅或者土地贵族)阶层利用了具有灵活性的法律武器——抵押(prid)方式——来获取土地。他们在婚姻市场中长袖善舞,并且通过占取无人的契约农土地(bondland)或者城市地产以及购买王室土地等方法不断将新的地产纳入自己的财产中。这个阶层之人具有上进心,他们多数受过教育,这些人不断地向上一阶层攀升,他们可以被称为是威尔士社会新的"富裕阶层"(haves)。

随着历史学家们在研究中更加重视性别视角,我们能更多地了解妇女在这个快速变化的世界中的经历。《威尔士法令》(1284 年)的出台给王室土地上的有产阶级妇女赋予了一定的权利。这部法令引入了英国的土地法,并且在 15 世纪时,法令中规定的妇女权利条款在边地领主统治区也得到了贯彻。有趣的是,瘟疫也帮助贫穷的妇女从过去的枷锁中解放出来。伴随着黑死病的到来,妇女们在劳动力市场中地位更加显著。她们成为面包师、酿酒师、收割庄稼的农妇(harvesters)、纺织工、织布工等。在男性主导的社会里,妇女们被要求保持沉默、不要高调生活,但是现在她们获得机会发出了自己的声音。当然,也有一些言辞刻薄的人批评她们,咒骂她们,与她们争吵,这些人毫不留情地斥责着(与她们关系密切的)男性和其他的一些妇女。不过,随着旧日枷锁的消失,妇女们在城市共同体中得到了更多的报偿。甚至在乡村地区,那些没有技能的妇女也抓住劳动力短缺的机会(而获得收入)。尽管不平等现象仍然是妇女身上沉重的压力,但是越来越多的证据显示,她们的命运在不断改善。

瘟疫给教会圈子造成的破坏比其他地方更加明显。在赫里福德郡,43%的神职人员在 1348—1350 年间死去了。尽管威尔士的档案资料匮乏,但是我们有理由相信,在威尔士诸教区中,这一系列的瘟疫给教会机构和乡村生活造成了同样的灾难。面对人口的大量死亡,在圣大卫兹的副主教忧心忡忡,他们不得不加速为赫里福德教区任命新的神职候选人,以保证处在萎缩中的教士群体能够有新鲜血液补充进来。瘟疫"如同一阵飓风横扫教会所拥有的财产",对教会的财政收入产生了影响:税收直线下降。修道院也发现他们的兄弟数量正以惊人的速度在减少,并且一些修道院不得不减少租金和减轻佃户的劳役负担。这种经济上的灾难严重打击了修会、教士和堂区民众们的士气。

因此,不可否认,黑死病是惊天动地的事件,这是一个被普遍认可的事实。19 世纪时,在"霍乱"(cholera)这个词让人闻风丧胆后,威尔士人才再次经历了这种病毒性杀手所带来的威力。三分之一的人(绝大多数是讲威尔士语的农民)笼罩在鼠疫的阴影下并最终死去。鼠疫是一场深重的人类悲剧,其范围的广度和深度都难以想象。一切如噩梦般萦绕着人们,给大众留下了生活在死亡世界的(macabre)印象:体温的飙升,咳嗽,呕吐,腋窝下、脖子处、腹股沟处肿胀起来,以及伴随着的无效治疗,死后的匆匆掩埋和教堂的死亡钟声。坟墓、青铜碑(brasses)、石棺(sarcophagi)都是葬礼遗迹,它们的迅速增多显示了这场致命灾难的严重程度,也在提醒着幸存者:人的生命是多么脆弱。尽管许多的社会经济变迁已经在进行之中了,黑死病只是推动了这种深层次的力量急速前进,但是黑死病的肆虐毕竟还是改变了中世纪威尔士的面貌。

102

正是在饥荒、死亡与瘟疫的阴影下,我们要去了解一下威尔士人对1282 年开始的殖民统治有了怎样新的反应,以及他们是怎样产生反叛念头的。特别是在 1400 年 9 月,由欧文·格林杜尔(Owain Glyndŵr)领导的一场全国性的叛乱爆发了。正如我们前面所说,在 1277 年和1282—1283 年进行的两次大规模军事入侵期间,英王爱德华在一些海岸地区建成了坚不可摧的铁环(iron ring)城堡。这是在告诉威尔士人英国国王所具有的强大权力和威势。威尔士人难以躲避爱德华的(军事)优势;他们也无法逃离他的帝国世界观,在威尔士人看来,这种世界观是残忍野蛮的。为了不让威尔士人回忆并哀悼威尔士末代国王的光辉统治,在他被埋葬于库姆希尔修道院后不久,英国人就在尝试消除人们对他的记忆。卢埃林·阿颟·格鲁菲德的印章被熔化。克罗斯·奈德(Y Groes Naid)是先王们经常佩戴的一个十字形的圣物,现在也被秘密送往英格兰,最终被珍藏在温莎城堡中。后来,连著名的圣大卫的头骨也被藏于伦敦塔中。绝不允许威尔士人藏有代表集体荣耀的象征物,也不允许他们推行自己的那套隆重的礼仪(pomp and circumstance)。那些有可能制造麻烦的继承人或者其亲属要么被关押,要么直接被消灭。当威尔士被征服的状态已经确定后,威尔士的编年史作家们在记录 1282 年 12 月 11 日的历史时语调悲伤地写道:"这时,整个威尔士被打趴到地上。"无论在军事上还是意识形态上,卡那封城堡都是国王战略的重要象征物。爱德华国王决心制造出一个值得骄傲的象征物,以实现他的帝国野心:宏伟的城墙让人不禁想起了拜占庭的"国墙"(Land Wall)①。在城堡的塔顶镶有帝国之鹰。金色的大门(golden gate)也不可避免地让人记起君士坦丁堡的形象。爱德华的确是那种气势逼人、勇猛无比的国王。他建造这处超级纪念碑(还有一些其他的雄伟的城堡)就是要告诉威尔士人英国国王的决心:他要永远让威尔士成为臣服之地;他要让这处公国的子民对他的指令俯首听命。几百年后,现代诗人托尼·科兰(Tony Coran)写道:"这是帝国之始/这是龙之牙(dragon's tooth)。"

103　　　在军事力量安扎于各地后就要开始政治上的合并了。1284 年 3 月,一道引发争议的王家敕令在鲁德兰发布。这份《威尔士法令》具有重要的意义,它明确指出:威尔士不再是一个王国,也不是一个国家或者公国;神圣的天意已经判定威尔士的土地和人民已经"被前述的(英格兰)王国的国王(将其与英格兰)合并与统一在一起了,它成为这个统

---

①　国墙是由罗马皇帝狄奥多西二世(Theodosios Ⅱ)主持修建的护卫君士坦丁堡的城墙。国墙由主城墙(main wall)、稍矮的前墙和壕沟组成。在 1453 年之前,国墙从未被攻破。——译者注

一体的成员"。格温内斯被分成安格尔西、卡那封和梅尼奥尼斯三个郡。它们受到位于卡那封的一位北方威尔士高等法官的管辖。弗林特是新创立的一个郡，并被归入彻斯特的伯爵领地（county palatine）管辖。原有的卡迪根和卡马森郡继续保留，由位于卡马森郡的一位高等法官治理。这样，归属英王所有的这五郡组成了新的威尔士公国，并且一直存在到 1536 年第一部《统一法案》出台为止。在这部内容明确的殖民档案中，威尔士法这一珍贵的遗产也被取消了。在遗产继承问题上，海维尔·达之法（cyfraith Hywel）得以继续保留（除了关于私生子、女性继承以及个人诉讼案），但是在刑法案中，英格兰法——爱德华认为这种法律比凯尔特人所能编纂的任何法律都更加现代、更加精巧——则被要求实施。只是在边地地区，国王保持了现状。他非常清楚，强势的边地权贵们对于任何挑衅或者削弱他们影响力的行为都毫不畏惧。结果，这些热衷于私战的领主们不受王家敕令的制约。随着时间的流逝，他们逐渐成为混乱、无序的代名词，还成为一群小暴君（petty trannies）。因此，在这一时期，威尔士虽是王权所辖地区，但是各种势力在此处盘根错节交织在一起，这里既有王权直接领地，也有威尔士人领地，还有盎格鲁-诺曼男爵统治领地。这是一处充满了不和与纷争的地区。爱德华一世了解潜在的威胁来自何处，他特别警惕格温内斯地区：1285 年，他将这处公国称作如同"一条蛇潜行在草丛之中"。

　　军事上的征服和政治上的合并也导致了经济的衰退与财产的缩水。爱德华的决定（Edwardian settlement）给城市定居和土地利用方式带来了重大影响。外国人殖民所带来的耻辱在市镇（borough）中显现得最为真切。市镇是忠诚于英王的堡垒，它们处在城堡统治之下。在市镇中，威尔士人无法享受到英国市民们（burgesses）的权利。实际上，市镇并非这些只会讲威尔士语的、未开化的"赤脚矮人们"（barefoot scrubs）可以随意进出之地。那些从事货物贩卖的贸易商们也被简单地以"外人"（foreigners）的称呼拒斥在外。此外，大量的英国人定居者不仅在属于王室和边地侯的市镇中殖民定居，还在市镇周围的众多乡村的土地上繁衍生息开来。各种诱人的刺激因素——大片的

104

图 20 康威堡建于 1283—1287 年间，在城堡角上建设了八个圆塔和碉堡。康威堡是中世纪欧洲最伟大的城堡之一。它是英格兰征服威尔士的生动体现。（政府版权：威尔士皇家历史与遗迹委员会）

地产、有利可图的租金和特权地位——推动着王室的仆从和地位显赫的男爵们纷纷在威尔士低地地区大片肥沃的可耕地上殖民开垦。在北方威尔士，从一些定居者–乡绅(settler-gentry)的姓中——伯肯肖尔(Birkenshaw)、卡斯尔福德(Castleford)、克利瑟罗(Clitheroe)、达文波特(Davenport)、罗森达尔(Rossendale)——就能非常清晰地确定他们是何时到来的。没有哪里能比东北威尔士的登比城(Denbigh)更加明显地歧视威尔士人了。登比城是一处独特的英国人聚居区，这里的英国家庭来自柴郡、兰加斯特郡、约克郡和什罗普郡(Shropshire)。这些移民获得了优厚的待遇并受到资助。为了给他们腾出地方，威尔士的佃农和农奴们被赶到了多沼泽的、贫瘠的草地地区。1295 年，2 600 人被派往博马里斯(Beaumaris)修建一处构思精巧的、呈同心圆形状的城堡。为此，整个郎费斯城(Llan-faes)的人口都被从住处赶走，并被流放到了纽巴勒城(Newborough)。殖民的过程伴随着剥削与边缘化。可以想见，当这些无耻的土地掠夺者们把威尔士人欺压到如此可怜的境地时,这些本地人该是多么气恼、愤恨与怒气冲冲啊。

与政治和管理有关的职位大门也在威尔士人面前紧紧地关闭了。在被征服之后,威尔士本地贵族只要没有参与暴乱就被允许过上退隐的生活。还有一些积极向上的乡绅希望能够融入新的秩序中去,所以他们至少要对那些曾经激发格温内斯之王的理想假装表现出一种距离感或者敌对感。虽然无法得到他们的真心服从,对于爱德华来说,表面的忠诚也是要争取的,所以他准备授予威尔士人执法官(bailiffs)、教区执事(beadles)和治安官(constables)等职位,但是关键性的职位是绝不可能给他们的。那些担任高级法官、郡长(sheriff)和地方司库(chamberlaine)等职务的人都是来自英格兰或者边地地区。甚至出现了一种观点:外国殖民者认为威尔士人是一群没有责任感、性情多变、易受奴役的人种,他们只适合从事临时性的职务和苦差事。所以人们认为,教化他们、平定他们是对人类善莫大焉之事。因此,为了生存并实现人丁兴旺目标,威尔士的家庭进入到婚姻市场中,去生育并抚养男性或女性后代。他们的后代首先必须忠诚于英王,并接受殖民者的价值观。

为了让威尔士人相信新政权带来了法律、秩序和稳定,并让他们意识到这是对他们有利的,英国人使用各种细致的乃至粗鲁的手段。1301 年,为了增强王权在仪式感上的吸引力,爱德华一世以"威尔士王子"(Prince of Wales)的称号授予他当时最年长的儿子爱德华。这位年轻的王子是在卡那封孕育并生产下来的。在几百年后的 1911 年的夏天和 1969 年,这一湮灭多年的王位授予仪式才再次举行,新的仪式依然是在卡那封举行。自 1301 年以来,共有 21 位英国王位继承人担任威尔士王子一职。从后世看来,他们中很少有人访问过威尔士,也没有提出任何的要求。因此,1301 年的重要性在于这样一个事实,那就是命运不济的格温内斯公国变成了英王统治下的"北方威尔士公国"了。要是这位爱德华王子更具有个人魅力的话,支持英王的情绪或者人群或许会更多一些。他那一无是处的统治开始于 1307 年,并于 1327 年退位。当他的敌人被激怒并在伯克利城堡(Berkley Castle)用

106

炽热的叉子穿透他的内脏后，威尔士人并没有太多不满意的反应。威尔士成为英国招募弓箭手、长枪兵和持矛步兵（foot lancer）的基地。这是一种次要但却更有效的手段，它既能塑造威尔士人的价值观，又能限制他们的自由并防止其叛乱。到外国的土地上服兵役成为一种具有吸引力的工作。在英王看来，这是很有价值的，因为它能够缓解紧张局面，给愤怒又有冲劲的年轻人找到一个发泄口。杰出的募兵专家当数黑王子（Black Prince）。他是爱德华三世之子。甚至按照中世纪的标准，他也是一位令人反感的人物，因为他将威尔士每一个身体健康的战士都尽可能榨取出来并送往法国为英王服务。在克雷西（Crécy，1346年），爱德华三世和他那拥有数量优势的军队通过高超的战术和长弓手的技巧战胜了法王菲利普。在这次伟大的胜利中有约 7 000 名威尔士人参战。他们身着绿白色的统一服饰（这是韭菜的颜色），在战场上如同一只只猛虎。在克雷西和普瓦捷（Poitiers，1356 年），几位行动敏捷的威尔士士兵展现了他们的勇猛与无情，这受到了黑王子的尊敬。头功当属海维尔·阿颜·格鲁菲德先生（Sir Hywel ap Gruffydd），他有一个令敌胆寒的绰号——"斧子海维尔先生"（Syr Hywel y Fwyall）——很好地说明了他的好斗本性。由于对这位威尔士人的战斧所造成的恐怖屠杀印象深刻，在普瓦捷庆典之后，黑王子便将其珍藏在王宫大厅里一处具有特别意义的位置上以示荣耀。其他杰出的战士——理查德·格辛先生（Sir Richard Gethin）、乔治·萨伊斯先生（Sir Gregory Sais）、格鲁菲德·德温（Gruffudd Dwnn）和马修·高夫（Mathew Gough）——都在欧洲大陆忠心耿耿地追随英王。大群的威尔士战士出现在对法战争中，他们也在与苏格兰和爱尔兰的战场上出现，这些意味着，为英王尽职和服从英王的观念已经生根发芽了。

107　　虽然如此，但我们不能认为，那些给予外国敌人狠狠打击的威尔士战士们就必然是一群数典忘祖之徒。他们并没有忘记爱德华征服给自己的同胞所带来的伤痛。从一开始，爱德华就很明白，威尔士人极有可能并不愿意服从他的命令。人们非常了解那些心怀二意的威尔士人所作的蛊惑人心的宣传。每当王家政策被强硬推行时，在表面的风平浪静下是紧张不安的潮流在涌动。当他们听到自己的领袖被边缘化并受到羞辱时,当大规模驱逐威尔士人以及个人财产被没收的消息传出时,当持有王令的冲锋队员(storm-troopers)和边地的王室宠臣们利用职权自肥时,威尔士人怎么能够安之若素呢?尽管他们缺乏军事实力从事持续的、积极的反抗活动,但是英王的军事力量并没有把他们吓倒。根据《爱德华二世生平》(*Vita Edwardi Secundi*,大约写于 1326 年)一书的记载,威尔士人对于梅林预言①仍深信不疑:"因此,威尔士人经常叛乱,他们希望能够实现预言;但是由于不知道预言是在哪个时间实现,他们经常受到欺骗,徒劳地做着努力。"

威尔士人的叛乱呈现阵发性和不规律性。这让英国官员又气又恼:"你知道,威尔士人都是老赖(Welsh)。"对于威尔士人叛乱的原因我们不能过分简单处理之。大众抗争都是有多重原因的事件。即使他们对过去和现在所遭受的屈辱都非常了解,但这些抗争活动的参加者并不都是怀有大公无私的心态。许多人是因为感到自己受到欺骗,为此咬牙切齿,遂参与反叛活动。其中包括卡马森郡的杜伊斯温领主(lord of Dryslwyn)里斯·阿颇·马瑞多德(Rhys ap Maredudd)。他曾经对罗伯特·蒂贝托特(Robert Tibetot)——爱德华一世所任命的常驻卡马森郡的高等法官——所给予的差辱表示严重抗议。于是,里斯·阿颇·马瑞多德在 1287 年 6 月奋起反抗。直到 1292 年,由于他的四名手下的背叛,他才被捉拿归案,并在约克城受绞刑而死。1294—1295 年则爆发了一次更为严重的事件。马多克·阿颇·卢埃林(Madog ap Llywelyn)是一位财产被罚没的贵族之子,他对此一直愤愤不平。他在反叛中自称"威尔士之王和斯诺登领主"。这是一个具有蛊惑性的称号,而且在他策划的这场起义中呈现出一种全国性的协调一致和具有规划性的特点。就在他于 1294 年进攻卡迪根城堡并打响了反抗英国人统治的第一枪时,他的支持者们也在其他的几处战争舞台

---

① 根据《不列颠诸王史》的记载,梅林是亚瑟王时期的预言家。梅林曾经预言不列颠人将重新夺回失去的土地,将盎格鲁-萨克逊人击败。梅林的预言对不列颠人后裔威尔士人的历史观影响深远。——译者注

上开始四处劫掠。英国人的卫戍部队已经是外强中干，面对起义他们大为惊慌，并且受到巨大的压力。当威尔士叛军攻克"坚不可摧"（当时尚未完工）的卡那封城堡后，他们把受人痛恨的城主罗杰·德·普勒斯顿（Roger de Puleston）私下处死。面对这样的乱境，爱德华一世被迫调兵遣将，最终于 1295 年 3 月在麦斯·马多克（Maes Madog）将起义军击溃。

可以想见，在 1315—1317 年的饥荒年月里，大众的不满情绪严重爆发，社会上的忧虑情绪四处弥漫，大量的灾民因饥困而死。政府专横又无情的管控手段进一步激化了矛盾。特别著名的事件是格拉摩根高地迎来了佩恩·德·特伯维尔这个残忍的王室地产管理人，当地社会听闻消息弥漫一片沮丧之情。辛格亨尼斯领主（lord of Senghennydd）卢埃林·阿颇·格鲁菲德［卢埃林·布伦（Llywelyn Bren）］是一位受教育程度颇深的人物［他拥有一版《玫瑰传奇》（*The Roman de la Rose*）］。1316 年，他率兵攻打凯尔菲利城堡（Caerffili Castle），之后他又进攻其他英王的堡垒和庄园。为了防止起义势力升级壮大，爱德华二世迅速行动。为了不给他的子民带来进一步的伤害，这位卢埃林作出了一个勇敢的决定：他投降了。在休·德斯潘塞（Hugh Despenser）这位年轻人的指令下，他在加的夫城堡（Garidiff Castle）受极刑而死。卢埃林在进攻格拉摩根市镇时手段残忍背后是有着深刻的原因的：英国的管理者推行过度的种族主义政策，威尔士的领主们对此深为厌恶。14 世纪中期，王室官员不仅为了支持对法战争而榨取威尔士的人力和钱财，而且还在当地推行卑劣的政策，这些政策超出了威尔士人的忍受度，于是英王与本地社会关系急剧恶化。黑王子和他的仆人们作奸犯科之事不断增多。他们令人厌恶的举动引发了明显的骚动情绪。很快，他们开始实施惩罚（reap what they sowed）。1345 年 2 月，黑王子在北方威尔士的代理人亨利·夏德福特（Henry Shaldeford）在班格尔被乱刀砍死。这件事是由安格尔西的佩尼那斯（Penmynydd）的都多·阿颇·戈伦伟（Tudur ap Goronwy）所领导的一群威尔士著名人士干的。这一事件让英国市民大为惊骇，他们为此编写戏剧描写这一事件是如何威胁到了他们的安全和幸福。

因此，有各种方法可以反映他们自己的反感与厌恶。一场大规模的抗争活动迟早要爆发。威尔士正在被当作一棵摇钱树来对待。饥荒、瘟疫和战争给人民大众带来一种感觉，他们生活在悲惨又不安全的世界中，而且这种感觉在不断加深。黑死病是神圣的惩罚，是可怕的事物，它如一团大火在威尔士绝大多数地区肆虐。这种流行病带来了一种末日的期待，也恶化了种族间的对立情绪，导致群体间互相反感。王室和边地侯的统治手段恶劣。他们拼命收取税收，并且推行以强凌弱的统治战略，这些都让统治者处于越来越孤立的境地。教会也无法免除这样的压力。在威尔士出生的教职人员的生活水准和职业期望由于瘟疫和经济衰退而大幅下滑。现在非威尔士族的主教纷纷被任命上位，还有一些教会管理者根本不来上任（absentee administrators），这对威尔士本地神父们产生了影响，也是教会最让人不安的病症之一。英王大方地把威尔士的教区当作奖励他的王室仆人的礼物，却对此起彼伏的抱怨声充耳不闻。另一个社会问题就是神职人员和平信徒们都愿意听取威尔士吟游诗人们的预言。他们能从中获得些许安慰，但也是潜在的不安定因素。这些传统的为民族事业大声疾呼者（cheerleader）根据社会-经济情况的变化而创作一首首的预言型诗歌。这些诗歌带来了对威尔士解放者的新期待：这位解放者将推翻萨克逊人的压迫性统治，从而恢复他的人民先前所拥有的崇高地位。

冒险家兼雇佣兵欧文·阿颇·托马斯罗德里（Owain ap Thomas Rhodri），化名欧文·劳戈赫（Owain Lagoch，意为"红手欧文"），是一位华特·米堤（Walter Mitty）①式的人物。他从未踏足威尔士，但他拥有卢埃林·阿颇·格鲁菲德侄孙的身份。于是，欧文与重建威尔士荣耀这一思潮联系了起来，这正是那种预言传统的良好体现。他的确有理由将自己塑造为格温内斯王国的合法继承人，并且他也把自己打扮

109

---

① 华特·米堤是电影《白日梦想家》中的男主人公，是一位喜欢做白日梦，幻想自己征服世界的人物。——译者注

成重建威尔士失去的荣耀的最可能的人物。在大约1360—1403年间，一个服务于法国国王的"威尔士人社团"(Company of Welshmen)成立了。它由欧文·劳戈赫[法国人所熟知的是他的另一个名字"伊万·德·加勒"(Yvain de Galles)]和叶延·维恩[Ieuan Wyn，1384年去世，他的绰号是"捕猎爱好者"(le Poursuivant d'Amours)]共同领导。不幸的是，虽然前者希望借助法国军队的支持而夺回自己的世袭遗产，但是他对权力的胃口从未能够真正满足吟游诗人给他做的宣传。1372年，他率领一支舰队从哈弗勒尔(Honfleur)出发，但却在根西岛(Guernsey)止步不前，随后的进攻战也被阻止[1]。1378年夏天，一名间

图21　欧文·劳戈赫（又称伊万·德·加勒）是一名雇佣兵，也是威尔士王位的索取者。1378年，在莫尔塔尼-苏尔-梅尔围困战中，约翰·兰博在英国人的指使下将其刺杀身亡。不过，威尔士人却始终认为，他将携带着红色长矛归来，"把萨克逊人像猪一般驱赶到科斯·福其诺[2]"。（不列颠图书馆）

---

　　① 法王查理五世为了进攻拉罗歇尔，向欧文去信要求停止攻击根西岛，欧文最后无功而返。——译者注

　　② 科斯·福其诺(Cors Fochno)是位于威尔士锡尔迪金郡的一处泥炭沼泽地。——译者注

谍[他被叫作兰博(Lamb),不过这并非一个准确的名字]收受了英王钱财并为其效忠。他成为千夫所指的叛徒,因为他在普瓦图省的莫尔塔尼-苏尔-梅尔(Mortagne-sur-mer)刺死了欧文。于是,又一位威尔士预言之子倒下了。不过,威尔士的诗人并不畏惧,他们削尖了鹅毛笔,到处传播一条信息:欧文·劳戈赫只是在一个洞穴中睡去,他等待着自己命运之日的到来。最后产生了这样一种情况,一位冒险家,他生前并非什么重要的人物,却在死后发现自己取得了备受崇拜的英雄的地位。

110

欧文·劳戈赫是格温内斯最后一位直系男性继承人。现在,这样的美好的梦想全部寄托到他的身上,同时也是一场即将到来的风暴的早期预演。在这个已经深度殖民化的社会里,本土诗人们既能够给人带来安慰的信息,也能起到破坏的作用。诗人们唤起了对一个被征服民族的过去荣光的回忆,并且他们让追求自由的希望激荡在人心之中。到 1390 年时,族群间的、社会经济的、政治的以及精神的众多压力开始凸显,事情开始变得麻烦起来。这个"如同醉酒乌鸦似的民族"开始抛弃幻想,他们与日俱增的愤怒与挫败感最终在 1400 年进入了历史的转折点:欧文·格林杜尔领导的起义爆发了。9 月 16 日,在梅里奥尼斯郡艾迪厄敏地区的格林迪弗迪维城中(Glyndyfrdwy, Edeirnion, in Merioneth)举行了一场远逊于 1301 年爱德华王子加冕活动的仪式。在仪式中,格林杜尔的一小群热心拥护者宣布他为威尔士之王。英国人对此缺乏准备,并且他们受到本国王朝内部问题的困扰,所以,这场起义如同晴天霹雳打得英国人措手不及。在此后的十年里,它成为自1282—1283 年以来对英王安全的最严重的威胁。

111

欧文·格林杜尔在多大程度上扮演了激发威尔士人拿起武器反抗强权的角色呢?这仍是一个需要反复琢磨才能作出判断的问题。这场起义是一场力量的角逐,它持续的时间要比所有人预料的长得多,而且它还把威尔士带到了独立的边缘。有一股神秘的气息一直围绕着格林杜尔。我们不知道他何时降生,也不知道他何时死去。据说在他出生时有彗星划过天空。克拉克·芬南特(Crach Ffinnant)致力于打造格林杜尔的个人政治形象并对未来作出预言,关于格林杜尔的种种灵感都拜他所赐。在人们眼中,格林杜尔成为具有魔法力量的人物。莎士比亚给予他毫不吝啬的赞誉也就说得通了,莎翁将他描绘成一个"超于常人"的人物。但是,他并非如潘乔·维拉(Pancho Villa)或者切·格瓦拉(Che Guevara)①那样的特立独行的绿林好汉。恰恰相反:他出身于一个富裕的贵族家庭,从小受到良好教育。他的父亲是波伊斯王室后裔,而他的母亲则是德赫巴斯王室后代。他曾在英军中服役。讽刺的是,他曾杀死过凯尔特人。他对法律非常熟悉。诗人们对他的赞美纷至沓来,他们相信他是一位时代的风云人物。从我们对他的了解来看,他是一位极具个人魅力的、具有较高成就的领袖。鉴于他的这些品质,我们很容易明白为何这位威尔士独立领导人能够激发他的同胞反抗殖民统治的勇气,我们也就能够明白为何他深受人们的爱戴和尊敬,为何人们会纪念他。正如我们将要看到的,格林杜尔敏锐地察觉到观念的力量。他认为威尔士人民有权利维持并控制他们自己的认同所在,对此,他是最具影响力的、最具辩才的这一权利的捍卫者。他的外交能力与军事能力不相上下。他有着天赋保证追随者对他的忠诚。同时,他还有能力让他的战士保持着惊人的勇气,让这个民族相信荣耀的乃至有时不荣耀的军事失败都已经深深扎根于他们的血脉之中了。

112   然而,这场全国性的起义是起源于欧文·格林杜尔与里辛的雷金纳德·格雷大人(Lord Reginald Grey of Ruthin)——一位脾气暴躁、性格倔强的邻居——的私人恩怨。当时社会正处于一种紧张局面却无力解决,同时他的同胞们对现实生活正满怀怨恨,他们感觉自己如同"出生在异国他乡一般"。欧文对于当时的社会现状发表了评论并在此过程中趁机崛起。要不是有这些条件的话,凭借他自身所拥有的能力而言,他本无力将私人的争吵变成民族的起义。几个因素推动了起义的爆发。14世纪90年代后期,英国陷入政治动荡,特别是1399年理查德二世被残忍杀害,这让他在威尔士的支持者们愤恨不已。他们遂

———————————

①   潘乔·维拉和切·格瓦拉是20世纪墨西哥和古巴的民族英雄。——译者注

决定要利用这一机会向僭越者兰加斯特的亨利报仇雪恨。由于英国人把威尔士的大地主们从最有声望的民事职务上赶走,同时威尔士对严酷的封建剥削很不满意,这些产生了一种广泛的抱怨不平之气。一些有抱负的威尔士人认为,如果他们能够在战场上取得胜利,那么他们将能够在经济生活上获得更有利的地位。武力的征服、财产的剥夺和权力的丧失都令人倍感沮丧。除此之外,瘟疫的侵袭和财政的榨取所带来的影响也都在刺激着广泛的种族对立的出现。根据现代诗人R.S.托马斯(R.S.Thomas)的记载,格林杜尔曾经听到诗人们唱道:

> 强烈的痛苦,人们的绝望
> 让我久久不能平静
> 英国法律的带刺叮咬让人烦恼
> 人们饿死在光滑的林中,
> 这些树林已经不再归他们所有。

格林杜尔明显是在顺应一场强烈的社会和骚动的潮流。这场潮流是多年的挫败、反感和愤怒情绪积累的结果。它的爆发虽然显得杂乱无章,但却是人们内心反抗情绪的体现。各行各业的人们——土地所有者、教职人员、匠人、大学生、劳工以及男男女女们——都涌到了他的旗帜下效力。这不仅体现了领导者的个人魅力,而且还说明了在14世纪后期的威尔士一股不满的情绪在汩汩喷涌。那些杰出的鼓动者——威尔士诗人们——确保了格林杜尔的事业能够广泛地渗透进人们的意识中去。在一首催人奋进的威尔士格律诗(cywydd)中,约洛·戈赫(Iolo Goch)把格林杜尔比作一头雄狮,他"将会把所有英格兰人撕得粉碎,让他们倒在血泊之中"。当他们在民族起义中表达了这种炽热的愤怒之情时,命运之轮的确向威尔士一方偏转了。

威尔士人遭受了长期的不平等对待和羞辱,这成为培育起义精神的理想温床。不过,这种情绪在威尔士的北方和西南部要更加深刻,而在诺曼化和城市化程度更高的威尔士东南部的群体中则要轻得多。格

113

林杜尔在威尔士人聚居区的声望显著，但是，那些生活在贸易区——如塞汶西德(Severnside)的商人和生活在建立已久的盎格鲁-诺曼定居点的市民们则不这么看。他们认为格林杜尔和他的追随者们是一群误入歧途之人，是一些危险的心怀不轨之人。在已经安立甘化的边境地区，人们怀着忧虑与恐惧的心情关注着起义。起义中的抢夺和洗劫行为伴随着敌对意识的出现，于是威尔士的南北方之间出现了深刻的对立。编年史作家厄斯克的亚当(Adam of Usk)戴着有色眼镜作了如下评论。他认为，出生在北方的威尔士简直就是一个灾难。他批评格林杜尔是"又一个用火与剑宣泄自己感情的亚述人，他们会造成史无前例的残暴行径"。当然，虽然不是每一个人都积极参与其中，但是随着起义持续十年之久，保持一种安之若素的中立心态变得愈发艰难了。然而，格林杜尔的事业，尤其是其早期阶段的发展给人留下这样一种难以磨灭的印象：这一事业如此具有吸引力，反抗的情绪如此剧烈，这吸引了无数的人坚定地跟随着这场民族大起义的步伐前进。

从一开始，格林杜尔就在冲突的过程中提高自己的声誉和权威。事实上，他似乎在实践着马基雅弗利的格言：一位统治者既要是狐狸又要是狮子。他的一言一行显示了自己是比所有前任活动者(deliverer)更加勇敢、更具创造力的人物。他获得了四面八方的支持，这给了他勇气。由于拥有游击部队，他的军事战略是进行出人意料又随机而动的洗劫和伏击活动，行动迟缓的英军在这样的打击下资源和耐心逐渐消耗殆尽。直接的正面冲突要避免，因为突然袭击和"打了就跑"的策略才是可行的途径。我们对格林杜尔的军队的数量和构成并不太了解，不过这支军队明显地表现出情绪高涨、作战勇猛并且行动迅捷的特征。英国军队行动起来吵吵嚷嚷，这让威尔士的游击队员们有机会躲到山里去，以避免持久的公开对战。当然，这样的战略也意味着战争无法通过一场激烈的、决定性的两军对垒而迅速解决。诗人们宣称连星辰都倾心于他。他们还说格林杜尔具有魔法，他能够通过魔法的方式带领着他的军队出现在威尔士的不同地区，并且他还能够借助魔法洗劫城堡、烧毁城镇并推动地方的劫掠活动发生。

114

有一点值得表扬的是,威尔士人并不软弱,他们在早期的军事活动中也有伟大的胜利被记录下来。其中,最著名的一次发生在 1401 年耶稣受难日。当时,佩尼那斯的格威利姆·阿颇·都多(Gwilym ap Tudur of Penmynydd)领导着一支 40 多人的起义小分队奇迹般地占领了康威的一处城堡,而这处城堡本来被认为是固若金汤的。一位编年史家对此次事件震惊不已,他认为他们是"通过欺骗与诡计"实现的,不过这次勇敢的行动的确含有出其不意的因素,这是格林杜尔的手下所擅长使用的。随之而来的是另一场巨大的胜利。在这一年夏天,格林杜尔亲自策划了一场战争,在中部威尔士的普姆鲁恩(Pumlumon)山脉的偏远沼泽地区,他的军队与英军在梅内斯·海斯根(Mynydd Hyddgen)交战,并战胜了对手。11 月,在对卡那封的城镇和城堡的围困战中,格林杜尔的军队打出了他的旗帜,那是一条金色的龙飞翔在白色的大地上。他能够像幽灵一样摆脱敌人的抓捕。他并不畏惧议会所通过的严刑惩罚措施,并在 1402 年抓住了两个关键的敌人——在里辛附近抓到格雷大人以及在马林内斯(Maelienydd)抓住了爱德蒙·莫蒂默(Edmund Mortimer),还利用他们榨取赎金。他不看低任何人,他寻求爱尔兰人和苏格兰人的支持,并且催促他们要跟那些讨厌萨克逊人的亲属联合起来。他继续维持自己在威尔士北方和西南方的优势。他的军队进入市镇、边地城市和城堡扫荡,这给英军造成了很大的麻烦(merry dance)。由于无法像爱德华一世那样组织大规模的入侵,亨利四世很难严密监督他那行踪不定的对手的动向。到 1403 年时,起义已经呈现燎原之势,英王对此要严肃对待了。每当格林杜尔打出他的金龙旗帜时,人们就涌到他的麾下,从而增强了反抗事业的力量。实际上,整个威尔士都在他的掌握之中。1404 年夏天,哈莱克(Harlech)和阿伯里斯特威斯城堡落入到他的手中,他的事业再次获得诸神的帮助。

　　每一次全国性的起义都需要意识形态的支撑。这一次,格林杜尔也赋予起义以特别的智识和道德的权威,这场运动从而获得了强大的发展动力。他把反抗打造成了一次"十字军圣战",提出并讨论了新的目标和策略,这在 1400 年是闻所未闻的。格林杜尔认为威尔士有着光

116

115

图 22　1916 年，威尔士战争国务秘书大卫·劳德·乔治（David Lloyd George）为位于加的夫城市大厅的"威尔士民族名人英烈祠"揭幕。英烈祠包括十位男英雄和一位女英雄（正是布狄卡！）。欧文·格林杜尔也位列其中，他因其高超的政治和军事统治能力而入选。这尊雕塑的作者是阿尔弗雷德·特纳（Alfred Turner）。（杰伦特·H.詹金斯所摄）

荣的历史和值得骄傲的文化,他的人民应当被看作已经文明化的人类。他面向全国讲话,1404 年他在马汉莱斯(Machynlleth)和哈莱克召集全国性的议会,他还使用格温内斯国王的王室徽章。他的国玺(great seal)上印有一句颇含挑衅意味的话:"威尔士之王欧文拥有上帝的恩典。"还有一点很幸运的是,他接纳了"一个类似于现代智囊团"的建议。这一智囊团由才高八斗的威尔士教会人员组成,他们的领导者是梅里奥尼斯的副主教格鲁菲德·杨(Gruffud Young)和圣阿萨夫教区主教约翰·特雷弗(John Trevor)。这个团队对起义进行了意识形态上的改造,这部分是为了防止队伍沦落到内斗的可悲境地,但主要是为了在国际上获得支持。1404 年 7 月,法国与威尔士签署协定。在之后约一年里,一个三方协议又秘密签署,其中包括击败英格兰的策略,这是一个充满勇气的计划。这一计划如果能够成功,威尔士就能向东拓展自己的政治边界。事后来看,后者不过是一个白日梦,但在当时却是格林杜尔自信的体现。当时的情况的确有利于这些新观点和不同寻常的思想(lateral thinking)的出现。1406 年的派瑙信件(Pennal Letters)是格林杜尔和他的智囊们政治才干臻于成熟的最精彩的证据。这些信件现在被保存在巴黎的法国国家档案馆中。当它们于 2 000 年在阿伯里斯特威斯的威尔士国立图书馆中被展览时,数以千计的人前往参观。这些书信使用了生动的语言,意图唤醒起义者们的民族意识。格林杜尔自认为是一个统治独立王国的国王,而这个王国的边界超越奥法堤坝,包括赫里福德、什鲁斯伯里、沃尔塞斯特等地,而且两座大学(一南一北)提供了智识和管理上的帮助。此外,独立的威尔士教会拥有精神上的权威,威尔士教会的大主教座堂位于圣大卫兹。从任何角度来看,这些关于威尔士未来的内容都是一幅激动人心的蓝图,同时,它们包含有充满希望的机会,激励着这场运动奋勇前进。

但是,就在向世人宣告这些引人注目的提议时,格林杜尔的事业却开始进入停滞期。到 1405 年时,英王意识到格林杜尔的军队所带来的威胁已经到了必须直面的时候了。当来自法国人和苏格兰人的支持开始消退后,格林杜尔的事业在 1406 年时开始急剧萎缩。几场军事上的

117

败战打乱了他规划已久的步调，使得他那充满雄心的国际规划遭受了挫折。他分别在1408年和1409年遭受了两次沉重的打击，因为他丢失了阿伯里斯特威斯城堡和哈莱克城堡，而且此后他再也没能收复。此外，格林杜尔还有着满腔的仇恨：他的妻子玛格丽特、两个女儿以及一个孙子辈的孩子被（英军）捕获并且丢进伦敦塔关了起来。英王拥有更加充足的资源和火力，这些都在一点点消磨着格林杜尔那已经显露疲惫之态的军队。1407年11月英国和法国签订和平协议，这标志着关于法国提供实际的、持续的支持的希望也宣告破灭。格林杜尔决意赌一把——1410年他袭击了什罗普郡边界地区——但这是一次灾难性的失败。在此之后，尽管一些叛军仍坚持抵抗到1415年，但英国的王军在消灭叛军余部上已经变得轻而易举了。

在整个起义过程中，他的人民从未背叛这位民族的领袖。不难理解为什么这位伟人能够获得贵族和战士们的拥护。在兰达弗里(Llandovery)城附近城堡的一处山丘上，一座精美的塞欧的卢埃林·阿颇·格鲁菲德·费晨(Llywelyn ap Gruffudd Fychan of Caeo，1401年去世)的塑像高高耸立其上。费晨是一位贵族，他曾经宁愿忍受公开剖腹开膛和死后分尸的极刑之痛，也不愿意告发他的领袖。还有一些人也因为坚持威尔士公国具有独立地位的观点而遭受身体的折磨。1412年之后，格林杜尔神秘地消失了。不过他比亨利四世活得更久，并且他在面对后任国王亨利五世赦罪诏书时轻蔑地予以拒绝。他极有可能死于1416年前后。威尔士人在心理上花了很长的时间才接受格林杜尔已经失败了这一事实——其实，他们有可能从未接受这点。然而，吟游诗人们始终保持乐观心态，他们认为他们的拯救者们没有死去：他们只是加入了睡眠英雄(slumbering heros)的行列，他们在等待着第二次的机会回来解救威尔士人民。欧文·格林杜尔有着崇高的理想，他进行了一场持续很久的民族起义，这场起义对英国王权的权威和耐心进行了长达十年的冲击。所以，不管他的命运究竟如何，他的这些行为都值得我们对其进行研究评价。他的领导能力、精力和资源都在激发着他的支持者们的精神。通过给他们提供一种新的方向感，格林杜尔带给支持者——不管如何短暂——一种修正他们自身弱点的感觉。不过，我们很难知道他的遗产究竟是什么，也很难知道这场起义给威尔士社会的发展带来了哪些影响。我们对一位著名的威尔士历史学家的话要表示怀疑了——"现代威尔士……确实起源于 1410 年"。威尔士的地图并未发生改变。现在有人批评是因为刑法（penal legislation）而接受了屈服的地位，但在此之前他们就因武力威吓而臣服。虽然威尔士人始终以言辞犀利、态度气愤的方式对待此事，但也没有办法。在本地王公的指挥下建立一个统一的、独立的威尔士王国的所有梦想实际上已经破灭。此后，再无这种大规模的反抗英王权力的起义了。

下面我们将谈论第三个主题：这一时期的后半段主要被视为是一个和解的时代、复兴的时代。在摆脱了瘟疫与叛乱之后，威尔士发现它在后格林杜尔的岁月里正处于一个冉冉升起的新时代中。正如我们已经看到的那样，黑死病造成了人口的大量死亡，并且格林杜尔起义也给人一种经济衰退的感觉。到处都是抱怨声：粮食收成不好，家畜成片死亡，贸易也时断时续；农场、磨坊和城堡已经被摧毁，教堂和乡间的房舍也被洗劫一空。都铎时代的历史学家们极大地夸张了洗劫与破坏的程度。真实的情况则是，威尔士人并未遭受像欧洲大陆上其他地区那样的物质损失。欧洲大陆在百年战争乃至（斯图亚特王朝时期的）三十年战争期间可谓寸草不生。后来，修正派历史学家们改变了都铎编年史家们所作的那般令人沮丧且不符合实际的评价。他们转而关注那些更有积极意义的、更能令人信服的复兴场景。我们将简单地检视一遍这些复苏的迹象，不过，旧的历史书写中关于迫害、掠夺和流血事件仍然存在于 15 世纪的历史中。如果认为他们已经结束了，那将是误人子弟的言论。

1401—1402 年公布的刑法典（penal code）含有明显的种族主义倾向，并且它在法规汇编中一直使用到 1624 年。这部法典给威尔士人的心理所造成的影响怎么强调都不为过。按照这部法典的规定，威尔士人在自己的土地上变成了二等公民；他们不能持有武器，不能集会，不能担任公职，不能在英国人或者威尔士人聚居的市镇中拥有土地。的确，最精明的威尔士人能够找到办法绕过这些亨利四世时制定的刑法典，但是它们的存在就是肢体上的脓疮，并且总有一些严苛的英国管理者抓住一切机会提醒他们：他们聚众叛乱的代价就是公民权的完全丧失。当初格林杜尔允诺的那个美丽新世界的希望也随之而去了。他们曾经拿起武器反抗英王权威，现在却被戴上这样的枷锁，与当初所预想的结果完全不一样。

边地地区有些领主们心怀不轨或者傲慢无比，但英王却很少对其作出限制，这一事实让威尔士人本来就幻灭的理想受到更沉重的打击。事实上，自15世纪以来，边地领主就变成了谋杀、偷袭、行贿、受贿、海盗乃至偷牛等行为的代名词。威尔士是一个深度碎片化的社会，这从边地臣属势力过大以及法律和秩序的普遍崩溃中就可以看出来。这里成为违法者的天堂，他们在这里干着各种勾当，15世纪历代英王都无力在此地维持秩序与稳定。从诗人们的作品以及新兴的地主阶层的行为中我们明显可以感到，他们鼓励并支持好政府的出现，他们也追逐自我利益，并且掺和到派系斗争之中，这些缠绕着他们的每一步行动。不管诗人们——如都多·阿利德（Tudur Aled）①——如何宣称"他们这个社会把和平与和谐作为他们的安慰剂"，也不管威尔士法律制定者如何高声引导人们追求妥协（cymrodedd）和调和（cyflafaredd），那些关于派系混战、军阀统治、个人敌对乃至完全目无法纪的可怜故事仍很流行。

玫瑰战争②期间，王朝的动荡和家族的敌对也回荡在威尔士境内。威尔士的诗人们也对诸如莫蒂默的十字之战（Mortimer's Cross，1461

---

① 都多·阿利德（约1465—1525年）是中世纪威尔士诗人。——译者注
② 玫瑰战争（1455—1485年）是爱德华三世的两支后裔：兰开斯特家族和约克家族为争夺王位而展开的战争。因为兰开斯特家族徽章为"红玫瑰"，而约克家族徽章为"白玫瑰"，故这场战争被称为"玫瑰战争"。最后，在1485年，兰开斯特家族的亨利·都铎取得了胜利，建立了都铎王朝。——译者注

年)和图克斯伯里之战(Tewkesbury, 1471 年)等重大战役进行了一番添油加醋的炒作,他们宣传了兰开斯特家族或者约克家族命运的变迁。不过,我们不能只停留在感叹岁月的变幻无常,还有更为重要的东西需要关注:那些充满野心、残酷无情的人物是如何利用英国王权(特别是在亨利四世时)的脆弱而从中获利的;法国制造了怎样的威胁;由派系敌对所制造的紧张局面是如何将权力的运行推进到不同寻常的程度的? 在威尔士男爵称霸的时代,有三个人物引人注目。格鲁菲德·阿颇·尼古拉斯(Gruffudd ap Nicolas, 1456 年去世)是其中最残忍的一个。他是西南威尔士地区的统治者,英国国王给了他极大的自治权,他在统治区内实行铁拳治理。在爱德华四世统治时,拉格兰的威廉·赫伯特大人(Sir William Herbert of Raglan)虔诚地宣告自己关心视觉艺术和公共福利的发展。但实际上,他这是在用此伪装自己的私人野心,他是一个冷酷的、充满控制欲的领主。里斯·阿颇·托马斯(Rhys ap Thomas, 1525 年去世)是第三位公众人物,他是格鲁菲德·阿颇·尼古拉斯的孙子。他在博斯沃思之役①的初始阶段就插手进来,并起到了具有决定意义的作用,当然,这也为他赢得丰厚的回报。

120

15 世纪是一个王朝动荡、派系混战和公共秩序混乱的时代。对于那些了解这个时代恐怖故事的人来说,当他们知道这也是威尔士诗歌的黄金时代时,他们恐怕会表示惊讶。文化的复兴是这个时代最令人激动的特征之一。诗人们是伍彻威阶层(*uchelwyr*)——这是一个最上进的社会群体,也是在推动土地市场流动性和收益提高上最成功的一群人——的代表,这保证了他们的声音能够被人们听到。在这个旧的经济制度——庄园制和圭利制——趋于瓦解时,这群精明的等级缔造者(estate-builders)能够抓住每一次机会获取土地并且拓展自己的影响力。比如,一系列精心安排的婚姻证明了莫斯汀家族(Mcstyn family)是正确的。这些地主们能够从通婚中获益,他们因为通婚在北

---

① 博斯沃思之役是指,1485 年亨利·都铎在博斯沃思与英国国王理查德三世决战。最后,亨利大获全胜,建立都铎王朝。——译者注

方威尔士四郡积攒了土地和官职。位于安格尔西郡的巴伦山的巴克利斯家族（Bulkleys of Baron Hill）和位于登比郡的圭迪尔的温恩家族（Wynns of Gwydir）都是有远见的新兴家族。他们能够熟练地使用各种手段创造新的获利机会：他们会去占有空闲的契约土地（bondland）和城市土地权；他们会去购买王室的土地；他们还能从各个农场和地方官职中赚取利益。牧牛业和养羊业正成为新兴产业，这些家族也非常愿意从中获利。各种昂贵的、带有异域风情的货物通过一批批的船只运往威尔士。它们满足了新兴家族的必要的需求，也满足了他们对奢侈生活方式的追求。

即使许多诗人在欧文·格林杜尔死后有理由感到失望与愤恨，但他们也很明白，迎合伍彻威阶层的虚荣心才能让他们挣到钱财。如同在 1282 年之前，和他们的那些尊贵的先辈们喜欢听取赞美诗和预言诗一样，新一代的乡绅和贵族们也沦陷在这样的诗歌之中。当然，我们也有足够的证据表明，他们精通诗歌传统，也有能力区分真正的吟游诗技艺与空泛华丽的言辞之间的区别。威尔士诗歌传统在爱德华征服的冲击中生存下来了，乡绅们也就合情合理地成为新的主顾。从 14 世纪中期开始，由半谐音、头韵和中间韵组成的被称作辛哈内德（cynghanedd）的韵律体系与威尔士诗的格律体系（cywydd metre）一起成为描绘新社会的工具。达菲德·阿颠·格威利姆（大约于 1350 年去世）是促成威尔士诗歌再生的重要人物。他既崇拜太阳、热爱自然，也沉溺于女色。格威利姆可与薄伽丘和乔叟齐名。一位翻译他作品的现代译者称他"闪耀着感性之光"。他曾经派遣一位示爱的信使到兰龙甘（Llanlugan）修女院，这种淘气的行为显示了一种充满着幽默与讽刺的新时代精神正在冒出来。格威利姆推动了威尔士格律体的应用，这种格律体让诗人们在视觉想象和创作技巧上的能力得到发挥。如果再加上格威利姆所留世的 151 首作品的话，这一时代的诗歌表现出既严肃又下流，既精致又粗俗的特征。无疑，作为威尔士最伟大的诗人，达菲德·阿颠·格威利姆所创造的作品将吟游诗传统带向一个高度繁荣的阶段。

　　这些为贵族写作的威尔士诗人（cywyddwyr）在后格林杜尔时代成为比喻（dyfalu）手法（暗喻、拟人和换喻手法使用的增多）的老手。他们还编写爱情诗歌、讽刺作品和献殷勤的赞美诗。在这个黄金时代中，最杰出的创作者是达菲德·南莫（Dafydd Nanmor）、古托尔·格林·柯提（Guto'r Glyn Cothi）和都多·阿利德。在都多·阿利德带领下，赞美诗传统达到顶峰。在他于 1526 年去世时，九首哀歌被创作出来悼念他的亡故。从大量的预言诗歌（canu brud）就能看到，这些心思缜密的作家们已经透彻地感知到这个时代社会和政治上的重大变化。在威尔士吟游诗人中有一位萨伏纳罗拉①式的诗人，即舒恩·桑（Siôn Cent，大约于 1430 年或 1445 年去世）。桑曾经预言消灭虚荣的篝火将要到来，他告诉听众们"所有人都将伏地死去"。在舒恩·桑的作品中没有什么愉悦活泼的因素，但在次一等的诗人和吟游歌手——诸如，丁·莫尔（Ding Moel，"勇敢的事物"）、海维尔·利帕（Hywel Lipa，"虚弱者海维尔"）和居安·丢尔·比尔维格（Ieuan Du'r Bilwg，"镰钩黑居安"）——中，则有大量辛辣的嘲讽和黑色幽默（gallows humor）。令人感到惊奇的是，中世纪威尔士的讽刺诗中充斥着关于身体丑陋之处、体味和体液的描写，还包含着各种淫秽的语言。梅里尼奥斯郡的诗人卢埃林·盖奇·阿颇·莫里格·昂（Llywelyn Goch ap Meurig Hen）坦诚他在晚年时曾把十诫都违背了。也有一些妇女掌握了诗歌艺术的"秘密"。她们中的一些人甚至无惧外界的压力，闯进了这片男性文学占主导的领域。格尔菲·梅尚（Gwerful Mechain，活跃于 1460—1502 年间）是一位生于蒙哥马利郡的诗人，她创作的一些威尔士语的诗歌充满了赤裸裸的性，而且她在吟游诗人大会上，面对着患有厌女症的男性时，毫不畏惧地展现了她的才华。要是达菲德·阿颇·格威利姆在她声名显赫时还活着的话，他肯定会很欣赏那首《献给女性阴部的诗歌》（Cywydd y Cedor）。格威利姆曾经创作过一首充满着大男子主义的

¹²²

---

　　①　萨伏纳罗拉是 15 世纪末期意大利的宗教改革家。萨伏纳罗拉拥有演讲才能，喜欢预言事物的未来，吸引了大量的信徒。他曾经取得佛罗伦萨城的领导权，1498 年，教皇与佛罗伦萨城的反对势力联合将他赶下台并处死。——译者注

诗歌《献给阴茎的歌》(*Cywydd y Gâl*)，这是梅尚对他挑衅性的回答。

威尔士人当时一直在努力捍卫、保存自己的语言和文化，他们为威尔士语言文化的合法地位大声疾呼，并且努力在社会的各个阶层中加以传播。威尔士文学的其他方面的发展也是在这种背景中出现的。由于诗人们被认为是在全国各地旅行并在乡绅的家中和宗教活动中卖唱，他们除了需要保存威尔士诗歌以外，还身负保存散文作品、编年史和法律文本的重任。尽管耳朵所听——也包括手势与象征物——比眼睛所见更重要，但是书写的文本正越来越广泛地得到使用。自 13 世纪中期以来，不仅威尔士语手稿生产蓬勃发展，书面档案也不断增多。这些档案记录了封建庄园的管理过程、土地的流转经历以及私人活动的内容等其他事情。尽管本土语言是威尔士集体认同最重要的标志，但是威尔士语却在精英圈中面临着拉丁语、法语和英语的夹击。在混乱动荡的年月里，保存过去和记录现在成为紧迫之事，这也解释了抄写员和编纂者为什么这么热心于抄写活动。威尔士文化传统的保存要感谢修道院的管理者们。《国王编年史》是在斯特拉塔·弗罗里达的西多会修道院中被抄写而成的，它后来成为中世纪威尔士历史学家必不可少的参考书。大约 1300 年时，亨德瑞加德瑞斯手稿 (Hendregadredd Manuscript) 也是在这家修道院中开始被书写的，后来它也成为威尔士诗歌传统研究者的宝库。不过，到了中世纪后期，世俗的资助者和抄写员则接过了这一火炬。手稿大量问世，而且与吟游诗有关的语法书、法律文本、宗教文本和医学作品也变得容易获得，这些都表明，有一股强大的力量在决定着威尔士文化不能被削弱，也不能被消灭。其中，最重要的中世纪威尔士散文集是《瑞德希的白皮书》(*Llyfr Gwyn Rhydderch*)。这部诗歌集写于大约 1350 年，它的作者是中卡迪根郡的瑞德希·阿波·居安·卢德·阿波·居安 (Rhydderch ab Ieuan Llwyd ab Ieuan)。大约 1400 年时，在格拉摩根郡因那斯弗根的霍普琴·阿颡·托马斯 (Hopcyn ap Tomas of Ynysforgan in Glamorgan) 委托布尔提的海维尔·费晨·阿颡·海维尔·戈赫 (Hywel Fychan ap Hywel Goch of Buellt) 和他的两名助手编写了著名的诗歌和散文集

《赫哲斯特的红皮书》(*Llyfr Coch Hergst*)，现在这本书安放在(牛津大学的)博德莱图书馆(Bodleian Library)。讲威尔士语的伍彻威阶层要履行作为一家之主的责任，这是一份值得珍视的任务，它不仅包括参与社会慈善，而且还要关注祖先事迹，珍惜荣耀并且维护本土语言的发展。结果是，就从事维护威尔士语的活动而言，现在领袖们大多要比13 世纪之交时的人更有自信的理由了。

最近，建筑史家一直在努力提醒我们，那些著名的威尔士格律体作品集与建筑重建浪潮的出现是在同一时期。随着城堡建筑失去了它的重要性，家内建筑在后格林杜尔时期经历了一场复兴。根据树木年代学的分析，在 1430—1580 年期间所建设的厅堂别墅(hall-house)中有大约 500 座留存了下来。这些宏伟、美丽的房屋主要使用了曲木结构(cruck-framed)建筑类型，它们在向世人展示着乡绅阶层在崛起，象征着乡绅阶层财富的增多和权力的增加。当然，它们也是威尔士技工们精湛工艺水平的生动案例。威尔士的诗人们对木匠们的技术水平是心服口服的，并且把他们称为"值得崇拜的木匠"(carpenters of praise)。地主们对物质生活的舒适度提出了新的、更高的要求，他们需要更好的私密性，他们也有着更具品位的美学感知力，这些都给地主们带来了声望，他们也乐于享受自己作为威尔士本土贵族继承人的角色。因此，在威尔士乡绅的进步生活中，庄园(plasty)也成为他们内在独特呈质的一个有机组成部分。

124

在这个变化迅速的时代里，教会也要调整自己以适应新的情况并把握新的机会。修道院最为脆弱。它们在格林杜尔起义中遭受严重的税收盘剥和瘟疫侵袭，再加上士兵的掠夺与各种洗劫活动，让它们很难维持人员的稳定。僧侣人数的锐减，社会上关于他们懒惰成性、自满骄傲和道德败坏的流言蜚语到处传播，以及不断变换的文化氛围都让他们措手不及，以致无法为自己建造一个新的未来。在这几十年的发展过程中，隐居于一处修道院的生活方式明显在丧失其吸引力，这是因为在这个时代，拒绝物质上的繁荣生活变成了一件令人厌恶的事情。很快，事情的发展就朝着这个时代的新因素飞速前奔。14 世纪中期以来，教

125

图 23　制作精美的耶西之窗（Jesse Window）是创作于 1533 年的彩绘玻璃，其位于登比郡兰鲁荷亚德－伊恩谷－恩格亨梅希村（Llanrhaeadr-yng-Nghinmeirch）的圣·迪弗诺格教堂内。这幅彩绘玻璃之所以能够留存于世，可能是因为 17 世纪中期内战时它被人移走保护起来的缘故。（查理·艾希和帕特里夏·艾希所摄）

会政策上出现了一个同样重要的变化。威尔士主教职位的本地候选人开始受到排斥，教皇或者英王提名的候选人受到青睐，不过这些人只是把威尔士主教职位作为晋升的跳板。在 1389—1496·年没有一位威尔士人被任命为圣大卫兹的主教，而且兰达夫主教职位在 1323—1566 年间也遭遇此种境况。

尽管面临着重重困境,教会在 1440 年后仍然开启了在地方社会中的复兴之路。教会建筑的重建计划纷纷涌现,人们希望借此弥补格林杜尔起义时所造成的损失。在地方上最令人瞩目的新变化有两点:威尔士宗教文学重新焕发了生机以及本地圣徒崇拜再兴。圣徒深受喜爱,因为他们被看作奇迹施行者,能够提供在其他地方无法获取的帮助。那些身染沉疴或者贫困交加的朝圣者无力走上那条障碍重重的通往罗马、耶路撒冷和圣地亚哥·孔波斯特拉(Santiago Compostela)的旅程,但是,他们能够前往那些与威尔士男圣徒或者女圣徒相关的神圣之地。他们在这里能够明确地感到上帝和圣徒们没有抛弃他们,没有把他们打入痛苦的深渊和无助的死亡之中,这对他们是极大的安慰。圣母玛丽亚是最完美的榜样。玛丽亚的圣地在罗达谷的朋里斯(Pen-Rhys)的一处偏远之地。诗人们,特别是那些在格拉摩根的诗人们高调赞颂这处圣地。这些广受崇敬的圣迹揭示出一种新的变化:在人们追求拯救与安慰的过程中,人们一方面培育着地方的精神生活,另一方面也在培育着自身对神圣之美的敏锐察觉力。外国出身的主教、主教座堂不在职的教士(non-resident cathedral clergy)、无知的堂区神父以及人手不足的修道院都在玷污着教会的形象,但是,在地方教堂里祈祷用的绘画(devotional paintings)、圣坛屏(rood screens)、彩绘玻璃和墓石雕刻——这是由技艺高超的工匠所建造或者重新装饰而成,它们的设计是为了展现拯救传说(salvation cycle)、圣母玛丽亚、基督的使徒和圣徒等形象。崇拜者们深深地被宗教仪式的韵律所吸引,他们对圣徒、圣物和圣迹也着迷不已。16 世纪 30 年代以后,新教改革者们对这些深植于威尔士人内心的日常宗教仪式进行了"亵渎式"的攻击:它所引发的愤怒与绝望比其他的改革措施更加强烈。

这些重要的、广受欢迎的社会变化明显与财富的增加有关。正如我们看到的,在后格林杜尔的恢复期中,一个更加兴旺、生产力水平更高的土地市场正在崛起。在这个市场中,契约农奴(unfree)获得了解放。养牛和布料贸易正处于一个快速上涨时期,城市生活也在发展中,

126

乡绅们在其中占据了有利地位。尽管发展规模的大小与经济财富的分布在各地差距很大，但是城镇明显提供了更加广阔的服务与商品市场，它们在地区中的影响也在不断上升。尽管市镇与边地城镇依然烙有殖民痕迹，但是威尔士人却向它们不断渗透，因为他们希望能够在肉类、羊毛和布料贸易中分得一杯羹，而且他们也想品味一下美好生活的乐趣。特别是在南部威尔士的城镇中，族裔间的对立并不太明显，而且随着时间的流逝，一种更加融合与和谐的关系开始出现。南方人对于格林杜尔和他的追随者们态度矛盾，甚至可以说是敌视他们。他们喜欢和平生活中的机会，因为在和平环境下，他们能够通过塞汶河谷与西部诸郡，特别是布里斯托的商业世界加深联系，这样也能增强他们所居城镇的经济实力。南北方的威尔士与大陆贸易机会也大量出现。我们略略看一下威尔士诗歌就能发现，富裕的乡绅与市民阶层在举办盛宴时，他们热衷于品尝异域的水果和蔬菜，而且他们还喜欢来自波尔多、勃艮第和巴约纳（Bayonne）的昂贵酒水。甚至那些失业的（the workless）或者在城市没有根基（the rootless）之人发现他们也非常喜欢更具活力、更加舒适的城市生活，因为在那里有更好的机会改善他们前途黯淡的人生。

127 因此，现代研究表明，当 1485 年最后一位威尔士解放者发表建国宣言时，威尔士的社会-经济前景要比世纪之初时更加光明。在这个时期即将结束时，我们将回头探究建立更加统一的不列颠的动力何在。此外，英国王权统治整个威尔士的障碍是时不时爆发的混乱和暴力局面。我们也将看一看这种混乱局面是如何被压制的。到 1483 年时，威尔士诗人们大量炮制预言诗，这是前所未见的。他们认为，时代呼唤的英雄是体弱多病、深居简出的亨利·都铎，而这位亨利自 1471 年就流亡到布列塔尼生活。这位兰加斯特族的王位觊觎者有一半的英国血统，四分之一的法国血统和四分之一的威尔士血统。他能够在王权争霸中占据核心地位是依靠他父亲的祖先谱系。他的祖父是安格尔西郡佩尼那斯的欧文·都铎（Owain Tudor of Penmynydd）。他的祖父宣称他是受祝福者卡德瓦拉德（Cadwaladr the Blessed，664 年去世）这位

图 24　亨利·都铎的陶土色半身像,制作时间在 1509—1518 年间,由彼得罗·托里贾诺(Pietro Torrigiano)完成。当 1485 年的博斯沃思战役之后,他加冕成为亨利七世时,威尔士人相信他们重新获得了"不列颠的王冠"。(维多利亚与阿尔伯特博物馆)

不列颠末代国王(根据蒙茅斯的杰弗里的记载,一位天使曾经出现安慰他,待时机圆满时,不列颠人将从萨克逊人的桎梏中解放出来)的后人。亨利有一位为人精明的叔父叫贾斯珀·都铎(Jasper Tudor)。其实,他的这位侄子血液里流淌的威尔士血统并不多,而且亨利出生并成长在彭布鲁克城堡中,后来又在拉格兰(Raglan)生活,他从未踏足过英格兰,但贾斯珀对此毫不在意。贾斯珀通过自己的关系对亨利大加包装,硬是把他打造为兰加斯特家族争夺王位的有力竞争者。1483 年举行的亨利登陆英格兰的密谋①失败了,但是贾斯珀却给予这位受到怀疑的"预言之子"(mab darogan)以极大的信心。亨利在 1485 年 8 月 1 日率领一支 4 000 人的军队从翁弗勒尔(Honfleur)出发。当他到达彭布鲁克郡时,亨利要让威尔士人相信,他的主要任务就是帮助威尔士人摆

128

————————

　　①　1483 年,亨利·都铎与英格兰境内的白金汉公爵内外勾结,打算登陆英格兰,但事情泄露。白金汉被英国国王理查德三世处死,亨利也从布列塔尼逃到法国,此后受到法国的资助,继续准备进攻英格兰事宜,并于两年后成功,开启英格兰的都铎王朝时期。——译者注

脱"悲惨的奴役地位"。整个行动本来很容易变成一次黑色的幽默和灾难事件，但是当他穿越北方向威尔士的东部、中部挺进时，他不断获得支持，部队不断扩大。诗人们献上的赞颂和士兵们战斗的成绩给予他极大的鼓舞。后来，东北威尔士地区最具权势者威廉·斯坦利大人（Sir William Syanley）宣布支持亨利。8 月 22 日，在博斯沃思战场上激战两小时后，他的兄弟斯坦利勋爵进行了决定性的干预，从而一战定输赢。约克家族的国王理查德三世受伤而死。他的王冠从荆棘林中被拖了出来，这位半威尔士族的夺位者戴上了这顶王冠。都铎王权统治下的一个漫长的、骚动不安的时代开始了。

按照诗人们的说法，威尔士人有福气，他们迎来了黎明。他们的确把亨利七世看作威尔士人的一分子，并且称赞他完成了古老的预言，他把威尔士人重新带回到历史的舞台上。人们想象着这位新国王身上具有威尔士的特性，都铎的历史记录者们把他描绘为当代摩西，认为他被派来解放人民于奴役之中。但是，这种想法现在应该被埋葬了。他的确给予忠诚追随于他的威尔士领袖以丰厚的回报：里斯·阿颇·托马斯在博斯沃思当场被授予爵位，他成为南部威尔士公国事实上的统治者；贾斯珀·都铎成为贝德福德公爵，并且他还成为南部威尔士王室领地内的首席法官。此外，他还给王家旗帜上增添了红龙，并且将自己那个生活奢靡的儿子命名为亚瑟。但除了这样象征性的姿态外，他并未显示出要过分宣扬自己威尔士特性的意图。他对王位觊觎者有一种近乎偏执的担忧与仇恨，所以他花费更多的力气消灭那些假的争夺王位之人，并且尽一切努力防止篡位阴谋。他无意对英国人（的祖先）在古代所犯下的错误予以报复，并且他也不想让威尔士人获得太多的利益以影响他的政府的稳定。历史学家们认为亨利·都铎并不是一位革新者。他是一个做事保守而且本质上很吝啬之人。这位国王的个人魅力是如此缺乏，甚至连他的统治追求都尽量保持在最温和的限度内。他没能履行他的许多承诺，一股强烈的（不满）情绪出现了，甚至在他于1504 年和 1507 年给予（或者更准确地说，出售给）北方威尔士公国的人们以公民权的敕令后也没能挽救他的声望，而且到他于 1509 年去世时,都是如此。

亨利·都铎在博斯沃思取得的伟大胜利从未成为威尔士历史的转折点,因为,正如自 1282 年以来的情况那样,威尔士的命运是与英格兰的历史变迁紧密相连的。让人感到不解的是,对于这样一个极其关注安全问题的人来说,他竟然没有采取措施控制强大的边地领主的势力。这个紧迫的问题留给了他的儿子亨利八世(他对威尔士从未表现出任何的亲密感)来解决。1521 年——通过剥夺公民权和执行死刑等方式——白金汉公爵三世这个最臭名昭著的威尔士边地领主被消灭了。十年之后,迪尼沃的里斯·阿颇·格鲁菲德(Rhys ap Gruffydd of Dynevor)——这个倒霉蛋是里斯·阿颇·托马斯的孙子——因为被判定犯有叛国罪而遭受了同样的命运。但是,威尔士社会的碎片化和秩序匮乏的状态仍然存在。接连几代威尔士边地委员会的主席都无力控制偷牛(stealing cattle)、谋杀和其他刑事重罪的肆虐。在埃塞克特主教约翰·维塞(John Vesy)担任主席(1525—1534 年)时,他的统治被证明是软弱无力又腐败不堪的,因为维塞更关心如何出售赎罪券而不是如何打击偷盗与抢劫行为。越来越多的证据显示,如果不剥夺边地领主的审判权,这个脓疮是无法治愈的。但是,威尔士的贵族们在经历了一系列的挫折之后,才认定所谓的政治统一只是一个具有欺骗性的说辞,所以,在 16 世纪 30 年代以后,他们才同意让国王的首席大臣托马斯·克伦威尔(Thomas Cromwell)给威尔士管理体制作一场手术。无论是对于威尔士历史,还是整个不列颠岛来说,16 世纪 30 年代是关键的十年,因为它将建立一个统一的不列颠国家的尝试引领到了一个新的阶段。1534 年,为了软化威尔士人的态度,克伦威尔任命执法严厉的罗兰德·李(Rowland Lee)担任威尔士边地委员会主席一职。此后,克伦威尔又让议会通过了一揽子法令来加强对法官的管理。最后,在 1536 年,托马斯·克伦威尔引入了(统一威尔士的)两个法案中的第一个(第二个法案在 1543 年颁布时他的脑袋已经搬家了)。这个法案将威尔士与英格兰予以合并,并且取消了公国与边地之间的区别。此外,法案还建立了郡一级的政府,并且通过规定英语为官方语言

130

来促进文化融合。所有这一切的完成过程极其迅速，并且受到了很少的抵抗。威尔士人对 1536 年的《统一法案》的反应是平静温和的，而在1282—1283 年合并过程则是悲伤的，充满哀怨的哭泣声。这期间的不同真是恍若隔世。

第五章 早期现代的威尔士
（1536—1776）

到亨利八世统治的第 27 年时，一位出生在帕特尼(Putney)的国家缔造者开启了威尔士融入大不列颠的历程。这段道路的终点是 1707 年盎格鲁-苏格兰合并条约与 1800 年的大不列颠与爱尔兰合并条约。当然，对于 1536 年的托马斯·克伦威尔——他是国王的首席大臣和 1535 年的合并条约的设计师——来说，这样的未来几乎是无法预料的，因为他在本质上只是一位冷酷的实用主义者，威尔士融入英格兰只是他的大战略的一部分，这个战略是为了把异质的共同体重新锻造为一个同质的国度。尽管他在当时玩弄着政治，但克伦威尔对伊拉斯谟的理想并不陌生，而且他也不缺乏创造性的智慧。他的政策的基石是"同一化"(unification)概念，并且他下定决心要给威尔士带来良好的治理。虽然在 1540 年克伦威尔的王家主人①将他送上了断头台，但是此时克伦威尔已经开始为威尔士的秩序和"文明化"铺设了新的道路，而这条道路就是"英格兰和威尔士"处于共同的管理和法律体制之下。克伦威尔的蓝图经受住了时间的考验：《统一法案》到 1993 年前一直是国家的有效法典。

在乔治三世治的第 16 年，当时不列颠在美洲的权威正面临崩

---

① 即亨利八世国王。——译者注

溃。这一年，一位兰格诺尔（Llangenior）出生的哲学家出版了一本小册子。这本小册子为美洲 13 个殖民地的起义提供了强有力的意识形态上的支撑。《公民自由本质的观察》(*Observations on the Nature of Civil Liberty*，1776 年)阐明了一个原则：每一个共同体都有权利自行统治。伟大的美国人民享受着作者理查德·普利斯（Richard Price）的赠礼，他们心怀感激。五年之后，在乔治·华盛顿的陪伴下，他被耶鲁大学授予荣誉学位。在这一时期，没有其他威尔士人能比普利斯对世界的影响更大了。普利斯的主要目标是坚定美国人民追求自由的决心，但是这个由一人组成的格拉摩根智囊团让人们看到，除了那些通过自治原则获得主权的政体外，世界范围内其他的统治体并不神圣。在普利斯的手册中并无证据显示作者认为威尔士"在政治方面是一个独立的共同体"，但是，他的确暗示了这样一个潜在的观念：像威尔士这样的族裔群体（ethnicity）是有潜力——如果人民是这样希望的话——构建出一种有别于英格兰的民族认同的。

托马斯·克伦威尔和理查德·普利斯都是具有光彩形象的人物，他们能够预见未来，并且他们还相信，他们所提出的规划可以扫除旧势力，为一个更加光明的未来开拓出空间。从第一部《统一法案》到1776 年新世界的关键岁月共 240 年。在此期间，威尔士人能够感受到政治融合的推动，并且看到了国家权力在增强。为了把国王在威尔士的臣民们带入"亲切友好及统一和谐"的状态中，自《统一法案》(1536—1543 年)颁布以来，威尔士融入不列颠统一实体内的努力就在断断续续地进行。当时的英国人——包括政府、宗教改革者和道德论者（moralists）——认定一些事物具有"文明开化"和"礼仪教养"的特性，它们具有更高级别的智慧。同时，那些只会讲威尔士语的人生活在这片土地中的"粗鄙"和"野蛮"的角落中。如何让他们接受已经"文明化"的英语世界的语言和风俗就成为值得深谋远虑的事情。在格拉布街①

---

① 格拉布街（Grub Street）是位于伦敦西区的作家、新闻报刊和出版业聚集地。——译者注

的圈子中流传的观点充满了对威尔士的嘲讽。威尔士被描绘为"氏族的睾丸"和"诺亚洪水所冲出来的垃圾"，并且威尔士人也被看作在文化和道德上具有先天的不足。把威尔士人描绘成傻瓜形象的讽刺作品不断增多，作家们在创作时毫不掩饰他们对威尔士人的敌意。当时社会上广泛持有的观点认为：威尔士是死水一潭，现在急需英国法律、新教和文明教养这一滴良剂为其解毒。1536 年法案的前言显示了一种把威尔士人"硬套进"英国行为模式的野心，它宣称要给威尔士带买良性统治，其方法就是大力推行英格兰的权利原则、法律、习俗和语言。因此，本章的主题就是探讨这种吸收和融合的过程在多大程度上成功了，以及在多大程度上压制了独特的威尔士认同。

133

我们首先需要看一下，人们在研究这个时期的持续性及其如何维持下来时，经常可以看到"早期现代的威尔士"这样一个称呼，或者是另一个更加令人困惑的称呼："前工业化的威尔士"。威尔士在这一时期是由一群小型的共同体组成的联邦。生活在其中的威尔士人思考问题是从地方性和郡（counties）的角度出发，而不是从民族或者三国角度。地形地貌的不规则造成了内部无法克服的分裂状态：在人口稀薄的山地内陆区与人口密集、土壤肥沃的低地和海岸平原区之间存在着严重的对立。威尔士南北方之间也由于地形的不同而处于深度的分裂状态，并且各郡之间的历史边界也在很久之前就已经确立了。有些来自彭布鲁克郡北部的威尔士人冒险穿越兰德斯克分界线，但是当他们进入南方英国人聚居区后，面临的是并不友好的接纳。按照现代标准，当时人口的分布呈现小聚居和广分布的特点。在这一时期的任何时候，生活在伦敦的人都比整个威尔士人口要多。当时的城市和二业部门也很弱小。一位旅行者要是回到过去的话，他会被威尔士放牧经济的优势地位给吓倒，同时也会觉得在威尔士的陆上旅行是一件煎熬难受之事。无论是步行还是骑马去横穿威尔士都不是一件容易的事情。在 19 世纪 40 年代铁路网络到来以前，陆上旅行既不便捷也不安全。威尔士当时没有国家机构，没有自己的教会，没有大学、博物馆和艺术院校,也没有任何获得广泛认可的文化中心。尽管拉德洛(Ludlow)常自命为威尔士地区的首府(托马斯·丘其亚德①宣称"它代表着威尔士"),但是拉德洛完全是一个英国式的城镇,并且它位于边界处英格兰那边。从经济角度来看,彻斯特、什鲁斯伯里和布里斯托都有更好的理由代理(surrogate)成为威尔士首府。由于缺乏像都柏林和爱丁堡这样的城市,那些具有天赋、有追求的人不断地离开威尔士,因为他们被散发着强烈光芒的伦敦所吸引。

135　　　然而,地方主义的强势意味着人民大众首要的忠诚对象是他们出生或生活的郡(the county)、地区或者堂区。当时的人们把约翰·戴维斯、格里菲斯·琼斯、威廉·威廉姆斯②分别叫作马尔维德(Mallwyd)、兰斯奥尔(Llanddowror)和潘特塞琳(Pantycelyn)。这说明,无论是名人还是淹没在历史尘埃中的普通人都是依靠他们的生养地来确定自己身份的。正是地域自豪感促使亨利斯的乔治·欧文在伊丽莎白后期推出了《彭布鲁克郡概览》(*Description of Penbrokshire*)一书。虽然兰尼丹的亨利·罗兰兹(Henry Rowlands of Llanidan)对德鲁伊特教有着不同寻常的评价,但是当他在 1723 年出版《重建古老的安格尔西》(*Mona Antiqua Restaurata*)一书时,他能够毫不费力地收集到安格尔西居民大量的签名,从而保证了他的作品能够顺利出版③。在这些人数不多但紧密相连的共同体内,人们小心翼翼地保护着他们独特的、古老的习俗,其中包括他们的习惯法、度量衡、价格体系、房屋建筑样式和民俗习惯。这些习俗能够加强他们的亲属关系网络,诗人们将其称为"地方的根脉"和"血脉相连"。这并不意味着乡村共同体必然都是和谐无矛盾的群体。恰恰相反的是,他们的日常生活充斥着琐碎的对立、争吵和械斗。陌生人的到来会受到冷眼相待,还会受到严密监视。如果

---

　　①　托马斯·丘其亚德(Thomas Churchyard)是 16 世纪英国作家。——译者注

　　②　约翰·戴维斯(John Davies, Mallwyd, 1567—1644 年)是威尔士文艺复兴时期的著名学者;格里菲斯·琼斯(Griffith Jones, 1684—1761 年)是著名的宗教传播活动家;威廉·威廉姆斯(William Williams, 1717—1791 年)是威尔士著名的圣歌作家。——译者注

　　③　近代早期的书籍生产经常采取签名预售制度。当作者或者出版商获得足够的签名预定后,才能保证书籍的最后出版。——译者注

图25 就在他于1568年去世前不久，颇有天赋的威尔士文艺复兴学者汉弗莱·卢德完成了第一幅精确的威尔士地图。其被冠名为《威尔士的典型形象》（Cambriae Typus）。它作为奥特柳斯（Ortelius）的《世界的舞台》（Theatris Orbis Terrarum，1573）的附录而得以出版。这幅地图在1573—1741年间印刷达50次。（威尔士国立图书馆）

陌生人不会讲威尔士语，当地人会把他们赶走，并且厉声说道："不要英国人来"（Dim Saesneg）。威尔士的陪审员在面对外来者和本地人争斗的案件中更加偏心于自己人。在内战期间，威尔士的步兵因"一旦从陌生人那里获得有用的信息就立刻变脸"而出名。

当时大多数人都生活在口语文化的世界中，他们依靠故事传说、奇闻逸事、歌谣和格言警句来获得信息或者娱乐身心。实际上，讲故事这样一种内涵丰富的口语文化是在炉火边、在酒馆里被维持下来的。当时的人们无法通过正式的、规律的学校学习这种方式获得知识，但是，蹩脚的诗人（rhymesters）和历史故事讲述者（remembrancers）可以在这些地方给人们讲述关于"长刀背叛"、"威尔士吟游诗人大屠杀"和"马多克王子发现美洲"等故事。关于外面的世界的知识可以由归来的士兵和海员进行传播。据说，伊利斯·格鲁菲德（Elis Gruffydd）是一位会多种语言的士兵，他还是都铎时期弗林特郡的一位历史记录者。人们愿意"给他一个凳子让他坐下，然后一大杯啤酒暖暖身子，一片热面包清下喉咙，这样他就可以谈论他在泰鲁阿纳（Thérouanne）和图尔奈（Tournay）的冒险之旅"。在一些偏僻之地，托勒密的宇宙观能够继续大行其道，一直到 18 世纪仍有人相信。当 1752 年新的格里高利历法被引入时，一些不明就里的群众对此大声吵嚷表示不满。农民生活中的保守和惰性的特点意味着他们对迷信、魔法和巫术保持信赖，它们顽强抵抗着宗教改革者们的捶击。男巫（cunning man）和女巫（wise woman）们有着许多重要的角色，他们是疾病治疗师，是婚姻介绍人；他们能找回丢失的财产，还能在巫婆（witches）①和受害者之间充当调停人。他们对客户的诱导、迷惑和满足一直持续到 20 世纪。劳苦大众们喜欢周日、守护神节和其他庆典活动，他们把这些日子作为缓解沉重日常劳作压力的方式，他们在暴力性的球类游戏中展现自己的体格技能，他们参与斗鸡、摔跤和越野赛等竞赛以满足自己的喜好。这些让那

①　在中世纪欧洲，巫师的分类比较多，其中本文所讲的男巫（cunning man）和女巫（wise woman）在乡村中主要承担治病和解决日常生活问题的功能，而巫婆（witches）则是具有邪恶特性的老女人。——译者注

些积极传播"文明生活"的人深感惊讶。如果有人在当时宣扬新教是社会变迁的发动机这一观点的话，会让当时大多数人都感到震惊。在小型的共同体中，大众文化极力抵制任何的变迁。

这些活动并非"威尔士的"独有的特性。对于威尔士人来说，族裔认同最重要、最明显、最持久的标记非他们的本族语言莫属。在讲英语的官员和道德论者看来，这个民族热血沸腾，爱吃韭菜，骨子里不服管教，但是最令其深感愤怒的是，他们居然顽固地坚持使用本族语言。甚至在这一时期结束时，大约仍有十分之九的人只会讲威尔士语。英语的单词和术语在法律、商贸和时髦生活中已经开始渗透进来，并且在平民日常习惯用语中也能看到英语的痕迹，但是日常交流媒介仍然以威尔士语为主。正如我们将要看到的那样，对于"不列颠人的语言"的热爱是广泛而持久的。只会威尔士语的人非常频繁地使用他们的地方语，并对此充满热情，而那些会两种或者三种语言的人则很难理解他们的这种感情。早期现代威尔士是一个不同于今日的"异域"，人们定义其民族的他者特性时是从本地语言来入手的。1768 年，托马斯·卢埃林（Thomas Llewelyn）宣称，国王的英语（King's English）在"美索不达米亚和巴塔哥尼亚的居民"以及只会讲威尔士语的人看来是一样的，它不是什么重要的东西。

那些经过了"文明化"、患有凯尔特恐惧症的人热衷于宣扬威尔士是一个缺乏变化的地方，他们对威尔士的描写充满了不友好的态度。有人会就此引申出如下观点：早期现代的威尔士是一潭死水，威尔士人只会讲一种语言，他们懒惰成性、目不识丁并且贫困交加。这种想法真是愚蠢之至。实际上，这是一个正面临着社会经济发展和文化变迁的时代。在这一时期出现了许多关键性的发展趋势：人口在不断增长，货物和人群在流动，不列颠的大西洋经济体系在崛起，吸收和融合的趋势动力十足，新教倡导的《圣经》阅读被人们接受，人文主义带来了知识上的变迁，此外还有许多其他文化上的变化。社会上的各个方面都从中获益匪浅。

人口在增长。由伦敦市场、海外贸易、战争和奴隶贸易主导的大西

137

洋资本主义经济体系把威尔士卷入其中。这些加速了社会经济的变迁。这个时期人口倍增。在16世纪40年代，威尔士人口有22.5万人，到了1780年时，这一数字增加到48.9万。整体来看，增长是缓慢推进的，而且带有随机性，不过有两个时期的增长呈现快速推进的趋势：第一次是从统一到内战期间，第二次则是在1740年前后。农业歉收造成了高死亡率，而一些致命的疾病，诸如鼠疫、斑疹伤寒、天花也是死亡率高企的原因。这些因素造成了地方人口数量的减少，这一时期的文学作品也开始关注死亡，其中充满了忧郁的气息。不过，一些城市和港口占据着肥沃的土地，海拔较低，在这里生活的海岸人群目睹了经济水平不断提高，在这些共同体中有着更高的出生率并且有着大量移民的涌入，导致了人口更加密集的群聚而居。此外，一些工业化水平不断增强的堂区也遇到这样的境况。当时有许多人在四处游动。其中的一些人怀着各自的目的进行长距离的旅行。牲畜贩卖者、麦客（harvest-labourers）、乞丐、花园女工、热情的福音传播者以及自由自在的乡绅之子都是最重要的旅行者。伦敦这个不列颠最大的城市成为主要的旅行目的地，——一个梅里奥尼斯郡的青年认为伦敦是"世界地理的中心点"——年轻人蜂拥去伦敦"淘金"。牲畜贩卖者为了挣钱也愿意把强健的威尔士牲畜赶到伦敦市场上（贩卖）。统一后出现的许多机会造成了青年才俊的大流失：由于没有学术机构，在1570—1642年间就有大约2 000名学生离开威尔士，他们到了牛津或剑桥大学注册就读。1571年成立了牛津大学耶稣学院。这个学院为了威尔士人的利益设定了一系列限制，但大多数威尔士毕业生仍然没有返回故土。

138 　　人口的增长和经济上的贫困也意味着身强力壮的威尔士人到处都是。他们能够去当战士、海员和雇佣兵。有趣的是，约翰·德（John Dee）是第一位从海洋的角度而不是陆地的角度定义"不列颠帝国"（Brytish Empire）的人。约翰·德是一位居住在伦敦的威尔士人，他是伊丽莎白女王时期著名的哲学家和魔法师。德宣称自己是罗德里·马维尔的后人。此外，他还指出，亚瑟王和马多克王子的冒险事迹是光荣伟大的事业，所以威尔士人比其他任何民族更有理由拥有新世界的土地。于是我们看到，威尔士人由于受到饥荒和生存的逼迫而迁徙各地，他们成为殖民者、商人、战士、海员、雇佣兵和契约农，他们纷纷卷入到一场"多层次的、万花筒式的探索旋涡之中"。贸易、殖民和洗劫活动是紧密相连的。威尔士人也犯有罪过。他们在爱尔兰殖民过程中充当了一种不光彩的角色：他们加入了"先进的"英格兰式的定居点；但凡有天主教徒挡住了他们的去路，威尔士人就会把刀剑架到这些"不安分"的天主教徒身上。更加令人"欣喜"的是，一些人尝试建立威尔士的海外殖民地，然而其中一些定居点不过是些哗众取宠的宣传。由于在圣海伦娜建立威尔士殖民地的计划是粗糙混乱的，1617 年，来自卡马森郡兰格迪恩的威廉·沃恩爵士（Sir William Vaughan of Llangyndeyrn）在纽芬兰为他的同胞建立了一处叫作"坎布里欧"（Cambriol）的定居点。他在《金羊毛》（*Golden Fleece*，1626 年）一书中宣称，是上帝为古老的不列颠人保留了这处岛屿。不过，他没能让神圣的恩宠满足这群人的期待。[①] 许久之后，爱好和平的威尔士贵格派成员开始寻找精神的避难所和生活改善之地。从 17 世纪 80 年代开始，他们来到宾夕法尼亚从事威廉·佩恩（William Penn）所号召的"神圣实验"（Holy Experiment）。威尔士人也大量地参与到由多族裔组成的商人、奴隶、雇佣兵和海盗群体中，他们横穿大西洋去寻找无尽的财富。帝国间的争斗和贸易机会的增多拓宽了威尔士移民的视野，他们与欧洲和非洲的大西洋海岸地区、加勒比海岛以及北美东海岸地区的接触也日益增多。亨利·摩根爵士（Sir Henry Morgan）是 17 世纪后期世界上最著名的海盗。他后来从一名威尔士歹徒转变成帝国主义的守门员（gamekeeper），这成为一代经典传奇。在 17 世纪 50 年代后期，摩根作为一名契约农移居到巴巴多斯岛（Barbados）。他是一名嗜酒如命的、喜欢恃强凌弱的雇佣兵，但是他有着高超的战略眼光，这让他成功洗劫了波多贝罗（Portobelo）、马拉开波（Maracaibo）以及（德拉克曾经失手的）巴拿马的黄金之城[②]。亨

139

---

① 　由于管理不善，坎布里欧殖民地在 1637 年被迫放弃。——译者注

② 　波多贝罗（Portobelo）和马拉开波（Maracaibo）位于今日的巴拿马和委内瑞拉。1572 年，弗朗西斯·德拉克（Francis Drake）在巴拿马曾遭遇西班牙舰队的攻击而失败。1671 年，亨利·摩根率领的舰队则在巴拿马成功击败了西班牙人。——译者注

利·摩根被查理二世授予爵位,并被任命为牙买加的副总督。1688
年,亨利·摩根在极度富裕的生活中死去。摩根在历史上拥有一席之
地,他是建立不列颠帝国的早期先行者。18 世纪早期是海盗活动的黄
金时代。在这一时期,巴塞洛缪·罗伯茨(Bartholomew Roberts)在海
洋上烧杀抢掠。罗伯茨是在彭布鲁克郡出生的威尔士人,外号"黑胡
子"(Black Bart),遭他洗劫、烧毁乃至击沉的西班牙和葡萄牙的船只多
达几百艘。罗伯茨的事迹成为制作传奇故事的绝佳材料,在他于 1722
年被不列颠海军舰队击败并被抓捕后,关于他的传说依然在久久流传。
正是由于人口的压力和经济机遇的大量涌现,威尔士人才能够全力参
与到劳动力的流转、(合法的和不合法的)货物的运输和土地的使用过
程中来。

为了容纳和喂养越来越多的人口,统一后的威尔士出现了一系列
的重大变化。大片林地被清理干净,新的农场和更适宜耕种的土地被
圈出来。到伊丽莎白末期,传统的庄园土地上已经竖起了篱笆,威尔士
的部族土地也基本消失。环保主义者们抱怨耕地农、圈地者和工业家
们联合将林地和森林消灭。当高原草场上的羊群比牛群多起来后,小
树林也就走到了命运的终点。到工业革命前夕,尽管在一些地方还有
茂密的森林场地——特别是在朗达河谷地区,但是这时前往威尔士的
旅行家没法不注意到各处景观都保留着森林遭砍伐后留下的痕迹。与
生态大变迁紧密相关的是季节性迁徙这种古老习俗的消失。传统的哈
弗德(Haford)和鲁斯特(Lluest)都是位于高地牧场的临时小型农场。
现在,这些季节性的农场逐渐变成了永久性的,因为这样才能满足不断
增强的畜牧经济的需求。农场主们需要牲畜贩卖者和中间商带回威尔
士的金银,这样农场主能够用它们交纳租金、税收和其他徭役。至少因
为这个原因,牛和羊成为经济成功的关键因素。在巴内特和史密斯菲
尔德①的大型市场上出售的牲畜给威尔士带来了现金。1666 年的《爱
尔兰牛畜法案》(Irish Cattle Act)禁止进口爱尔兰的牲畜,这让威尔士

---

① 巴内特(Barnet)和史密斯菲尔德(Smithfield)的市场都位于伦敦地区。——译者注

人欢欣鼓舞,他们的经济从中获利匪浅,因为威尔士人能够以更高的价格出售培育中的牛畜。

在威尔士人接连几代人忽视轮耕制后,从17世纪开始,这些土地耕作者拿出手中微薄的资金开始投资到轮耕制中,并且他们种植的新作物(萝卜、三叶草、红豆草)开始出现在混合农业地区,而原先这些地区主要以燕麦、黑麦、小麦和大麦等主食种植为特色。从1755年开始,各郡的农业社会引入了"科学的"种植方式,那些能够改善农耕效率的人受到表彰。如果说那些在土地贫瘠的高地边缘进行劳作的小农收获不多的话,那也是因为他们没有额外的资本或者动力去改良他们的地产并增加生产率。不过,最具灵活性的小农发现如果能够兼职或者季节性地从事一些手工业、制羊毛业、渔业和矿业工作的话,他们能够获得一些额外的钱财来缓解自己的租金压力。当然,那些冒险经营的活动不在此讨论范围。有时候,由于人口压力或者通货膨胀,一些小农经常跌入到无地雇工的行列,而且一旦落入此等境地,是很难翻身的。正是面临着如此之多的压力,在一些地方有四分之一到三分之一的人口被牢牢地锁定到劳工阶层而不得动弹。他们处于不洁净的、简陋的生活状态中,寿命也不会长久。这群农奴身体发育不良,忍受着寒风酷暑,拿着微薄工资从早干到晚,他们是伐木工或者挑水工,他们"耕垦土地,烧制石灰,采挖煤炭,以及从事其他奴役和极端辛苦的工作"。那些在土地上劳作的妇女们被期待着展现强壮的体能,她们要帮忙挤牛奶和酿酒,到了晚上妇女们则要去织布以及做一些缝缝补补的工作。威尔士农人以面包、奶酪、米糊和燕麦粥为食,他们生活在狭小、肮脏的草棚中。他们没有什么权利可言。他们跑到乡绅的土地上去偷猎家兔、野兔和各种小鸟也是再正常不过的事情。当清教徒或者卫理公会教徒要求他们停止好不容易保留下来的娱乐活动时,威尔士农民把这些人的鼻子打出血也就不足为奇了。当年景不好或者死亡率非常高的时候,他们为了找到食物和工作会被迫走上流浪之路。但是,当他们开始与那些四处游荡的无所顾忌的流氓、乞丐和游手好闲之徒为伴时,他们会很容易被捕捉,被鞭打,并被送回到他们出生的堂区或者能探知的最

140

后定居之处。尽管政府希望农民们不要四处流动，希望他们过平静的生活，但是在人口压力和商业资本的刺激下人们依然迁徙四方。

在有进取心的威尔士人看来，人口流动的增强，外部资本涌入威尔士，大西洋贸易和连续不断的战争军需(特别在18世纪)等刺激因素可以让他们暂时抛却时间、能量和资源上的不足，而去致力于发展正缺乏资本的威尔士工业。不足为奇的是，由于提供资本的是(英国)政府国营采矿业、联合资本公司和个人企业家，威尔士人并不能把经济的收益收入自己的囊中。由成百上千的纺纱工、梳毛工、织布工和漂洗工合力完成的本地工业给人们生产出了花式多样的粗布、手套、袜子、帽子和假发，但是在1562—1624年间，什鲁斯伯里布料公司获得了垄断专营权，这意味着中部威尔士地区的这种羊毛贸易所获收益都流出了威尔士。不过，一旦这种垄断权被打破，威尔士的织布工、漂洗工、织袜工和商人们就获得了新的活力。由于他们能够把自己的货物卖到远方的殖民地去，甚至可以说他们在某种程度上已经充分掌握了自己的命运。到18世纪中期，由于国际市场上对"威尔士平针制品和羊毛"的需求如此之大，那些在登比郡、蒙哥马利郡和梅里奥尼斯郡的小型本地工业中从事羊毛制造的人的购买力有了翻天覆地的变化。尽管乔治三世国王从未访问过威尔士，但是连他都在穿威尔士产的袜子。

威尔士和英格兰统一之后没多久，就有一拨人跑去开采矿物。在1568年颁布的王家特许状的基础上组成了王家矿业协会。这个协会鼓励德国来的高技能矿工和冶金专家去开采铜、金、银和锌矿。当然，个人投资者也能有丰厚回报。休·梅德尔顿(Hugh Myddelton)在中卡迪根郡租赁了一处铅矿。从17世纪20年代起，大家都知道他每月能从这处铅矿中获利2 000英镑。1637年，托马斯·布谢尔(Thomas Bushell)在阿伯里斯特威斯城堡建立了一处王家铸币厂。由于动力能源的缺乏，煤炭工业开始大规模地扩张。到1688年时，威尔士煤厂的产品百分之九十专供出口。在大约同一时代，汉弗莱·迈克沃斯(Humphrey Macworth)爵士——一位什罗普郡出生的技术狂人，他性格专断独行但又酷爱冒险——将卡迪根郡的铅矿开采带出了低谷，同时,他还抓住机会在尼斯和斯旺西地区从事煤炭开采,并且他进口铅和铜进行熔铸冶炼。到18世纪30年代,正是借助于他的努力,这一地区成为一处世界上最重要的冶金技术中心。东北威尔士地区紧随其后也将自己打造成为一处高速发展的金属制造中心,其中的霍利韦尔到18世纪70年代成为该制造业的核心城市。"镀铜之王"托马斯·威兼姆斯(Thomas Williams)也是在这一时期崛起的。当时在安格尔西的帕雷斯山(Parys Mountain),铜矿的开采使采矿业成为一项新兴产业,威廉姆斯就是从这一行业中走向成功的。他充满了雄心壮志,并且对英格兰这一工业巨人提出强劲的挑战。这位白手起家的百万富翁完全有能力将对手给震慑住。马修·博尔顿(Matthew Boulton)称赞他"是一位完美的暴君。任何人若被他钳住,就会被他捏得粉碎"。李维斯·莫里斯(Lewis Morris)是一位大腹便便的王家财产管理人(Crown steward),他曾催促威尔士乡绅们投资开采卡迪根郡的铅矿(他将之称为"坎布里亚的秘鲁")。他并不赞成人们"为了钱财跑去搜捕东西印度的土著",因为他明确地感到,英格兰北方、米德兰地区、布里斯托和伦敦的商人们通过殖民活动、海盗活动、奴隶贸易和战备生产变得非常富裕,现在这些商人资本家正不断给威尔士经济的运作提供动力。威尔士人发现他们正陷入一个贪婪、追求超额利润和充满欺诈的世界中,而且英国来的投资者们攫取了其中大半财富。不过,威尔士人对此并无愤怒之情。

外部资本的涌入的确刺激了制铁工业在东北威尔士和格拉摩根北部高地地区的发展。那些来自英格兰的精明的投资者们受到一系列利好因素的帮助能够获得更高水平、更多数量的回报:漫长的、耗资靡费的战争;从木炭到焦炭熔炼技术的变迁;博尔顿和瓦特的蒸汽机为冶铁送去了鼓风。这些都是人们需要认真对待的因素。外号为"疯狂制铁约翰"的约翰·威尔金森(John Wilkinson)在博沙姆(Bersham)——靠近人口密集的雷克瑟姆城(Wrexham)——训练他的手下成为精英士兵(grenadier),并且他还给武装部队提供高等级加农炮、手榴弹与炮弹,由此,他发了一笔小财。不过,即便他的开创性成就如此引人注目,但是在凯法斯弗(Cyfarthfa)、普利茅斯、潘尼达伦(Penydarren)和道莱斯(Dowlais)等地建立的水平更加高超的钢铁厂——即著名的"火焰迷宫"——还是如雄伟的南天门一般将威尔金森的光芒掩盖。这些钢铁厂建立在梅斯蒂德菲尔(Merthyr Tydfil)附近的矿产王国中。从18世纪60年代起，约翰·古思特(John Guest，什罗普郡人)、安东尼·培根(Anthony Bacon，伦敦人)等人带来的商业资本促使当地生铁制造水平出现了飞跃。其中特别重要的是来自约克郡的理查德·科劳塞(Richard Crawshay)——一位白手起家、独断专行的制铁商，他虽然财富众多，但却对员工极其恶劣——他将该地变成了世界上最重要的冶铁中心。

143

按照欧洲主要地区的标准来看，威尔士是一处城市化水平相当低的地区。在都铎王朝中期，如果要选出规模最大（超过1 500人）、"最美丽"、"最文明"的城镇，只有卡马森、哈弗福韦斯特(Haverfordwest)和雷克瑟姆三城。由于经济萧条，威尔士城市人口占总人口的比例很少超过10%。一般情况下，威尔士城市水平显得极其低下：城镇一般只有200—300人；容易受到经济波动的影响；缺乏必要的城市设施。城堡市镇(castle town)丧失了其军事功能，纷纷陷入停滞状态。那些市场城镇(market town)虽然能够提供越来越多的商贸和专业性服务，但是它们仍旧显得窄小、简陋并且缺乏特色。到17世纪后期，由于专业化生产和新的零售业、娱乐业和文化功能的崛起，这一情况才发生改变。在这一时期的大部分时间里，威尔士城镇以及农村居民们都与威尔士地区城市"资本"带来的经济变迁紧密相关，而这些资本又受到来自奥法堤坝另一侧非常遥远某地的控制。威尔士中部和北部的农民和制造业者都依靠彻斯特以及更加重要的什鲁斯伯里（它们是威尔士布料的主要销售中心，并且铁器制品通过这些城市沿着塞汶河的水道向外出售）销售自己的产品。布里斯托也以"威尔士南部重要的市场"而闻名于世。那些最成功的城镇依靠两大因素实现了转型：工业水平的成长以及爱尔兰海和大西洋上海洋活动的加速发展。从18世纪20年代起，卡马森城成为一个繁荣的港口并且它还是威尔士印刷工业首府，这是它崛起的因素。同时，斯旺西的迅速扩张源自它成为不列颠镀铜制造的首要城市，后来的斯旺西则是以作为"威尔士的布莱顿"①这样的方式实现城市复兴的。但在更加久远的 18 世纪 40 年代，斯旺西则是无可匹敌的镀铜之都。然而，到 1801 年第一次官方人口普查时，只有不到 15% 的人口居住在超过 1 000 名居民的城市中。早期现代的威尔士是以农业定居人口为主的地区，但是随着时间的推移，经济变得更加多元化，同时其与大西洋共同体的联系也更加紧密。

1536—1543 年的《统一法案》至少间接推动了威尔士在社会-经济上融入英格兰。这类立法计划是一系列更加宏伟目标的组成部分。境内生活着如此繁多的民族，他们要么居住在诸如爱尔兰和加莱这样不稳定的边缘地区，要么居住在彻斯特和杜伦这样的伯爵领地内。现在，他们要服从于王权权威。实现王国境内各个部分的统一、同质化并且提高管理效率，这是 16 世纪 30 年代首席政策制定者托马斯·克伦威尔的核心战略。克伦威尔知道，威尔士海岸缺乏自我保护能力并且它的边地领主大多桀骜不驯，所以，威尔士是一处非常不安定的地方，并且它还阻碍着他建立一个更具效率、更加先进的政府体系目标的实现。克伦威尔的理想与威尔士乡绅的追求不谋而合。他们也希望赶走边地领主，分享英国普通法带来的好处，并且他们还希望自己的声音能够出现在威斯敏斯特（的国会内）。然而，双方在广泛一致的基础上实现双边合作仍然是一个梦想，因为《统一法案》不过完成了初步的合并。尽管大多数乡绅都支持合并，但是像罗兰德·李这样的强硬分子对威尔士人的自我管理能力深感忧虑，所以他坚决反对两国合并。此外，我们可以确定，那些比乡绅地位低下的人对于合并条约的制定是没有什么影响力的。令人好奇的是，威尔士吟游诗人们对于这一问题保持了沉默。在所有可见的文献中，法令在公布以后似乎是以一种毫无痛苦的

144

---

① 布莱顿是英国著名的海边旅游城市。在 1780 年到 1830 年，斯旺西依靠旅游业实现了自己的再次振兴。——译者注

方式被引入和被执行的。只是我们后人在回顾历史过程时,特别是在1536 年法案 400 周年纪念活动中,怀有民族主义情感的历史学者们才指出:在他们看来,这是威尔士历史上最具争议、最不受欢迎的一部立法。

尽管亨利八世在 1536 年法案的前言部分表达了对威尔士人民怀有的"无与伦比的兴趣、喜爱与亲密之情",但是整部法案核心所在仍充满了对所谓"邪恶的习惯与风俗"——这些象征着威尔士人的他者性——的敌对之情。这些阻碍着"文明"政府顺利发展的习俗包括以下内容:野蛮的私人审判权;边地领主所具有的自由权对景观的玷污;威尔士法律和它的地方语——这是一种与我们所知的英语"这种符合自然规律的母语不相似或者不相融合的"语言。1536 年法案是在仓促间编纂而成的,所以它成了一锅大杂烩(a dog's Breakfast)。法案中包含着一种急切之情,立法者希望扫除边地领主的权势并且通过郡政府的建立实现威尔士内部的统一。威尔士分成了 13 个郡。其中的 6 个郡——安格尔西郡、卡那封郡、梅里奥尼斯郡、弗林特郡和卡马森郡——是在 1284 年《威尔士法令》后就存在了,而新成立的 7 个郡则是从那些已经死去或者受人痛恨的边地领主区内重新规划而出现的,它们是:登比郡、蒙哥马利郡、布雷肯郡(Breconshire)、拉德诺郡(Radnorshire)、蒙茅斯郡、格拉摩根郡和彭布鲁克郡。英国普通法代替了海维尔法,英语也成为法律和管理上的官方语言,并且在此之后,那些只会说威尔士语的人是不能担任公职了。议会代表的选举也向威尔士的各郡和城镇开放,因此有 27 名威尔士议员的声音能够在威斯敏斯特被听到。

在许多方面,1536 年法案既不严密也不清晰。划分郡边界的过程并没有立即开始。有一个时期,为爱德华王子建立一个新的封地成为反复思量之事。但是,1543 年议会通过了第二部《统一法案》,这部法案包括 130 个条款,并且该法案文字拼写上更加系统地使用字母"i",删去了字母"t"。同时,布雷肯出生的行政人员和学者约翰·普雷斯爵士(Sir John Prise)——他曾经把自己的侄女嫁给已经被处死的托马

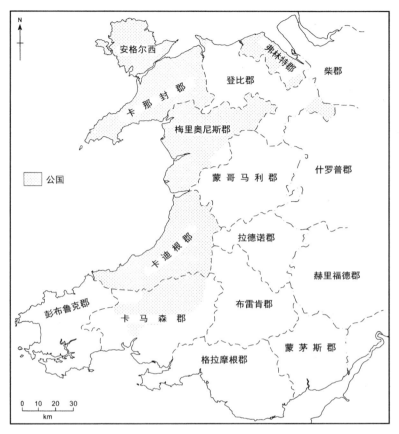

N

安格尔西

弗林特郡

柴郡

卡那封郡

登比郡

梅里奥尼斯郡

什罗普郡

蒙哥马利郡

公国

拉德诺郡

卡迪根郡

赫里福德郡

彭布鲁克郡

布雷肯郡

卡马森郡

蒙茅斯郡

格拉摩根郡

0　10　20　30
km

地图 6　到亨利八世统治的第 27 年时，威尔士通过 1536 年《统一法案》被并
入英格兰。在此之后，"英格兰与威尔士"成为一种常见的说法。在原先的边
地领主土地上出现了 13 个郡。当时建立的威尔士与英格兰之间的边界一直
持续到今天。

斯·克伦威尔为妻——的建议明显受到考虑。英国郡政府的行玫人员
体系——治安法官、郡长（sheriffs）、验尸官（coroners）和治安巡警
（constables）——被引入威尔士。英国的土地继承原则（长子继承制）
代替了土地分封制（gravekind）。具有重要意义的是，威尔士被批准建
立一种不同于英格兰的高等法庭体系：其高等法庭受理刑事、民事和
衡平法案子。这一法庭一直到 1830 年才被取消。威尔士的四端还建
立了四处巡回法庭（circuits），在每年的春秋两季，巡回法庭开庭六日，

使用英国法审判案件。边地会议始建于 1471 年，现在它也被赋予立法权，这一会议成为集行政管理与司法审判于一体的机构。在郡县内的杂事以及一些小型犯罪案件的管理权则归属地方的治安法官负责，同时治安法官受到四季法庭(Courts of Quarter Sessions)的管理。

历史学家们习惯上将 1536—1543 年间的都铎王朝的决定称为"统一法案"，但是，它们被称作"同化法案"(Acts of Assimilation)也是合适的，因为这种说法更加准确地展示了融合的过程。1536 年法案前言中的关键术语是：威尔士从此之后要按照与英格兰"类似的方法"被统治。威尔士在政治上和管理上都成为英格兰的重要组成部分。当然，也有一些微妙的、令人恼火的特例。都铎政府做了一件看起来非常专断的事情。在奥法堤坝"邪恶"的对岸那面，几处主要讲威尔士语的居民聚居区在政治边界确定的过程中被孤立起来了。于是，威尔士内形成了一处处语言的飞地，它们被互相隔绝。在都铎历史学家大卫·鲍威尔(David Powel)看来，这意味着"威尔士语现在逐渐被英格兰的语言替代，说英格兰语的人更多了"。还有一处令人不悦的安排，那就是蒙茅斯郡没有进入威尔士高等法庭管理体系(它的案件被送往牛津的巡回法庭进行审理)，于是，在随后的许多法令和其他方面，"威尔士和蒙茅斯郡"这一称呼的使用令人深感不悦的同时又带有误导性。

统一能够顺利进行的关键要素在于威尔士乡绅，他们当时与英国王权和中央政府形成了一种互相支持的伙伴关系。都铎的国王们从历史溯源上和实际利益上满足了乡绅的虚荣心，让他们与王权的利益勾连在了一起。伊丽莎白时代评论家乔治·欧文(George Owen)的说法令人震惊：威尔士人已经成为"他们自己民族的主宰"。从某种真实的意义上说，他们被给予权力组建"文明的"治理机构。并且可以确定的是，如果没有他们心甘情愿的合作，政府是无法创建一个政治上的统一王国的；而且，如果没有他们的合作的话，政府所推动的建立在受到英国法律和管理体制这样"文明"因素影响的基础上的新社会规划也就无从谈起了。爱尔兰的情况则大为不同。爱尔兰人对于"文明化"的规定和措施则是厉声反抗。当爱尔兰变得越来越碎片化时，威尔士的情况则在好转。托马斯·克伦威尔和他的继任者们可谓工于心计。他们知道,那些能够从都铎的决定中获利的威尔士人乐于推动这一融合过程的进行。当然,乡绅们也不全是道德的楷模,他们中的一些人是良序和善政的大敌。在都铎和早期斯图亚特王朝的法庭档案中,行贿和受贿横行,法庭不公给威尔士人生活带来的损害也随处可见,派别斗争导致的小冲突、混战和街头暴力斗殴比比皆是。这是任何一个熟悉当时记录的人所无法否认的。统一之前的恶习和负面行为并没有在一夜之间消失。好勇斗狠的乡绅们并不总是遵守公德。然而,乔治·欧文极有可能作出了一个正确的判断:在伊丽莎白时代末期,没有一个理智之人会向往回到边地领主统治的时代,因为那时的威尔士大部分地区是一个仇恨和分裂的大熔炉。那些只会讲威尔士语的单一语言者虽然觉得推行英语是为了扰乱他们的思想并且是对他们的恐吓,但是我们可以看到,一直到 17 世纪中期,威尔士高等法院都面临着汹涌而至的民事和刑事案件,这可以说明,威尔士人正在尝试接受这种最重要的王室法庭。但是,欧文所宣称的都铎统治"给威尔士带来了伟大的文明"的观点则充满了争议。可以确定的是,由于威尔士社会的领袖们与都铎王朝的决定建立了密切的关系,他们不太会越过红线太远,甚至可以说,他们反叛的可能性更小了。

148

　　威尔士乡绅的崛起是这个时代最激动人心的特征,并且统一立法无疑为他们提供了新的机遇。乡绅与平民(bonedd a gwrêng)之间根本的社会对立体现了一种根深蒂固的信念:日渐富裕的乡绅能够对自己所拥有的广袤地产和他们的优秀祖先感到骄傲,所以上帝赐予他们特殊的地位,对他们表示服从与尊敬也是应该的。这个社会是不公平的,人们要学会服从,这是一种父权制的社会,但这是整个社会的基础。他们是统一的最大受益者。威尔士乡绅们由此开始了一系列的运作——其中包含着不合法的手段——去拓展自己的影响力并且增加自己的财富。他们占取了修道院的土地,将大片的荒地、森林和公共土地圈禁起来,而且他们所做的婚姻安排也讲究门当户对并且要有利可图。这种婚姻安排有利有弊:出生在登比郡的贝兰的凯瑟琳(Katheryn of

Berain）是亨利七世一位私生子的孙女。她曾经有过四次婚姻，并且她是以"威尔士之母"的称号广为人知的。但是，婚姻市场主要是由男性把持的。本地传统要求对遗产进行分割。这一传统在统一之后虽然没有迅速消失，但是一些乡绅家族改革了自己的观念，他们对长子继承制有着强烈的偏爱，因为这种制度有利于构建一种紧凑的、永久的地产。因此，那些威尔士在地乡绅（resident Welsh gentry）——安格尔西的巴克利家族（Bulkeleys of Anglesey）、弗林特郡的莫斯汀家族（Mostyns of Flintshire）、卡迪根郡的沃恩家族（Vaughans of Cardiganshire）、格拉摩根郡的曼泽尔家族（Mansels of Glamorgan）以及其他跟他们类似的诸家族——不断地开拓他们的财产，建设宏伟的房屋，坐在画师面前让他给自己画像，雇佣谱系学家（偶尔也包括家庭诗人），并且他们还会把自己的儿子们送去语法学校、大学和律师公馆（the inns of courts）学习。如果儿子们允诺循规蹈矩，为了拓宽他们的眼界，他们还有机会去欧洲大陆大旅行（Grand Tour）。从长期来看，土地精英们不可避免地开始产生这样一种认识：英语是一种具有高度声誉的语言，它适合于在政府、法律和管理中使用，而威尔士语是一种"粗粮面包"，它只适合于农民们在灶台边、集市（fairs）上和市场中使用。他们把文明开化（civility）与讲英语同等看待。随着时间的流逝，在如格拉摩根这样高度贵族化的郡县中，"山野"威尔士人发出的吱呀乱叫声越来越严重地伤害着精英们"礼貌文雅"的情感。虽然我们不应该把威尔士精英的英国化时间设定过早，但是自17世纪中期以后的每一年里，总有一些人认定这些东西代表着一种更高级的智慧，他们相信"文明"人都讲英语。许多乡绅公开认同（英格兰和威尔士）政治和文化上的统合。威廉·沃恩爵士——这位曾经推动了威尔士海外定居史中最黑暗的一次活动的决定性人物——也寻求英国人承认旧的对立正在消退，并且"我们的绿色韭菜虽然有时候让你们挑剔的鼻子不舒服，但是它却具有你们钟爱的芬芳的玫瑰般的气质"。克莱瑙的莫里斯（Maurice of Clnennau）因在下议院经常发表冗长的演讲而成为人们取笑的对象，但是他也对新王朝斯图亚特极尽奉承，正是他把詹姆斯一世称作"大不列颠之王"。

因此可以说，威尔士乡绅受到信赖走上领导岗位毫不意外。他们经济上的财富足以支撑其在地方政治活动中的权势。威尔士乡绅们攫取了政权的压制性权力并且将那些俯首称臣又听话的威尔士人管教得服服帖帖，他们从中也能得到一些好处。在选举斗争中花费之巨足以让人破产。大多数乡绅都会努力避免这样的结局，他们会安排与其拥有相同利益的乡绅签订协议，让他们代为声称自己具有维持乡野和平的能力。当竞争性的选举不可避免时，这些老爷们就会把自己手下的长期佃农（freeholders）和自由民（burgesses）赶去投票，结果自然是他们所期待的。在 17 世纪 30 年代查理一世统治时，由于财政紧张取消了威尔士的国会议员职位，而且国王的同伙威廉·劳德大主教（Archbishop William Laud）还宣传那些明显具有"教皇色彩"的仪式。不过，威尔士人的忠君观念仍然根深蒂固，在 1642 年的紧急时刻，他们没有抛弃国王。除了彭布鲁克郡和登比郡的部分地区以外，当时的威尔士各郡并未处于明显的战备状态，并且内战爆发时支持议会的势力相当微弱，但是威尔士人还是发出了一捆捆亲君请愿书去表达坚定地忠于查理一世的想法，这是在两军对垒爆发前威尔士人情绪最好的反映。值得庆幸的是，威尔士从未成为战争的主舞台，但它具有战略意义，所以国王要特别榨取它的人力、物力和钱财为自己所用。实际上，国王在使用强迫手段召集战斗人员上做得过火了，而且他放任他的军队随意抢掠，这支军队成为臭名昭著的掠夺者，军人们浑身上下有各种不良喜好。在丧失了声誉之后，查理发现"两面派"（ambidexter，他们在威尔士南部如此被称呼）越来越反感去战场参战，格拉摩根郡的厌恶战争的中立主义者和和平主义者的人数不断增多，他们甚至对抗王室的军队，因为军队阻碍了牲畜贩子和呢绒商的生计。然而，在幻想破灭的彭布鲁克郡的国会议员们于 1648 年第二次内战期间给被困的国王提供帮助前，威尔士并不是关注的焦点。1648 年 5 月 8 日，在圣法根（St Fagans）的一场可怕的争斗中，托马斯·霍顿上校（Colonel Thomas Horton）领导的身经百战的老兵对起义者展开屠杀。讽刺的是，威尔士人和其他人群投入到复兴王室事业的徒劳努力中，极

150

可能是他们的活动决定了国王的命运。

正如我们所见,中世纪威尔士人对那些留着王室血液的人被消灭的过程并不陌生,但是他们那生活在斯图亚特时期的后代却是一群不同类型的人。当 1649 年 1 月,上帝的受膏者、全体臣民权利和地位的捍卫者①在伦敦的宴会厅被当众砍掉脑袋时,无论是威尔士的乡绅还是平民都吓得够呛。一种深沉的忧伤之情笼罩在威尔士的大地上。在一个多世纪的时间里,威尔士文学中不停地讽刺着"弑君者"和"残忍的圆颅党人"(murderous Roundhead)②。对于绝大多数威尔士人民来说,克伦威尔的共和国是"一个没有脑袋的怪物"。地方的统治精英们也发现自己受到那些拥有武装的铁匠、磨坊主和裁缝的排挤,而且这些人与激进的清教圣徒和管理者一起被看作是一群喜好敲诈勒索并且贪腐堕落之徒。大部分的指控都是针对菲利普·琼斯上校(Colonel Philip Jones)的。这位上校在奥利弗·克伦威尔(Oliver Cromwell)精选的小圈子中成为"一位威尔士非正式的统治者"。保王党人指责他依靠滥用公共职务权力发家致富。直到 20 世纪,当针对地方政治家公开腐败行为的指控频繁出现后,威尔士才再次由于腐败丑闻而陷入严重的撕裂状态。保王党人的绝望之情借助威尔士诗人之口说出。诗人们尖刻批评了外国人、陌生人和出身卑贱者,因为他们锋利的刀剑和恃强凌弱的手段把威尔士人的世界搞得乱七八糟。

151　　共和国统治虽然是一次短期的冲击,但它在人们的心中留下了不可磨灭的印记,甚至在 18 世纪中期,评论家仍将之称作"最近的那个麻烦期",好像它是前一年发生的事情。当 1660 年 5 月查理二世归来时,威尔士教堂敲响了从未有过的愉悦钟声。群众把梅斯加内斯(Maesygarnedd)的约翰·琼斯上校(Colonel John Jones)处以绞刑,然后将他的尸首大卸八块。群众对这位弑君者的反感之情可见一斑,它也显示了威尔士人仍然忠诚于他们的君主。对于威尔士保王党人来

---

① 即斯图亚特朝的查理一世国王。——译者注

② 圆颅党人是英国内战时期英格兰国会支持者的称呼,因为发型显示头部呈现圆形而得名。——译者注

说,报复活动是令人喜悦的。现在,政治权力再次收归有权势的土地家族。对于他们来说,控制一个不超过 2.5 万人的小型选区易如反掌。在伊坦斯维尔(Eatanswill)①的世界里充斥着恩主制、徇私舞弊和腐败活动,并且按照辉格党(Whig)和托利党(Tory)二元对立的传统出现了党派竞争。但是,当只有少数人拥有特权时,他们对这种竞争性的选举大多嗤之以鼻。必要时可以把那些穷凶极恶的管家或者代理人推出来,因为这些人能让最倔强的投票者在投票站投票时服从主人的意志。在一片恐惧和疑虑的气氛中,激进的清教"旧势力"在市镇中被清理出去,同时促使威尔士人"文明化"并且改造他们行为模式的活动以更加猛烈的方式袭来。尽管一些天资颇高的威尔士人晋升为查理二世和詹姆斯二世的高级官员,但是威尔士的议会政治却陷于无序混乱的状态。斯图亚特后期的政治生活可以概括为"党派激情",但威尔士却被一种寡头体系所代替。他们行事专断,不征询代表们的意见,这说明灵族的政治化历程仍然任重而道远。政治上的融合已经牢不可破,威尔士人对此寂静沉默,所以议会在 1746 年宣布,无论何时,任何一段立法中如若提及"英格兰",也必须同时附加上"威尔士"。他们认为威尔士人不会因此感到被冒犯。威尔士的詹姆斯党人会在午夜之后紧闭房门。他们躲在屋中吵吵嚷嚷地向王位觊觎者举杯祝贺,但到了 1715 年和1745 年,当等待已久的叛乱真正爆发时,詹姆斯党人却又销声匿迹了。威尔士詹姆斯党的经历可悲可叹,他们是一群狂吠不已但又从不咬人的狗。

　　寡头政治是与复辟以来的财富和权力的再平衡紧密相关的。流行的趋势是土地汇聚到一小群富甲天下的土地拥有者手中。本地的乡绅们如果不能生育一名男性继承人或者因抵押贷款出了问题,都将造成沉重的打击,他们的资产会被严重削弱,他们的社会地位也会下滑,甚至有些人变成了无名小卒。18 世纪 70 年代,托马斯·彭南特(Thomas Pennant)注意到,传统的乡绅家庭正在被"我们的威尔士利维坦巨兽"

152

---

① 　伊坦斯维尔是 19 世纪英国小说家《皮克威克外传》中一次选举的发生地。——译者注

所吞并。许多精英家族生活在已经绅士化的格拉摩根郡地区，他们比法国或者意大利的小贵族要更为富裕，在当地我们能够发现这种转变有着最好的案例。在都铎和斯图亚特时期，古老的德绍长者（old patriarchs）在地方上的声望主要依赖于祖先谱系、贵族的责任（noblesse oblige）以及一种文化忠诚意识，但是现在一批新的食利阶层正在取代他们。约洛·莫根威格用讽刺的笔调评价他们是一群"皮条客、老鸨、妓女和马屁精"。那些非威尔士族的不在地主们（absentee non-Welsh-speaking landownders）利用自己强大的权势雇佣代理人和管家维护自己的庄园律令、圈禁土地并且威吓那些不服管教的投票者，越来越多的社会评论家们谴责他们的这种政治活动。到美国独立战争时，"有产者"和"无产者"之间从未有过如此巨大的贫富差距。于是，在持有异见的学术圈和共济会团体中，"自由之友"（"fridens of liberty"）们正在聚集，他们提出一种更加激进的政治理念。但是，旧式的腐败仍在横行，并且呈现活跃之势，而乡绅们却从未有一刻怀疑过统一是件好事。

　　这是否意味着威尔士人已经陷入沉默和麻痹的状态了？难道他们的政治和法律认同已经被夺走了？这是否意味着威尔士人从疾驰的路上摔了下来，现在闭上眼睛、堵上耳朵就可以了吗？他们愿意因为政治精英的迟钝而被边缘化吗？他们愿意匍匐在英国模式前吗？要想回答这些问题，我们需要探究长期宗教改革（Long Reformation）的影响以及文化变迁的本质。威尔士的宗教改革最好放在一个长时段内接受考察，它是一场连续的改革运动，其跨度应该从 16 世纪 30 年代到 18 世纪末的高潮时期（有些人甚至认为应该到 1859 年宗教大复兴时期）。要想赢得威尔士人的心灵和头脑去拥抱新教信仰，这一任务是无法在一夜之间完成的。在整个早期现代发展过程中，评论家、道德家和改革者中的许多人赋予"文明化的"英语更高级的地位。他们认为威尔士人社交孤立、喜好抱怨（lamentable communications），他们对此持有批评态度，并且他们还认为这片"黑暗的"、"荒芜的"、"充满教皇气息的"土

153

地经济发展滞缓。不管事情真相如何，威尔士的改革鼓吹家和威尔士自我特性捍卫者很快明白了一条真理：维持地方语仪式的存在是一件极端重要的事情。

　　最开始时并没有出现一位威尔士族的马丁·路德给芸芸众生以炫目的启示（blinding revelation），所以宗教改革也没有在威尔士发生。宗教改革是一位强大的国王通过国家法令带来的。与其说宗教改革在威尔士的产生是由于人民大众不满于中世纪的基督教，不如说是由于亨利八世的政治和财政需求而产生的。第一次决定性的转变发生在1533—1534年。当时的国王隔断了与罗马的联系，并且在议会的同意下，国王成为英格兰教会的至尊首脑（supreme head of the Church）。之后，国王闪烁着的眼睛盯上了一个软弱又富有的目标——修道院和托钵僧修会——国王决心取消它们。他最信任的大臣托马斯·克伦威尔组织了一场官方批准的汪达尔主义（vandalism）的破坏狂潮，这场运动堪比最不堪的塔利班的活动。到1540年时，整个威尔士的47所修道院所被消灭殆尽。教会的财产以及非常珍贵的圣地和圣像都被劫走并且投入到熊熊大火之中。这只是爱德华时期更加放肆地对旧秩序进行破坏的预演。这场转变以迅雷不及掩耳之势袭来并且引发了广泛的怨恨与反感的情绪。旧信仰的领导者们一再预言起义的威胁将可能到来，但威尔士并没有爆发类似"求恩巡礼"（the Pilgrimage of Grace）运动那样的抗争活动，也没有出现大规模的死刑和火刑浪潮。[1]　一位威尔士北部的教士宣称，如果亨利八世敢于到斯诺登尼亚来，"他要把（他的）耳朵腌起来，等待他的脑袋软下来"。不过，威尔士的乡绅和教士们知道国王有一个坏脾气，他们不得不服从国王的意志，向新成立的新教政权口头上说些好听的话，让他们的生活过得如意，因为伴随着中世纪（pre-Reformation）教会的解体，他们获得了大量的掠夺品，乡绅和教士们并不想因此失去它们。信仰天主教的诗人们抱怨着"英国人的信

---

　　①　由于宗教改革触动了英格兰乡村的宗教和经济关系，1536—1537年英格兰北方爆发了"求恩巡礼运动"。这场运动声势浩大，一度威胁到了伦敦的安全。1537年，在这场运动被镇压之后，亨利八世展开报复活动，大量起义参加者被处死。——译者注

仰"的到来，但是当 1558 年玛丽一世无嗣而终时，她的同父异母的妹妹伊丽莎白一世接任女王，一场急迫的新教"十字军"运动开始了。

154 这一时期的关键问题是国家是否准备同意这样一个观念：为了捍卫政治统一和一致应当采取措施使得威尔士语不成为新教的正式用语。拉丁语的仪式被英语圣经和祈祷书代替说明这样的信号已经出现了。但是，那些紧密地卷入到推动新教成为一种活跃存在的人则面对着一群只说威尔士语且大多不识字的人群，而且这些人还肩负着防止天主教复兴的重任，所以他们强烈要求在威尔士全境采纳威尔士语作为公共礼拜的官方语言。在这件事情上，三位颇具天赋的北方新教威尔士人——理查德·戴维斯主教、汉弗莱·卢德（Humphrey Llwyd）和威廉·索尔斯伯里（William Salesbury）向最高层反映了民意，他们向政府表示，利用威尔士语能够更快速地拯救威尔士人的灵魂。这个 180 度的立场大转弯令人震惊，但它为 1563 年公布的划时代的法案打下了基础，该法案下令将《圣经》翻译成威尔士语。它的影响不仅是给予这种"粗鲁的"、"受到鄙视"的地方语言在宗教领域以力量和活力，而且也保证了威尔士语能够在未来成为一门活语言。索尔斯伯里在 1567 年推出的威尔士语《新约圣经》有着种种不足，它在威尔士教堂内没有被广泛接受。兰鲁荷亚德-伊姆-莫克南特（Llanrhaeadr-ym-Mochnant）教区的牧师威廉·摩根（William Morgan）在 1588 年完成了一部威尔士语《圣经》全集的翻译工作，这是一部用语精彩绝伦的文学名著。威尔士语《圣经》在促进新教信仰在威尔士扎根生长方面的作用不能被夸大。在爱尔兰，新教是用英语进行传播的，这不可避免地带有殖民主义的气息。在威尔士，威尔士语《圣经》和祈祷书在每一处堂区教堂内都能看到，这意味着这一新型宗教失去了它异域的形象。事实上，在 1567 年威尔士语《新约全书》的前言里，理查德·戴维斯主教坚持认为，威尔士人是选民，他们弃绝了"错误的"、"不洁净"的天主教，而选择了由亚利马太人约瑟在基督死后不久带来的"真正的"使徒信仰。现在，威尔士人正在威尔士的新教环境下经历第二股潮流。因此，从长期来看，借助着其他事情一起，新教成为威尔士表现文化民族主义的关键渠道。如果没有威尔士语《圣经》，宗教改革将面临大众的反对和厌恶，那它就成了一个转瞬即逝的现象了。

正如一系列严苛的反天主教立法所明显揭示的那样，伊丽莎白并不能容忍宗教多元主义的存在，并且她对那些激发不满情绪的人也毫不手软。在她的漫长统治过程中，外敌入侵的恐惧和阴谋层出不穷，而且地方的长官们也时常被要求保持最高级别的警觉。特别是那些流亡到杜埃、米兰和罗马的威尔士天主教徒正在不知疲倦地培养传教士。一些勇敢的不从国教的家庭将大陆来的传教士藏到神父洞（priestholes）①中，或者引导他们去一些不易被发现的洞穴中，因为在那里建有秘密印刷所，这些印刷所为重建旧宗教提供了希望，一种不断增强的绝望中的希望。尽管只有两位天主教徒——1584 年在雷克瑟姆的理查德·格温（Richard Gwyn）和 1593 年在博马里斯（Beaumaris）的威廉·戴维斯——在伊丽莎白时期殉道，但是这并不意味着根深蒂固的天主教信仰习惯已经被清除掉了。虽然天主教在威尔士人的印象里越来越多地与外国统治、压迫和叛国的形象联系起来，但是天主教徒们在威尔士边地地区拥有深厚的支持力量，他们从中获得了财政和道义上的援助，其中主要包括诸如伍斯特的马奎斯（Marquis of Worcester）这样强势家族以及从 1622 年起位于库姆（位于赫里福德郡）的耶稣会学院所提供的支持。不过，到了 17 世纪 30 年代，只有处于耄耋之年的老年人才保留了在一位信仰天主教君主统治下生活的最微弱的记忆。生机勃勃的威尔士反宗教改革（Counter-Reformation）运动的前景呈现急剧恶化的态势。

不管两大宗派之间如何对抗——虽然这种对抗呈现不均衡之势，威尔士都没有出现一波巫术迫害的狂潮，这是一件值得庆幸之事。的确，威尔士并没有出现像欧洲的审巫案那样邪恶恐怖的情况。当地没有专业的猎巫者（witchfinders），而且对不从国教者的敌视也不足以

①　神父洞是宗教改革期间来到不列颠的天主教传教士的藏身之所，这些洞穴经常建在信仰天主教的贵族家庭中，用以躲避官方的突然检查。——译者注

156

155

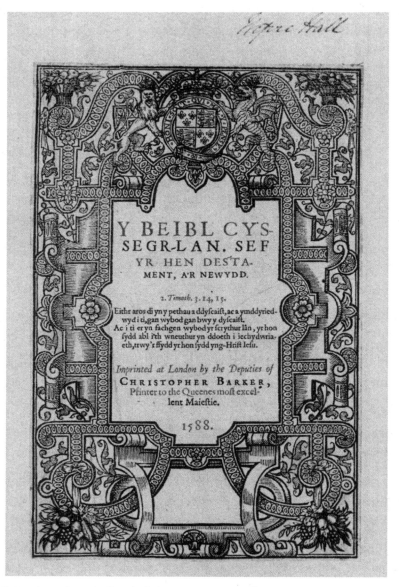

图 26 1588 年 9 月，第一部威尔士语版的《圣经》在伦敦出版。这部作品是由来自登比郡兰鲁荷亚德-伊姆-莫克南特教区的牧师威廉·摩根完成的。它的出版被证明是一次极为成功的尝试，因为新教正是借助本地语言的使用而在威尔士得以蓬勃发展的。（威尔士国立图书馆）

激发任何形式的反对"异端"的情绪。只有五个人因为被怀疑为巫师而被处死。他们中的第一位是格温·富来·伊利斯（Gwen ferch Ellis）。他因被判定向邻居实施巫术而于 1594 年在登比郡被公开绞死。据说，这是因为当局正全力去抓捕并处死威尔士的盗贼而没有精力关心魔鬼学的问题了。当地百姓更容易把怒气撒向那些散布矛盾与不和的人。在使用口头和文字进行诽谤的案件审判处于高峰期（1570—1670 年）时，威尔士的法庭上回响着各种指控性的言辞，诸如，"你这被阉割了的私生子"（y bastard bingam），"戴绿帽子的蠢人"（cornworwm brwnt）以及"你这拖拖拉拉的老妓女"（yr hen butain gaglog）。巫术始终在人们心头萦绕，但是，邻里间的理智和人性关系意味着，杀死无辜之人的意图比指控诽谤者的行为更加应受到谴责。

> 157

消灭天主教徒和控制巫师的数量很重要，但是新教要想成为一种有生命力的存在，教士们仍需下大力气进行布道宣传。清教徒是作为激进的新教徒而闻名的。他们宣传加尔文主义的道德观，并在其中向世人提供了关于善与恶的更加生动的阐述。约翰·彭利（John Penry）是一位来自布雷克郡的充满怒气的年轻人。他草率地向伊丽莎白女王发出警告，他认为是上帝派遣无敌舰队前来惩罚她的，因为女王忽视了改革教会的任务，造成了如今的教会充满了"沉默不语之人"（dumb dogs），这些人要么太懒，要么太世俗，他们都不能传播关于拯救的知识。对于教会的主流人士而言，分离主义是要受到诅咒的。当彭利选择了在堂区教堂礼拜仪式中作出更加激进、更加危险的行为后，他拒绝承认错误，于是他在 1593 年 5 月成为威尔士第一位清教殉道者。这位年轻人死后留下了一位遗孀和四个年幼的女儿——她们叫作"安全"（Safety）、"安乐"（Comfort）、"确定的希望"（Sure Hope）、"解脱"（Deliverance）。这件事想来，真是让人对他的死倍感心酸。然而，彭利只是一位边缘性的人物，在他的职业生涯中，他得到的支持不多，受到的同情更少。缺乏吸引力是神圣的清教戒律中一件令人感到煞风景的事情。如果没有一位布道牧师的话，指导信众的工作就很难展开。在内战前夕也没有门徒追随彭利的步伐。这种情况一直到 1639 年才发生改变。这一年,威廉·沃若斯(William Wroth)在蒙茅斯的兰法彻斯(Llanfanches)成立了分离主义的独立派教会并且推出了进行巡游布道的美好计划。这场巡游布道由沃尔特·克拉多克(Walter Cradock)、摩根·卢德(Morgan Llwyd)和瓦瓦索·鲍威尔(Vavasor Powell)等人领导,他们都是才华横溢又精力充沛的清教徒。他们宣扬个人解释《圣经》的权利,以及个人去寻找他/她的上帝真理之路,由此他们的大名被永远镌刻在这种分离主义教会的宣传史之上。生活在伦敦的威尔士清教徒资助了 1630 年第一版威尔士语八开本《圣经》的出版,并且兰达弗里的教区牧师(vicar of Llandovery)里斯·理查德(Rees Richard)编纂了一部吸人眼球的——当然也是清教式的——诗歌作品,这部作品对口语文化产生了深刻的影响,而且在印刷版本上取得了更大的成就,其在 1658—1820 年间以《威尔士人的蜡烛》(*Canwyll y Cymru*)为名印刷了 52 版。尽管有此种成就,清教仍然发现其很难将圣像降低到外来物的地位。圣像主要吸引了边地城镇和港口处家资富裕的中层人士,因为在这些地方双语文化正在发展,而且在这些地方王权的力量也最为虚弱。

158 　　威尔士人创作的这一幅幅粗俗的、充满敌意的讽刺画配合着英国内战期间的议会战斗。热心的牧师们鼓励诸如浸礼派(the Baptists)、第五王国派(Fifth Monarchists)、贵格派(Quakers)和喧嚣派(Ranters)等分裂主义者去宣传他们的信条。这些信条原本并不为人所知,却具有爆炸性的威力。牧师们要创造一个新天地。激进派圣徒们努力向世人更大规模地介绍清教真理这一代表"文明"的恩典。在康沃尔,议会被看作代表"英国性的聚集地"。温和观念和传统精英在这里受到排斥,因为按照 1650 年的《威尔士更好传播福音法案》(*Act for the Better Propagation of the Gospel in Wales*)的规定,那些被认为不称职的教士被激进的布道牧师和挥舞着刀剑的共和派人士所代替。这些人不仅预示着一种与圣徒有关的死板规定的出现,而且还要打击大众文化和庆典仪式,因为这些仪式的拥趸恰恰是牧师和共和主义者一直努力让其改宗信仰的人。摩根·卢德是一位才华卓越的（但是经常也是冥顽不灵的）作家。他曾经对威尔士的读者作出徒劳的规劝。他认为，"不幸的查理"之死是基督将再次来临的先兆，而且他的死将带来清教的统治，这是一笔划算的买卖。对于威尔士人来说，受到当局支持的清教以及与其相关的激进派系是令人厌恶的一群人。亨利·沃恩（Henry Vaughan）这位威尔士最伟大的超自然派诗人对此十分担心。他说，这代表着"一场浓黑的夜"，而不是"一个光明的早春"：

> 神啊，让你的敌人四散溃逃吧，让那些恨你的人在你面前逃离吧。看，强盗们进入了你的圣殿，迫害者们在你的地盘上横行。我们要想喝自己的水就要交钱，我们还要购买自己的林木。我们的脖颈受到压迫的苦痛，我们辛勤劳作却终日不得休息。是的，你自己的遗产却给了陌生人，你自己的命运也交给了异邦来人。

　　清教的传播是在一种痛苦与斥责声中实现的。它引发了广泛的敌意与恐惧。当 1660 年快乐的国王（Merry Monarch）①归来时，教民们期待着这次机会能够弥补他们旧日的损失。

　　国王归来以及英格兰国教会重建预示着清教徒（或者叫作不信奉国教者，这是他们从 1662 年后被称呼的名号）艰难岁月的开始。统治精英们下全力要把他们一网打尽。克拉伦敦法令（the Clarendon Code）是一部严厉的刑法，它的出台是为了尽可能地折磨过去的敌人，让他们吃苦头，让他们颜面扫地。反抗者和共和派人士很快就遭受围捕并且被关入大狱之中。瓦瓦索·鲍威尔就在其中，他在此后的十年里大半时光都在监狱中度过。在他将撒手人寰时，他唱道："我要成为圆颅党人。"1662 年，130 名清教牧师从职位上被赶走，但是这一刑法执行的严厉程度是由地方长官在处理这些不从国教者时根据自我意愿来拿捏的。然而那些积极对付清教徒的人却发现，这些精明的分离主义

159

---

① 即英国国王查理二世。——译者注

者能够利用立法规定中的漏洞和不规则之处，而且他们也能逃到遥远的洞穴或农场房屋里躲避追捕。浸礼派，特别是贵格派教友对生活在"十字架下"的信念并不在意。后者在遭受特别残酷的折磨时依然能够安如泰山而不无故加怒。但是忍耐是有限度的。当威廉·佩恩给这些深陷困境的贵格派教友们（Friends）打开了仁慈之门时，成百成千的人从 1682 年起远渡重洋前往宾夕法尼亚的新耶路撒冷。在那里，"这块威尔士男爵领地"允诺将提供良心的自由以及和谐的友谊。对于那些劝人改宗天主教的教士则毫不留情。在 1679 年就有五名这样的教士被抓捕后处以极刑。在 1689 年的《宽容法案》通过后，这些多年的敌人才开始软化自己的立场，但是，甚至在此之后，不从国教者依然是一群丧失了特权的少数派。然而，这群"上帝的自由之民"——不从国教者们喜欢这么自称——被证明是一个活跃的影响因素。这一点在那些生活在兴旺发达的城市中的能够阅读书籍的匠人和艺术家身上体现得尤其明显。斯蒂芬·休斯（Stepehn Hughes）——"卡马森郡的使徒"（"Apostle of Carmarthenshire"）——是一位颇有魅力的独立派牧师。他曾经在各处散布威尔士语《圣经》，而且他还把班扬的《天路历程》（Bunyan's *The Pilgrim' Progress*）翻译成威尔士语。此外，《威尔士人的蜡烛》（*Canwyll y Cymru*）一书也在他手上成为畅销书。这些作品培育了一小群人的阅读习惯以及独立思考的能力，而且这群人非常享受阅读的过程，他们对圣经以及其他新教书籍作了透彻的研读。

还有一件更加不祥的事情在急速发展。一些教民和不从国教者急于推动识字率的提高并且为此做了大量工作，因为他们打算违背 1563 年法案的精神，那部法案将威尔士语设定为威尔士新教的语言。在 17 世纪 50 年代宣传清教信条的时代里，以英语作为教学媒介的学校就成立了。当一场被称作"威尔士信托机构"（Welsh Trust，1674—1681 年）的自发性运动接过了火把后，清教的道德信念以及提高识字率的要求在公众心中与英国化已经难以分开了。推动基督知识协会（SPCK）受到国教会的资助从 1699 年起建立了 96 所中学，在这些学校里都是以英语为主要教学媒介。国教会的领导者们当时明显渴望在机构中消

160

除威尔士的印记,这样的活动与他们的想法紧密吻合。18世纪时,"盎格鲁主教"(esgyb Eingl)这样一个绰号是描绘那些不在位的英国主教的。这些迁居不定的主教(birds of passage)拒绝晋升讲威尔士语的教士,但是他们自己由于无法阅读甚至最基础的威尔士语作品使得他们并不胜任自己的职务。一位来自英国的教士代表展现了一幅18世纪70年代早期生活在安格尔西的不光彩的教士形象。他曾经得意扬扬地宣称:威尔士是"一个被征服的国度,应该引入英语,并且为了引入这种语言,主教们应该努力宣传英语,这是他们的责任"。

安立甘化的国教承担着满足以讲威尔士语为主的这群人的精神需求,但是现在却显现出一种悲惨的未来。有一群人认为,威尔士宗教改革的成果已经处于危险的边缘,他们提出了一种自下而上的策略。转折点出现在1695年,当时印刷术开始在各郡传播。在极具进取精神的印刷商、出版商和年历编纂者(almanacker)托马斯·琼斯(Thomas Jones)的领导下,什鲁斯伯里成为威尔士印刷贸易的首府。1718年,第一个官方出版社在威尔士成立,其位于泰非河谷(Valley of Teifi)特伦海地(Trerhedyn)的一处小村庄里。三年之后,第一批的几个发展前景良好的出版公司在西南威尔士的商业"首都"卡马森城设立。第一部威尔士语的印刷作品出版于1546年,但是直到1699年时,也只有220部威尔士语的书籍面世。与之形成对比的是,在18世纪,有超过2 600部威尔士语书籍出版。这一数据可以与苏格兰盖尔语作品作一个很好的对比,在1800年之前,只有70部出版的作品是以苏格兰盖尔语写成的。这一波壮观的潮流主要以出版宗教书籍为主,它帮助人们建立了对印刷文字的新的尊重与亲密感,同时也促进了识字率的提高并且给予那些一腔热血追求灵魂得救的人士以帮助。

在1731—1776年间,卡马森郡兰斯奥尔教区的牧师格里菲斯·琼斯与他那富有的女资助人劳弗恩的布丽奇特·贝文夫人(Madam Bridget Bevan of Laugharne)成立了使用威尔士语的巡回学校。大批有阅读能力的公众的出现主要依靠这些学校所取得的杰出成就。这位患有哮喘病的、性情忧郁的教士则作为一位有煽动性的福音传道者而

161

享有很高的声望。当时 SPCK 在教授 3"R"①课程时强调死记硬背，而且还趁机传播英语学习，这让 SPCK 声誉扫地。他借机适时设计出了一套更加灵活的、有效的威尔士语教学体系在巡回学校中使用，这套体系能够满足地位不高的、没有文化的人们的需求。这虽然是些初步的努力，但在其中却蕴含着某些优势。在那些处于社会顶层的人士所提供的资金支持以及他的教士同伴的合作下，琼斯实际上使用较少的资金聚集了一支教师队伍（有男有女），并且他要求他们专注于使用本地语言去教导人们使用"地方语言"去阅读《圣经》以及教义问答。农人们、匠人们、劳工们、妻子和孩子们决心养成阅读的习惯，他们蜂拥到堂区教堂内、谷仓边和农舍中。在那里，到 18 世纪 50 年代时，整个威尔士都响彻着成年人和婴幼儿的声音，他们反复吟诵着字母表，拼写着单词，复述教义问答以及背诵圣经里的段落。琼斯发现，无论是老人还是青年人，都能在六到八周内获得流畅阅读的能力。他的年度报告《威尔士的虔诚》（*The Welsh Piety*）中充满了各种传奇故事，其中的人物上到 70 多岁的老人和穷人，下到咿呀学语的儿童，都能因为掌握了字母表而高兴不已。这些努力是非正式的、灵活的，也是效果显著的。1764 年，凯瑟琳大帝（Catherine the Great）派遣了一个使团前来评估这一策略。我们可以合理地认为，到 18 世纪 70 年代，大约一半威尔士人口能够阅读。这样急剧提升的识字率既给予教会生活以活力，也提高了本地语言的使用效率。

学校教育上的进步是与福音传播的计划相伴而行的。可以毫不夸张地说，福音传播的过程体现了民享、民有。从 1735 年起，威尔士加尔文宗卫理公会开始崛起，并且该协会从一种自发的、不成熟的激情派变成了一种代表着再生基督徒的强有力的运动，他们把大量精力放到了打倒撒旦王国的努力中去。这场运动是自封为总指挥的霍威尔·哈里斯（Howel Harris）——他是一位来自布雷肯郡崔非卡（Trefeca, Breconshire）的木匠之子——和口才无双的来自卡迪根郡兰杰索城

---

① 即阅读课（Reading）、写作课（Writing）和算术课（Arithmetic）。——译者注

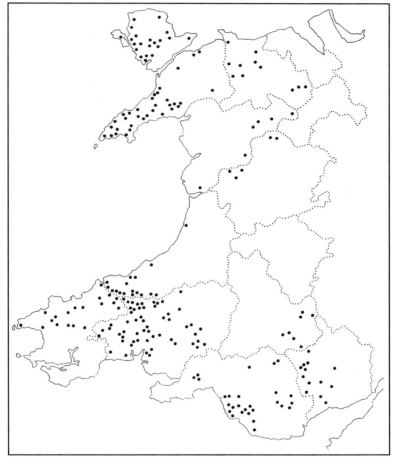

地图 7　从 18 世纪 30 年代起,卡马森郡兰斯奥尔的安立甘派牧师格里菲斯·
琼斯发起了一场非常成功的教育计划。在这一计划中,巡回学校容纳的成年
人和儿童被教导使用威尔士语进行阅读。这场活动不仅极大地提高了识字率
水平,而且极大地提高了本地语言的使用效率。这幅地图显示了 1756—1757
年间巡回学校的位置。

图 27　在威尔士,加尔文宗卫理公会事业的主要倡导者是霍威尔·哈里斯
(1714—1773 年)。他是一位来自布雷肯郡塔尔加斯(Talgarth)的木匠之
子。这位著名的人物有着深邃的双眼和凸出的下巴,其在展现作为人的本
质所应有的样貌时,受到一种神圣使命的催动,并为其付出,直到"我土崩
瓦解那刻"。(威尔士国立图书馆)

(Llangeitho)的教士丹尼尔·罗兰德(Daniel Rowland)以及来自卡马
森郡潘特希林(Pantycelyn)的传奇式的圣歌作家威廉·威廉姆斯
(William Williams)所领导的。这场运动促成了广受好评的圣灵降临
节活动的突然出现,并且在威尔士中部和西南部尤其受人欢迎,而这些
地方的巡回学校也是最多的。格里菲斯·琼斯从未建立与威尔士卫理
公会的正式联系,但是"男孩堆"(heap of Boys)——哈里斯如此称呼自
己以及与他一样的年轻的同事们——崇拜他并且愿意模仿他在巡游时
激情四溢的布道以及他的牧养工作。这些年轻的福音传播者不是以神
学上的透彻见解而闻名,他们持续地把心灵和头脑投入到精神重生式

图 28　威廉·威廉姆斯（William Williams，1717—1791 年）——"甜蜜的
歌者"——是威尔士最伟大的圣歌创作者。他代表了威尔士卫理公会的
声音，这一点无人可以超越。《圣经》在他的手中变得栩栩如生，以形象化
的方式将精神的喜悦带给了成千上万的民众。他宣称自己曾经为了卫理
公会的事业"绕地球旅行四周"。（威尔士国立图书馆）

的得救活动中去。主要的活动中心在兰杰索——威尔士的哈勒城
（Halle）①。丹尼尔·罗兰德吸引着人们通过赤足、骑马或者乘舟前来
参加朝圣旅行。在这里，这些"威尔士卫理公会教徒"（Welsh Jumper）
进入到极乐世界，各种兴奋刺激的场合——歌唱、痛哭、抽搐和精神恍
惚——随处可见。年轻的福音传播者们很高兴看到听众们的心中升起
"明亮又炽热的火花"。他们把皈依者聚集起来，并且举办排他性的、联
系紧密的协会会议，从而让信众能够在导师的密切监督下举办规模不
大的治疗活动。卫理公会将露天布道、个人内省与热烈的圣歌唱诵完
美地融合到一起，这对农人、匠人和艺术家具有特别的吸引力。还有一

164

————————

①　哈勒城位于德国，是虔信主义的中心。——译者注

点特别之处是，他们鼓励青年妇女们减轻自己的负担并且掌握阅读的技能。著作等身的潘特希琳的威廉姆斯（Williams Pantycelyn）给怀有贪念淫欲的协会成员以婚姻问题上的建议。在他具有突破性的作品《婚姻指导》（*Cyfarwyddwr Priodas*，1777 年）中，他将女性皈依者描绘为生机勃勃的、有智慧的、具有自我提升能力的妇女。在特雷维卡（Trevecka）档案中，加尔文派的卫理公会通信集中有四分之一的内容是与妇女之间的通信。这种文学上的交流给他们提供了与国际或者地方福音传播团体间更加紧密的联系。早在 1750 年就存在着 428 个卫理公会协会，其中五分之四位于威尔士南部。作为一种黏合精神和集体力量，这些组织的重要性在不断增大。

威尔士卫理公会的领导者们喜欢说正是这些手段征服了威尔士。但是，这样的增长是不均衡的，以个体方式受到影响，并且这样的成就是在年轻的领导者们拼尽全力的情况下完成的。他们有时候对自己的弱点也会感到失望。1750 年，霍威尔·哈里斯（Howel Harris）被他的同事们正式除名，因为他那专横的处事方式、离经叛道的观点以及对异性的态度把同事们给彻底激怒了。社团被派系撕裂。这种情况一直维持到 1762 年。那一年，在兰杰索社团经历了一次重要的复兴，之后哈里斯归来。不过，这场运动在 18 世纪 70 年代之前在威尔士北部并未取得什么成就。当时的福音传播者大胆进入格温内斯的市场城镇，但他们有时会鼻青脸肿地回家，因为福音传播者们操着当地人不熟悉的口音并且宣扬着招人厌恶的信条，一些当地的暴徒对此表示不满，就向他们挥去了拳头。人们认为卫理公会充满了固执、虚伪和庸俗的气息。我们在当时的出版物中也可以看到，卫理公会引发了人们的恐惧与敌视，人们将他们与詹姆士党人①同等看待。卫理公会的领导者严肃有余，并且这场运动也没有让这个民族感到快乐。但是，通过关注于圣经阅读，个人和集体的虔信以及个人有罪的意识，卫理公会的改革者们让威尔士人民能够更完整地理解新教的内涵。卫理公会复兴了教会生活并且给不从国教者

---

① 詹姆士党人是指拥护"光荣革命"时逃离英国的詹姆士二世的党徒。——译者注

的事业注入新的活力。威尔士人在英勇、无私地努力中取得了成果。这场使用威尔士语进行的宗教改革不仅在这一时期的末期臻于成熟，而且一种民族意识也深深地扎根到威尔士的新教认同中去了。

这把我们带到最后一个话题：威尔士人如何解决捍卫和复兴本土语言和文学的问题。这一时期出现了两种各不相关并且非常不一样的驱动力。第一种动力——要比第二种动力包含更多文化上的意义——是由乡绅阶层的文化爱国者来维持的。它一直持续到1660年当登比郡的克卢伊德河谷（Valley of Clwyd）成为威尔士人文主义的摇篮时。早在1547年，威廉·索尔斯伯里——威尔士最博学、作品最多的文艺复兴学者——就催促同胞们用他们的母语去学习知识：

> 除非你想变得比动物还要恶劣……用你的语言去学习知识。除非你想变得比天底下任何一个民族更反常，那么你应该尊敬你的语言并且尊敬那些给你的语言以荣耀的人。

索尔斯伯里对于这一任务的前景有着冷静的认识。这个贫穷的、以放牧业为主的社会没有富裕的恩主，没有印刷社，也没有学术机构，威尔士人也就无法从中获得知识的激励，所以，要想让文艺复兴中的城市与宫廷文化在这里生根发芽可能是一件难以完成的任务。在1526年都多·阿利德去世后，吟游诗传统也随之衰落。在这一时期，威尔士格律诗即使不是变得多余，那也可以说是过时的。政治上的发展也是凶兆显现：当万众瞩目的"语言条款"（language clause）在1536年的《统一法案》中把威尔士地方语降到次等语言地位后，威尔士乡绅们为了继续追赶流行的趋势，要确保他们的儿子们能够流畅地说英语，并让他们掌握在威尔士乡村中不存在的优美的文明生活方式。由于饱受通货膨胀之苦，他们不太愿意再雇佣家内吟游诗人。由于有些未经许可的游荡诗人以及乐手（minstrels）以创作颠覆性讽刺诗而声名远播，当1523年和1567年吟游诗人大会举办时，乡绅们施加压力把他们排除在吟游诗

166

人行列之外。当人们发现英语是一门必然带来机遇与晋升的语言后,其所带来的心理影响是惊人的。这加速了威尔士的"人才流失",并且鼓励了具有潜质的威尔士作家们去使用更"文明"的语言进行创作。例如,威廉·托马斯——爱德华六世的老师——是第一部意大利语法书的作者。天主教人文主义者舒恩·达菲德·里斯(Siôn Dafydd Rhys)选择用拉丁语写作,因为他要对欧洲诸民族展示他的本土语言的精彩之处,但是其他人则渴望能得到英国人更多的认可。统一之后的威尔士出现了越来越多的充满进取野心但又缺乏骨气的威尔士人,——他们后来被讽刺诗人称作"迪克·舒恩·达菲德恩"(Dic Siôn Dafyddion)①——或出于虚伪,或出于羞愧,或出于一种不断增强的自卑感,他们对英语有一种亲切感并且鄙视自己的地方语。不足为奇的是,威尔士人成为他们自己最大的敌人。比如,大多数的诗人都是老顽固,他们更喜欢沉浸在陈旧的、传统的奉承中不能自拔,而不是使用他们的专业技能去传播文艺复兴的荣光。

至少在出版业方面,他们的成就是微不足道的。吟游诗人们躲开了印刷出版,却给自己敲响了丧钟。到 1660 年时,伟大的诗人(penceirddiaid)时代业已结束。散文作家则被证明更具灵活性。主要得益于威尔士文艺复兴的无冕之王——约翰·戴维斯博士(即马尔维德)的杰出作品的启发,在语法和词典书领域有精致的学术作品问世。威尔士语《圣经》的出版是一个惊人的成就。至少可以这么认为,这部神圣的作品一直是英国王权具有权威性的象征,但现在它变成了威尔士民族性的标志。1588 年这一年对说威尔士语的人来说有着与英国人(Anglophones)不同的意义。像鲁阿本(Ruabon)的大卫·鲍威尔(David Powel)——《现在叫作威尔士的坎布里亚的历史》(*The History of Cambria now called Wales*, 1584 年)一书的作者——这样的历史提醒者(remembrancers)的作品在表达着这样的一个信念:民

---

① 迪克·舒恩·达菲德恩原意为"大卫之子约翰"。这一称呼最早出现在约翰·琼斯(John Jones, 1776—1821 年)所创作的《仍在这里》(*Yma O Hyd*)这首诗歌中。——译者注

族过往的荣光并未被彻底遗忘。另一位博学的登比郡人汉弗莱·卢德（Humphrey Llwyd）确保了荷兰地理学家亚伯拉罕·奥特柳斯（Abraham Ortelius）出版的开创性地图集《世界的舞台》（*Theatrum Orbis Terrarum*，1573 年）中放置了第一张印刷版的威尔士地图。还有一群人在欧洲有着很高的声誉。其中包括无与伦比的占星家约翰·德（John Dee）。约翰·德还是一位博学多才的滕比（Tenby）出生的数学家，他发明了等号，其成就堪比罗伯特·雷克德（Robert Recorde）[①]。另一位则是卡那封郡的讽刺诗人约翰·欧文（John Owen），他在欧洲大陆的声望要比莎士比亚高。但是，使用威尔士语写作的人文主义作品的成就却少得可怜。杰出的词典编纂家约翰·戴维斯（John Davies）在 1644 年的去世标志着人文主义者把威尔士带入文艺复兴新欧洲的努力宣告结束。

　　第二种的驱动力是在 18 世纪早期时到来的。当时一群有生气的、有追求的中层人士果断地决定要对一种正在蔓延的情绪作出响应：威尔士的文学和历史传统正面临着永久性消失的危险。书法家杰利菲德的约翰·琼斯（John Jones of Gellilyfdy）和古物学家亨格威特的罗伯特·沃恩（Robert Vaughan of Hengwrt）尽最大努力去收集、复制和保护价值连城的威尔士手稿免于霉菌和老鼠的毁坏。尽管如此，一种危机意识仍在 17 世纪后期传播开来。对上帝充满畏惧的威尔士年历编写者托马斯·琼斯（Thomas Jones）认为，万能的上帝几乎"把我们从档案记录书册中清除掉了"。学者们内心深处的反应则是转向牛津大学的象牙塔内去寻求拯救。其中，无与伦比的爱德华·鲁维德在他的《不列颠考古学》这部杰作中作出了特别的贡献。他首次对布列塔尼语、康沃尔语和威尔士语共同起源于凯尔特语这一观点作出了令人信服的证明。鲁维德对凯尔特性的这次证明发生在英格兰和苏格兰宣布合并的这一年，这本不应该为人所忽视。但是，由于鲁维德在两年后去世，而他的后继者们无人再具有他那般的才干，威尔士的文化爱国者们开始转向本土的印刷出版业和生活在伦敦的威尔士社群寻找灵感了。

169

　　[①]　罗伯特·雷克德是 16 世纪威尔士的物理学家和数学家。——译者注

Archæologia Britannica,

GIVING SOME ACCOUNT

Additional to what has been hitherto Publiſh'd,

OF THE

LANGUAGES, HISTORIES and CUSTOMS

Of the Original Inhabitants

OF

GREAT BRITAIN:

From Collections and Obſervations in Travels through
Wales, Cornwal, Bas-Bretagne, Ireland and *Scotland.*

By EDWARD LHUYD M. A. of *Jeſus College,*
Keeper of the ASHMOLEAN MUSEUM in OXFORD.

VOL. I.
GLOSSOGRAPHY.

OXFORD,
Printed at the THEATER for the Author, MDCCVII.
And Sold by Mr. *Bateman* in *Pater-Noſter-Row, London:* and *Jeremiah Pepyat*
Bookſeller at *Dublin.*

图 29 《不列颠考古学》（1707 年）是这个时代重要的出版物。这本书证明了布列塔尼语、康沃尔语和威尔士语起源于一个共同的凯尔特语。其作者爱德华·鲁维德（1660—1709 年）是牛津大学阿什莫尔博物馆负责人，同时也是一位具有国际声望的博学之士。（威尔士国立图书馆）

印刷文化为诗人、年历编写者、民谣作家和戏剧家们提供了一堆新的机会。小商小贩们兜售的大众歌谣迎合了公众对世俗和宗教事务的口味。在露天广场演出的幽默短剧（anterliwtiau）让人们享受到了精彩的戏剧舞台表演。其中的佼佼者是"威尔士的莫里哀"托马斯·爱德华兹（Thomas Edwards，即蒂姆·奥尔·南特）①。他创作的一系列言辞粗俗的作品中的配角都是些说话极好挖苦他人或者用语幽默的角色，例如"小气鬼舒恩"、"淫荡的福克"以及"讲真话的汤姆先生"。吟游诗歌传统获得了新的生命，它们变成了一种面向农人和匠人的更加大众化、更加民主的活动。甚至妇女们也加入了这一神圣的行列。威尔士的历史在《主要时代的镜鉴》（*Drych y Prif Oesoedd*）一书中的字里行间活跃了起来。这是一部西奥菲勒斯·伊文思（Theophilus Evans）的作品。它不仅把威尔士人的民族史从英国作家的傲慢态度中拯救了出来，而且给阅读公众提供了用他们自己母语写就的关于历史中包含着勇敢和欢快过往的解释范式。他的史诗传奇极大地提高了威尔士人的自信，并且到维多利亚晚期时，至少有 20 版问世。

凯尔特热和德鲁伊特热以前所未有的方式兴起，并且这一热潮还受到来自伦敦的早期居民荣誉协会（Cymmrodorion，1751 年）和格温内斯协会（Gwyneddigion，1770 年）这样的协会的支持。这些协会的领导人认为威尔士语是欧洲最古老的活文学语言，他们决心要恢复其往日的荣光。这是一个学术的圈子，其受到以下人物的领导：来自安格尔西的令人敬畏的莫里斯兄弟，海军署的著名的牧师理查德，以及一位乔治时代的"解决问题能手"先生李维斯。他们发展出了一种对发现、转抄和保存威尔士手稿的新热情。这种对浪漫主义和原始主义的不断增加的兴趣意味着，在不列颠的任何一个地方都没有像威尔士那样广泛地鼓励对古物学的想象。伊万·伊文思（Evan Evans）用威尔士语写成的《一些古老威尔士吟游诗人的诗歌样本》（*Some Specimens of the Poetry of the Antient Welsh Bards*，1764 年）是一部堪比詹姆

171

---

①　蒂姆·奥尔·南特（Twm o'r Nant）是托马斯·爱德华兹的笔名。——译者注

170

图 30　最便宜但也翻阅最多的威尔士出版物是威尔士年历。1680 年,富有传奇色彩的印刷商、出版家和年历制作者托马斯·琼斯(1648—1713 年)出版了第一本威尔士年历。敌人们为了嘲讽他而将他称为"流汗的占星家"。（威尔士国立图书馆）

斯·麦克弗森（James Macpherson）的奥西恩风格[①]作品。同时，这部作品也是重新发现和解释威尔士诗歌传统的标志性文学作品。尽管其重要性在早期居民荣誉协会的成员（哎，比起戈哥菲尔德所强调的沉思，他们更喜欢酒、女人和歌唱）眼中丧失了，但是格温内斯协会中夏有追求、更具自我意识的威尔士成员则变成了威尔士诗歌出版界的排头兵，并且他们还是威尔士格律诗的宣传家。早期威尔士浪漫主义者中最杰出的一位当数约洛·莫根威格。他从 1773 年起就经常访问伦敦。莫根威格没有参与到与其他作家（主要来自北方威尔士）那充满深仇大恨的争执中去，他怀着满腔的勇气和原创性的冲劲投入创建一个理想化过去的使命中，不过他的文学和历史作品都是伪造的。在这个恰当

172

图 31　在市场的广场内或者酒店的庭院里，威尔士幽默短剧的公开表演吸引了吵吵嚷嚷但又颇具鉴赏力的群众。这些制作粗糙的喜剧包含着大量淫秽的表演，也充斥着道德判断和讽刺性的狠话，他们支持失败者。幽默短剧作家之王是托马斯·爱德华兹（即蒂姆·奥尔·南特）。他获得了广泛的赞誉，被称为"威尔士的莎士比亚"。（威尔士国立图书馆）

① 奥西恩又称莪相，他是凯尔特神话中爱尔兰的英雄。1762 年，苏格兰诗人麦克弗森声称发现了"奥西恩诗歌"。此后，根据麦克弗森整理的诗歌对欧洲浪漫主义运动产生了深远影响。——译者注

的时候，他的理想和作品不仅给本土的文化提供了支撑，而且还提高了民族性的意识。因此，到18世纪70年代，拥有着广泛多样背景的威尔士作家们正在紧密地聚集起来，他们对本土语言予以支持，还通过重新发现往昔的财富而获得喜悦。

城市和贸易中心的发展，新的所有制的出现，印刷文化和休闲生活的商业化的兴旺都加速了威尔士语大众文化的复兴。中产阶级在此过程中居于领导地位。他们骄傲地自称"坎布里亚-不列颠人"或者"古老的不列颠人"，这是为了确认自己在不列颠岛财富持有者中第一流的地位，也就是古老的"不列颠"语言的代言人和真实的"不列颠"历史的捍卫者的身份。"我们是土著居民"是早期居民荣誉协会创作的一首歌。文化爱国者对在过往历史中遭受的忽视和痛苦非常敏感，他们不想再被看作英国高级别文化的附属者。的确，一些乔治时代威尔士的有号召力的人物在双重认同中游刃有余。在七年战争期间，霍维尔·哈里斯鼓吹"大不列颠"的品德并且穿上了布雷肯郡民兵制服，但是他主要的使命是去拯救本地"古老的不列颠人"的灵魂。李维斯·莫里斯一方面迎合了英国人的需求，另一方面他又对自己被称为一个"骄傲的、热烈的威尔士人"而感到欣喜不已。许多坎布里亚-不列颠人专注于经验主义的科学语言中，他们阅读洛克、牛顿和赫歇尔的作品并且沉浸在爱国主义的话语中。甚至当理查德·普利斯在18世纪70年代召集他的"自由之友"们来到身边时，威尔士人正在使用地方语帮助自己文明化，并且他们还感到了一种更加强烈的自我认同，这是自前统一时代以来从未有过的现象。观念的氛围正在变化，不断提高的自尊正在鼓励一种新的乐观主义情绪。

第六章 现代世界的熔炉
（1776—1900）

在乔治时代后期,威尔士的加的夫(Cardiff)是一个面积不大、人口不多、邋遢不洁的市场城镇,它隐没在一处废弃堡垒的阴影之下。在那里,牛与猪游荡在街头。城镇的主要功能是将从周边乡村聚集的农产品分发出去并对西部地区港口运来的货物进行加工。这是一处托利党的据点。在 1801 年的人口调查中,它有 1 871 名居民,其中大多数人都讲威尔士语并接受布特(Bute)家族的领导。然而,在经过一段时间的发展之后,到 1900 年,加的夫已经成为威尔士人口最多的城市。加的夫成为一处门户,其建有一处高效运转的码头,数百万吨的煤炭通过铁路货车运到这里,然后装载到码头的蒸汽船上。煤矿主、船主、商人和银行家们享受着这一派繁荣的景象。加的夫作为世界煤炭大都会而名扬天下。1852—1895 年间以及 1900—1910 年间,加的夫一直推举自由派人士担任国会议员。这时的加的夫发展动力十足,并且深受英国影响,它成为一处具有世界性意义的城市聚居区,它的人口也因此增长达百倍。1905 年,加的夫被批准升格为城市。在 50 年后,加的夫又正式成为威尔士的首府。从 1871 年以来,再也没有其他城镇能够合法地挑战它的优势地位。这种惊人的转变正象征着威尔士大部分地区所经历的地理和社会-经济上的变化。

在这一时期,威尔士经历的变化比之前所有时代更为迅速、更具戏剧性。当它进入到一个人口大量生育,技术和生活质量不断提高,工业雇工数量不断增加的时代时,一个新的社会诞生了。这是一个与过往明显不同的时代。人口在飞速增加,这让专业统计学家和普通观察者都深感惊讶;人口分布情况严重向工业化和城市化水平更高的威尔士南部诸郡倾斜;交通的改善改变了人们生活的速率和节奏,原先被看作如此遥远的距离,如今已是大幅缩短。正如 1846 年《威尔士人》杂志刊登的一封通信中所写:"这是一个……铁路和各种蒸汽设备的时代。科学正在发挥着它的全部优势。知识不是在奔跑,而是在天上飞来飞去。"的确,有许多人仍然生活在遥远的农村地区,他们仍愿意保留着旧式的生活方式并且过着极端困苦的生活。但是,甚至是这些生活在如此隐蔽群体中的人都能够感受到日常生活在加速变动以及地理视野的扩大。爆出火花的熔炉和锻造车间、轧钢厂、冶炼厂、深井煤矿、石灰矿场以及到处蔓延的工业城镇统统在改变着景观。威尔士作为钢铁、铜制品、煤炭和石板的制造地而闻名遐迩,它顺理成章地成为一处重要的世界工厂。随着铁路和电报系统的改善,新闻在威尔士境内的传播更加迅速,甚至跨越了边境。人们的生活在很大程度上比过去变得更加多元,更具挑战性,也更加复杂。对于能够享受到技术进步好处的人来说,在"进步"的旗帜下前进是件令人愉悦的事情。这些人对塞缪尔·斯迈尔斯(Samuel Smiles)出版的畅销书《自助》(*Self-help*)——这本书于 1898 年在汤尼潘帝(Tonypandy)出版了一个威尔士语的缩略本——表示欢迎。但是,在这个经济繁荣的新时代里,既有成功人士也有失败者。无论在威尔士的乡村还是城市中,总有人在遭受着营养不良、疾病和早夭的困扰,这只是他们生活中不幸遭遇的一部分。

在这个能量大爆炸的时代,人口的转变处于核心地位,其转变的规模和速度都是史无前例的。一位现代历史学家在看到一幅人口数量呈螺旋形增长的图标后震惊不已,他不禁惊呼道:"在斯诺多尼亚还有更加参差不齐的顶点吗?"整个这一时期,人口增加了四倍多,从 1780 年的大约 48.9 万人到 1851 年的 118.9 万人,再到 1901 年的 201.5 万人。只在 1861—1871 年间,由于钢铁工业的衰落,两次人口普查间的人口增长率下降到 10％以下。人口增长的关键有赖于生育能力和出生率水平的提高,以及移民数量的不断增多。这一变化造成了威尔士内人口中心发生了决定性的迁移。到维多利亚末期,超过一半的人口生活在格拉摩根和蒙茅斯郡的工业区内。接连几次人口调查都显示了人口正明显地从农村地区外迁。1801 年大约有五分之四的人生活在农村地区,而到第一次世界大战前夕,这一数值降到了五分之一。在矿业和采石业中男性人口的比例从 1851 年的 16.9％飙升至 1911 年的31.7％。与他们早期现代时期的先祖们不同,这一时期的威尔士人变成了迁徙者而不是一群安土重迁之人。人口的膨胀与商业模式的新发展意味着有更多的人要去工作,有更多的嘴要去喂,还有更多的人从一地迁往了另一地。

新式交通正不断地改变着人们生活的速率和节奏,由此,人口之间的交流才更具活力。1805 年,约洛·莫根威格发表了著名的宣言:"威尔士的每一处地方都跟伦敦有着便捷的、直接的交流,但是威尔士南北方之间的互动则不多,他们宁愿更多地与月宫之人(the man in the moon)交流。"约洛作为一位民族缔造者具有很强的责任心,他经常作出一些武断的结论,不过,在这件事上他未必说错了。威尔士内部交通设施糟糕不已,但他们又希望建立一个具有现代意义的统一国度,这些因素意味着威尔士人不断受到东边英格兰的吸引。但是,由于威尔士人需要引入工业资本并且希望快速转运货物,他们改变了关注点。现在,他们要殖民开拓自己国家的各处地方。从 18 世纪 70 年代开始建设密集的收费公路导致了道路系统的建立且随后进入一个兴旺期。尽管旅行者们还会因为受到崎岖不平道路的折磨而深感不悦,但是公共马车和邮件马车还是加速了人员和货物的运转。在动荡的 18 世纪 90 年代,建设运河的热潮也达到顶峰:大量资本的涌入导致了四条主干运河(在格拉摩根郡、蒙茅斯郡、尼斯和斯旺西地区)的建设。这些运河在运输原材料上因其运费低、效率高、安全性好而获得声望,同时,它们

176 还可以作为游客游览休闲的好去处。商业和工业上的强劲扩张也在鼓励着这个时代最伟大的工程师们展现他们创造性的天赋。来自威尔士的工程师托马斯·特尔福德（Thomas Telford）在北方威尔士的建筑环境中留下了一处永久性的标志。特尔福德通过与威廉·杰瑟普（William Jessup）合作，在 1795—1805 年间在兰戈伦（Llangollen）建设了一条庞特卡萨鲁高架水渠（Pontcysyllte Aqueduct），在这条有史以来建设的最高的运河水渠上船只能够通航（306 米）。特尔福德最伟大的杰作出现在 1826 年：梅奈悬索桥（Menai Suspension Bridge）将安格尔西岛与威尔士主体陆地之间连接起来。它不仅是第一条钢铁连接而成的悬索桥，而且其跨度达到了前所未有的 580 英尺。1867 年，在威尔士南部煤田区克拉姆林处，一座建造精良的桥梁矗立在艾伯河谷之上。这处克拉姆林高架桥（Crumlin Viaduct）所采纳的工程结构适宜建设到无论是壮观度还是复杂度都要求甚高的桥墩上，这一技术也曾应用到诸如巴西、意大利、印度那样地形多样的国度中。水库的建设也改变了景观的面貌，它为维多利亚时期的水利工程师们提供了展现其专业技能和天赋的舞台。从 1881 年起，人们在凡威河（river Vyrnwy）上筑造堤坝，这是为了给利物浦的居民们提供口感良好的山泉水。人们从 1882 年起在伊兰河（Elan）上也开始建造类似的大坝，这是为了缓解伯明翰居民对水源的渴求。健康问题开始显现政治化的趋势，但是直到 20 世纪中期，在威尔士收集水的问题才成为具有争议性的政治辩题。

诸如此类小心规划出来的成就的确抓住了公众的眼球，但是最重要的变化是伴随着蒸汽时代的到来而出现的。通过对景观的重新塑造和对高速运行目的之追求，这些喷着蒸汽的快速铁路正象征着这个时代的精神。这种铁马（haiarnfarch/ ironhorse）变成了一种文化象征物，它改变了威尔士人的经济期待，降低了阶层障碍并且帮助他们发展了自己的文化制度。威尔士拥有第一辆载货蒸汽机车：理查德·特里维西克（Richard Trevithick）的蒸汽机能够实现每小时运行 5 英里这一傲人的成绩。1804 年，它在梅瑟的潘尼达伦（Penydarren, Merthyr）开启了处女秀旅行。不过，在铁路建设热潮成为人们关注焦点前要经历一场几十年的平静期。1840—1870 年间,威尔士建设了 1 400 英里的铁路线。没有其他交通工具能比这个"工业世纪的卡戎①"更有效地实现农业人口加速迁移的目标了。铁路线渗透入乡村地区,并且在南部威尔士的煤田区建立了非常密集的网络,铁路网成为那里煤田出口贸易得以迅速扩张的关键。铁路建设热潮也催生出了一小群奋力苦干的工人。他们挥舞着鹤嘴锄和铁铲,躬下脊背挖出了一条条隧道,建造出一座座桥梁和堤坝。他们垒造出的数百英里的铁路线连接着市场中心、

177

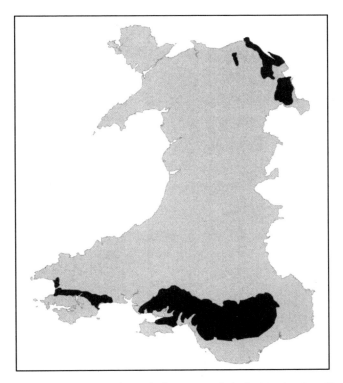

地图 8　彭布鲁克郡南部的煤炭挖掘自 16 世纪早期就开始了,而从 18 世纪以来,威尔士东北部的煤炭工业就处于繁荣期。但是在 19 世纪后,威尔士的煤炭工业中心在威尔士南部的煤田区。在这儿,"国王的煤炭"占据着绝对主导的地位。(政府版权:威尔士皇家古代与历史遗迹委员会)

---

　　①　卡戎(Charon),即古希腊神话中冥河渡神,其负责将死者摆渡至死后的世界。——译者注

工业城镇和旅游场所。铁路线击碎了旧时代的独立主义倾向。尤其值得注意的是，铁路线将成百成千的农业工人从绝望的贫困生活中解放了出来。正是由于铁路的助力，贫困户们在南部寻找威尔士的"黄金国"。在运载货物和乘客方面，铁路在陆地上无可匹敌。

178　　　　在海洋上，蒸汽动力取代了风帆航行，这为航海人群和长距离旅行者提供了新的机遇。原来的木制舰船是由风帆或者划桨来驱动的。在19世纪期间，蒸汽驱动的、航行于海上的商船逐渐将它们替代。重要的造船场开始使用钢铁打造船只，并且装载着来自朗达地区的动力煤（steam coal）作为动力来源。1851年，皇家海军指定使用来自威尔士南部的高品质动力煤，这一决定使世界范围内对威尔士的"黑色宝石"的需求激增。加的夫的码头设备最初是由第二代布特侯爵在1839年提供的。在经过延长和改善后，它一直安稳地使用到1907年，现代的不定航线的货船（tramp steamers）在这里专门从事"出口煤、进口谷物"的贸易。据说，到19世纪80年代，加的夫港口船只是如此密集地拥挤在一起，人们完全可以从这些停泊的舰船甲板上横穿码头。尽管大海吞没了大量的船只和海员，但是航海经历能够拓宽人们的视野并丰富船长和船员们的经验。老水手们（Old Salts）一遍遍地讲述着他们在哈恩角（Horn）危险旅程所经历的命悬一线的传奇经历，讲述着海上葬礼的过程，并且（低声）告诉人们他们在孟买、瓜德罗普岛（Guadeloupe）、里约、仰光等异国他乡小酒馆中与荡妇们的暧昧交往的经过。航海催动了族裔与文化间的交往：蒸汽船把一群群的阿拉伯人、希腊人、中国人、西班牙人和意大利人等与之不同的族裔带到了威尔士。正如我们所见，出于同样的原因，海上旅行相对便捷并且速度更快，寻找海外新生活对于那些贫穷的或者稍微富裕一点的人来说变得更具吸引力了，这是过去所不能比的。

　　威尔士在19世纪经历的工业化和城市化非常重要，无论怎么称颂都不夸张。1845—1849年的饥荒给爱尔兰带来的悲剧故事就是一次严酷的提醒：要是威尔士仍然以农业社会为主导的话，威尔士人的命运将会变得怎样的不同啊。贫穷的爱尔兰人没有什么选择，他们要么移民离开，要么饥饿而死。但是，与此同时，从 18 世纪 90 年代起，本地的工业和商业地区得到迅速发展，威尔士人能够利用新的雇佣机会得以生存下去，或者他们还能跨越边界去英格兰寻找生活的机会。最初的领导行业来自钢铁和制铜业。前者主要分布在威尔士南部煤田区边缘的阴冷荒野处，其辐射范围是从赫尔旺（Hirwaun）到布莱纳文（Blaenafon）超过 20 英里的广阔地区。这些地区能够大量地提供铁矿砂、煤炭、石灰石和水，而且从 18 世纪 70 年代开始宗主国的资本也流入本地，再加上 1793 年后对法战争的需求，这些都刺激着威尔士的生产能力迅猛发展。制铁工业的中心在梅瑟·蒂德菲尔（Merthyr Tydfil）。在这里，闪烁着火焰的迷宫主导着威尔士工业景观的样貌。这里还拥有流动性强、技能水平高超的劳动力，工人们发明的"威尔士方案"能够将熔铁中的炭杂质剔除出来，由此他们在制铁业中取得的成就进一步巩固了威尔士的优势地位。到 19 世纪中期时，在煤田区北部裸石地带中，一系列的制铁城镇星罗棋布，它们生产的铁制品占不列颠全部出口的 40％。世界范围内大部分的铁轨都是在凯沄斯弗（Cyfarthfa）、道莱斯（Dowlais）、艾伯河谷（Ebbw valley）和南特威格鲁（Nant-y-glo）的炼铁炉中生产出来的。约翰·休斯（John Hughes）是一位凯法斯弗工程师的儿子，他身上有一股创造力和韧劲，这让他在更广阔的舞台上能够发家致富并获得喝彩。他设计出的"休斯线"（Hughes Stringer）是一种坚固耐用的设备，适宜装备在铁制战舰的重型海军炮上。此后，他在乌克兰的顿涅茨盆地（Donetz Basin）的一处新定居点上建立了一系列极为成功的钢铁厂，这些地方就被叫作休斯夫卡［Hughesovka，即今日的尤左夫卡（Yuzovka）］。棕铜与黄铜主要分布在斯旺西、内斯地区以及东北部的霍利韦尔，尽管它们造成了严重的环境污染，但也给投资者提供了一种可靠的致富途径。在盛产棕铜的安格尔西郡有一位精明的律师托马斯·威廉姆斯（Thomas Williams）。他在密德兰（Midland）和康沃尔战胜了竞争对手，此外，他还在安格尔西的帕里斯山（Parys Mountain）建立了规模宏大的制铜工厂，通过在自己的制铜工厂和南部威尔士的船运代理人之间建立战略性合作，他获利三丰，几乎成为一名百万富翁。从潘姆贝利(Pembrey,位于卡那封郡)到泰尔巴赫(Tai-bach,位于格拉摩根郡)的南部海岸线处延伸着一条"制铜邦"(Copperopolis)地带。到19世纪中期,不列颠所产的大部分镀铜以及世界所产的超过一半的镀铜都是在这里提炼加工而成的。

在19世纪50年代之后,当"国王的煤炭"不再供应给钢铁厂时,南部威尔士的工业化进程却进入第二阶段。普利茅斯和潘尼达伦那些建立多年的钢铁厂早已声名远播,但在19世纪70年代纷纷关闭。1891年,道莱斯公司(Dowlais Company)把钢铁生产部门转移到加的夫的东部荒野区。凯法斯弗成为唯一的巨头,但也受到严重削弱。很明显,获得煤炭才有未来。19世纪后半期,随着朗达河谷超深煤井不断下挖,一波疯狂的"淘煤热"出现了。当地原来是一片广袤的农业牧场和林地,现在则成为一大片不规则的聚集而成的工业和城市定居点。在1854—1900年期间,对动力煤的需求之高令人吃惊,人们还持续要求对铁路和港口设施进行完善,机械力量得到了更广泛的使用,诸如坎布里安(Cambrian)、奥切安(Ocean)和鲍威尔·达夫林(Powell Duffryn)等大型煤炭联合企业也在这时形成了。这些成果最终体现在,这一时期煤炭出口量增长了几乎十倍之多。煤不再仅仅作为铁的侍女而存在:它在南部威尔士的工业化过程中成为主要角色。朗达的人口从1851年的2 000人左右飞跃到1901年的11.3万人还多。贝塞麦转炉炼钢法(Bessemer converter)和西门子的"平炉"炼钢法(Siemens "open-hearth" method)问世后,于1867年率先在兰多尔(Landore)推行。特别是在威尔士南部的道莱斯、艾伯河谷和特里迪加(Tredegar)以及东北地区的哈瓦登(Hawarden)这些地区,这些新技术的引入为炼钢工业开启了新的篇章。同一时期,在南威尔士煤田区的西部地区,拉内利(Llanelli)成为新一代"制锡之城"。在这一时期,马口铁工业已经超越了炼铜贸易。尽管美国政府在1890年接受麦金莱的关税举措①

①　威廉·麦金莱(William McKinley,1843—1901年),美国第25任总统。麦金莱在担任国会议员时,提议提高关税,保护本国工业。他在当选总统以后继续执行该政策,促进了美国经济的发展,麦金莱获得"繁荣总统"的称号。——译者注

图 32　格拉摩根的朗达·富尔(Rhondda Fawr)是 19 世纪后期的动力煤工业中心。一处处的定居点连接成线,工人阶级居住在排屋中,这些成为工业生活的独有特征。(政府版权:威尔士皇家古代与历史遗迹委员会)

造成了不良的影响并且抑制了马口铁工业的发展，但在1889年，96处马口铁工厂仍制造出了超过60万吨的产品。虽然威尔士在统计学家眼中并不算是一个值得重视的经济单元，但是在19世纪60年代到第一次世界大战期间，威尔士整体经济发展的确要比英格兰和苏格兰更为迅速。庞大的煤炭公司极度繁荣：1870—1900年，鲍威尔·达夫林公司的出口实现倍增，达到将近200万吨；同一时期，大卫·戴维斯（David Davids）的奥切安煤炭公司也经历了一次生产的增长，从1880年的100余万吨增加到1900年的250万吨。对于这些富裕的煤矿主来说，在这些扩张的岁月中，财富实现了滚雪球似的增长。

尽管在为出口市场生产和人力资源供应上，南威尔士的煤田区都远超它的对手——东北威尔士地区，但是威尔士中部和北部地区的小型工业企业仍旧是不列颠资本主义主流投资所在。以蒸汽为动力的机械改变了威尔士中部的毛纺织工业，并且在19世纪早期，像纽敦（Newtown）——一个被称为"威尔士的利兹"的市镇——这样的制造业中心从各个方面看，与约克郡的西雷丁（West Riding）相抗衡完全没有问题。然而，这样的机遇并不受人青睐。在南卡迪根郡的泰非河谷地带，毛纺织工厂生意兴隆，它们为南威尔士的矿工家庭制造衬衫和法兰绒内衣，这才是当地最好的生财之道。这里曾经铅矿业兴盛，但到19世纪中期，由于铅矿挖掘很容易受到市场波动的影响，投资人纷纷撤出，如今已是生产凋败，毛纺业的发展能够部分地弥补其损失。铅、棕铜、锌和黄铜等不含铁的矿产工业生产把持着弗林特郡的经济命脉，而位于伯沙姆村——靠近雷克瑟姆这个繁荣城镇——的钢铁帝国始终处于技术的前沿地位。东登比郡和弗林特郡的烟煤层也被大力开采。在东北地区，最惊人的经济发展出现在格温内斯地区的页岩采掘业。由于彭林（Penrhyn）家族拥有的地产在威尔士排第三，他们通过出售页岩获得了丰厚的利润。在这些群体中，页岩采掘是他们的经济命根子。到1882年，不列颠93%的出口页岩来自这些地区，这也是威尔士特有的工业产物。1891年，在布莱奈·费斯蒂尼奥格（Blaenau Ffestiniog）的挖矿工中十分之九的人只会讲威尔士语。当时的人们也普遍相信,挖掘和切割页岩是讲本地语言的人与生俱来的特质。每年有几百吨的威尔士页岩被装运到船上,从彭林和波特马多克(Porthmadog)的港口运出,然后成为板岩顶屋矗立在世界各地。

图 33　威尔士从事煤炭挖掘业的雇工人数在 1913 年达到顶峰,有 23.2 万人之多。在特雷哈福德(Trehafod)的李维斯·梅瑟煤矿(Lewis Merthyr Colliery)等地生产的威尔士的煤炭给全世界提供了动力来源。在南部威尔士,这样的深井现在并不多见,不过,当游客去朗达遗产公园时,他们能在导游的带领下穿越煤矿的深井区。(威尔士国立博物馆和美术馆)

迅速的城市化进程成为工业家们获利的途径,同时也能满足生活困顿的乡村移民的追求。在维多利亚时期,威尔士的城市地理发生了转型。1811 年,只有卡马森、斯旺西、梅瑟和雷克瑟姆能够宣称人口超过 5 000 人,但是到了 1901 年时,超过 50% 的威尔士人生活在城市地区。到这一阶段,五个主要的城市中心崛起:加的夫(164 333 人)、朗达(113 735 人)、斯旺西(94 537 人)、梅瑟(69 228 人)和纽波特(67 270 人)。在这一时期的早期阶段,梅瑟这样的钢铁城市率先发展起来:让访问者们倍感震惊又深为忧虑的是,威尔士的这处"撒玛利亚"(Samaria)出现了人口的快速膨胀和工业大发展的情况,同时也成为工人阶级意识崛起的集中地区。它的人口从 1801 年的 7 700 人飞速增长到 1851 年的 46 378 人。在梅瑟城,这里有神秘传说和殉道故事,但也以醉酒和犯罪行为而闻名。在梅瑟城人民看来,这座城市在 18 世纪时,其本质上依然具有农村风貌,但这种印象现在却仿佛突然间变成了遥远的回忆。梅瑟人口的膨胀虽然超乎寻常,但跟加的夫的情况相比还是黯然失色了。1801 年,生活在加的夫的人口不到 2 000 人,在一个世纪的时间里,它飞跃到 164 333 人。这是一次极其重要的转变,它使得该城在 19 世纪 70 年代后成为威尔士的实际首府。尽管现代加的夫的形象有赖于苏格兰实力雄厚的巨头——布特家族——的襄助,但其经济优势来自生意兴隆的内陆煤田地区,特别来自朗达河谷所提供的仿佛永无枯竭的高品质动力煤,这些动力煤被出口到布宜诺斯艾利斯、孟买和塞得港。由银行家、商人船主组成的资产阶级群体充满了进取心,他们一旦对托利党布特家族强势垄断地位形成挑战后,从 1871 年起加的夫就取代梅瑟成为威尔士最大的城市。这处"威尔士的芝加哥"具有多样性,它的发展前景良好并且开放包容,这使得它与威尔士其他的城市群体区别开来。到 1900 年时,船王世家在绝大多数年月中能够向外出口各种矿产以及超过 1 300 万吨的煤。这些由蒸汽强劲推动的船只携带着货物驶向世界各地的远方港口。

这场惊人的变化不仅使得威尔士移入大量人口,而且威尔士人也不再向外流失了。工业化和城市化带来了对内部人口迁移的大冲击,人口主要迁移方向是南部威尔士的煤田区、东北威尔士的煤田区和格温内斯的页岩产区。那些缺乏高技能的劳工们抛却了割庄稼的镰刀,纷纷涌进新兴的工业城镇并且热情地拥抱着矿工的鹤嘴锄和凿子。在那里,他们可能获得高收入的工作,并且有可能过上一种更有激情、完全未曾预料到的生活,这对于他们有着一种无法抗拒的吸引力。19 世纪爱尔兰人口大量流失,爱尔兰社会一蹶不振。因此,威尔士人应该庆幸,他们避免了这种悲剧。至少到 19 世纪 70 年代,威尔士的移民潮都在不断地增强本地语言以及与其相关的文化。要不是威尔士经历了这种大规模的工业化,本会有更多的人口被迫迁移离开。在 19 世纪的前 70 年里,南威尔士的煤田区对于威尔士语言来说充当了一种"再生的熔炉"。甚至到 1891 年,格拉摩根郡仍能骄傲地宣称他们汇聚了全威尔士数量最多的说威尔士语的人(320 072 人)。朗达的"广阔的黑色克朗迪克"(vast black Klondyke)像一个巨大的吸尘器一样不断地吸引着移民前来,这些源源不断的移民来自西部诸郡乃至更遥远的地区。有位满怀忧虑的不从国教的牧师警告说,英语文化正在"冲击着我们,这是一波波强有力的、无法抵御的急流"。在维多利亚统治末期,英语移民的流入的确对威尔士人的命运产生了决定性的影响。在这些人员混居的共同体中,语言的边界不断变化,但是流行的趋势是:只讲威尔士语者变成了双语人士,而只讲英语的新来移民则抵抗同化。在东北威尔士的页岩产区,威尔士语具有压倒性优势。在这里,趋势则恰恰相反。威尔士语被认为是真正有技能的采石工唯一真实可信的语言。这一点可在当时大众诗歌中得到体现:"岩石不懂英语。"

在这个过程中,特别是南威尔士的煤田区变成了社会、经济和文化生活中颇具活力的熔炉。在这个熔炉中,不同背景的人群能够共存。除了威尔士人外,最大的移民群体来自英格兰。生活在格拉摩根郡的出生于英国的人群数量从 1881 年的 70 711 人增加到 1911 年的194 041 人。幸运的是,大部分人发现威尔士人对他们的到来持欢迎态度(Keep a welcome in the hillsides)①。不过,少数族群的移入有时候也激发了摩擦和暴力活动。总的来看,爱尔兰移民在大饥荒后的运气不佳。人们对爱尔兰人有一种由来已久的评价:他们是一群衣冠不整、软弱无能、好酒烂醉的"教皇主义者"。对他们持敌视态度的传统已经出现很久了,而在 1882 年 7 月特里迪加(Tredegar)的恐怖骚乱中这种态度达到了顶峰,因为在这场骚乱中,有 50 所爱尔兰人的房屋被捣毁。人们往往把不需要技能的工作交付给爱尔兰人去做,并把他们安置在拥挤不堪的小屋中。有些人认为天主教与道德衰败有密切的关系,还有些人认为生活在"小爱尔兰"(Little Ireland)聚集区的人都是些流氓(undercutter)和骗子,是些对社会准则不屑一顾的人,所以爱尔

185

---

①　*Keep a Welcome in the Hillsides* 是一首传统的威尔士诗歌,其表达了对亲人归来的欢迎之情。——译者注

兰人经常受到恶意的攻击。不过，爱尔兰人并未被吓到，他们仍旧保持独特的集体认同。在 1892 年，人们还在谈论他们"内心深处仍是爱尔兰人，就好像他们出生在（爱尔兰的）科克（Cork）、沃特福德（Waterford）、蒂珀雷里（Tipperary）一样"。1898 年在梅瑟发生的骚乱中，犹太人成为攻击的对象，但是在大多数情况下，他们很容易被吸收进城市社会中。从 19 世纪 90 年代起，意大利人先是担任餐饮从业者，后来很快又成为制作冰激凌的高手，这些特长让意大利人受到热烈的欢迎。加的夫的布特敦（Butetown）地区是一处著名的种族聚集区，在这里我们能够看到一种普世主义的心态。

在同一时期，威尔士人，尤其是年轻人成群结队地离开乡村聚落。仅在最后的 20 年里就有大约 16 万人离开威尔士的乡村。这些人大多定居到英格兰的一些城镇和都市中，特别受欢迎的地方是默西塞德（Merseyside）、蒂塞德（Teesside）、西密德兰地区（West Midlands）和伦敦等地。铁路和公路干道从东向西延伸。在经济严重萧条的时期，为了获得更好的生活品质，人们愿意进行长距离的远行，即使最后要付出被同化和被融合的代价也在所不惜。旅行工具能让他们迅速地穿越奥法堤坝并抵达繁华的都市。伦敦的吸引力是如此之大。在这一时段的早些时候，年轻但贫穷的妇女们以"花园女孩"（Garden Girls）而著称，她们每年从西部威尔士出发跋涉 200 英里。这些女孩希望能在首都的花园或者公园中找到工作的机会并且获得珍贵的先令。"谁曾愿意待在威尔士呢？"这是一位居住在伦敦的威尔士人爱德华·查尔斯（Edward Charles）的提问。当时查尔斯正在对"大都会"（Great Wen）提供的社会晋升机会赞不绝口，同时，他认为大都会还具有精神激励的作用，具有丰富多彩的生活以及催人奋进的能量。尽管第二代和第三代人在日常生活中越来越少使用他们祖先的语言，但是讲威尔士语的社会的形成推动了威尔士文学的发展，而且借助民族庆祝节和吟游诗人大会，爱国的热情也开始迸发。对于那些生活在伦敦的富足之人来说，融入一个更广阔的不列颠及其帝国中是头等大事。尽管不从国教的牧师抵制这一人员向大城市汇流的趋势，并且他们把大城市贬斥为

186

充满罪恶的巴比伦城,但是在威尔士没有一处地方能像伦敦那样创造力十足、富饶繁荣并且文化多元。

不过,在北方威尔士,东进的移民前往利物浦。威尔士的资产阶级把利物浦看作代理都城。这些资产阶级相信新教式的工作伦理,相信"天助自助者"并且愿意接受具有竞争性的工作。欧文·欧文(Owen Owen)是这些典型的西里西亚人(Smilesian)①中的一位。他是来自蒙哥马利郡的一位契约农之子。他通过锐利的双眼发现了商机,将他的布料生意一手打造成极其成功的企业。还有一位在卡马森郡出生的阿尔弗雷德·李维斯·琼斯爵士(Sir Alfred Lewis Jones)。他之前是一位船上服务员,后来成为船运企业主。他极其富裕,曾经用 80 万英镑购买了不列颠和非洲的轮船运输公司。普利塞斯公路小礼拜堂(Princes Road Chapel)是成功人士的象征。它建于 1868—1871 年间,主要是由一批当时富裕起来的出生于威尔士的建造商、商人和银行家出资修建的,它被冠以"利物浦的威尔士加尔文宗卫理公会大教堂"(Welsh Calvinistic Methodist Cathedral of Liverpool)的称号。在周日,男人们穿上华丽的服饰,装饰上齐全的物件,然后捻着胡须出现在公众面前。在他们身边则是穿着质地柔软、明亮艳丽丝绸服装的夫人。他们的出现给公众留下了难以磨灭的印象。在北方威尔士的"大都会"中,威尔士的移民要比他们在伦敦的乡亲们更加凝集。不太富裕的人们则持续不断地内流(inward flow)进入木料场、棉花厂和默西塞德的建筑工地,他们保持了一种威尔士的认同。利物浦成为威尔士语的印刷中心,这里活跃着多家印刷机构,尤其是《伊阿姆瑟奥报》(Yr Amserau)、《俄科默罗报》(Y Cymro)和《俄布雷松报》(Y Brython)等。在 1884 年威尔士民族庆祝节大会成立以后,利物浦威尔士民族协会(Liverpool Welsh National Society)随之成立。这个协会的成立是为了保护人们所说的威尔士民族利益。1896 年,汤姆·伊利斯(Tom

187

---

① 西里西亚位于中欧,矿产资源丰富。西里西亚在宗教改革中接受新教并且成为重要的工业地区。——译者注

Ellis)在《青年威尔士》(*Young Welsh*)一文中指出,利物浦为北方威尔士提供了一处首府,它能够与代表东南地区的加的夫相抗衡。

这是一个征服、贸易与帝国的时代,这是一个人类到地球的远方航行和定居的时代。在这个时代里,威尔士人民的命运更深地依赖着他们四周的海洋。正如我们所说,威尔士人并不反对离开家乡到海外定居。但有一些人这么做却是因为别无选择。18 世纪 80 年代,不列颠丢掉了美洲殖民地,澳大利亚成为安置罪犯的合适去处,尽管对他们来说这是一块面积广大却又不太舒适的地方。第一批关于澳大利亚和新西兰(Antipodes)生活情况的报告来自大卫·萨姆韦尔(David Samwell)。萨姆韦尔是一位出生于登比郡的外科医生,他曾经跟随詹姆斯·库克船长到南太平洋远航。萨姆韦尔经常向伦敦的威尔士人讲述食人族的恐怖故事(他也目睹了库克被杀),向他们讲述他是如何让夏威夷的黑美人怀孕的,以及那块被冠以"新威尔士"(后来成为新南威尔士)的土地的迷人景象。因此,从 1787 年起,这处惩戒殖民地成为流放罪犯的目的地。在接下来三代人的时间里,有大约 2 200 名男女罪犯发现他们要登上臭名昭著的"地狱船只"(hell ships)。他们要忍受长达四个月的危险航程去地球的另一面,在此期间,海洋和疾病都将会夺取很多人的性命。那些处于弱势的犯罪女孩在航行期间将遭受凄惨的凌辱。在抵达目的地后,她们会被分配给穷凶极恶的主人,女孩们从此就在一种恶劣的、备受煎熬的环境中工作了。然而,到 19 世纪中期,澳大利亚在威尔士人眼中俨然成为机遇之地而不是流放之所了。19 世纪 50 年代,维多利亚时代的淘金热吸引了一批精力充沛的探矿者,而且威尔士的诸多家庭也决定到一个新的地方开始生活。当时传说这里的溪流中到处是黄金和天然金块,它们闪烁着金色的光芒。这些故事对于那些具有冒险意识的人具有不可抵抗的魅力。威尔士人在巴拉腊特(Ballarat)声势浩大,这里是黄金国的中心,出生于威尔士的移民在巴拉腊特的数量从 1851 年的 1 800 人增加到 1861 年的 9 500 人。约瑟夫·詹金斯(Joseph Jenkins)在淘金热中有着丰富多彩的经历。詹金斯是一位威尔士的流浪汉,他于 1868 年离开了卡迪根郡。詹金斯

188

在他的日记中生动详细地记载了他与当地土著的相遇过程。此外,他还直截了当地批评了臭名昭著的凯利党(Ned Kelly gang)[①],正是凯利党的无法无天让詹金斯对他的国人发出警告:"正直之人不应踏足澳大利亚。"不过,到 1900 年前后,大约有 1.3 万名出生于威尔士的人生活在澳大利亚。他们作为少数族裔抵住了艰难困苦,最终维持住了一种凝聚团结的威尔士人族裔认同。通过研读当地的报纸和杂志,我们可以看到威尔士的定居者紧紧抓住威尔士特性的内容,不过他们最重视的是威尔士民族庆祝节大会(eisteddfod)。在进步时代的硕果中,威尔士人无法期待收获太多的果实,庆祝节大会对于威尔士文化来说是一个精神寄托所在(respiratory chamber)。

威尔士的资源在减少,好在威尔士人有着四海为家的追求,有着追求高远的鸿鹄之志,他们向来把美洲看作最优质的机遇之地。在这一时期,威尔士人的文学作品和头脑中都把美洲塑造成伟岸的形象。曼丹人(Mandans)是一群讲威尔士语的白皮肤印第安部族,他们被认为是中世纪国王欧文·格温内斯之子马多克的后代,而且威尔士人相信这位充满神秘感的王子在 1170 年发现了美洲,所以这群印第安人通常被称作马多克威人[Madogwys,也称作帕都卡人(Padoucas)]。在发现曼丹人后出现了许多不足为信的观点,并进而形成了一种容易让人轻信的浪漫传说。在 18 世纪 90 年代,这些传奇故事在居住于伦敦的威尔士政治激进分子中极为流行。甚至到维多利亚中期时,任何试图质疑其真实性的行为都将招致咒骂。但是还有其他比马多克和马多克威人更加重要的动力推动着威尔士人前往美洲。美国革命刺激了一种新的政治意识的产生。自由的呼声有助于威尔士人摆脱宗教和政治上备受歧视的状态,威尔士的持异见者非常喜欢听到关于自由的乐章。在见证了巴士底的废墟后,浸信会牧师摩根·约翰·里斯(Morgan Jchn Rhys)在 1794 年移居到"自由之地",他在宾夕法尼亚州阿勒格尼山的

---

① 凯利党是 19 世纪中期澳大利亚著名的黑帮。其首领奈德·凯利是英国流旅犯之子。——译者注

比乌拉(Beulah)建立了一处威尔士人的定居点。在经济危机时佃农和工匠们渴望获得土地，这促使他们踏上了一场长达 3 000 英里的艰苦旅程，他们与贵格派前辈们有着类似的梦想，喜欢在海洋的那头建立一处独有的新家园。坚持留在家乡的不从国教牧师克里斯特莫斯·伊文思(Christmas Evans)严厉地批评了这些"前往美国先生(也叫作爱财之人)"(Mr. Go-to-America, alias Lover of Wealth)的行为。虽然他警告说这些旅行者都是在背弃自己的故土，但是获取便宜土地和内心宁静的机会对于生活在痛苦中的农民和劳工来说太珍贵了，即使是要忍受几周的海上晕船之苦以及几个月的思乡之苦(hiraeth)，对他们来说也是完全值得的。一些移民来到像纽夸伊(New Quay)或者卡迪根这样的小港口处，登上了一艘艘双桅船、三桅船或纵帆船并开始了航程。在俄亥俄东南部的富饶之地聚集的人口数量如此之高以至于这个地区被称作"小卡迪根郡"。不过，大多数人去了利物浦，他们希望乘坐面积更大、速度更快的蒸汽船横穿大西洋。在美国富庶的草原上放牧是一份有利可图的工作，这样的机会令人无法抗拒。那些积极宣传移民的鼓吹者们也激发了人们追求自我增值的兴趣。其中最具说服能力的是来自中蒙哥马利郡的萨缪尔·罗伯茨(Samuel Roberts)，他是一位具有强烈独立倾向和激进思想的不从国教牧师。罗伯茨在 19 世纪 50 年代生动地向许多佃农描述了地主们压榨人们的过程，并对他们劝告说：美国提供了唯一可行的逃避(压榨的)路径。罗伯茨和他的同伴们在田纳西拥有了 7.5 万公顷富饶多产的土地，但这场努力却运气不佳，最终以内讧和财政灾难宣告结束。

技艺高超又勤奋的威尔士煤炭工、搅炼工和钢铁工人受到这片"应许之地"的强烈吸引。居住在美利坚合众国的威尔士族裔人口出现了明显地增长，从 1850 年的 29 868 人到 1890 年的 100 079 人。在 1890 年，超过三分之一的威尔士族裔的人口生活在盛产无烟煤的宾夕法尼亚煤田区。这一地区的斯克拉顿(Scranton)城能够自豪地宣称这里是英格兰和威尔士以外最大的威尔士人聚居区。其他的一些如匹兹堡、卡本代尔(Carbondale)和威尔克斯-巴里(Wilkes-Barre)这样的工业城市群对于那些收入不高的矿工来说也是充满了吸引力的去处。矿工们在这里生活条件恶劣,还要遭受不固定就业的折磨以及地痞流氓和工贼(strike-breakers)的欺凌。不过,从 19 世纪中期开始,移民们大都以勤奋劳作享誉美国。由于美国是这样一种巨型熔炉,不管你是工业移民还是农业移民,只要你想维持自身的族裔认同,都是可以的。威尔士人在美国建立了超过 600 所礼拜堂并且出版了一大批的威尔士语书籍和期刊,这在之前并未为世人所意识到,今天我们应该给予充分的认可。其中出版量最大的是《伟大的反抗史》(*Hanes y Gwrthyfel Mawr*, 1866 年出版)。这是一部超过 600 页的厚重的著作,它通过威尔士裔美国人的视角管窥美国内战(1861—1865 年)。在这场不幸的战争结束后,美国政府下了更大的决心要把所有的居民都融合为一个民族。尽管第二代的威尔士移民仍然喜欢去礼拜堂,去参加威尔士民族庆祝节大会,去参加欢唱的节日庆典,但他们对"我的肯塔基故乡"(My Old Kentucky Home)这句话的熟悉程度应该比"我的父辈的土地"(Hen Wlad fy Nhadau)要高。所有的抵制文化融合的尝试终岁失败。甚至连萨缪尔·罗伯茨(Samuel Roberts)这样的人士都认为,在这片崭新的、密切互动的广阔土地上,威尔士语是看不到未来的。到1900 年,甚至《镜报》(*Y Drych*)——这个时代美国最成功的,也是出版时间最长的威尔士语报纸——也坦陈他们的作品败局已定:"支持它(威尔士民族庆祝节大会)的方式……就是加入星条旗,并且把它置于'山姆大叔'(Uncle Sam)的特别保护下。"总的来看,威尔士殖民者们轻松自信地拥抱了"山姆大叔"的风俗习惯,不过,他们彻底美利坚化也带来了文化上的尴尬,人们也没有吝啬对此展开批评。

　　不过,一位孤独的幻想家决心给这些深陷困境的、讲威尔士语的人在故土外寻找一处天堂。迈克尔·D.琼斯(Michael Jones)是一位在梅里奥尼斯那拉纽赫林(Llanuwchllyn)土生土长之人。长久以来,他被看作现代威尔士民族主义的建立者之一,同时也是对英国化(anglicizing)趋势的最顽固的反对者。他在辛辛那提的生活经历使他确信,由于讲威尔士语的人民在北美与当地文化的融合是如此迅速,这

190

就有必要在一处更加偏远、尚未开垦的地方建立一处威尔士人的自治定居点。一个造成威尔士人不断消亡的幽灵将他吓着了，他认为屈服于讲英语的人是一件始终困扰着他的国人的罪恶之一，所以，琼斯梦想着在阿根廷的巴塔哥尼亚(Patagonia)这处尚未大规模开发的地区建立"新坎布里亚"(Nova Cambria)。1865年5月24日，威尔士历史上的一次伟大探险开始了。当时大约有150名无畏的威尔士移民登上了一艘叫作"米莫萨"(Mimosa)的运茶快船。他们从利物浦出发抵达了遥远的南美洲某处。这次探险中旅行者留下的记录一直激励着从查尔斯·达尔文时代到布鲁斯·查特文(Bruce Chatwin)[①]时期的后人。最初，移民们的信心被当地天气和地貌等恶劣现实给打击了。除了这种阴冷荒凉的环境外，充满敌意的印第安人和其他抢劫者造成的危害更大[迈克尔·琼斯的儿子据说就是被布奇·卡西迪(Butch Cassidy)和圣丹斯小子(Sundance Kid)[②]给杀死的]。不过，威尔士定居者还是能够挣得微薄的收入，而且他们为这处自我管理并且讲威尔士语的殖民地建立了一系列的组织架构。虽然从一开始对于这次勇敢的冒险就存在着一种不信任的气氛，但是它受到的语言侵蚀的确要比批评者所预计的少得多。在接下来的30年的大部分时间中，威尔士语是这里进行管理、法律商贸、宗教和教育的官方语言。巴塔哥尼亚冒险吸引着公众们的注意力。尽管西班牙人逐渐让米莫萨的定居者的儿女们放弃说威尔士语，但是说威尔士语的人们在殖民地组成了一个团结的、坚定的核心群，他们直到今天依然没有轻易放弃迈克尔·D.琼斯的梦想。

威尔士移民的史诗看起来是那么的迷人，有时候又让人羡慕不已，但是从数量上来看，它是相当普通的事件。当时绝大多数人不愿意跨越西部的界限为自己和家庭寻找一个新的未来，他们选择留在故土，选

191

---

① 布鲁斯·查特文(1904—1989年)，曾为苏富比拍卖行的董事，后辞职旅行，前往巴塔哥尼亚。——译者注

② 在19世纪，布奇·卡西迪和圣丹斯小子组成"虎豹小霸王"从事抢劫活动。1969年根据他们事迹改编的电影《虎豹小霸王》获得成功。——译者注

择生活在一个飞速扩张、阶层固化的社会中,并且接受其间的挑战。亨利·理查德(Henry Richard)是一位伟大的大众演说家兼和平活动家。他在19世纪60年代曾经写道:"威尔士公国的正常状态就是彻底的平静,甚至连大众不满的气息都很少引起波澜。"自由的不从国教者声称要创建一个服从法律的、文明的民族,这也是理查德的目标,但是,他的说辞却并不符合历史事实。在这一时期,正统的、古老的威尔士变成了一个不断制造麻烦的地方。事实上,在统一之前的岁月中,它就已经成了对不列颠国家的严重威胁。

　　乡村的根本问题是财富分配不均。到18世纪后期,许多地产落到了不在地主的手中。有些不在地主是英国人,还有一些则迅速接受了大都会的价值观,并且与其本土文化和大多数人所讲的语言保持了距离。财产、财富和影响力越来越严重地集中到一小群地产家族手中,他们与低等级社会群体不再混在一起。这些特权阶层之人生活在光鲜亮丽的别墅中,享受着无法想象的高品质舒适生活,他们喂养赛马并且疾驰在乡村中去追逐野兔和狐狸。长期以来,人们将之视为理所当然的,但是他们也被期待着发挥维护社会和谐的作用,而且人们也希望特权人群能够在经济困难时对他们的佃户们报以同情和理解。但是,在岁月的流逝过程中,地主和佃农们的关系却越来越紧张,当心肠狠毒的管家和代理人违背传统的规则时,这种情况就特别明显了,而这些规则在过去一直在维系着两大社会群体的团结。威廉·琼斯(William Jones)自称是伏尔泰①式的异教徒,他在蒙哥马利郡的怀恩斯泰(Wynnstay)耕种一块贫瘠的土地。当时有些人希望穷人们要谦恭顺从,这样才方便他们去榨干穷人,对此,琼斯在18世纪90年代的作品中对这些人进行了猛烈的攻击:"这些贪婪之人对随机抢夺(open racking)已经不满足了,他们现在往往是把狐狸的尾巴放到熊的爪子上(join the fox tail to the bear's claw),他们设下卑鄙的陷阱以更好地欺诈我们……如果

192

---

　　①　伏尔泰(1694—1778年)是法国启蒙运动时期的领袖,以擅长讽刺时政而著称。——译者注

我们一抱怨生活之多艰，我们立马就能听到一句纯正的埃及俗语：'那是因为我们懒惰。'"除了对土地保有权有着不安全感外，佃农们还在高赋税、什一税和其他苛捐杂税的压榨下痛苦呻吟。由于缺乏足够的资金，他们无力对耕地进行必要的改善，而且那些他们所嘲笑的"奇淫巧技"式的农业技术更不会被纳入考虑范畴了。面对着当时对法战争的压力①、谷物的匮乏以及土地的圈占等现状，一波暴力性的抗争运动出现了，这也使得地方的民兵组织开始运作起来。战争带来了农业繁荣，地主成为最大的受益者，1815 年之后的威尔士变得更加不稳定了。农业歉收连年袭来，圈地运动步步紧逼，农村的居民们苦境日甚一日。当人口增长的压力开始发威时，租佃农看不到自己日常生活的命运有何希望。1834 年《济贫法修正案》拒绝在济贫院外给有劳动能力的人以救济，这迫使堂区去建设济贫工厂（workhouse）。人们对此予以强烈反对。从 1836 年开始，什一税的交纳以现金方式结算，这加深了人们的不公正感。观察家们注意到小农和农业雇工们"极端悲惨"的状况正以一种习以为常的、规律的方式出现，他们被迫越来越多地接受私人慈善和公共的救济。对于 19 世纪后半期的大多数时间里人们的状态，我们可以通过约翰·托马斯（John Thomas）——维多利亚时期威尔士最著名的摄影师——拍摄的照片来探究一番。托马斯所拍摄的照片展示了一批面无表情的、无助的人们——包括流民、奴仆、乞丐和野孩子（urchins）——的形象，这些人生活在乡村的贫民窟中，忍受着令人心碎的贫穷以及心里的痛苦。

　　阶级对立与紧张关系潜入威尔士的乡村。西南各郡的断层线被《泰晤士报》的通讯记者托马斯·坎贝尔·福斯特（Thomas Campell Foster）赤裸裸地揭露出来了："被压迫之人、无助之人和卑躬屈膝之人与压迫之人、专横之人和傲慢之人。"实际上，这个人口过剩的地区已成为一个火药桶，只等引信的点燃。一直以来，反圈地运动骚乱都是孤立

①　主要是指 1789 年法国大革命之后到 1814 年拿破仑帝国覆灭之间英国对法战争。——译者注

图 34　从 1839—1844 年,瑞贝卡和她的女儿们不仅摧毁了西南威尔士乡村中由高速公路基金会设立的公路税收关卡,而且她们还给地主发出具有威胁性的信件,甚至跑去纵火。此外,她们为了惩罚通奸者、盗贼和小偷,将他们安置到"木马"(ceffyl pren)这种带有"羞辱性"的器械上加以惩戒。(威尔士国立图书馆)

发生的暴力抗争活动,所以卷入的人相对较少。然而,到 19 世纪 30 年代末期,乡村中的不满情绪以一种更加复杂、更加隐秘的方式表现出来:大量的男性将脸涂黑,穿上妇女的衣服,向一位叫作"瑞贝卡"(Rebecca)——这一名字可以在《圣经·创世记》中找到其来源依据——的行侠仗义之人宣誓效忠。1839—1844 年发生的具有传奇色彩的瑞贝卡起义并不构成一次大众运动——其主要被限制在卡马森郡、卡迪根郡、彭布鲁克郡等地,并且主要是由小农挑起的——但是它却引起了巨大的社会轰动和强烈的刺激。在此后多年的时间里,一种愤恨、恼怒与挫败感在这些郡中沸腾着。在过去,食物骚乱中的人们常跑到船上或者冲进商店中将东西抢掠一空,但现在,瑞贝卡发泄自己的怒火的方式则转向了捣毁通行门卡或者屏障(有些是非法建立的),因为当人们带着酸橙和奶酪从一个堂区去另一个堂区时,要向这些关卡交纳通行费,而这已经成为一笔沉重的负担。此外,那些深受群众痛恨的济贫工厂被叫作"威尔士人的巴士底狱",它们也是压迫群众的工具,

194

从而成为要捣毁的对象。这位"女士"在人们心中就是一位无所不在的无名女骑士，她自称为"人民律法"的维护者，她还成为无助者、被冤枉者以及流离失所者的女性代言人。

当瑞贝卡党人在夜晚潜入乡村后，地方共同体中就会回响着毛骨悚然的喊叫声、号角声、枪炮声以及火箭飞射声。一系列凶险的策略被采纳了：寄送含有威胁话语的信件，张贴耸人听闻的海报，点燃干草堆以及破坏机器等。有产者们尽力不去惹怒这位女士，以防止她在半夜前来"拜访"，但是地主的代理人、通风报信者以及教士们则经常受到残酷的迫害。瑞贝卡最大的成就之一是在 1843 年 6 月对卡马森郡济贫工厂的袭击。不过，她增加名气的方式还有使用塞菲尔·普伦木马（Ceffyl pren），这是喧闹仪式（charivari）或者斯克明顿骑行（skimmington ride）的威尔士版本①，其主要是为了羞辱或者惩罚通奸者和窃贼。当局部署了大批的军队也没取得什么明显的效果，这主要是因为人们组成密不透风的沉默之墙保护了反抗之士，他们于是能够继续摧毁数以百计的征税所、关口、法庭和各种束缚，此外他们还能够在夜晚执行各种带有惩罚性质的义行。甚至丰厚的奖金也没能让任何人自愿提供证据指控他们。"他们了解所有人，他们能看透一切"，1843 年一个倒霉的警察在被派往瑞贝卡的大本营时如是说。1843 年夏季，瑞贝卡的袭击活动达到了顶峰；他们的成功给予一些暴民胆量，让暴民们变得极端暴力、极端危险。一小群流氓分子开始采取最为人厌恶的恶徒行为。主要的犯罪分子包括：约翰·琼斯[Jonh Jones，绰号"大谷仓乔尼"（Shoni Sguborfawr）]，他先前是一名拳击手，他的拳头大如铁铲；另外一个则是大卫·戴维斯[David Daviws，绰号"歌手大卫"（Dai'r Cantwr）]，他是一个民谣作家，他的行为反复无常且具有暴力倾向。这两个人案底甚多，他们都是披着瑞贝卡的外衣去干些不法勾当。但是也有一些更加有序的——尽管同样充满了恼怒的情绪——的公众会

---

① 喧闹仪式和斯克明顿骑行是中世纪流传的游行仪式。在仪式上，游行队伍会将"违背道德"之人的塑像悬挂于杆子上到处游行，这是一种羞辱性的惩罚，学者们认为这些仪式活动对于维持社会稳定有一定意义。——译者注

议(几乎所有参与者都顽固地坚持使用威尔士语),这些会议起草文件向女王和议会递交请愿书;此外,这些会议还会派出代表与地主和政府委员会进行谈判。

一旦当局意识到这些意志坚定的乡村游击队员们是不太可能屈服时,议会开始便立法以减轻群众的怨气,那就要向深受厌恶的收税关口和济贫法开刀了。在一片控诉声中,那些曾经玷污了瑞贝卡好名声的歹徒们被五花大绑送往范迪门地(Van Diemen's Land)①,他们要在那里好好反省一下自己的罪恶。青年农业雇工们往往拿着低工资并且还要忍受农场主们的恶劣对待。铁路建设的大发展意味着他们能够逃往南威尔士的繁华工业城市了。结果是,在1851—1911年,农业工人的数量下降了46%。但是小的租佃农被锁定到一个更加严格的社会结构中。除非他们有足够的勇气或者破釜沉舟的胆识移居他处,否则他们就要不断受到地产管家和地产代理人的压榨,而这些人是不会对佃农的需求和困境有丝毫怜悯的。在蒙哥马利郡,有位不从国教牧师兰布伦-梅尔的萨缪尔·罗伯茨(Samuel Roberts of Llanbryn-mair),他同时还是一位农场主。罗伯茨在他的作品——《其豪斯·乌沙弗的认真的农场主》(*Farmers Careful of Samuel Uchaf*,1850年)和《迪奥斯格农场史》(*A History of Diosg Farm*,1854年)——中生动说明了每年租约安排是如何制造出一种不安全和不信任的气氛的。在19世纪50年代涌起的一波移民潮中,我们可以看到乡村中普遍存在着的不满情绪。抗议与骚乱的循环在继续。偷猎团伙给乡绅阶层制造了恐怖的阴影,纵火案和各种不法行为不断登上报纸的头版。最近的研究显示,乡村中的贫困现象造成了悲惨的后果,杀婴案、通奸案、自杀案、家庭暴力案、卖淫案和偷盗案层出不穷,其程度之严重令人惊讶。1848年,北威尔士的精神病院开放,它要迎接不断涌来的精神病患者和残障人士。尽管威尔士的农村(1843年可以不包括在内)从未像爱尔兰那样动荡不安,但它绝不是世外桃源。

---

① 即今日澳大利亚的塔斯马尼亚。——译者注

在 19 世纪 70 年代，农业处于严重萧条状态，粮食价格也不断飙升，土地耕种者的不公平感更加严重了。他们有些人被迫投靠到关系紧密的、互助型的团体中，通过在收割期帮忙来偿还"人情"（debts）；还有一些人则前往美国、加拿大和澳大利亚。在 20 世纪之前，威尔士农场并没有大规模地推行机械化。投机取巧的自由派不从国教者抓住机会把土地问题和什一税问题合二为一。到了 19 世纪 80 年代，胸中燃着怒火的东北威尔士的农民们从瑞贝卡斗争策略中获得了灵感。1886 年 8 月 23 日，《每日新闻报》上刊登了一条通栏标题："威尔士的什一税之战"。在这场混乱的斗争中，参与骚乱的人们用棍棒武装自己，斗牛在街上乱跑，拍卖商和什一税征收人被痛殴一顿。一位自由党政治家站在他们的立场上哀叹："从贫穷而又辛劳的农民身上榨取的钱财……给这个世界上最富裕学院的公共休息室提供了香槟与红葡萄酒。"所以，在 19 世纪大部分时间里，威尔士的乡村中充斥着骚乱、动荡和暴力犯罪。无疑，其人口却在萎缩。

在工业聚集区中，个人和集体在编织着一幅幅充满了不公正、苦难和抗争的故事。工人们努力寻找途径改善自己的生活和工作条件，但是在这个资本主义的社会里，钢铁厂主和煤矿主都在不顾一切地增加收益，他们并不关心手下工人的利益。土地与矿产是财富巨人们的主要收入来源。布特家族拥有超过 10 万英亩的土地，此外，从加的夫运往远方各处港口的高品质动力煤也给这一家族带来巨大的收益。第三代布特侯爵名为约翰·帕特里克·克赖顿·斯图亚特（John Patrick Crichton Stuart），他喜欢通过炫耀自己的财富获得难以表述的愉悦：极具天赋的建筑师威廉·伯吉斯（William Burges）喜好中世纪建筑的壮观，约翰便雇佣他将自己的家——加的夫城堡——打造成一处博采众长、充满浪漫主义倾向的住所。与之相反，一种徐徐渗入的恐惧与担忧的情绪则重重萦绕在克劳塞（Crawshay）家族的心头。这个家族拥有的大型熔炉耸立于梅瑟的风景中。理查德·克劳塞（Richard Crawshay）——绰号"钢铁之王摩洛神"（Moloch the Iron King）——是一位冷峻的、白手起家的人物，他象征着资本主义恣意蔓延的阴暗面。

图 35　约翰·托马斯(John Thomas，1838—1905 年)是 19 世纪威尔士最杰出的一位摄影家，他通过给名人或者普通人拍照赚钱。这幅精彩的多人群体照拍摄地点在登比郡克雷格德鲁迪恩(Cerrigydrudion)的一处救济院，拍摄时间为 1890 年前后。(威尔士国立图书馆)

甚至与他同时代的钢铁厂主都称呼他为"暴君"。1825 年，他的儿子威廉在凯法斯弗建立了一座类似于封建时代城堡的建筑，他可以站在高处俯瞰辛勤劳作的人们。除了约洛·莫根威格之子塔列辛·威廉姆斯(Taliesin Williams)之外，没有几个人敢于声称自己从未奉承过克劳塞和格斯特(Guest)家族。格温内斯的页岩巨头也没有获得采石工们的

198

喜爱。格温内斯的内陆地区是卢埃林·阿颜·格鲁菲德梦想破灭的地方。在这里，托马斯·霍珀(Thomas Hopper)通过重新采用诺曼建筑风格为彭林家族打造了一处模仿中世纪建筑样式的城堡。患有妄想症的第二代彭林男爵乔治·肖尔托·戈登·道格拉斯-彭南特(George Sholto Gordon Douglas-Pennant)就住在这里，他同时还是世界上最大的页岩石场的主人，但他对这里的采石工完全不屑一顾。他曾经把威尔士人称作"一个撒谎成性的民族"，而且他对劳资谈判的请求完全予以拒绝。这样的放肆言论与敌视态度意味着工业地区正处于深深的分裂状态中。

图36 随着"机器移动时代"把大量的外部人口带往威尔士，外地的访客们发现他们自己身处的这个社会中，威尔士语即使不是唯一的语言，也是处于主导地位的。卡通画家们迅速地抓住了他们这种不适感。(威尔士国立图书馆)

与之不同的是，劳工家庭在南威尔士煤田区的钢铁厂和煤矿边聚集居住，他们需要改变自己的命运，他们开始获得某种程度的政治上的自我意识，这是一段漫长又煎熬的斗争。当然，与生活在缺衣少食、人口过剩的农业区之人的可怜状态相比，有些人的生活水平得到了极大的提高。在梅瑟的熔炉车间和锻造车间工作时，搅炼工和轧钢工处于极端高温环境，所以他们能够获得高报酬，这一点与那些煤矿工人相似,他们也对自己的技能和耐心骄傲不已。农业劳工也受到所谓更高工资和更多机遇的宣传被诱骗过来,他们以为在这里能够有更大的自由并且能施展自己的才华。到 1841 年,梅瑟位列不列颠最大的 5C 个城市之列,这里的工厂车间一片忙碌。但是,普遍来看,这里大部分人的日常生活就是与贫困、疾病和死亡作斗争。移民们最初是被安置在临时搭建的木屋或者紧急建立的石头房中。这些房屋位于城镇的边界处,是一片肮脏的区域。只是当挖煤热潮到来时,建在河岸斜坡处的一串串小型排屋才出现,但这些房屋位于矿渣堆的下面。直到 1870 年之后,许多城镇才推动了公共卫生运动的开启。当卫生监督员们来到一些最可怕的贫民窟时,他们捏着鼻子,踮着脚尖穿过这块污秽之地并对此作出公开批评。即使这样,改善卫生的任务也往往交给地方去自行处理。由于缺乏对个人卫生的关注,再加上人口的过分聚集、恶劣的卫生条件和严重的营养不良,这些都成为传染疾病能够快速传播的条件。一旦患上斑疹伤寒和肺结核[那时叫作肺痨(phthisis)]就只能等着死神来临了。从 1832 年起,霍乱这一亚洲的鞭子在一个个的家庭中迅猛肆虐。健康的老鼠与病恹恹的人成为烟雾缭绕的城镇边缘一景。身体虚弱之人和年轻人容易成为攻击的目标。在 1852 年,梅瑟——不从国教牧师将这处喧闹的、人口稠密的城镇类比为索多玛(Sodom)和哦摩拉城(Gomorrah)——的平均寿命为 17.5 岁。甚至到了 19 世纪最后十年时,在庞特普里斯登记区(Pontypridd Registration District)中,仍有 1/12 的婴儿在五岁前会死于像麻疹、肺炎和痢疾这类疾病。工厂车间里也有着难以想象的危险存在。矿工们每天都面临着危险:塌顶、爆炸以及竖井提升事故(shaft-winding accidents)。1894 年,在克利菲内斯的阿尔滨矿业公司(Albion Colliery, Cilfynydd)发生的爆炸夺取了 290 人的性命。这类事故给那些勤奋的矿业社区造成了心理阴影。在炎热的夏季,那些来自污水坑、坑厕(privy pits)以及河流中散发的气味令人难以忍受。有毒气体也很难避免:硫黄的恶臭在斯旺西的制铜厂上漂浮着,久久不能散去。呼吸道疾病——包括在矿井上患上的尘肺病以及在采石场患上的硅肺病——能让强壮的男子病弱不堪或者直接要了他们的命。最令人记忆深刻的是记录在案的犯罪行为猛烈增加。偷窃、醉酒以及斗殴案件都是受到警方严密管控的行为。像加的夫、梅瑟、纽波特和斯旺西这样的城镇都要求警方定时进行街头巡逻并且要对酒吧进行巡查。费京(Fagins)①和他的流氓手下在梅瑟城区中肆意妄为。这是一处邪恶行为和犯罪活动猖獗的恐怖堡垒。在这里，"皇帝"和"女皇"(领导者)以及"罗德尼斯"(Rodnies，少年犯)和"尼姆芙"(Nymphs，妓女)在街头来回游荡。

在这种情况下，劳动人民经常爆发怒气并参与暴力性抗争活动就没什么奇怪的了。从18世纪90年代革命时期开始，南威尔士的工业谷地就成为阶级敌对和械斗不和的温床。19世纪20年代，蒙茅斯郡出现一系列被称为"苏格兰牛"(Scotch Cattle)的斗争，勇敢的工人组成了一个隐秘的群体，他们发动了对工贼的严惩行动，这一活动深深地震动了当局。暴力活动在梅瑟也到处发生。在食物骚乱、罢工和动荡时期，梅瑟的地方长官支持钢铁厂主对劳苦大众采取压迫性的措施。许多人与其说是质疑现有的观念和制度，不如说是在咒骂这种体制的寡廉鲜耻——代币工资制(truck system)是由没良心的钢铁厂主发放支票或者代币券的方式来代替现金工资——所以，人们不得不寻求武力途径来维护权利。从1829年起的经济危机把工人推向了新生的工会的怀抱。工人们加入工会是为了保护自己免受恐惧的困扰，后来许多有政治头脑的店主和商人——他们许多都是一神论者——也加入了这一潮流。1831年5—6月间，事情发展到沸腾的状态，当时军事起义开始挑战梅瑟的工业寡头和国王军队的力量。"奶酪配面包"和"改革"的呼声响彻整个城市。参与骚动的人们击倒了一头牛，并把它的血涂抹到一面旗帜上，然后人们在山上升起了威尔士的第一面红旗。托马斯·伊文思[Thomas Evans，威尔士名为托莫斯·格林·科西(Tomos Glyn Cothi)]从18世纪90年代起就以善于蛊惑人心而闻名。在这次骚乱中，他们这样的激进派不从国教牧师更是积极给骚乱者鼓劲，同

①　费京是狄更斯小说《雾都孤儿》中老教唆犯的名字。——译者注

时,我们可以看到安立甘派牧师则在恐惧中拧紧双手。债权人法庭受
到洗劫并被烧毁。骚乱者们在城堡旅馆外遇到了来自布雷肯(Brecon)
的政府军。在政府铁腕镇压这场暴力活动中,有超过 24 位抗议人士被
杀死,有 70 人受伤,还有两个人被认定为元凶而单独拉出来接受惩罚。 201
猎人李维斯·李维斯[Lewis Lewis,威尔士名为李维辛·伊尔·海利
维尔(Lewsyn yr Heliwr)]被判处流放到(澳大利亚的)新南威尔士,不
过他后来又被(神秘地)赦免了。另外一位是矿工理查德·李维斯
[Richard Lewis,威尔士名为迪克·品德伊恩(Dic Penderyn)]则没有
那么幸运了。由于他被指控伤害了一名士兵,所以他被判处死刑并在
8 月被公开绞死于加的夫监狱之外。甚至就在绳索已经套紧他的脖子
时,他还坚持喊冤。他最后哀伤地喊道:"主啊! 这是不公正的事情。"
他的哀叫萦绕在现场群众的梦中多年不曾散去。当局将迪克·品德
伊恩处死了,但是这位原本普通平庸之人却因此被视为工人阶级的
英雄。

　　工人们并没有被反动势力给吓怕。在梅瑟和其他地方的工人们改
变了努力的方向,他们决心通过工会运动来达成目标。真是讽刺而又
好笑,这场团结合作的运动披着厚厚的千禧年幻想(millenarian hcpes)
的外衣(这是由在纽敦出生的社会主义者和工厂改革派人士罗伯特·
欧文提倡的),但在威尔士却没能留下像其他地方那样的印记。在
1832 年的《改革法案》和 1834 年的《济贫法修正案》没能满足工人阶级
的需求和渴望后,一种被怠慢感和羞辱感油然而生,于是,越来越多的
人加入了宪章运动,这场劳工阶级的运动在一次重大的武装起义中达
到顶峰。"人民宪章"(People's Chart)中提出的著名的六点要求——
全体成年男性投票权,无记名秘密投票,平均分配选举区,取消议员的
财产资格限制,议员应支付薪金,国会每年改选一次——都是所有宪章
运动参加者所熟悉的规划蓝图。但是,如果我们不把这场运动放在不
列颠政治活动和战略规划中,而是放到威尔士参与者的视野和任务背
景下,我们就能辨识出一些特征,这些特征让宪章运动变得特别活跃。
威尔士的宪章运动在东南部最为强烈。到 19 世纪 30 年代末期,在南

图 37　1839 年 11 月 4 日，数千名威尔士宪章派人士奔赴纽波特。在那里，他们被驻扎在西门饭店（Westgate Hotel）的四十五团给激怒了。这场起义是 19 世纪发生在不列颠本土最为惨烈的一次战斗。（威尔士国立图书馆）

威尔士煤田区，数千名意志坚定的钢铁工、矿工和工匠们受到了梅瑟起义的刺激，他们急于作出激进的变革，便组成了一个广泛的联盟，他们的敌手是雇主、贸易商以及执法官。他们的言论中充满了阶级对立和族裔对立的话语模式。正如宣传家"朱尼厄斯"（Junius）[①]所说，国家的 **202** 统治和压迫手段是由外来的钢铁厂主带来的，这意味着，威尔士的劳苦大众"受到了法律的束缚，这些束缚本质上是带有压迫、专横的性质的"。正如瑞贝卡的孩子们所做的那样，在工人阶级中有一种团结一致的精神。他们中的一些人表达了强烈的反盎格鲁的情绪，这其实是一种对富裕的、暴虐的外来资本家的深刻反感，他们认为就是这些外来者把自己打入到悲惨的无助状态。诸如出版于 1839 年春天的《对威尔士人的自由畅言》（*Liberty's Address to the Welsh*）这样的歌曲在号召被奴役者去动摇商业资本家的统治：

　　　　燃爆你的枷锁——自由！

---

　　① 　朱尼厄斯是一名匿名的作家。他在 1769—1772 年间连续在《公众广告报》中发表文章批评政府并且宣传人民的权利。——译者注

坎布里亚之子! ——追随我!

那些提倡借助法律和宪政上的争论进行改革的人士正在不断被边缘化,而号召人们进行"武装"斗争的人士则占据了越来越重要的地位,这一点值得我们关注。纽波特的一位前市长约翰·弗罗斯特(John Frost)和卡马森郡律师休·威廉姆斯(Hugh Williams)都是极为忠厚老实之人,他们现在却无力控制诸如威廉·普利斯(William Price)和西番雅·威廉姆斯(Zephaniah Williams)这类激进之徒的冲动行为,因为这些人认为他们是在为自由而战,而且这是一件值得为之牺牲的高贵事业。特别是西番雅倾向于接管矿产的所有权并且在不列颠建立一个工人共和国,而且他认为必要时是可以使用武力的。当其他人更加愿意使用和平请愿的方式进行道德劝服时,还有一批工人则倡议使用更具威力的手段。武装器具、炮弹和大炮被征用后隐藏在山中的秘密处所。"武装起来的"军事力量(force wing)因此纷纷涌现。1839 年 11 月 3—4 日,大约有 7 000 名来自山谷之端(heads of valleys)①的宪章派人士——其中许多人携带着枪支、矛和刀子——呈三列纵队从不同的地点出发向纽波特汇聚。纽波特起义是 19 世纪不列颠政府与工人阶级之间发生的规模最大、影响最深刻的一场政治冲突。甚至滂沱大雨以及沿途上未曾预料到的铁索羁绊也没能消磨掉人们高涨的情绪。学者们对于起义者的目的及战略争论不休。整个威尔士宪章运动提供了一个有趣的案例,它显示了历史学家如何在检视相同的证据后却得出了不同的结论。向纽波特进军仅仅意味着一场大众抗争吗? 它的出现是为了唤醒不列颠其他地区的有武力倾向的宪章派吗? 还是正如西番雅·威廉姆斯所强烈建议的那样,它是一场为了建立共和国政府而作的尝试? 在 11 月 4 日决定命运的那个清晨,守卫西门饭店(Westgate Hotel)的军队向进军者开火,而起义者在混乱中四散逃离时也不忘予以还击,现场留下了 22 具尸体。当这一刻发生时,灾难性的一步迈出

① 位于南部威尔士山谷北端的一处地名。——译者注

了。当流血开始时,心乱如麻的弗罗斯特虽然逃走了,但是在一场带来羞辱和痛苦的集体叛国审判后,进军运动的三位领导者——约翰·弗罗斯特、威廉·琼斯(William Jones)和西番雅·威廉姆斯——被运往范迪门地。他们三人中只有弗罗斯特最后归来了。

人们一般认为威尔士宪章运动的衰落导致了和平与宁静的出现,这是一个错误的观点。现实则是,除了纽波特的血腥战斗外,还发生了一起人们较少提及的激进的宪章派纺织工(也是在 1839 年)对中部威尔士拉尼德洛伊斯(Llanidloes)城的占领事件,这些事件后来演变成了传奇故事的材料并且激励着其他人进行模仿。武装斗争和殉道(martyrdom)的传统给予制铁和挖煤社区的工会以活力。虽然雇主与雇工间的谈判主要以和平的方式进行,但是暴力与无序状态的幽灵从未远去。人们不应当低估这时的威尔士人对卷入骚乱、人身恐吓以及犯罪活动的热情。我们将要看到,当局认为南部威尔士煤田区的本质邪恶而且好斗的讲威尔士语的人天性桀骜不驯,政府对这些地区、这样的群体头疼不已。随着越来越多的工人阶级进入到政治运作的世界中,而且随着有投票权的人群规模的扩大,有权势者和普通人之间达成了一种妥协,这是一种建立在互利的基础上的妥协。1885 年,威廉·亚伯拉罕[William Abraham,笔名为马邦(Mabon)]成为第一位矿工界的国会议员。威廉起到了润滑剂的作用。在 19 世纪 70 年代的罢工活动被镇压时,他成功地保住了工联主义(trade unionism)的观念,但是他也屈服于煤矿主对浮动工资制度的要求——也就是工资水平是由煤炭价格决定的。威尔士也培育出了自己的富裕煤矿主,这包括大卫·戴维斯、W.T.李维斯[W. T. Lewis,即梅瑟爵士(Lord Merthyr)]和 D.A.托马斯[D. A. Thomas,即朗达爵士(Lord Rhondda)]。值得关注的是,戴维斯这位白手起家的成功者。他曾经做过锯木工、桥梁建造师以及铁道承包人(railway contractor)并取得了一定的声望,此后他成为显赫的煤矿业主和巴里船坞(Barry docks)的开发商。但是,由于市场的波动以及一些像彭林爵爷(Lord Penrhyn)这样老旧的资本家的顽固,冲突与争吵继续存在。1896—1897 年,一场令人深感心酸的、漫长的罢工出现了,因为北方威尔士的采石工拒绝接受给他们分配的矿石资源,但结果却是一场对彭林家族的不成功的挑战。1898 年 4 月,一场"大停产"活动(Great Lock-Out)在南威尔士的煤田区遍地开花,这场活动是由反对浮动工资制度的人发动的,卷入其中的煤矿工及其家人多达 10 万人。罢工最终失败,参加者要承担难以忍受的重负,但是对罢工的回击却让劳动者们走上了激进的道路。1898 年 10 月,南威尔士矿工联盟成立了,联盟立誓要宣传并实践团结一心这一品德。

有那么一批人跟随着瑞贝卡的事业,他们投奔到宪章运动的旗帜下效力,并且专门与钢铁厂主和煤矿主对着干,这些人以《圣经》的言论为行为准绳并对主日学校运动给予热烈的支持。任何人在研究维多利亚中期的威尔士宗教问题时,威尔士水平极高的宗教仪式都会给他留下深刻的印象,这些仪式的参加者主要是普通群众以及中等阶层的人,他们很愿意把自己创造性的精力投入到精神事务中来。不信奉国教者[Nonconformity, 19 世纪 50 年代后也叫持异见者(Dissent)]成为代表大多数信徒的发言人。1851 年 3 月 30 日,第一次也是最后一次宗教信仰调查的结果出版。这次调查揭示出威尔士人的宗教虔诚远超过英格兰人:在威尔士,有 57％的人会去礼拜场所,而在英格兰只有39％。此外,从信仰者角度来看,威尔士信仰安立甘国教会的人数只有不信仰国教人数的四分之一:在威尔士,80％被算入参加圣枝主日特别活动的人都是不从国教者。威尔士能够宣称,在这一阶段,他们有2 813座小礼拜堂。到 1905 年,由于人口的激增,这一数字增加到4 280。无疑,威尔士不从国教的领导者们相信,1851 年的这次人口调查提供了无可辩驳的证据:世界上没有一个民族能像威尔士人那样保持着宗教的活力。成千上万的加尔文派卫理公会教徒、独立派教徒、浸礼会教徒和卫斯理派卫理公会教徒走在这一潮流的前沿;他们中最激进的一批人宣称自己是大多数讲威尔士语者的代理人。他们认为,国教会是由讲英语的大佬、不在主教以及懵然无知的教士把持的,这些人在讲坛上的表现远远不能满足人们的需求。安立甘国教会既没有能力

205

也不愿意改造自己陈旧的机制。它无力适应人口的变迁以及工业和城市的发展现状，它在与不从国教派的竞争中也没有优势，所以国教会陷入一种被动的状态。在这一时期之初，国教会仍能让人感到一点亲近，它被看作（包括加尔文派卫理公会也认为）"老母亲"（"The Old Mother"）。但是，到了维多利亚统治的中期，批评者们就直接将其称作"这个外国的教会"（*Yr Eglwys Estron*）。这种变化是怎么发生的呢？

首先，不从国教者与他们的安立甘派对手相比，他们拥有一些关键的优势。安立甘派教会组织架构存在弱点，他们在财富分配过程中也不公允，教职人员长期不到任、不居留于教职所在地或者兼任多职，这些问题持续困扰着他们。不从国教各教派则在此时蓬勃发展，他们在交通方便的地方建立小礼拜堂满足了成员的需求，所以这样老旧的教会根本不是不从国教各教派的对手。宗教派系间的竞争无疑是建立礼拜堂的动力。1811 年，巴拉的托马斯·查尔斯（Thomas Charles of Bala）鼓足勇气公开表示他要保护加尔文宗卫理公会的利益，为此他与国教会断绝了联系，而他的伟大导师丹尼尔·罗兰德[①]（Daniel Rowland，1790 年去世）却退缩了。在这样一个奋进的年代里，每八天就有一间新的威尔士小礼拜堂开放。如此多的牧师和长老们愿意冒着背负巨额债务的风险，由此可见他们自信的程度。那个在小型聚会厅或者隐秘礼拜堂进行活动的时代已经过去了。大量的资金和精力都投入到建设大型礼拜堂中，人们将其看作"对地方（景观）的美化"。这些礼拜堂由专业建造师设计，它们的外立面绚丽多彩，它们的内部装饰也是繁复精致。这些礼拜堂既显示了信徒们对赞美上帝怀有的急切之情，也是威尔士匠人们高超技艺的良好例证。这样建筑的增多给不从国教者带来了一个全新的、充满生机的动力，也点燃了他们的领袖们的想象力。

当国教失去了它的自信及其捍卫基督信仰的角色时，不从国教派

---

① 丹尼尔·罗兰德是威尔士最早的一批加尔文派卫理公会牧师。——译者注

则展现了自己的灵活性以及它们致力于满足人民大众需求的奉献精神。随着不从国教派文化的日益扩张,它们给想在牧师工作上取得成就的人提供了良好的机会,那些出身贫贱却信仰虔诚的人也能够成为讲坛上的王子。19世纪中期,威尔士宣称自己有2 000名不从国教派的牧师。这些讲坛上的超级明星们会即兴表演,他们利用戏剧性的姿势活跃气氛,《圣经》中的对话也是信手拈来。此外,他们还采纳情节剧和诙谐模仿的方式给整个表演带来生气,教堂的会众也因此经常沉浸在一阵阵的喜悦之中。克里斯特莫斯·伊文思(Christmas Evans)这位威尔士浸礼会牧师只需用他那深邃的独眼凝视一下信徒,后者就会颤抖不已。伊文尼的托马斯·马修斯(Thomas Matthews, Ewenni)所具有的洪亮的声音与穿透一切的眼神被喻为两座熔炉"在信徒聚会时放射出火花"。约翰·伊莱亚斯(John Elias)是位在加尔文派卫理公会圈子中享有专制声望的人物,他的布道活动具有强烈戏剧性的要素,这让跟随他的信众们在他面前如同风暴中的芦苇一样摇摆不已。这些具有强烈意志的人物能够制造出巨大的热情,因为他们要求其听众把自己的灵魂交给耶稣以逃脱永恒诅咒之火。1869年,当维多利亚中期最负盛名的加尔文派卫理公会牧师亨利·里斯(Henry Rees)去世时,由4 000人组成的一支哀悼队伍跋涉3英里前往其位于梅奈海峡(Menai Straits)的埋葬地。制陶匠和艺术家们为了纪念这些偶像人物,特地为他们制作陶制雕像、半身塑像或者油画,这些说明以不从国教派和宗教多元为主导的时代已经到来了。没有一幅照片能够比摄像师约翰·托马斯所拍摄的"74位讲台名人"这幅杰作更加畅销的了。人们普遍认为,上帝将这些语言艺术大师拣选出来正是为了实现伟大的任务。

207

与之类似的是,人们都知道,那些以或云游或定居的方式参与到传教事业中的布道者们正在威尔士的土地上阔步前进。这是一场不可抵御的复兴主义浪潮。福音传道以大规模的、户外集会的方式进行。它不仅提供了拯救的途径,而且制造了一种类似于今天摇滚音乐会式的激情与兴奋的氛围。教会复兴派布道者似乎是一个永动机。他们在进行布道之旅时,有的是步行,有的则是骑马。从19世纪40年代起,乘坐火车也成为布道的方法。牧师们并未因达尔文主义和圣经批评思想的冲击而感到烦恼,他们要把威尔士打造成捍卫不从国教派信仰的坚不可摧的堡垒。地方的宗教复兴经常呈现出令人震撼的效果。随着改宗皈依者迅速增加,威尔士遂以"宗教复兴之地"而闻名于世。这种热情的爆发有时候与气候问题或者致命霍乱的出现有关。当1849年的一场霍乱横扫工业地区时,拉内利的大卫·里斯(David Rees of Llanelli)大声说:"谁能逃脱地狱的诅咒?"教会管理人员在这场复兴运动中始终认为"上帝之手"("finger of the God")在起作用。对上帝公开的赞美在1859年所发生的最伟大的复兴活动中得到最为淋漓尽致的体现。1859年宗教复兴受到美国复兴主义运动的影响,其最初与卡迪根郡的汉弗莱·琼斯(Humphrey Jones)和大卫·摩根(David Morgan)的精彩布道活动有关。随着宗教热情获得了十足动力之后,它向全威尔士传播开来。不从国教派因此收获了多达11万名改宗皈依者。要是1851年宗教人口普查再晚20年进行的话,其结果就会显示19世纪60年代是非国教徒(chapel-going)达到顶峰的时期。此外,1859年宗教复兴与比它更为出名的1904—1905年的继承者相比,其影响要深刻得多,也长远得多。

不从国教派给予威尔士人的不仅是精神上的喜悦和成就。通过主日学校,它们培养出了一批能阅读书籍的公众。从18世纪90年代起,巴拉的托马斯·查尔斯——一位卡马森郡的佃农之子——就花费大量时间去建立主日学校以及分发救赎文献,为此,查尔斯在1804年成立了一个不列颠与外国圣经协会专事资助这一工作。查尔斯自己编纂的《威尔士圣经词典》(*Geiriadur Ysgrythyrawl*)是一部四卷本的巨型圣经词典书。这部书在1805—1811年陆续出版,它后来成为不从国教圈子里使用频率最高的书籍之一。威尔士的印刷出版业以宗教文学的出版为重要方向。通过制作、购买、传播以及阅读成千上万本威尔士语《圣经》、教义问答、祈祷书和赞美诗书,主日学校推动了年轻人、年长者、乡村居民以及城市移民识字水平的提高。《儿童宝库》(*Trysorfa y Plant*)是一份为主日学校中的儿童编写的杂志。到 1881 年时，这份杂志每个月能售卖出 4.5 万份。主日学校的入学率是相当高的。1901年，超过三分之一的朗达居民曾经在主日学校注册过。不从国教者把这里打造成容纳性社会和民主的温床，人们也在这里拥有了他们崇拜的男女英雄。世界各地的人们都很熟悉玛丽·琼斯(Mary Jones)的英雄事迹。1800 年的春天，这位意志坚定的乡村少女赤脚从阿伯尔格诺林恩(Abergynolwyn)出发前往梅里奥尼斯郡的巴拉(一段大约 25 英里的旅程)，她要向托马斯·查尔斯购买《圣经》。此后，她不仅坚持每天阅读这部《圣经》长达 62 年之久，而且她能够将其中大部分内容记住。除了威尔士还有哪里能遇到如下场景：老练的矿工坐在路边讨论诸如"如何将上帝的统治与人类的责任协调起来"这样复杂的神学问题。主日学校在威尔士成为广受欢迎的机构。早期社会主义者大卫·托马斯(David Thomas)也承认，这一全国性的机构如同美国标准石油公司(American Standard Oil Company)那样充满活力、富有效率。

威尔士礼拜堂的活跃是因其能提供一些吸引人的东西——便士阅读①、祈祷书阅读会、青年戒酒团(the Band of Hope)、《圣经》课、诗人大会和赞美诗吟诵会——这些活动加强了人与人之间精神上的联系，并且在这个饱受疾病和暴力折磨的世界中提供了一种社交的机会。来自潘特塞琳的威廉·威廉姆斯所作的赞美诗歌持续地给信众们的精神生活提供给养。从 1806 年起，蒙哥马利郡多瓦·法赫(Dowlar Fach)的安妮·格里菲斯(Ann Griffiths，她的侍女曾经纪念她并记录了她的事迹)所作的生动的赞美诗显示，妇女们也能够表达深刻的宗教真理。到维多利亚时代，随着音乐制作吸引了大众的眼球，威尔士获得了"歌曲之国"的声望。一个主要的转折点发生在 1859 年这一复兴之年。当时约翰·罗伯茨[John Roberts，威尔士语名字为居安·格威特(Ieuan Gwyllt)]出版了一本与集会时吟唱赞美诗有关的《集会音乐书》(*ilyfr*

---

① 这是 19 世纪在英国出现的一种大众娱乐活动，包括阅读和表演。入会者需要交纳 1便士。——译者注

tonau cynulleidfaol)。通过鼓励使用四部歌唱法，威尔士的宗教集会和唱诗班由此发展出了一种使用活泼的方式唱诵赞美诗的能力，而且这种艺术形式为这个民族广泛采纳。印刷厂日夜轰鸣，他们制作出大量的曲谱、参赛曲目和歌谱。在商店里，越来越多的人来购买钢琴、小提琴、管风琴、五弦琴和短笛。吹奏乐队和弦乐队开始进入兴旺期。李维斯·威廉姆斯·李维斯[Lewis Williams Lewis，威尔士语名字为李维·李维弗(Llew Llwyfo)]、罗伯特·里斯[Robert Rees，威尔士语名字为伊奥斯·莫莱斯(Eos Morlais)]以及伊迪斯·魏恩(Edith Wynne)这样的独奏者吸引了一批热心的追随者。簧风琴和钢琴代替了竖琴作为合唱时使用的新型乐器——男女混合合唱和男声合唱都适用——也在生根发芽。在全国性的诗歌大会上，令人垂涎的奖励向胜利者招手。威尔士的各个唱诗班不但要尽快建立自己在音乐技艺上的声望，还要奋力保住它。梅瑟的丹·戴维斯(Dan Davies of Merthyr)是一位多才多艺的指挥家，人们称他为"合唱界的威灵顿①"。这样的人物真是让人又忌惮又崇拜。格里菲斯·里斯·琼斯(Griffith Rhys Jones)是一位铁匠，但他有一个外号叫"卡拉多克"(Caradog)。1873年，当他率领的南威尔士合唱同盟——一支多于456人的合唱团——在水晶宫取得比赛胜利后，阿伯德尔(Aberdare)的人民对此感到甚为骄傲。为了表示对他的崇敬，人们为他制作了一尊铜像。约瑟夫·帕里(Joseph Parry)先前是一名梅瑟的矿井童工(pit-boy)，后来在美洲收集了大量的作品后，返回威尔士进一步训练自己的音乐技能，并成为威尔士最出色的作曲家。他的这笔投资获得了丰厚的回报。不从国教派特别鼓励大众合唱以及集会吟唱的传统，此外他们还鼓励举办唱歌庆典(singing festival, cymanfa ganu)，因为在这些庆典上人们可以根据个人喜好唱赞美诗，并且能够熟练辨识音调唱名法乐谱(tonic sol-fa notation)的人能够获得证书，因此这种庆典活动特别受欢迎。

人们普遍认为维多利亚中期的威尔士至少在表面看起来是一个

---

① 威灵顿公爵曾经领导英军和反法联盟打败拿破仑，在英国享有盛誉。——译者注

"值得尊敬的、充满宗教氛围[并且]充满了小资产阶级的风格与追求"的社会。尽管不从国教小礼拜堂对普通人具有吸引力,但是资产富足、不断向上攀爬的资产阶级却与不从国教派的宗教有着更为特别的亲密感。虔诚的中产阶级——零售商、批发商、银行家、店主以及农场主——认为这个社会沉浸在骚乱、醉酒和俗世娱乐的魔障之中,他们把勤奋、自助、节制、信誉等旧式的清教道德看作实现社会进步的目标。威尔士饮酒所的数量令人震惊:1854 年,仅在梅瑟一地就有 506 处饮酒的地方。斯旺西的艾伦·斯威尼(Ellen Sweeney)在 1880 年因为醉酒而被 156 次判刑,而且他的案子在当时司空见惯。节制、自省在当时可不是那么容易进入到工人阶级之中的。当 1881 年《威尔士周日歇业法案》通过时,除了中产阶级那些倡导禁酒与严守安息日的圈子外,没有什么人对此特别激动。不从国教派鼓励人们争取向更高阶层的社会流动。尽管中产阶级相信拯救灵魂是至关重要的,他们也认为像他们这样具有高品位和独特洞察力的人群有权利改善自己以及他人的命运。他们中的一些人清楚地看到不从国教中的福音派有几处盲区,特别是他们对与政治和法律权利相关的事物关注较少。思想保守的约翰·伊莱亚斯(John Elias)使用加尔文神学思想作为消灭他所认定的精神叛逆思想的工具,但是在他于 1841 年去世后,更加激进的中产阶级不从国教派信众们就发动了一场声势浩大的运动,这场运动直指什一税、教堂税(church rates)以及埋葬权等问题。在像梅瑟和斯旺西这样的城镇中,市民文化"推动者"和宗教改革者们联合发动了禁酒运动,他们制定了相关政策并出版了一系列的作品,希望能够借此管制城市空间活动,也把这些手段看作将那些缺乏道德感的工人阶级带往"文明生活"的途径。因为在他们看来,这些工人阶级整天就会作乐、饮酒和斗殴,令他们感到厌烦。改革派人士首先对自己执行严格的克己管理方式,然后又对酒鬼们发起了战争,其方法就是建立各种咖啡馆、文学社团和工人图书馆,借此方式来帮助他们。从维多利亚中期开始,不从国教的圈子中就对阿萨姆茶(Assamese tea)的功效推崇备至。

实现自我完善的思想与当时帝国不列颠的社会氛围完全吻合。富裕的不从国教者非常自信，他们认为上帝在向自己微笑，于是他们派遣福音传播者前往印度、马达加斯加和布列塔尼去将当地的异教徒们拉到基督教中来。1841年，加尔文派卫理公会在印度东北方发起了一场极其成功的传教运动。这场传教运动的结果就是：各教派杂志的读者对于卡西丘陵（Khasi Hills①）地理地貌熟悉的程度不亚于他们对于自己生活区域的了解。此外，他们满意于"基督的战士们"所取得的成就：他们有些在遥远的战场上为维多利亚女王服役，有些（其中许多是妇女）冒着生命危险从事传教工作，这些人只为拯救肤色不同民族的人民逃脱愚昧而奋斗。到1901年，卡西的基督教群体的人数达到1.6万人。这些人对于威尔士长老派的信条是如此服从以至于一份送往西隆②的不太可信的报告中提到：他们已经"几乎完全接受了威尔士卫理公会的信条"。还有一个例子，就是这些民族甚至能够歌唱卡西版本的《我的父辈的土地》(*Land of My Fathers*)③这首歌，由此可见文化帝国主义所带来的影响是多么不可预测啊。

　　不从国教派在国内外所取得的成功不应该掩盖这样一个事实：他们的许多领袖变得太关注财富、社会地位和声望了。那些在礼拜堂里争夺长老"宝座"(sêt fawr)的人成为讽刺作家经常攻击的目标。通过曝光这些所谓"值得尊重的"不从国教人士的虚伪做作行为，讽刺作家大卫·欧文[David Owen，他的笔名为布鲁图斯(Brutus)]和小说家丹尼尔·欧文(Daniel Owen)无情地鞭挞了所谓威尔士是一片无瑕疵的土地这类妄想。让人感到吃惊的是，我们能够看到一些虔诚的不从国教派的杂志编辑在他们的专栏文章中插入一些广告，这些广告是为了帮助那些正在遭受"年轻人懵然无知和草率轻动"所带来的痛苦的人，也就是给他们提供一些新奇的控制生育的方法和产品。那些在船运公司占有最大份额股份的人都是精明的威尔士不从国教派信徒。在产石

---

　　①　卡西山位于印度梅加拉亚邦。——译者注

　　②　shillong，印度东北部的一座城市。——译者注

　　③　1856年，由伊文·詹姆斯作词，詹姆斯·詹姆斯作曲写成的《我的父辈的土地》成为威尔士的国歌。——译者注

区到处流传着这样的谣言：牧师与执事虽然签署了完全戒酒的誓言，但是他们却经常秘密地去弄些啤酒来喝。从 19 世纪 70 年代开始，为了追求"进步"，许多富足的讲威尔士语的牧师却偏爱那些秉持威尔士人是进步的敌人这样观点的人。结果就是，那些只会讲英语的新来移民出于语言和精神上的需求被安置在了特别建造的小礼拜堂中，它们也被叫作"英国人的事业"(English causes)。

亨利·理查德——一位典型的威尔士自由派不从国教者——曾经不无夸张地说：威尔士民族就是不从国教的同义词。我们对这一说法不能不加辨别地全盘接受。的确，有一大批人对于这些有组织的宗教并不感兴趣。在 1851 年的宗教信仰人口普查中，人们发现有一半的人口并没有在指定的日期中前往教堂或者礼拜堂，而且在这个世纪的进程中，忽视公众信仰的人越来越多。丹尼尔·欧文在他的一本经典的现实主义小说中展示了追求社会阶层晋升的不从国教者所秉持的双重标准和他们的伪善行为，同时他还把目光投向了那些不受待见的、为人所忽略的下层民众。他描写的这些人对正式的宗教活动不屑一顾："然而，有数百人对于福音的熟悉程度并不比他们对世界上的异域事物的了解更多。在一些阴暗的、肮脏的小街道中则年复一年地充斥着贫穷、不幸与邪恶。"还有许多人则鄙视那些商业化的娱乐活动——集市和庆典活动，游戏屋(gambling booths)，斗鸡，拳击赛，"魔术灯"表演("magic lantern" show)以及饮酒室——他们将之看作充满罪恶的行为。娱乐机构和娱乐方法的大量出现给人们在休闲时乃至安息日中提供了更加广泛的选择。从 19 世纪 70 年代起，东北威尔士的劳动人民就对足球运动钟爱不已，而在南威尔士的矿业共同体中，人们对橄榄球的热情始终不减。一些人认为，不从国教者在那股"充满敌意的气息"(sour spirit)的引导下，与那个曾经"快乐的威尔士"("merry Wales")作对，许多看起来无害的、历史悠久的民俗活动受到了他们致命的打击，但是现在一个全新的娱乐活动的兴盛期将要到来。到 19 世纪 90 年代，达尔文主义、世俗化和无神论已经明显获得了支持的力量了。在不从国教者圈子中，有一股全面的厌倦之情在升腾，这推动了一种深刻的信仰危机的出现。一种不祥之兆在人们心中浮现。

让人感到非常讽刺的是，国教会虽然受到不从国教派的严厉批评，但是它们却在此时经历了一次惊人的复兴。在维多利亚时期的威尔士有一个流传甚久的谣言：安立甘教会没能搞好对内部结构的治理，他们只是一个少数派的教会。最初，国教会的确对这场大规模的社会-经济变迁反应迟钝而且小心应对，但是新的因素开始出现，这包括：牛津运动的影响，地主阶层提供了强有力的支持以及主教和教士们主动重建和翻新教堂等活动，这些都给安立甘宗的事业提供了新的前景。到 1906 年，安立甘宗宣称有 193 081 名信众。所以，矛盾的是，就在不从国教者们在全力推动政教分离时，"衰老的女叛徒们"（yr hen fradwres）①却在迎接一波复兴潮。尽管安立甘宗从未指望自身能够重新获得传统的魅力或者将自己的意志强加给多数人，但他们的确期待着一个更好的时代的到来。

把国教描绘为叛徒主要来源于《蓝皮书的背叛》（*Brad y Llyfrau Gleision*）②一书。这本书充满了愤恨与怨气，但当它在 1847 年出版时却是一件重要的事情，因为它对于未来几代威尔士人的政治和文化生活都有影响。在爱尔兰，大饥荒给人们造成了巨大的痛苦，大规模移民逃荒潮随之而来。100 万人因饥荒而死，还有 100 万人逃离故园，同时那些留下来的人则看到的是一片"肃杀萧索的寂静"。与之形成鲜明对比的是，威尔士人胸中炽热的愤怒之情却在积聚中。当时三位年轻的、只会讲英语的、牛津法律系的毕业生——约翰逊（Johnson）、林根（Lingen）和西蒙斯（Symons）把威尔士人看作道德上有缺陷的族群。他们公开地羞辱威尔士人或许让自己获得了极大的快感，却给威尔士

---

① 在 19 世纪，威尔士人通常用女性来比喻英国国教会，其被称为"衰老的外国女士"或者"衰老的女性卖国贼"。——译者注

② 1846 年，在威廉·威廉姆斯的推动下，英国议会组成了三人调查小组对威尔士的教育现状进行了调查。1847 年，调查小组向议会递交了三卷本的蓝皮调查书。该调查书缺乏对讲威尔士语人群的详细了解，乢单纯听信讲英语的教士阶层的一面之词。调查书中对威尔士人和不从国教者进行了批评，从而引发了威尔士人的愤怒。1854 年，罗伯特·琼斯·德费尔（Robert Jones Derfel）出版了《蓝皮书的背叛》对这一报告进行了反驳。——译者注

人制造了痛苦。1846 年,在议会的指挥下所派遣的一支调查委员会检视了当地的教育现状。他们在完成任务时灵活勤勉。他们收集的书面和口头证据主要是其安立甘派的助手完成的。最终的结果是形成了一份翔实的三卷本报告,但它却引发了剧烈的骚动,它的出版也成为现代威尔士历史上具有转折意义的事件。

讽刺的是,虽然我们能够想见调查委员们对教育现状发表了言辞苛刻的评论,但它们的确接近现实:学校太少,教育资源贫乏并且教师水平堪忧。在之前的几十年里,在教会与礼拜堂之间,特别是在国家干预派的领袖与自愿主义派的倡导者之间存在着猜忌与敌对,其在教育领域达到了白热化的程度。正如调查委员们所准确指出的那样,大规模提高教育标准的努力是匮乏的,这尤其令人感到遗憾,因为威尔士人,特别是那些固定前往主日学校的人,对于教育表现出了强烈的渴望之情。要是调查委员们的评论仅限于这些事情的话,他们的报告是不太会引起强烈的反响的,也不会留下深刻的印迹。但是,他们却画蛇添足去嘲讽这个民族的品德和语言:威尔士人都是爱撒谎的骗子;他们的婆姨本性粗俗又淫荡;他们操着可笑的方言并且喜欢过时的文化,这让他们"低人一等"(under the hatches)。这份报告是对威尔士人的尊严和名誉的最恶劣的否定。这种与英语不一样的语言体现的是不同的观念和关系,它能够给威尔士人带来另一种看世界的角度。然而,对于调查委员们来说,不掌握英语就会走向"各种邪恶"——诸如作伪证和非暴力不服从行为——而这些恶习就是要通过引入安立甘化和现代化来予以矫正。这种想法让政府很受用,因为他们认为英语是一门象征着现代性、进步、征服、帝国和商业的语言。对于威尔士人来说,他们对此感到晕眩不已,他们迷茫又气愤。

从 1847 年开始,当威尔士人打算对这种公开羞辱作出妥协时,一波充满了指责、反指责和反唇相讥的浪潮却在积聚。控告书对不同的社会群体有着不同的心理影响并且推动他们作出各自的反应。未来的发展趋势已经开始显现。对于一些人来说,他们的"他者性"(otherness)并不受到尊重而且他们也被人厌恶地贬低为不道德的、堕落的民族。为此,

214

这些人在权衡是不是有人要为此付出代价；还有一些人则胸中燃烧着怒火，他们勇敢地发出了怒吼。

在威尔士中产阶级看来，没有什么比将他们评价为"弱等"民族更令人难受的了。于是，他们中许多人不断地去迎合英国人具有优越性这一论调，并且，他们认为，即便无法与这个近邻建立亲密关系，获得英国人的肯定也是必要的。中产阶级不希望再碰见这种羞愧和耻辱了。既然有人资助这一使命的完成，他们便与资助者携起手来宣誓驱除过往时光中的那种反叛不羁的民族个性，他们还要尽可能快地将自己的国人安立甘化。在一篇令人震惊的小文章中，威廉·威廉姆斯［William Williams，威尔士名为卡德弗里恩(Caledfryn)］这位曾经在调查委员面前说尽不从国教者好话的诗人陷入自我麻醉之中。他宣称那些受到伏尔泰(Voltaire)和托马斯·潘恩(Thomas Paine)支持的原则从未被威尔士人追捧过，而且威尔士人也从未参与过抗争或者叛乱行为。他们强烈渴望受到尊重并被英国人接受，再加上对实用主义价值观的青睐都在促使他们宣传达尔文主义、科学研究以及学习英语语言的意义。在他们看来，为了避免未来再受到集体羞辱，最有效的方式就是在关键领域压制对威尔士语的使用。在民族庆祝节大会——一年一度的威尔士语展览会——中，教育家休·欧文(Hugh Owen)迎合了"最高等民族"的虚荣感，因为他要求，从 1862 年起，在"社会科学研讨部分"的会议中要使用英语。当 1870 年通过的教育法案规定了一系列关于建立学校的计划时，一场全国范围的建立初等学校体系的运动启动了。然而，这条道路并不平坦。在女王观察员看来，在学校中推行双语计划时机尚不成熟，且可能遭遇重重困难。因为威尔士人不断地被贴上无知与落后的标签，父母们只好痛下狠心对在初等学校中使用威尔士语表示反对。"拒绝威尔士语"("Welsh Not")——这是一片木板，如果有学生胆敢在学校中使用威尔士语，就把它挂在该生的脖子上——成为一种羞辱性的提示物，它时时在告诫着人们本地语言的次等地位。对此，那些倡导为威尔士构建独特教育体系的人则袖手旁观。学生们被要求去了解并反复记诵关于阿尔弗雷德(Alfred)、威灵顿(Wellington)

215

216

图 38　面对着这份叫作"蓝皮书的背叛"的报告,艺术家休·休斯表达了他的民族愤慨之情。他在《威尔士百万民众的形象》(*Pictures of the Million of Wales*,1848 年)中画了一系列的漫画。这幅讽刺画显示了"威尔士夫人"(Dame Wales)正在把臭名昭著的英国调查委员们扔进大海。(威尔士国立图书馆)

和尼尔森(Nelson)这些(英格兰的)英雄们的记录。学生们还要会唱诵《为英格兰欢呼》(*Hurrah for England*)这样的歌曲。到了爱德华时期,他们还要在帝国日(Empire Day)时将联合王国国旗包裹在自己身上。当爱尔兰人因纠缠于过往的历史而深受其害时,威尔士人对自己过往的了解却越来越少。在初等和中等教育层面中,对于威尔士语及其文化的歧视是如此之深，以至于《威尔士猛冲》(*Y Punch Cymraeg*)——一份威尔士语版的《猛冲》①——将威尔士的基础教育称作"要将威尔士人安立甘化的沉默机器"。约翰·里斯爵士(Sir John Rhŷs)是一位在牛津受过教育的著名学者。他是在单一的讲威尔士语的乡下环境中出生并成长起来的，但是他很少用威尔士语出版作品，甚至连他都认为本地的语言应该在平静中消亡。这一时期，《西部邮报》(*Western Mail*)也大声评论说：那些坚持单一语言论的讲威尔士语的人都是些"目光狭窄、党同伐异并且愚昧无知之人"。简单来说，在那些打算出人头地的威尔士人看来，威尔士语是些喝马铃薯汤、睡稻草床的吟游诗人操持的语言。在这样的圈子里，"威尔士语不值钱"(Welsh does not pay)成了一句流行的标语。

然而，文化爱国者群体则坚决反对在进步的祭坛前祈祷。从18世纪70年代开始，那些智慧高超且才华多样的工匠和艺术家们努力去恢复威尔士遗失的或被抛弃的传统，他们打算为人民创造一个更具吸引力的形象。作家、诗人、艺术家、音乐家和神话制造者们拼力将威尔士从英国人的傲慢中拯救出来，他们要让威尔士摆脱那种褊狭的"无历史"状态并为其培育一种独具特色的浪漫认同。由于他们把自己打造成"古代不列颠人"和"勇敢的凯尔特人"的形象，尚古主义、德鲁伊特教、古代的智慧、音乐以及华丽的游行都成为他们珍视的对象。托马斯·格雷(Thomas Gray)在诗歌《吟游诗人》(*The Bard*，1757年)中描写了一位幸存的弹竖琴的吟游诗人的故事。在故事中，当卑鄙的盎格鲁-诺曼人的军队逼近时，这位诗人毫不犹豫地决定了自己的命运：他跳进了康威河那"泛着泡沫的激流中"。格雷的故事吸引了诸如保罗·桑比(Paul Sandby)和潘塞里希的托马斯·琼斯(Thomas Jones, Pencerrig)等艺术家的目光。他们作品中的凯尔特吟游诗人的形象遂

---

① 19世纪的一份以讽刺和幽默为主的杂志，又名《伦敦喧声》(*The London Charivari*)。——译者注

在公众的心中固定下来：历史上的诗人、教士和德鲁伊特都有白色的长胡须，穿着飘逸的长袍并且唱着忧郁的歌谣。在这群神话制造者中，最具天赋的一位就是格拉摩根郡的石匠约洛·莫根威格。他被看作威尔士文化史中最具才华、性情最为复杂也最令人着迷的一位人物。尽管他经常被人冠以流氓和江湖骗子的称号，但是莫根威格也是一位严肃的学者并且他的确可算是那个时代最博学的人。在他漫长又多彩的一生中，莫根威格从未放弃对"古代幸福"(*yr hen ddywenydd*)的青睐之情。他对威尔士的语言、文学和历史展开研究并且写出了熠熠生辉的作品。他写出的文学伪造作品让人信以为真，以至于他成功地把自己写的诗歌冒充为 14 世纪的诗人达菲德·阿颇·格威利姆的作品，于是，莫根威格成功地让在伦敦的威尔士文学界在法国大革命那一年将他的作品出版。1792 年 6 月，他在伦敦的普里姆罗斯山主持召开了第一届不列颠岛吟游诗人大会(*Gorsedd Beirdd Ynys Prydain*)。这是一处德鲁伊教的教廷，这也是一次具有戏剧性的事件，其中包含着类似共济会的仪式以及雅各宾派象征物。它的出现是要给这个被遗忘的欧洲民族一种全新的、更加高尚的认同意识和价值观念。到 1819 年 7 月时，约洛实现了他的另一个梦想。在他 72 岁这一年，他终于成功地把吟游诗人大会融入了由坎布里亚协会(Cambrian Society)资助的地方民族庆祝大会(provincial eisteddfodau)中。

　　1826 年，约洛去世之后，复兴的民族庆祝大会继续存在，但是从 19 世纪 30 年代起，它受到了乡绅资助者以及安立甘派教士的影响，民族庆祝大会在英语的强势入侵和不列颠爱国主义的洪流面前不断妥协，整个威尔士都被裹挟到蓝皮书争论之中。大多数的民族庆祝节大会上的诗歌既浮夸又冗长。当普通人读到约翰·塞里格·休斯[John Ceiriog Hughes，他的吟游诗人别名为塞里格(Ceiriog)]那催人泪下的诗篇时，他们才感到满足。约洛·莫根威格的梦想与追求就留给了一群规模不大却吵吵嚷嚷的维多利亚时代的德鲁伊特去完成了。这群气质独特的人每逢夏至与春分便聚集在庞特普里斯的罗金巨石(Rocking Stone, Pontypridd)处。他们通常在埃文·戴维斯[Evan Davies，威尔

218

士语名为米菲瑞·莫根威格（Myfyr Morganwg）]的管理之下活动。这位埃文·戴维斯对自己拥有"德鲁伊特混沌之蛋"（The Druidic Mundane Egg）倍感骄傲，他声称这块圣物自远古以来就是由一代代的德鲁伊特高级教士佩戴着。令人敬畏的威廉·普利斯（William Price）也毫不逊色，这位约洛的门徒也是一位性情刚烈的德鲁伊特宪章主义分子。在这些吸睛的仪式活动举办时，只见他胡须及腰，常穿白色夹克，配上猩红色的马甲、宝石绿的裤子并戴一顶狐狸皮的帽子。他那不拘一格的行为在 1884 年达到顶峰。在这一年，他当众烧掉了他死去婴儿（叫作耶稣·基督）的尸体，并且成功地让法庭将火葬合法化。这样狂野古怪的行为激怒了威尔士的中产阶级。不过，像约翰·威廉姆斯[John Williams，其吟游诗人别名为阿波·伊泰尔（ab Ithel）]这样的古物学者以及新一代的画家和雕塑家则不以为怪，他们反而赞美威尔士的德鲁伊特-吟游诗人，这可以被视为一种颇有成效的反作用力，他们针对的恰恰是那些在民族庆祝节大会上推广使用英语的人。

1847 年之后的狂热情绪为妇女们打开了新的大门，这一发展进程更为重要。最令威尔士人感到愤怒的是，这三位调查委员居然对他们民族的妇女的德行作了无端的指责。威尔士的妇女被他们描绘为一群放荡之徒，她们对于"床笫之欢"或者"与情人偷情"之事都特别着迷，而且调查委员们断言她们是以不从国教者夜间聚会的名义干下的这番勾当；此外，他们认定威尔士部分地区（特别是安格尔西）"普遍淫荡"，而且调查委员们声称从事这种非法活动的妇女的比例在飞速上升。不断有作家大声为女性鸣不平。威尔士的女性和她们的男性领导者们愤然驳斥这样的指责，调查委员们的反应显示他们并没有羞耻或愧疚之情。在《阿特盖尔》（*Artegall*，1848 年）这部充满了辛辣讽刺的作品中，威尔士第一位女性历史学家简·威廉姆斯[Jane Williams，其吟游诗人别名为伊斯戈菲尔（Ysgafell）]捍卫了女性的声誉。就在同一时期的 1854 年，R. J. 德尔斐（R. J. Derfel）——一位旅行零售商，同时兼任诗人和戏剧家——写了一出坦率直白的戏剧。这部戏剧利用了 5 世纪时心怀不轨的叛徒沃蒂根（Vortigern）的"长刀背叛"（Treachery of Long

Knives)的故事作为写作材料。尽管这些无理由的指控也受到了人们的挑战,但是它对妇女们的声望造成了影响。在此之前,政府资助的报告中从未出现过对威尔士女性的公开诋毁。这些造谣诽谤之词对于正暗暗窃笑的伦敦报纸界简直就是天赐良机。诸如"威尔士妓女们"具有野猫般品质的这类粗俗的笑话甚至比之前更受人欢迎了。面对这样的攻击,在伊文·琼斯[Evan Jones,其吟游诗人别名为居安·格温内斯(Ieuan Gwynedd)]——他是第一份专供妇女阅读的威尔士语期刊《威尔士妇女》(1851—1853 年)的编辑——的领导下,不从国教牧师们努力祛除 1847 年的幽灵,他们把威尔士妇女的内在品质形容为"炉边天使",并把她们看作不从国教者纯洁性的象征,同时还强调她们体现了圣洁、节制和节俭的特性。这份期刊的一位主要的资助者是兰欧弗夫人奥古斯塔·豪尔(Augusta Hall, Lady Llanover)。这位夫人从 19 世纪 30 年代起就到处宣传温顺的威尔士乡村妇女的浪漫形象:她们穿着民俗风格的服饰,并且配上了斗篷、长衫(bedgowns)和威尔士高帽。

现实情况则极为不同。如果有天使,那也是待在虔诚的中产阶级家庭,而大多数妇女则终日与牛奶搅拌器、纺车和洗衣间打交道。用父权制来看待妇女的观念仍旧流行,而且男人们决心要约束一下她们。在一些地方经常会出现这样的情景:一位丈夫把缰绳套在妻子的脖子上并在地方市场上将她们出售。尽管从 1842 年起,妇女们不再被允许从事地下工作(十岁以下的儿童也受到这样的限制),但是她们作为廉价劳动力的供应源的功能依然存在,她们可以到田间地头、手工工厂工作或者从事家庭服务工作。那些工作在井口的小姑娘们一个个穿着厚重的外衣和裤子以及钉子靴。她们从事的是一些艰难又危险的工作,比如倾倒煤炭、推移货车以及装运货船。她们的工作环境肮脏不堪,而且烟煤飞舞,这让她们面貌变得极为丑陋以至于很难将她们与其他男性区分开。还有许多妇女则是桀骜难驯,她们从不肯读一读关于家内行为规范的书籍或者去听听布道词的内容,她们就喜欢吵架、卖淫或者行巫术,这让邻居们忧心不已。当单身母亲们意外怀孕生下了后代时,她们宁可选择用将其杀死的方式处理掉,也不愿意挨饿受穷和被人指指点点。来自世界各地的海员们在老虎湾(Tiger Bay)①的妓女怀中寻欢作乐。在梅瑟城区中频繁出入于妓院成为他们的一条律责。

220　妇女们坚持参与各种活动并且要发出她们的声音。她们积极参与谷物骚乱以及捍卫公共权利的活动。她们主动组织羞辱性的(经常包含有威胁性的)仪式让她们误入歧途的丈夫或者爱人不能心安理得。在海岸乡村中，水手们一走就是好几个月，妇女们学会独自支撑着家庭，而在具有战斗精神的工业地区，她们学会了向施家暴的男人和矿工罢工中的工贼厉行报复的手段。她们参与到反奴隶制、反《古物法》以及倡导禁酒的运动中去，她们形成了地方上的宪章运动核心，并且还会在主日学校的课堂里表达自己的观念。随着 1847 年争论的结束，妇女们以妇女参政权论者(suffragists)的身份继续进入到公共领域中。萨拉·简·里斯［Sarah Jane Rees，其吟游诗人别名为克拉诺戈温(Cranogwen)］是一位意志坚强的女教师、讲道者、演说家和海员，她编辑的《女性不列颠人》(*Y Frythones*，1879—1889 年)杂志成为威尔士的女性学者和早期妇女参政权论者活动的舞台。没有一位记者在领导女性主义活动上比《坎布里亚新闻》(*Cambrian News*)的编辑约翰·吉本森(John Gibson)作出的努力更多。直到 1885 年，吉本森仍然担心妇女们"要么处于奴隶地位的状态，要么处于法律上、社会上和政治上地位缺失的状态"。正是这样一种可怜的情形催迫他在 1891 年出版了《妇女的解放》(*The Emancipation of Women*)一书。然而，事情正在起变化。1889 年颁布的《威尔士中等与技术教育法案》(*The Welsh Intermediate and Technical Education Act*)是维多利亚时期最值得称赞的一部法律，它为两性群体打开了新的大门。在飞速发展的大学学院中，妇女获得了平等的权利：加的夫大学的第一个毕业生是一位妇女，并且在班戈(Bangor)大学成立首年，三个学生中就有一位是女性。甚至那些资产不多、才智也一般的妇女在此时也能享受到学校教育带来的好处，并且其中已经结婚的妇女的比例从 1845 年的 69.5％猛然下

① 即今日的加的夫湾(Cardiff Bay)。——译者注

降到 1900 年的 5.3％。最重要的是,到 19 世纪末期,妇女们抓住新的机会参与到政治活动中。当 1896 年,威尔士妇女的自由同盟(Libral Union)在纽敦城召开大会时,"我们将会有投票权"的字样被刻在舞台上。

　　1847 年的"背叛"也有建设性的作用,它刺激并引导了威尔士人的政治意识。在这个时期的早些时候,腐败事件仍然层出不穷。大选举行时间不定,而且大多数人也没有投票权。民主意识的成长是一个漫长的过程。转变最早是由那帮喝着烈酒、抽着烟袋的雅各宾派同情者推动的。他们聚集在伦敦、登比和梅瑟,阅读着汤姆·潘恩(Tom Paine)的著作,并对他崇拜不已,他们于是成为捍卫言论自由的勇士。这些"世界公民"(citoyens du monde)是由一批难以驯服的独神论派①人士(Unitarians)领导的,其中包括约洛·莫根威格、约翰·琼斯[John Jones,其吟游诗人别名为雅克·格兰伊戈斯(Jac Glan-y-gors)]、托马斯·伊文思[Thomas Evans,其吟游诗人别名为托莫斯·格林·柯提(Tomos Glyn Cothi),他曾经因为煽动叛乱罪而被关押在卡马森监狱两年]以及摩根·约翰·里斯(Morgan John Rhys,他是一位浸礼派牧师,他曾经探访过巴士底狱的废墟并向美国公众演讲批判奴隶制的罪恶)。一群高喊着"教会与国王"的流氓只会做些流氓行为,他们坚决予以抵制,并且拼力在 18 世纪 90 年代的动荡时期中向威尔士人大声疾呼,希望他们能从政治麻木中苏醒。他们的疾呼带来了红利,中产阶级激进派加入了他们之中。现在他们向国会请愿要求成年男性投票权、秘密投票制度并且取消民事与宗教上的不利规定。但是,前景仍然黯淡。强势的大法庭法院(Courts of Great Session)②——这一体现威尔士"区别特性"的最后的遗迹——也在 1830 年被取消了。当名不副实的"伟大的"1832 年改革法案通过时,它并没有给威尔士带来多少明显

221

---

　　①　独神论派坚持上帝是唯一的存在,其观点主要是针对圣父、圣子、圣灵三位一体论。——译者注

　　②　大法庭法院存在于 1542—1830 年,它是处理威尔士严重刑事犯罪的主要审判机构,它的管辖范围是除蒙茅斯郡以外的所有威尔士地区。——译者注

的好处。威尔士在国会中的席位从 27 席增加到 32 席,其中有两个席位是授予梅瑟和斯旺西这两座快速成长的市镇的,但是获得宪制规定的投票权的人员数量则少得可怜。正如我们已经看到的那样,大量的工人群众选择在正常的政治渠道之外表达自己的不满与追求,但是"公开辩论"(Agitate)和"有组织性"(Organize)这样清脆明亮的呼声则吸引了具有宪政思想的中产阶级激进派。反谷物法联盟以及坚持政教分离的解放协会(Liberation Society)都反对暴力崇拜。他们希望教育威尔士人以一种成熟的、富有经验的方式思考政治。但是,这一工作推进得很缓慢,直到 1847 年,当调查委员们激起民愤时,人们纷纷投入到了一场史无前例的政治活动中去。不久之后选举举行,参选率非常高,并且在这个世纪中人们的参与度继续明显走高。

在这个阶段以及这个世纪剩下的时间里,出版业强有力地塑造着人们的观念。在整个 19 世纪中,有超过 1 万种威尔士语出版物面世,不过英语出版物的潮流更加猛烈。技术的革新、交通网的扩张、新式邮政服务的出现、印花税的取消以及看起来对读物永不满足的需求等因素的出现,在 19 世纪 50 年代以后成为改变激进派事业前景的力量。新闻业繁荣起来,一批最优秀的记者和编辑——威廉·里斯(William Rees)、托马斯·吉(Thomas Gee)和约翰·吉布森(John Gibson)——既有经天纬地的才干,又有经世济民的能力。甚至不可知论者们都认为出版业是"上帝统治下最强有力的发动机",《威尔士的旗帜与时代报》(*Baner ac Amserau Cymru*)(1857 年至今)、《西部邮报》(*Western Mail*)(1869 年至今)和《南威尔士每日新闻报》(*The South Wales Daily News*)(1872 年至今)的读者们能够获得更好的信息,而且那种因为(当局)无视的态度而造成的(社会)问题出现得更少了。

然而,对于土地精英和富裕的企业主来说,"改革"是一个九头怪物,每次关键时刻他们都要横加阻拦。现在愈发明显的是,压力集团只能做到这样,关键的一步已经走到投票权扩大的问题上了。1867 年改革法案将威尔士有投票权的人的数量从 61 575 人增加到 126 571 人,增长了 1 倍多。这为后来 1868 年的选举铺下了道路,人们将其称作

"奇迹之年"(annus mirabilis),乐观之情溢于言表。自由党的候选人将这场值得纪念的选举过程记录了下来。但是,在许多方面,传统的状态依然如故:大部分的威尔士国会议员不管其政治立场如何,都是来自精英社会团体。来自梅瑟的自由党候选人亨利·理查德(Henry Richard)被人们普遍尊称为"和平使徒"。正是自由党所提出的口号"一个比领主们更加强大的国家"给予了他们力量,他们将领主描绘为残忍的、具有压迫性的暴君,而且称其不能代表威尔士人民的利益。在历史上,佃农、采石工、矿工和造马口铁的工人(tinplate workers)第一次参与到一场真正的大众运动中,而且正是他们决定了关键的农业和工业选区的选举结果。地主们通过欺骗和驱逐不服从的佃户而实施报复。尽管 1872 年的《秘密投票法》(Ballot Act)缓和了紧张关系,但是权力的平衡并没有决定性地向自由党倾斜,这种情况直到《人民代表法案》(Representation of People Act, 1884 年)和《席位分配法》(Redistribution of Seats Act, 1885 年)出台以后才发生了改变。由于大量的工人阶级获得了投票权,在 1885 年的选举中,自由党夺得国会 35 个席位中的 30 个。格拉斯顿(Gladstone)[1]和亨利·理查德的画像被挂在了农屋和村舍的会客厅中。在新一代富有激情、具有感召力的青年自由党国会议员们——包括大卫·劳德·乔治(David Lloyd George)和汤姆·伊利斯(Tom Ellis)——的领导下,群情激愤的不从国教派佃户、反什一税的斗士、政教分离的倡导者以及那些要求多元化并且要求照顾威尔士特殊需求的人们聚拢在一个旗帜下,他们要求(自己的利益诉求)获得承认。随着 1889 年经过选举而成立的郡议会纷纷出现,地方乡绅的政治霸权时代进入尾声。

"青年威尔士"(Young Wales)运动是借助自由党的优势地位而崛起的,并且"为了威尔士的地方自治"(Home Rule for Wales)这样严肃的口号也第一次出现了。早在 18 世纪 70 年代,威尔士的那些具有浪

223

---

① 此处应为威廉·格拉斯顿(William Gladston, 1809—1898 年),他是著名的英国自由党政治家,曾经四次出任英国首相。——译者注

漫情怀的神话缔造者和文化爱国者们就已经得出结论：如果威尔士想要维持其过去的光辉的形象，现在最根本的需求就是建立一个民族的图书馆去捍卫文学财富，建立一个民族的学术院去保护大众的习俗，建立一所民族的大学去培养一群自信的文化精英。约洛·莫根威格之所以在 1792 年建立吟游诗人大会就是为了把它打造成一种对历史进行重新想象的工具，同时也为了推动这个民族在一场激进的自由氛围内的重生。1776 年，"爱国主义"（*gwladgarwch*）这个词出现在威尔士语中。在 1789 年这样一个反叛的年代里，威尔士语中出现了"民族性"（*cenedligrwydd*）这个新词。但是，在还不到两代人的时间里，也就是 1848 年之后的通常被称作"民族的春天"的这个时期，民族主义（cenedlaetholdeb）这个更加重要的词语进入到政治学的话语中。《我的父辈的土地》（*Hen Wlad fy Nhadau*）这首歌是在 1856 年由两位庞特普里斯的爱国者谱写的。从 19 世纪 70 年代中期开始，它在民族庆祝节大会上成为（威尔士的）国歌。在维多利亚后期，威尔士的期刊上到处充斥着诸如"威尔士必须相信自己"以及"民族觉醒的精神"这样空洞的说教。罗伯特·安布罗斯·琼斯[Robert Ambrose Jones，其吟游诗人别名为艾莫瑞斯·阿颜·伊万（Ambrose ap Iwan）]了解当时欧洲的情况，这刺激着他产生了把威尔士看作一个"民族"的想法，并且他还为威尔士语创造了"自治"（*ymreolaeth*）这个词，同时他还谴责了威尔士人奴颜婢膝的可怜行为。在颇具争议的 1891 年人口普查中，一位与调查署长同级别的人士批评了威尔士人的声誉，他宣称讲威尔士语的人都是说谎者和骗子。老斗士迈克尔·D.琼斯（Michael D. Jones）于是迅速动员公众的支持。到这个世纪末，大约有 100 万人讲威尔士语。我们完全有理由相信，无论在数量上还是在社会上，这个本土的语言有潜力在诸如政治、法律、科学以及传统领域——家庭中、工作场所中、礼拜堂中以及民族庆祝节大会中——这样具有竞争性的空间里成为一种有影响力的因素。不过，很明显，到 1901 年时，能够讲威尔士语的人口数量已经下降到 50%。威尔士已经出现了两种语言并行于其土地上的局面了。

224

　　尽管大多数人极有可能把自己首先看作威尔士人,但是把自己置于一个现代、统一的不列颠国家的人也不在少数。比如,自由党政治家并不太想为威尔士争取一个独立国家的地位。他们中的一些人挑动着"自治"的概念,但是,大多数人仍然渴望从英国人那里获得自尊并且与英国人平起平坐。在关键的1886—1896年间,青年威尔士运动没能在南威尔士的商业和城市共同体中调动起(广泛的)支持。类似的是,大学运动是由一群激情似火,甚至可以说冷酷坚决的讲威尔士语的自由党人推动的。这场运动的目标是确保第一所威尔士大学学院——1872年在阿伯里斯特威斯滨海区的一处半完工的新哥特式酒店中建立的,并且它依靠着矿工和采石工辛苦挣来的便士和先令勉力维持——能够服务于整个威尔士。但是,沉渣泛起的排他主义力量,特别是南北方之间互相反感的情绪却向这所原本团结一致的威尔士大学袭来。尽管在1893年终于建立起一所能够授予学位、面向全国的联邦大学,并且这所大学把自己规划为"人民的大学",它要"位于威尔士并为了威尔士",但是它的未来却受到了离心主义倾向的影响。

　　一种不列颠性的意识成为威尔士人的重要构成,他们与帝国领导者们共享着激情与梦想,他们参与到道德不光彩的土地侵占、剥削也族以及奴役他人的活动中去。当然,在这个时期,无论是对处于领导地位的威尔士自由党人,还是那些参与到对阿富汗人、祖鲁人以及印度人所发动的不列颠统治扩张战争的战士和海员来说,与帝国冒险活动共进退都是一件非常骄傲的事情,他们并不为此感到羞愧。到维多利亚统治末期,不列颠帝国占据了世界上大陆的五分之一,并且当看起来坚不可摧的维多利亚女王——这位"伟大的白人之母"(the Great White Mother)——在1887年和1897年庆祝她登基50和60周年时,没有谁比威尔士人的欢呼声更加响亮了。亨利・默顿・斯坦利[Henry Morton Stanley,他的真名是约翰・罗兰兹(John Rowlands)]是一位出生于登比郡的曾干下违法乱纪行径的逃兵,同时他还是一名记者。他有着参与殖民活动的热情,因于1871年在坦桑尼喀(Tanganyika)湖

226

225

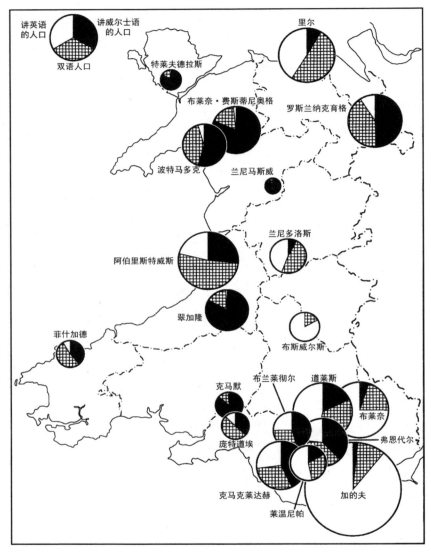

地图9　1891年人口调查第一次提供了关于威尔士语使用状况的相关数据。在100万人口中大部分都说威尔士语，但是在南部威尔士和边境地区的工业和城市区中，双语人口和只说英语的人口占据多数。这幅地图显示了威尔士不同地区语言丰富、多样的状态。（威尔士大学高级威尔士与凯尔特研究中心）

的岸边寻找到了利文斯通博士①而声名鹊起。此后,他又成为艾敏·帕夏营救远征军(Emin Pasha relief expedition)②的英雄。在那群决心参与到不列颠新的帝国民主制的人中有一位教育家兼作家 O.M.爱德华兹(O. M. Edwards),他一方面寻求"重建这个古老国度的旧日荣光",为有理想的群众(gwerin)创办可读性较强的杂志;另一方面,爱德华兹又号召他的国人享受这一伟大的帝国事业,他依然坚定地认为威尔士应该出现在儿童书籍地图上的红色区域之中③:"我亲爱的孩子们,尊重这面旗帜(联合王国国旗),"他提醒年轻人,"这是一面美丽又古老的旗帜……当你每天在祈祷时,你要牢记你是大不列颠之王统治下的子民。"

1900 年,苏格兰人基尔·哈迪(Keir Hardie)被梅瑟的人民选举到国会去代表他们,他也成为第一个来自威尔士的苏格兰裔国会议员。一年之后,维多利亚女王——在她漫长又深受爱戴的 64 年统治中,她在威尔士只待过七晚——去世了。我们可以说这两个事件没有联系,但是,两者在各自发展路径上都标志着一个时代的结束。

---

① 戴维·利文斯通(David Livingstone, 1813—1873 年)是著名的英国探险家。他的一生都献给了非洲的探险事业,1871 年,由于长期没有利文斯通的消息,《纽约先驱报》组建了由亨利·默顿·斯坦利作为领队的搜寻小组。在发现利文斯通之后,斯坦利与利文斯通一起在非洲探险。——译者注

② 艾敏·帕夏是赤道几内亚的统治者,当时他正受到伊斯兰马赫迪起义者的围攻。亨利·斯坦利领导的欧洲远征军在 1886—1889 年穿越非洲大陆最深处去营救艾敏·帕夏,营救军本身也伤亡惨重。——译者注

③ 在 19 世纪的不列颠制作的世界地图中,不列颠岛及其在世界范围内的殖民地经常用红色标示出来。——译者注

第七章　威尔士觉醒?
(1901—2006)

　　在历史上,只有几位英国君王能够在轻松取得成功的同时还保持着平易近人的风格,爱德华八世国王就是其中之一。1936 年 11 月,在一片欢呼声、圣歌吟唱声,乃至屈膝崇拜的场景中,这位富有魅力的花花公子造访了萧索败落中的道莱斯钢铁工厂。这是一座如同火红色迷宫的工厂,自它在 18 世纪后期开工后,梅瑟城上空的天际就一直被它照亮,这种情况持续到爱德华八世到访前不久。这位国王突然意识到:贫困、营养不良、失业所造成的社会伤痛需要抚慰,但鲍德温政府却束手不管。国王行进在人群中,他与群众握手致意,同时又难掩自己的震惊与不满之情。我们有理由相信,当时他喊出的"有些事情必须做一做了"(something must be done)这句话是出自本心,而这句评论也进入到威尔士工人阶级历史的民间传说之中。然而,他终究什么也没做。在 10 月 19 日的短暂统治后,为了迎娶一位曾经离过两次婚的美国人,爱德华八世退位了。对于南威尔士煤田区的成年男性来说,他们已经遭受失业和经济萧条之苦很久了,爱德华的这个故事不过让他们进一步确信,无论是国王还是政府对于他们的困苦毫不关心。

　　与之相反的是,公众的情绪到第一次世界大战之前却发生了明显的改变。所有的证据都指向一种生机勃勃的物质繁荣景象,还有一种

图 39　大卫·劳德·乔治虽然于 1863 年生于曼彻斯特，但他是一位无可置疑的威尔士人，并且他曾经担任过财政大臣（1908—1915 年）和首相（1916—1922 年）的职务。他是一位杰出的演说家，他曾经宣称：“一位装备齐全的公爵的花费跟维护两艘无畏战舰的费用一样多。公爵正像一个恐怖分子，而且他们存在的时间比恐怖分子还久。”①（威尔士国立图书馆）

高昂的精气神的存在。威尔士人的精神亢奋又充满自信。1901 年，《威尔士邮报》的编辑如此充满深情地评价威尔士经济的前景：“（威尔士）是女王统治下最具光彩的、最文明的地方……在这里，黑色的矿产　228

① 这句著名的评价是劳德·乔治于 1909 年在上议院发表的，它是针对上议院的贵族对自由党改革的阻挠而说的。当时英国政府需要花费 300 万英镑制造新的无畏战舰以应对德国的海军扩张。——译者注

流入加的夫、纽波特、斯旺西和拉内利的周围。各国的商船正在那里等待着它们的到来,矿产将随之运往地球最遥远的各处。"作家们将威尔士的矿工神话为一群热心肠的、情操高尚的英雄,他们象征着国王的煤炭所取得的辉煌成就。到大战前夕,南威尔士煤田区雇用了 23.3 万名矿工,他们每年能生产 5 680 万吨煤。煤炭工业的持续发展加速了人口的增长,并且如人们所预料的那样,新一代企业家也在成长。1902年,令人相当畏惧的阿尔弗雷德·莫里茨·蒙德爵士(Sir Alfred Moritz Mond)在克莱达契(Clydach)开办了世界上最大的镍制造厂,这笔投资很快就产生了效益。但是,煤炭生产仍然居于中心地位。"无论是在和平还是战争时期",劳德·乔治喊道,"国王的煤炭都是工业生产中至高无上的主人。"生产的方法在迅速变化,并且在一些具有全球意义的中心地区,人们的生活节奏也在加速。1905 年,加的夫达到了城市的规模。如果说它"迎着波浪畅游,那么世界(看起来)就在它的脚下"。所以,看起来没有什么力量能够阻止威尔士的前进。

在政治领域,还是存在着很好的理由去乐观面对。自由主义者正在披荆斩棘一路前行,他们的领袖们强烈地希望自身能够在不列颠的框架内受到认可并获得平等的地位。当时的劳工运动参加者不多,但是正在蓬勃发展,他们的领袖们也感到新的黎明正在显现。当时的氛围仍然强调"为了威尔士的自治"(Home Rule for Wales)这一口号,但是,享受不列颠帝国所带来的自豪感与对自治的追求能够融洽共存。到 1911 年时,有超过 100 万人讲威尔士语。像 O.M.爱德华兹这样的自由党爱国者对印刷词汇(printed words)①大加利用,这是具有深谋远虑的做法,因为,在他们看来,威尔士民族所丢失的荣光要靠印刷词汇找补回来。克里斯托弗·威廉姆斯(Christopher Williams)认为1911 年威尔士王子的加冕典礼带来了一次全新的民族特性的体验,所以,他在《威尔士觉醒》(Wales Awakening)这幅惊人的画作中表现了

---

① 印刷业带来了用词规范,弥补了口语词汇使用中的差异性,所以印刷词汇也被称为"民族主义的建筑师"。——译者注

图 40 克里斯托弗·威廉姆斯（1873—1934 年）生于麦格斯特（Maesteg）。1911 年,他受乔治五世的委托为威尔士王子的卡那封加冕仪式绘制一幅纪念画作。在同一年,他开始绘制上面的这幅作品《威尔士觉醒》（*Deffroad Cymru: Wales Awakening*）。这幅作品表达了爱德华时代正在不断成长的民族情感。（卡那封市议会）

新近产生的乐观主义扩张情感。根据 1907 年的皇家敕令，人们在阿伯里斯特威斯修建了威尔士国立图书馆并且在加的夫修建了威尔士国立博物馆。它们是威尔士的第一批民族建筑，它们之所以名扬四海不仅因其建筑样式之美妙，而且它们成了威尔士文化无与伦比的宝库。甚至天意（Providence）看起来也在向威尔士人报以赞许的微笑。在 1904—1905 年，威尔士响应了宗教复兴的呼声。"射向我们，主啊！"（Bend us，O Lord）①这样虔诚的呼声像野火一样在城镇、在乡野间四处蔓延，同时信徒们确信奇迹之事正在徐徐展开。这是一个急促变动的社会，也是一个以男性为主导的社会，只有强烈的个性才能吸引人们的目光。当激情似火的宣传家劳德·乔治在讲坛上发表演讲时，他用尽所有的激情，如同一个布道巨人（pulpit giant）。就在这一时期，还有一位充满激情的社会主义者基尔·哈迪。对于那些正代表工人阶级利益并且追求社会平等的人来说，哈迪是他们的偶像。在这个群情亢奋的年代里，古怪的行为反而受到珍视。罗伯特·斯库菲尔德·米尔斯[Robert Scourfield Mills，又名亚瑟·欧文·沃恩队长（Captain Arthur Owen Vaughan），即欧文·罗斯克梅尔（Owen Rhoscomyl），或称作"基德"（the Kid）]这位言语放肆的吹牛大王写出了《威尔士历史中的火焰搬运工》（*Flamebearer of Welsh History*，1905 年）一书。在这本畅销书中，作者着力刻画了 1909 年在加的夫举办的民族盛会中的精彩场景。这种令人陶醉的活动传播到了体育赛场上。生于奇克（Chirk）的足球运动员比利·梅雷迪思（Billy Meredith）成为在"人民的游戏"中诞生的第一位超级明星。就在同一时期，另一位才能出众但同样古灵精怪的守门员利·里奇蒙德·罗斯（Leigh Richmond Roose）也受到了大批羡慕者的追捧。1905 年在加的夫的阿姆斯公园（Arms Park），威尔士橄榄球国家队顶住了超强的压力，他们征服了曾经战无不胜的新西兰"全黑队"（All Blacks）。一些悲观主义者（Jeremiahs）——应

①　1904 年，年仅 26 岁的威尔士矿工伊万·罗伯茨（Evan Roberts）为精神觉醒而祈祷。"射向我们，主啊"是他的一句名言，其含义是上帝的精神之箭在射出之前，应当首先倾斜拉满弓弦。——译者注

该承认他们人数不多——预言末日（a day of reckoning）要来了，但是绝大多数社会评论家则沉浸在这个时代的享乐生活之中，并对他们国人的成功欣喜不已。然而，正如我们将要看到的那样，从许多方面来说，20世纪早期的这种乐观主义只是一些表面现象。他们被经济繁荣的景象给迷住了，同时他们又发现威尔士出乎意料地出现在世界的舞台上，由此威尔士人在无意间产生了一种幻觉：一切都是美好的。

在描绘威尔士历史过程中，要想把像20世纪这样复杂、骚动的时代给说清楚可不是一件容易的事情。档案材料——个人卷档、书籍、报纸、口头证据、广播和影像资料、网站——的数量之多、质量之好都远超以前的时代，可以说简直到了令人惊愕了的地步。因此，我们现在要把讨论聚集到四个具体又互相联系的主题：社会和经济变迁；战争与和平；文化结构以及政治形态。

在1914年之前威尔士的浮光掠影之下，我们要想了解经济和社会的现状并非难事，但是爱德华时代这些人的狂热情绪明显有问题。第一，威尔士工业基础的阿喀琉斯之踵就是它未能大力发展第二产业。尽管煤炭出口处于繁荣状态并且取得了不错的效益，但是东南和东北威尔士过分依赖单一产业则意味着其基础设施建设存在不足，这在面对国际对手的激烈竞争时就会显得非常脆弱。同时，这也意味着威尔士被关在了"声势浩大的国际工业学习竞赛"的门外。煤矿主和钢铁厂主们坚持过时的经营策略，他们厌恶多样化生产，在丰厚的利润面前裹足不前。第二，则是威尔士人口数据呈现出越来越严重的不良分布的情况。威尔士面临着工人阶级家庭以及一大波来自西部郡的移民的涌入。工业和城市地理分布由此迅速变化，但是威尔士在面对世界需求新变化时，却无法引入新技术，也无法提供新的工作前景，所以它也不能在机遇面前给予良好的回应。第三，爱德华时代的威尔士呈现出高度的不平等状态。大部分的工人阶级生活在狭小、拥挤的房屋内，无法享用到厕所、浴室和管道热水的便利。他们的工作都属于劳动密集型。无论何时，当一家之主沦落到失业的境地时，他会发现需要喂养的人口

232

图 41 1905 年 12 月 16 日,在加的夫的阿姆斯公园 4.7 万名球迷面前,威尔士边锋泰迪·摩根的一脚射门让威尔士橄榄球 XV 队击败了战无不胜的新西兰"全黑队"。《西部邮报》称它为"在足球赛场上,有史以来两支代表队之间所进行的最为艰苦、最为激烈、最为有力的一场比赛"。(威尔士国立图书馆)

如此之多而超出了他的能力。没有疾病补助费去保护失业者。婴儿的死亡率之高已不可避免地成为习以为常之事。在最穷困的社区中,数以千计年幼的儿童——按照虔诚之人的看法——过早地"去见耶稣"。那些幸存下来的人则很少能够活到 14 岁这样入学的年纪。尽管白喉、麻疹和猩红热卷走了许多人的性命,但是最大的杀手还是肺结核这一"白色大瘟疫"。平均来看,八个人中就有一个死于这位死神之手。它的致命性在乡村中感受得最为真切,特别是在西部的乡村群落中:在 1915 年的加迪夫,关于婴儿死亡、失明、精神失常和龋齿人数的记录上数量之高令人揪心,人们将这里称为"这处令人震惊的落后之地"。妇女们仍是二等公民,她们经常患上肺结核或者因难产而死。对于那些活下来的人来说,生活就是一场每天都在进行的战斗,她们要想方设法让自己勉强苟活于这世间。

在创建不列颠福利国家过程中,三位大功臣——劳德·乔治、安奈林·比万(Aneurin Bevan)和詹姆斯·格里菲斯(James Griffths)——都是威尔士人。这并非偶然,因为威尔士人民越来越强烈地渴望能够从一个自由的、保障充分的福利体系中获益。劳德·乔治坚定地追求一种以阶级为导向的战略，他认为建立在国家福利的条款规定之上的这个战略应该能够促进不同人命运的改善。由此，他也成为一位万民称颂的人物，他完全配享屹立于社会改革家的万神殿中这一地位。劳德·乔治从不做贵族和地主们的朋友，他在一系列令人眼花缭乱的演讲中揭露了富人阶层所享有的各种荒谬的特权。1908 年，他提出一项《老年人工资法案》（*Old Age Pension Act*），这项法案将为年满 70 周岁的老人每周支付 1—5 先令。1909 年，他那充满争议的"人民的预算案"（People's Budget）[1]激怒了贵族并造成了宪政危机。同一时期，（建立在德国模式基础上的）国民保险法案（National Insurance Act）也在 1911 年引入，它成为福利立法的一道分水岭。在他的追慕者眼中，这位"威尔士男巫"白璧无瑕。劳德·乔治于 1916 年担任首相职务后，他扩大了薪资与失业保险条款适用范围，并且还为大型房屋建造计划设立基金，这都进一步提高了他的声望。正如劳德·乔治在大战期间成为民族胜利意志的象征那样，他也体现了一种对社会正义更加广泛的追求。

大战所带来的意外之财很快就消失了，因为在这时，国际煤炭贸易竞争、对石油需求的大增（至少海军部是这样的）以及出口贸易的衰退等不利因素纷纷袭来，这给乐观主义精神蒙上了一层阴影。随着 1922 年的"戈戴斯之斧"（Geddes Axe）[2]——堪比达摩克利斯之剑——带来了公共支出的大量削减，人们的心情更加沉重了。大批的煤矿工人——在 1920 年有 27.1 万人——现在发现他们进入到了一个经济衰退的时期，这让他们感到迷惑不解又难受不已。钢铁工业也进入了艰难时刻：规模庞大、历史悠久的凯法斯弗工厂在 1921 年关门歇业。随

234

---

①　指 1909 年财政大臣劳德·乔治与贸易委员会主席温斯顿·丘吉尔所提出的议案。这项改革议案包括对富人增加高税收以及激进的社会福利计划。这是一次在英国公共舆论中对财富进行再分配的议案。——译者注

②　"戈戴斯之斧"是指，在 20 世纪 20 年代，由埃里克·戈戴斯爵士（Sir Eric Geddes）领导的国家支出委员会为了减少联合王国政府的公共支出所推行的政策。——译者注

着国内外需求的崩溃，泰非河谷的毛纺厂也遭遇类似的情况。建筑业的繁荣在 1924 年结束了。妇女们在大战期间对新的工作机会所燃起的期待也被浇灭了，她们再次被厨房、洗涤盆、轧棉机、前门台阶牢牢地束缚住。对于那些从西部前线活下来的人来说，他们不但感受到了全球经济力量的严酷，还要面对着来自威斯敏斯特的面无表情的政客和官僚们不称职的行为乃至铁石心肠，这一系列的因素联合起来正残酷地扼杀着他们的期待。从 1925 年起，失业率以脱缰之势飞速攀升，并且在 1929 年华尔街崩溃后，南威尔士的许多地方都成了"依靠救济过活"最严重的地区。除了北方爱尔兰部分地区，两次大战之间的威尔士比不列颠的其他任何地区的失业率都要高。

修正主义史家则提醒我们，不是所有的威尔士地区都在萧条岁月中病入膏肓，并且贫穷的程度在各地差异很大。城市共同体有着更多元、更灵活的职业结构，它们能更好地经受风暴的袭击。凭借着更充足的可支配收入，在兰迪德诺、加的夫、斯旺西和腾比（Tenby）等地的中产阶级能够买得起摩托车和电器物品。到 1938 年时，威尔士有 81 320 辆有执照的私人汽车以及 24 375 辆摩托车。在威尔士东北部，制钢业、房屋建造业和人造纤维生产提供了就业岗位，增加了人们的收入，这里成为人口净流入地区。甚至在南威尔士煤田区，小范围的繁荣景象也能够看到，特别是在西部边区的以无烟煤和合金制造为基础的行业里更为明显。虽然在 1935 年梅瑟的失业率达到 51%，但是在安曼（Amman）河谷这一比率不到 14%。在两次世界大战期间，斯旺西因大量增加的无烟煤出口而成为重要的受益地区。人口流动性的不断增强也意味着旅游景点的日子不错。

235　　但是运行良好的地方终究是少数。在城市和乡村中，在经济衰退下受到伤害的人口数量之多让人不安。没有什么比这样一种观念更加罔顾事实了：乡村威尔士与经济萧条绝缘。世袭地产保有人（freeholders）在大战之后的确从出售乡绅地产中获益。每当佃农们从这些小暴君的财产中购买到一份地产时，拍卖会的现场都会发出响亮的庆祝声。这些统治阶级在丧失自己的社会功能之前曾经对无产者造成了伤害，如今在他们行将就木时，我们对这种喜悦的呼声不应该太过苛责。业产所有人（owner occupiers）的数量在 1909—1943 年期间增加了四倍，但是随着 1918 年和平的归来，农业的繁荣局面结束了，随之而来的是经济的萧条，而那些曾经从土地出售热潮中获利的农民们的脸上也不再挂着笑容。随着不列颠成为国际粮食过剩的倾销地，农产品价格飞速跌落。与归来的战士们一样，农民们充满哀伤地谈论着"痛苦的背叛"，他们的命运现在要受到自由市场的摆弄。尽管 1933 年成立了牛奶营销委员会并且在一年后推出的肥牛补助金给获利带来了可能性，但是许多农民已经作了最大限度的抵押贷款，他们对于那些西装革履的"专家"向他们鼓吹的改善草地和牲畜品质的方法的怀疑已经到了病态的程度，他们不愿意轻易去尝试。他们也不准备在机械上投资：到 1939 年时，威尔士的拖拉机数量不到 2 000 台。农业工人们生活在比猪圈稍好的棚屋中，他们拿的工资比最低工资还要低，所以他们开始纷纷前往美国和加拿大，其数量之多对本地社会造成了难以挽回的破坏。在两次大战期间的乡村地区四处可见疾病蔓延、压榨和人口过早死亡的境况。由于地方当局做事拖沓并且不愿增加开支，肺结核发病率仍然高得离谱。由自由党国会议员克莱蒙特·戴维斯（Clement Davies）领导的调查委员会对威尔士的《反肺结核法案》（*Anti-Tuberculosis*）执行情况进行了探查。他们在 1939 年出版了一份指辞严厉的报告，从字里行间中我们能够看到一种深深的羞愧和愤怒的情绪。

即使有再多的修正主义也无法改变这样一个事实：在经济萧条的艰苦岁月中，南威尔士煤田区的芸芸众生也遇到了极大的痛苦。这个地区曾经盛产质量上佳的动力煤，还向全世界供应高品质的钢制品，但现在却因为一场空前的社会-经济痼疾的爆发而衰落下去。统计数据展现了一个前景暗淡的故事：在 1921—1939 年间，241 处煤矿倒闭。道莱斯——这处钢铁工业的擎天柱——也在大战之后由于经济下行压力而步履蹒跚，并且最终在 1930 年认输歇业。其他规模更小的钢铁厂和制马口铁手工作坊也纷纷倒闭。到 1930 年 7 月，失业率飙升到

236

27％,并且接下来是更艰难的未来。在一些处境艰难的地区,这一比率达到了一个灾难性的高点:在1932年,布拉那(Blaina)的已投保人口中有93％的人处于失业状态,而到了1936年,在梅瑟的有劳动能力者中有61％的人口处于类似不利的局面中。其中一些最令人感到心酸的悲惨场景被电影制作者记录到了现实主义的纪录片中。他们把镜头对准了失业的排队人群、饥饿的游行者以及施粥厂。最令人难忘的就是拉尔夫·邦德(Ralph Bond)的电影《我们生活在今天》(*Today We Live*, 1937年)中的场景:失业的矿工用双手清理煤炭并且用木耙聚拢被风吹散的煤渣堆。那些尚能在煤矿挣一口饭的人则很早就明白,这一产业的运作伴随着对工人人身安全的漠视与不屑。"煤炭上沾血,煤炭上将一直沾满了人的鲜血。"一位生于英国并居于尼斯(Neath)河谷的矿工伯特·库姆斯(Bert Coombes)如是说。1913年10月14日,在辛格亨尼斯的通用煤矿(Universal Colliery)发生了一场让人久久难以忘怀的惊天大灾难,当时有439名矿工失去了生命,他们撇下了自己的妻子和尚需抚养的幼儿。调查结论称其为意外死亡,不过是一种引人侧目的掩盖事实行为。另一场类似的事件同样引发了公众的愤怒。1934年9月22日,一场爆炸将登比郡的格雷斯福德煤矿(Gresford Colliery)炸烂,266名工人因此殒命。这是东北威尔士煤田区发生的最严重的一场灾难。调查进行得粗糙又混乱,煤矿管理层被免于指责。在此后的许多年里,在矿坑已经被关闭的地方,居住在那里的人们依然要与危险、痛苦和死亡作斗争,依然要面对疏忽与错误所带来的恶果。1966年10月21日,一处废渣堆以雪崩之势将阿伯凡(Aberfan)的一处挖矿村吞没,144人死去,其中包括116名学龄儿童。那天的事故仍旧在威尔士人民的记忆中燃烧着,这不仅是由于无辜者的惨死,更是由于国家煤炭委员会(National Coal Board)拒绝为此承担责任。

237　　经济的衰退在两次世界大战期间造成了严重的人口问题。在南威尔士,人口出生率从1920年的29‰猛然滑落到1940年的15‰。同时还伴随着如同圣经中《出埃及记》那般的人口东迁。有些人的迁移是自愿或者在他人的帮助下完成的,有的则是被迫迁离,但其结果却是造成了威尔士失去了大批年轻的、富有才干的人群,这是一批关键的力量。在 1920—1939 年间,超过 50 万人离开威尔士到密德兰(Midlands)、东南英格兰或者海外去寻找工作。没有哪部诗歌选集像伊德里斯·戴维斯(Idris Davies)的《威尔士的不毛之地》(*Gwalia Deserta*,1938 年)起的标题更加恰当。那些离开的人则时常心中充满失落感、漂泊感和疏离感。在他们之中,有数千名年轻的威尔士女孩去伦敦做家庭仆役。小说家格温·托马斯(Gwyn Thomas)将这场大规模的外迁移民潮称作"一场车轮上的黑死病"。这一说法虽然夸张,但有一定道理。

有必要回顾一下政府的看法。在这些年里,当局认为经济的波动是不可抗力,它超出了人所能控制的范围。甚至在经济学家 J.M.凯恩斯(J. M. Keynes)于 1936 年呼吁建立大型公共劳动计划后,鲍德温的保守党政府以及一些持怀疑态度的公职人员也不愿意为了这些人进行干预,因为在他们眼里,生活在这一地区的人们有着恶劣的声望,他们好勇斗狠,这里还盛产社会主义者以及其他不良习俗。当时推行的是通货紧缩政策,即使这造成了大规模失业和人民的痛苦也在所不惜。有种观点认为,与当时富兰克林·罗斯福在美国推行新政以刺激经济增长的计划相比,不列颠政府更倾向于向失去工作的失业者提供资助的办法。这种观点也不无道理。当时的南威尔士好像一间温顺听话的实验室(passive laboratory),人们在这里推行了一些既粗糙又考虑不周的实验。比如,把过剩劳动力转移到英格兰其他地区的策略受到了强烈的反对。1934 年的《特别地区法案》(*Special Areas Act*)①制定以后,这一法案却没能提供充分的资源来改善结构性的问题。安奈林·比万对此持批评态度,他将这一政策称为"一场毫无意义又空洞的闹剧"。

然而,如果你要是认为,政府的惰性阻碍了南威尔士工人阶级的热情与意志,那你就错了。的确,长期的失业状态"消灭"了年龄偏六的男

238

---

① 《特别地区法案》主要针对不列颠境内失业率最高的地区进行资助,这里面包括南威尔士、南苏格兰等地。根据法案成立的委员会负责将 200 万英镑资助款发放到地方以促进地区经济和社会福利的改善。1937 年,该法案被废止。——译者注

性,但是在这个萧条的时代里,我们看到的是"思想单纯、信仰纯正的民众的勇气"。历史学家格兰摩尔·威廉姆斯(Glanmor Williams)在道莱斯长大,他曾经提到工人阶级们"愿意把自己的最后一块面包皮分享给他人,他们有着惊人的勇气,他们在逆境中能相互扶持"。他们可完全不是一群麻木不仁、清心寡欲的旁观者。接连几届政府应对社会问题的政策都令人遗憾,工人阶级对此以怒吼表示反对。他们还积极组织起来以改善自己的生活品质。地方医学治疗协会提供了医疗帮助。例如,特里迪加医学治疗协会在 20 世纪 20 年代满足了当地城镇人口大约 95％的医疗需求,并且这刺激了安奈林·比万发表演说来阐释医疗服务中的不公平现象,像贵格派教友和救世军(Salvation Army)这样的志愿者群体也帮助病患减轻痛苦。但是,如果有一个群体在生活中值得更好地对待的话,那就是南威尔士的妇女们了。在家中,她们精力充沛并且韧劲十足:她们秉持着勤俭节约的美德,她们很少出远门并且重视把她们的房屋(包括门前)打扫得一尘不染,甚至极高的死亡率也没有阻止她们对政府的家庭收入来源调查(means test)和劳动力转移政策表达愤怒。1935 年 2 月 3 日,大约 30 万人——人数相当多——参加示威游行以反对家庭收入来源调查所带来的羞辱。妇女们跟共产党员一样在人群中特别活跃。这些工人家庭在这场自发举行的抗争中实现了团结一致,这印刻在了他们的集体记忆之中。

转变以及加速人民的生产能力的想法直到 1945 年才变得明晰起来。工党轻松地获得了大多数人的支持。所以,1945—1950 年以及1950—1951 年的工党政府才能推行一个建立在计划经济基础上的强有力的改革计划,而且这个计划是对公共所有权、充分就业和社会福利改善的一个重大扩展。这届政府证明自己是为数不多的把信念转化成实际成果的管理层之一。就威尔士而言,在诸多文件中,有两个方面至关重要。第一个是推动经济增长和充分就业。艰苦卓绝的战争过程加强了凯恩斯的经济干预理论和社会重建政策的威望,并且促进了关键行业——矿业、铁路、公路运输(road haulage)、港口码头、电力、燃气和钢铁行业——与过去发生了一次惊人的告别。1947 年,当煤炭行业变

239

成国有制之后，一种特别的喜悦之情广泛传播。在煤炭、制铁、制钢和建筑业中出现的新的工作机会使得失业率到 1951 年的秋天已经大幅滑落 3％。随着新工厂——在梅瑟的胡佛（Hoover）洗衣机厂、在庞蒂浦（Pontypool）的不列颠尼龙纺织厂以及兰迪德诺的热点（Hotpoint）电热器公司——的建立，经济呈现了多元化，并且经济中的技术含量也获得提高。在许多评论者看来，一个全新的威尔士正在诞生。

公共舆论中的第二大改变聚焦于健康与福利。早在 1942 年《贝弗利奇报告》①（*Beveridge Report*）中就提出了这一新的观念，它鼓励人们摆脱战争国家（warfare state）的意识，转而寻求建立福利（welfare）国家。工党政府中的两位威尔士人负责建立一个更加公正、更加人道的社会。安奈林·比万和詹姆斯·格里菲斯早先都是矿工，他们的民主社会主义思想在经济衰退的"蝗虫灾年"（locust years）时就形成了。他们都有着接受救济过活的亲身经历，他们都了解穷人和弱者需要从摇篮到坟墓式的保护。作为国民保险事务大臣，格里菲斯引入了新的家庭津贴制度，并且还为受伤或者残障产业工人提供了保护制度。最重要的是，他的国民保险法案（National Insurance Act，1946 年）是受到他所见和所经历的刺激而推出的：

> 并不是安全在毁灭（他们），而是安全的匮乏在摧毁他们。正是对明天的恐惧让意志瘫痪，正是人的希望受到挫败而造成了灵魂的腐蚀。我相信，在逆境中提供安全保障将使我们的人民摆脱昨日的忧虑，并且它将使人们不再担忧明日，而是欢呼新的一天的到来。

格里菲斯绝对是个正直之士，他的目标就是希望看到人们活得更

---

① 1942 年，经济学家贝弗利奇爵士受英国政府委托为战后重建社会保障制度进行构思。第二年，他向当局推出了《社会保险和相关服务的报告》，即《贝弗利奇报告》。这一报告提出了为英国国民提供全方位的社会保障。1944 年，英国政府推出的社会保险白皮书基本接受了贝弗利奇的建议，英国开始了福利国家制度的建设。——译者注

久、活得更好。他那位更加知名、更有趣味的同事安奈林·比万——健康大臣——则天生具有吸引他人的魅力。这位迷人的演说家对托利党人极尽嘲弄和奚落，他还采取给"BMA（不列颠医学协会）精英成员的嘴里塞满金子"的方法而让他们乱了阵脚。此外，比万坚持认为，在1948年7月5日生效的国民健康服务（National Health Service）应当在出现之日起就对所有人免费。在威尔士，比万因其成就而被尊奉为圣人。在这项法律出现以后，对于配眼镜、补假牙和其他福利条款的需求也大量出现。

BRITAIN'S QUADS: First family album picture

图 42　两位威尔士工党政治家——詹姆斯·格里菲斯和安奈林·比万——的作用在于为福利国家的建立打下基础。1948年7月6日，也就是在国民健康服务生效的第二天，他们受到《每日先驱报》的赞美。（威尔士国立图书馆）

　　当保守党在1951年掌权后，他们认为不会再出现20世纪30年代那样的恐怖场景了。因此，不需要冒进，也不要搞什么长期规划。传统的经济基础以煤炭、钢铁为主导，现在整个正在出现的新体系显示经济基础变得更加多元并以服务业为主。直到1973年前，这个时期被称作

"通胀与紧缩交替循环"（Stop-Go Cycle）的时代，这一时期失业率保持较低水平而且生活质量不断提高。农民们的生活也变得从未有过的富足。《山区农业法案》（*Hill Farming Act*，1946 年）和《畜牧饲养法案》（*Livestock Rearing Act*，1951 年）提供援助和补贴，这甚至让山区的农民也能过上体面的生活。与之相反，随着煤炭工业的持续萎缩，第二次"工业革命"的希望则在不断褪色：劳动力人数到 1970 年已经下降到 4.7 万人。不过，投向钢铁业和马口铁行业的资本正在创造新的巨人。在 1947 年威尔士钢铁公司成立后，资本重点关照了以下受益者：1951 年建在马格姆（Margam）的新一代大型工厂以及位于特罗斯特尔（Trostre，1953 年）和弗林德（Felindre，1956 年）的两家新成立的带钢轧机工厂。位于兰温尔（Llanwern，1962 年）的新一代大型斯宾塞（Spncer）钢铁厂，对舒顿（Shotton）的高炉进行大规模投资以及米尔福德（Milford）的埃索（Esso）炼油厂都在显示着一个道理：即使经济的繁荣在 20 世纪 70 年代中期逐渐结束，但是凯恩斯学派的药方却没有消失。这样的进步如果没有伴随着交通设施的改善是不可能的。尽管在 1963 年臭名昭著的《比钦报告》（*Beeching Report*）①之后，整个铁路英里数减半，但是随着 M4 走廊建设②和 1966 年塞汶大桥的完工，南部威尔士经济还是复兴了，并且其与不列颠经济发生了更紧密的联系。白领工人们有理由感谢为应对传统工业岗位消失而作的这番努力。皇家铸币厂迁往兰特里桑特（Llantrisant），并且护照办公室（Passport Office）被安置在了纽波特。此外，交通管理局（Driver Vehicle Licensing Agency）发现斯旺西的莫里斯顿（Morriston）是一处不错的地方。不过，讽刺的是，自打该局前往莫里斯顿后，当地的汽车偷窃案的发生率直线上升。

241

---

①　理查德·比钦是不列颠铁路公司主席。他的《重塑不列颠铁路》，也就是《比钦报告》对英国铁路网络产生了深远的影响。按照他的报告，出于成本和效率的原因，超过 4 000 英里的铁路线被砍掉。——译者注

②　M4 走廊（M4 corridor）是一块靠近 M4 高速公路的区域，英国的高科技企业聚集在这里。——译者注

正如哈罗德·麦克米兰(Harold Macmillan)提醒我们的那样,关键在于人们的生活从未如此美好过。不断改善的医疗与营养条件,小儿麻痹症预防疫苗的接种以及抗生素的使用都提高了人们的预期寿命。郊区建筑、市建住房(council estates)和高层建筑无不显示着经济的繁荣以及中产阶级和工人阶级日渐富裕的生活。各种物质享受和耐用消费品——吸尘器、洗碗机、电冰箱、电话机和电视机——的出现将家庭主妇从长达数小时的辛苦、单调的劳作中解放出来,并且更加强劲的消费能力也意味着更多的汽车(到 1971 年已经上升到 60 万辆)以及更加频繁的海外旅行。当然,更加强烈的攀比心也随之出现。从"摇滚的六十年代"(swinging sixties)开始,性态度和性行为也发生了极大的变化。尽管在一些保守的社区里,性仍然是个禁忌话题,但是年轻一代越来越多的人开始拒绝传统的性道德。在严格的福音派之外,婚前性行为已经没有什么可羞愧的了。非婚生子的比率在不断增加,堕胎也经常可见,并且由于庞蒂浦的议员列奥·阿布斯(Leo Abse)在国会中的努力,同性恋也得到了更加宽容的对待。教育组织方面的变化加速了文化上的革命。为了改变教育投资的匮乏和教育内盛行的不平等现象,威尔士大学在罗宾斯时代之后,打开了大门,迎接一场史无前例的学生扩张。这些大学生们开始喋喋不休地表达着他们对于审查制度、战争和保守派观念的看法。此外,地方当局也开始承担起构建综合学校的使命。1944 年教育法案开始推行的令人恐惧的"11 岁考试"(11-plus examination)①制度造成了阶层分裂,现在则被地方政府取消了。所有这些中最重要的成就是,从 20 世纪 60 年代起,妇女们对自己的生活有了更多的独立权和更大的控制力。更多数量的妇女们出现在工厂、零售店(warehouses)、商场以及专业性工作中的岗位上,这给生活方式带来了变化并且让妇女们对未来有了更多的期待。不过,妇女们大部分在一些低工资、临时性和低技能要求的岗位上工作。正如妇女

---

① 根据 1944 年教育法案,在学生完成基础教育的最后一年时要进行一次考试,根据成绩分配去哪所初等学校。这项政策的名称源自当时参加考试的学生集中在 11—12 岁。——译者注

史家郁郁不乐指出的那样：甚至在这个世纪即将结束时,"旧式的性别等级仍然存在——男人们还是处于等级的顶部"。

在 1973 年,有两件事情的发生预示着"长期经济繁荣"的消亡。1月份时,不列颠成为欧洲经济共同体的完全资格成员。这是一件重要的事情,不过它并未能解决经济管理中的深层次问题。紧随其后的是石油输出国家组织（OPEC）的建立。它在成立后将油价提高了四倍,这给国际经济稳定造成了致命的一击,通货膨胀率飙升,并且在1978—1979 年出现了所谓的"不满的冬天"（winter of discontent）。当时,人们见到的是医院周围布满警哨,死尸被丢在一旁无人掩埋,老鼠们则在堆积成山的腐烂的食物和垃圾中大快朵颐。凯恩斯主义黯然离场。当新右派的旗手玛格丽特·撒切尔（Margart Thatcher）在 1979年执掌权柄后,货币主义的冷风开始在威尔士大地上吹过。战后大多数时候所奉行的"巴茨凯尔主义"（Butskellism）①被抛弃了。现在像弗里德曼（Friedman）和冯·海耶克（Von Hayek）等右翼学者所倡导的贪婪的个人主义价值观取而代之。这一趋势有利于富人和有进取心的人。政府管控政策被取消。在这个美丽新世界中,工业让其自生自灭,或者是蓄意让其因资源匮乏而死。撒切尔时代的追慕者——的确,在威尔士有人因此受益——宣称,她让工业变得更加精简、更加健康、更加有竞争力。此外,工人阶级和中产阶级下层对她表示感谢,因为他们能够以优惠的价格买下自己的住房。在 1979—1990 年间,拥有房屋的业主快速上升了 30％。但是,被关到一个银根紧缩的世界中,威尔士也是要付出沉重的代价的。它打击了失业者群体,损害了繁荣的住房市场,造成了农业和工业的动荡,并且那种将社会团结在一起的社会纽带也被毫不留情地撕碎了。正如我们所了解的那样,威尔士人向来天性倾向于鼓励邻里和睦政策（good neighbourliness）,并且热衷于帮扶弱

243

---

①　1951 年工党政府因为党内在朝鲜战争问题上的分歧而下台。保守党执政后继续坚持工党的经济和社会政策,两党形成共识政治。1954 年《经济学家》杂志用工党大臣盖茨克尔和保守党大臣巴特勒名字各一半形成了一个新词"巴茨凯尔主义",用以描述这种战后共识政治。——译者注

势群体,所以他们嘲讽撒切尔政策之荒谬,说她早把社会是什么给忘得一干二净了。

乡村在撒切尔的"闪电战"中遭受重大损失。农民们面临着沉重繁多的压力。收入快速下降,成本则在飞速上升,变化如此剧烈使得小于50 英亩的农场数量急剧减少。在摸索出路的过程中,人们穿过了官僚程序的障碍丛林以及(欧盟的)共同农业政策。但是,在 1967 年和2002 年爆发了口蹄疫疾病以及 20 世纪 90 年代的疯牛病(BSE)危机,这两次严重事件的发生将农民们又拖入了深渊。持续的压力还来自以下要求的不断出现:采纳有机方法耕作,使用生态项目并且要满足访问者、漫步者和野营者的口味。到 1999 年,整个威尔士的劳动力中只有 5.2%的人口从事农业工作,并且农村共同体中的自杀率是全国的两倍。在 R.S.托马斯的诗歌和凯芬·威廉姆斯(Kyffin Williams)的著名画作中所体现的典型的农民时代已经结束了。乡村居民普遍发现,他们在猎狐、风力涡轮机技术乃至乡村商店和邮局关闭所造成的社会和文化问题上存在着深刻的分歧。最严厉的批评集中在对年轻人和低工资者的机会与财富的不平等所造成的影响上。内部迁徙在撒切尔时代之前就存在了,但是却在她的领导下开始走向高潮。随着年轻一代成群结队地离开乡村内陆,富有的迁移者——退休人群、通勤者、第二房屋和度假屋购买者——则利用了自由市场的好处以相当便宜的价格购买财产,他们一般集中在威尔士风景最优美的地方或者在距离曼彻斯特、彻斯特和布里斯托城市不远的地方买下房产。本地人口被非威尔士出生的外来人所替代,他们的财富和收入能力将房屋价格抬升到远超过本地低收入人群的购买力水平,一个社会学家将之称为"移动的百万富翁"。愤怒的语言活动家们(language activists)在著名的地标景点处插上了一幅幅挑衅性的标语,比如,"威尔士不卖"(*Nid yw Cymru ar Werth*)和"保护领土"(*Dal dy Dir*)。并且,在乡村地区,人们每天的对话中也不断地提到"本地人"、"外来者"和"白人定居者"。

随着北海石油的丰产,紧张的财政政策得到缓解,于是保守党暗地里关掉了那些汩汩冒烟的低技术工业,并且这些工业凭借着自身的势

244

力与影响力而缔结的联盟也一并被保守党给夺走了。1984—1985 年的矿工罢工是一次痛苦的经历，它最终导致了大批矿坑被关闭。到 1992 年时，南威尔士只有四处煤矿还在运作。三年之后，在希尔沃恩的高塔煤矿（Tower Colliery at Hirwaun）被工人们从不列颠煤炭公司（British Coal）手中买了下来，这是一次对已经被赶下台的撒切尔的挑衅式的回应。其他的重要产业也受到了国际竞争的侵害。钢铁和马口铁行业从 20 世纪 60 年代以来就很繁荣，它在似乎永不停歇的耐用消费品需求的刺激下不断发展，但是在 20 世纪 80 年代，它却在一个反凯恩斯主义的世界中崩溃了：到 1990 年，艾伯河谷（Ebbe Vale）、东摩丝（East Moors）、布里波（Brymbo）、道莱斯和弗林德（Felindre）的制铁业悉数关闭。塔尔伯特港口（Port Talbot）城市中的钢铁厂在它繁盛的时期曾被赞誉为"金银岛"（Treasure Island），但现在却被重新叫作"乞丐城"（Giro City）。一位社会科学家对此很是痛心，遂将他出版于 1987 年的一卷著作冠以《威尔士关门了》（*Wales is Closed*）这样的书名。一种觉醒的情绪明显蔓延开来。随着人们的生活变得更加碎片化、更加漂泊不定、更加原子化，人际网络关系代替了家庭邻里关系。

在一个萎缩的劳动力市场中，经济的调整是一个痛苦的过程，有时候甚至会蒙受耻辱。在不列颠国家里，威尔士处在中等收入集团行列，这让它成为从事电子业、化学行业以及车辆零件装配业的外国投资公司的首选之地。在威尔士发展署（Welsh Development Agency）的帮助下，朝阳行业代替了夕阳行业，特别是在 M4 走廊沿线、阿伦（Alun）、戴西德（Deeside）和雷克瑟姆等地更为明显。到 1991 年，有 6.7 万名工人在外资制造公司工作，它们绝大多数来自美洲、欧洲以及远东，这些公司付给雇员们相对低廉的工资。与之相配套的是公共设施的私有化趋势。医疗保健行业引入了市场原则，并且同样的右派理念意味着综合学校（comprehensive schooling）进入到水深火热的考验中。从 1997 年开始，托尼·布莱尔（Tony Blair）领导下的新工党开始了所谓的"第三条道路"，不过其结果却是那些希望看到财富再分配计划的人陷入深深的失望之中。威尔士以其低技能和低工资的制造业经济享有盛名，

245

这并不值得羡慕。尽管这种经济吸引了外部投资者，但它的自然资源及其潜力利用不足的警钟却持续敲响。在北方威尔士，围绕着 M4 走廊和 A55 公路形成了一片繁荣的地区。不过，在南威尔士河谷地带、东北威尔士以及西威尔士等地，这里的生活却如同一个黑洞，里面隐藏着失业、萧条和低技能工作。所以，1999 年，当威尔士国民议会（National Assembly）成立时，其给自己赋予的使命就是利用欧洲提供的结构性资金为这两个分裂地区的经济搭建起一座桥梁。

在整个 20 世纪，社会-经济发生了重大的变化。按照 2001 年人口普查的结果，与爱德华国王时期的先辈们相比，现在生活在威尔士的 290.3 万人中的大部分要更加健康、更加高大，甚至寿命能够更加长久。土地乡绅不再占据统治地位。社会形态也变得更加多元、更加平等、更加复杂。福利国家、住房改善以及更加多样的消费选择意味着不断涌现的人口享受到了从未有过的富裕生活。被遗弃的船只和工业厂房已经重新焕发生机。随着消费主义的起飞，城外的零售商场也要迎合乘坐汽车而来的顾客的口味。人们对环境和工业污染更加敏感，这意味着在后工业时代的威尔士到处可见绿色空间、森林休闲场所、国家公园、遗产中心和游艇码头。在威尔士，没有哪处地方能比加的夫海湾（Cardiff Bay）和斯旺西海洋码头（Swansea Maritime Quarter）更多地享受到经济复苏带来的好处了，这两处地方从 20 世纪 90 年代中期起就以难以置信的方式在大肆扩张。妇女们在劳动市场上比之前表现得更加卓越。大多数人通过网络和电子邮件能够更好地接触到广泛多样的信息。人们更加强调自己的社会和性关系上的独立性，这也使得性滥交、同居、单亲家庭、离婚、再婚和同性恋比两代之前的人的所作所为更加泛滥。威尔士富人与穷人之间的差距在继续拉大。威尔士议会政府（Welsh Assembly Government）给自己确立了雄心勃勃的计划。他们在《一个胜利的威尔士》（A Winning Wales，2005 年）这份战略文件中表示要消除东西部威尔士之间的经济裂痕。

以上讨论中的许多内容都与战争背景或者对战争的恐惧有关。在

20世纪刚到来时，威尔士的士兵纷纷卷入了一场针对德兰士瓦（Transvaal）和奥兰治自由邦（Orange Free State）这两处布尔人的小型共和国的战争中。这些战争耗时良久并且花费高昂。这群飞奔在大草原上的布尔人虽然在人数上处于绝对劣势，但其灵活应变能力高强并且意志坚定，所以1900年5月的梅富根（Mefeking）解围战虽然吸引了大众的目光，但是要想把这群布尔人的精神打垮却比军事战略家们当初构想的要难得多。媒体对这场旷日持久的游击战进行了密集的报道，并且他们还强调这场战争中使用了装甲列车和集中营，不过威尔士的报纸却发现公众极其渴望获得关于这场战争的图像资料。新闻摄像的出现说明威尔士人非常关注这场战争的动向和进展，并且伴随着敌对状态的持续存在，威尔士人的政治热情再次被点燃。不列颠作为强权领导者的地位在这些"叛徒"布尔人的活动面前变得可笑，并且在1900年的选举中，只有十位自由党候选人批评了战争。最初，在城市和工业社群中，帝国主义之风刮得风头正劲，持有亲布尔人态度的群体主要集中在大卫·劳德·乔治（出于政策的原因）和基尔·哈迪（出于和平主义的原因）等人中。1901年12月，劳德·乔治在伯明翰市政厅差点被愤怒的暴民给私刑处死。当地的工联主义者（Unionists）称他为"最狠毒的反对不列颠的人"。哈迪在他一生中不止一次被当作贱民对待。将亲布尔者的鼻子打出血让工联主义者感到极为满意，不过，发动这场战争耗费了大约2.2亿英镑，正是这样昂贵的荒唐之举才让他们中的许多人收敛了一下自己的沙文主义情绪。战争变得越来越不受欢迎。当疲惫不堪的布尔人最终在1902年5月31日投降时，到处可见宽慰之情。在布尔人投降前不久，索尔斯伯里勋爵写道："所有的战争都是可怕的。"不过，这位勋爵永远不会知道，在12年后的大战中，一场几乎无法想象的恐怖行为以及令人麻木的大屠杀将随之而来。对于那些参加整体战①的人来说，他们将被投入到炮火、炸弹、毒气和各种暴行的炼狱之中，与之相比，屠杀布尔人事件只是一件微不足道的事

247

———————————

① 整体战是第一次世界大战中的一种战术称呼。——译者注

情。事实上,过去在军事行动中常见的趾高气扬的神态消失了不少,因为他们意识到真正大规模的战争是一场可怕的折磨。

然而,当1914年8月4日对德战争开始后,老道的战略家和评论家却很少谈及这会有什么后果。当时普遍的观点是,这是一场必要的战争,它在圣诞节前将取得决定性的胜利。但是,在这场充满敌意的战争结束前,人们还要经历四个圣诞节。在四年的时间里,威尔士人,特别是那些服役人员,投入到了世界历史上的第一次大规模工业化战争中去。成千上万的人在这场武装冲突中致死、致伤、致残。尽管威尔士没有产生当代的安奈林或辛德尔·布雷迪·马维尔去表现战争的痛苦或激励前方的战士,但是他们可以从劳德·乔治的修辞术中获得力量。这位绝顶聪明并长于村舍的律师在推动自由党的事业上表现出将魅力与狡黠合二为一的特质,并且随着战争的爆发,他明白了时代情绪的走向。他的几场激情四溢的演讲中充满了圣言式的祈祷,并且故意歪曲了威尔士的历史解释,他的目的是号召他的国人起来用一种无私的爱国主义精神来迎接挑战。在民族庆祝节大会上,他允诺说,威尔士人古老的战斗精神将给这个位列"五英尺高的弱小民族"(little five-feet high nations)的威尔士以无尽的祝福。他的言论拨弄着追慕者的心弦。来自布雷森西的尊敬的约翰·威廉姆斯(Revd. John William, Brynsiecyn)——被嘲笑为"劳德·乔治的牧师"——是他忠心耿耿的盟友,他对于把这群新兵送往他所认为的"圣战"中毫无良心上的不安,并认为这受到了耶稣基督(Prince of Peace)的支持。当他看到有些人不太愿意挺身而出时,他喊道:"做个男人。为你的国家、你的自由和你的上帝勇敢地站起来!"古老的威尔士谚语"死亡比受辱要好"(*Gwell angau na chywilydd*)广为人知。一些知名的威尔士学者本来被期待着更有智慧,不过连他们也坚持认为,德国人已经把自己的灵魂卖给了撒旦(Lucifer)。1914年,一支新的威尔士陆军师成立,并且在一年后,一支威尔士卫队军团也成立了。从1916年1月开始,所有18—41岁的单身男性都有义务接受军队征召,并且到5月时,这一规定将已婚男性也囊括进来。根据官方记录,其结果就是在战争期间,有272 924名

248

男性(占所有男性人口的 21.52％)在军队中服役。他们中的许多人都在勇敢地战斗着,同时他们还要忍受炮弹持续的轰炸、机关枪扫射的震颤、伤者的哀号声、死尸的腐烂味以及各种变了形的身体。

　　让威尔士的服役士兵感到惊愕的是,他们发现领导他们的将写们持有一些过时的观念来看待现代战争和技术。他们满脑子都是所谓要充满勇气和发动大规模(最终证明是无效的)进攻战这类陈腐的观念,这让成千上万的士兵暴露在索姆河（the Somme）和帕斯尚尔(Passchendaele)的战场上,并让士兵们经历了所能想象的最可怕的状况。大约 3.5 万名威尔士人在大战中丧命,此外还有数以万计的人在战争中受伤或者致残。1916 年 12 月,劳德·乔治成为首相。他在作战指挥中贯彻了力量、勇敢和坚定,证明了自己是个有能力完成任务的人,他也由此获得了声誉。不过,他因为没能赶走陆军元帅道格拉斯·海格爵士(Sir Douglas Haig)而成为他首相生涯中难以抹掉的污点。他对海格在西线战场愚蠢的战略视而不见,并且与他在回忆录里说的相反的是,直到悲惨的帕斯尚尔作战①结果变得清晰之前,他没能解决战争中的经济问题。到这时,这场可怕的灾难已经在主要的战场上折磨人们多时。诗人 R.威廉·帕里(R. William Parry)——他将自己称作士兵中最愚蠢的一位——用辛辣的语言描写了"失去兄弟的痛苦"。在那些倒下的人中包括诗人兼作家爱德华·托马斯。这位将自己看作"真正的威尔士人"(mainly Welsh)的作家在 1917 年死于阿拉斯战役中。另外一位则是威尔士守门员之王利·里奇蒙德·罗斯(Leigh Richmond Roose),在他风光无限时,他被爱慕的球迷们称为"这位奇迹般的大力神"。但是,在牺牲英雄的万神殿中,头把交椅要给予年轻的、讲威尔士语的、来自特兰斯弗内斯(Trawsfynydd)的牧羊人伊利斯·汉弗莱·伊文思(Ellis Humphrey Evans)——他的吟游诗人笔名更为出名:海斯·温(Hedd Wyn)。1917 年 7 月 31 日,他在法国北部受了致命伤。

_____

①　帕斯尚尔战役从 1917 年 7 月 31 日开始,到 11 月 6 日结束,主要是在英军和德军之间展开。此次战役,英军共 7 万人战死沙场。——译者注

249　五周之后,在伯肯黑德(Birkenhead)举行的威尔士民族庆祝节大会上,他被宣布为首席吟游诗人(the chair)这一称号的获得者。首席的空椅子在仪式期间都用黑布覆盖,这成了牺牲的象征。此后,海斯·温成了文化形象:他获得了比其他 20 世纪的诗人更多的挽歌,人们以此纪念这位牧羊诗人。为了向他表示敬意,人们还于 1923 年在他位于特兰斯弗内斯的故居旁边为他竖立了一座精美的青铜塑像并举办揭幕式。他的一些诗歌能够与他那个时代最伟大的战争诗人相媲美:

> 哀叹自己居然生在这个悲惨的世界中,
> 当上帝消失在远处的地平线上……
> 兄弟们彻骨的痛苦撒落在微风中,
> 他们的热血与雨水混杂在一起。

在国内,"做一点微小的贡献"这样的要求到处都是。农民们对此给予热烈的响应,他们把荒弃的土地也变成了耕地以增加粮食产量。当作战部的订单涌来,威尔士的纺织工业呈现出前所未有的繁荣景象。对于煤炭和钢铁的需求似乎永不枯竭,并且在这些增加的工作机会中妇女成为受益者之一。随着性别门槛暂时降低,妇女们抓住机会穿上裤子并且干上了原来只向男性开放的工作。她们的作战热情获得了动力,有些妇女变成了兵工厂女工,干上了工程类的工作;有些人则到工厂车间工作;还有些妇女成为女列车员、女警察或者邮局工作人员。1917 年成立了妇女土地服务队(Women's Land Army)。很快,威尔士的农民们发现,这些乡村女孩在乡间地头,在马铃薯地块上,乃至在照料牛羊方面都是热情洋溢的好帮手。通过担任救护工或者护士的工作,她们亲眼看到了战争给生命带来的痛苦和死亡这样的悲剧。那些在救济院工作的妇女们同样受到了震撼。她们看到了神志错乱的士兵:他们被奇怪的梦和噩梦缠绕,以至于患上了长期忧郁症和精神绝望。在被迫与丈夫分离的岁月中,已婚妇女们努力与粮食短缺和贫困作斗争。1918 年秋天的流感疫情让营养不良的儿童变得更加脆弱。

图 43　年轻的梅里奥尼斯牧羊人伊利斯·汉弗莱·埃文斯（海斯·温□□
1917 年 7 月在庇利金山脉（Pilkem Ridge）去世。此后不久，他因诗歌《这位
英雄》（*Yr Arwr*）而在伯肯黑德举行的威尔士民族庆祝节大会上赢得了首席
诗人的称号，而诗人的去世则成为大战恐怖的象征。1923 年 8 月 11 日，由列
奥那多·梅里菲尔德（Leonard Mirrifield）打造的纪念塑像在他的故乡特兰
斯弗内斯揭幕。（威尔士大学威尔士与凯尔特高等研究中心）

只要战争在继续，她们就要日夜担忧作战部发来的电报，因为这有可能
包含着其丈夫或某位亲属丧命的坏消息。因此，大战并没有怎么提高
"新妇女们"的地位。随着和平的到来，她们很快又被政府赶回到家庭
事务中去了，并且需要她们尽可能多生些活蹦乱跳的孩儿以弥补消失
或者致残的这代人的损失。

　　当然，不是每个人都对教训德国皇帝充满热情。那些与德国有联
系或者被认为不忠诚的人会被人们投以警惕的目光，有时候甚至会受
到毫无怜悯的对待。德国学者赫曼·埃特（Hermann Ethé）对语言的

250

理解能力令人惊讶,这一点恐怕只有他在饮酒上的海量水平才能与之媲美。就是这样一个人被称作叛徒,并且被一群手持米字旗的愤怒的暴徒赶出了阿伯里斯特威斯。针对爱尔兰共和派的敌意同样剧烈。在1918 年复活节起义之后,包括迈克尔·柯林斯(Michael Collins)和迪克·马卡尔希(Dick Mulcahy)在内的 1 800 名爱尔兰人未经审判就被关在梅里奥尼斯郡弗隆戈奇(Fron-goch)的一处营地里。不过,这一行为却对政府产生了新的伤害,因为有一批信仰最坚定的新教不从国教群体在夸耀他们成为培育爱尔兰革命者的肥沃的园地。在那群不愿意把自己打扮成不列颠爱国者的人中,有一些是因为要脸面或者受威吓而应召入伍的人士,还有一些人则反对征兵制度或反对战争,这些人被称作“软骨头的懦夫”。在“把德国人赶出去”这样的宣战呼声发布后不久,基尔·哈迪在阿伯德尔(的演讲)就因听众喝倒彩而被迫停止。伊泰尔·戴维斯(Ithel Davies)是一位来自蒙哥马利郡的农业劳工。当他被拘禁在莫尔德时,他受到了严格的管束并且被监狱官痛殴了一顿。乔治·梅特兰·劳德·戴维斯(George Maitland Lloyd Davies)先前是一位士兵,他曾经在四处不同的监狱中受到关押。戴维斯在威尔士皇家燧发枪团(Royal Welsh Fusiliers)担任军官时曾被授予一把剑。他将这把剑重新锻造为一柄镰刀并在他位于伦敦的和解协会(Fellowship of Reconciliation)的办公室里公开展示。在威尔士,一些重要的威尔士语作家——D.格温纳特·琼斯(D. Gwenallt Jones)和李维斯·瓦伦丁(Lewis Valentine)——由于战时的经历影响过深,以至于他们的生活再也没有恢复到从前那样。其他人无力哀伤,也表达不出那些无法言表的情感,他们只能将自己的痛苦与悲哀默默掩埋。

通过一种特别讽刺的方式,大战也能够制造出一些重要的人物并让他们为前途寻找新出路。尽管战争让成千上万的人失去了性命,但是它在一些情况下也激发了人们的斗志。玛格丽特·海格·麦克沃斯(Margart Haig Mackworth)是朗达勋爵(Lord Rhondda)的女儿,也是一位很有个性的妇女参政权论者。当她在 1915 年卢西塔尼亚号(*Lusitania*)沉船事故中幸存下来后,便投身到改善妇女命运的事业中来，并且担任了威尔士妇女义务兵役协会（Women's National Service）的理事。生于特雷马多格（Tremadog）的 E.T.劳伦斯在战争期间成为国际名人，这是因为他编造了一出关于自己冒险事业的惊人传奇故事，即"阿拉伯的劳伦斯"。大卫·伊冯·琼斯（David Ivon Jones）是一位来自阿伯里斯特威斯的杂货商之子。他认为大战是一场帝国主义者的事业，不过矛盾的是，大战将导致无产阶级的胜利。在被加尔文派卫理公会和唯一神论者出卖后，他为了追求真理与社会正义而前往新西兰并在那里成为一名社会主义者。此后，他又去了南非并成为共产主义活动家。最后，他去了苏维埃俄国。在那里，他致力于列宁著作的翻译。1924 年，在他去世前，他还欢呼新生的社会主义政权的成立。"当今世界没有什么东西是确定无疑的，"他曾经写道，"并且也没有什么人能够超越时代的骚动，除非他变成化石。"吉米·王尔德（Jimmy Wilde）的外号是"提洛尔斯城的可怕之人"（Tylorstown Terror），如果有机会，他会很享受对德国皇帝发起的进攻战。但是真正令他感到愉快的是，他在 1916 年的世界轻量级职业拳击赛中获胜，这给威尔士带来了国际上的认可。战争的确是战士们的地狱，但是它同时也给创造性的力量找到了出口并提供了支持。

当和平在 1918 年归来时，人们还是长舒了一口气。没有大肆庆祝，不过劳德·乔治还是获得了应有的赞誉。尽管他的战术受到过质疑，但是当他在 1915 年 11 月担任军需大臣以及 1916 年 12 月担任首相时，他还是被国人高呼为一时之选的人物。在 O.M.爱德华兹的杂志《威尔士人》（Cymru）中，他被描述为类似于亚瑟王那样的勇士形象，并且认为他在对抗野蛮的匈奴人以捍卫这个国度。应当感谢劳德·乔治，他在唐宁街时从未贬低或者抛弃威尔士人，并且最让威尔士人骄傲的是这样一个记忆："威尔士巫师"成功地在这场战争中抵御住了德国的武力。于是，他被描绘为民族的拯救者，一个"赢得了战争的男人"。他的战时演讲是一篇篇杰作（甚至希特勒也对此倍感震惊），他特别提到了要重新唤醒弱小民族，这样的谈话也激起了强烈的响应。作为一个善于行动的人，他无疑激发了人们应对挑战的勇气。不过，庆祝也带有强烈悲伤与痛苦的情绪,劳德·乔治肯定对这种情绪能够感同身受,因为一代勇敢又优秀的年轻人离开了人世。在战后十年的大部分时间里,几千处十字架、纪念碑和方尖碑在城镇和乡村中被立了起来,它们在诉说倒下之人的荣耀,提醒后来人逝者曾作出过的牺牲,并且在1918 年停战纪念日(Armistice Day)后,威尔士人每年都在地方上聚会向死者致意。最终,战争一直是人民集体民族记忆的本质构成。就在诗人和作家们发出声音时,对战争的忧虑也在随之增长。三部文学作品值得关注:大卫·琼斯的战争史诗《插入词》(*In Parenthesis*),D.格温纳特·琼斯的半虚构作品《国王的宅邸》(*Plasau'r Brenin*,1934年),以及小说家凯特·罗伯茨(Kate Roberts)的《脚上枷锁》(*Traed mewn Cyffion*,1936 年)——作者在其中关注了战争对西北威尔士的采食工社区的影响,他的描写能够引起人们情感上的共鸣。

在两次世界大战期间,随着无线设备拥有者和报纸读者数量的增长,公众舆论更加关心法西斯主义日益凸显的威胁,人们尤其关心该如何应对希特勒和墨索里尼。早在 1922 年时,尊敬的格威利姆·戴维斯(Revd Gwilym Davies)领导的威尔士国际联盟同志会(Welsh League of Nations Union)就发起了一场声势浩大的关于裁军、合作与和平的运动。"爱,而不是战争——要和平,不要刀剑(Hedd nid Cledd)"成为北方威尔士妇女和平委员会的口号。当 1935 年著名的和平投票举行时,在威尔士支持集体安全政策的人占压倒性多数。为了教导年轻人,从 1922 年起,威尔士青年团(Welsh League of Youth)恢复了和平主义的传统,他们对维多利亚时代的亨利·理查德(Henry Richard)①的成就广为传颂。此外,作为一种国际友谊的表达,青年团每年安排威尔士的儿童向其他国家的儿童寄送友善信息。1936 年 9 月在林恩半岛发生了一件轰动一时的事件。当时,三位著名的威尔士民族主义者受到了强烈的和平主义思潮以及文化思考上的影响,他们在一处英国皇

---

① 亨利·理查德是威尔士国会议员,他的主要成就在于长期坚持推动和平和国际合作事业,被誉为"和平的使徒"。——译者注

家空军(RAF)轰炸学校纵火。这起事件震撼了讲威尔士语的威尔士地区,不过,南部的威尔士煤田区正关注西班牙的共产主义和法西斯之间的对立,也就影响了这起纵火案的威力。正如李维斯·琼斯在他的小说《我们活着》(We Live,1937 年)中所揭示的,西班牙与法西斯作战中所面临的挑战刺激了威尔士的共产主义矿工们纷纷拿起武器。在西班牙国际纵队中的威尔士分遣队里有大约 70％的人是共产党员,同时还有更多的个人和家庭捐出了便士、先令和牛奶罐头以减轻西班牙人民的痛苦。某些志愿者的事迹带有英雄般的色彩。在敌对区,斯旺西的大卫·琼斯船长——他以"土豆琼斯"(Potato Jones)的名字而广为人知——的非法交易行为,以及西班牙英军部队的中流砥柱哈利·多布森(Harry Dobson)充满勇气的故事使他们成为传奇的主角。但是,这样的故事被纳粹无情的进攻给打断了。1939 年 9 月 1 日,这个叫作阿道夫·希特勒的擅长咆哮的政治煽动家派他的军队进入波兰。两天后,不列颠和法兰西对德意志宣战。死亡与毁灭在前方等待。

254

第二次世界大战既充分展现了平民之伟力,也充分展现了权力与军事的力量。充满爱国情怀的标语到处可见:人民被要求"准备起来"、"团结起来"、"寻求胜利"以及"保持微笑"。战时的宣传加速了共同的责任和大公无私这类概念的传播。就在飞机在上空盘旋、警报声呜呜作响时,灾难却向人民展示了最优秀的东西,人们拥在无线设备前听取温斯顿·丘吉尔发表的热血沸腾的演讲。威尔士人不太可能喜欢丘吉尔——因为他在 1910 年对汤尼潘帝(Tonypandy)的那次臭名昭著的干预①,使他的名字受到工人阶级的诅咒——但是,大多数人还是准备为抵御希特勒的计划而流汗、辛劳工作乃至流血。比 1914 年的情况远受到人们认可的是,与德国人作战被看作是一场正义的事业。新闻报道中把敦刻尔克海岸大撤退和不列颠之战描绘为我们最光荣的时刻。这两个事件都被美化了,但是他们却有利于维持士气。嘲笑威

---

①　此处应指 1910 年的汤尼潘帝骚乱,此为 1910—1911 年爆发的一系列南威尔士的矿工与警察之间的暴力冲突中的一件。当时内政大臣丘吉尔决定派军队帮助警察维持秩序,这引发了南威尔士人对丘吉尔的不满。——译者注

廉·乔伊斯［William Joyce，呵呵勋爵（Lord Haw-Haw）］激发了士气。加的夫出生的演员、戏剧家和歌曲作家伊洛·诺韦洛（Ivor Novello）的歌曲《照料家务》（*Keep the home fires burning*）在大战期间获得了巨大的成功，并且在他推出了《我们要去收集丁香花》（*We'll gather lilacs*）这首催人泪下的歌曲后，他再次抓住了大众的情感。狄伦·托马斯（Dylan Thomas）的电影《威尔士——绿山，黑山》（*Wales — Green Mountain, Black Mountain*，1942 年）在用风景如画的景色提醒人们什么是本质的东西。尽管人民大众无从得知死亡集中营以及对犹太人的有组织的屠杀事件，但像《平静的乡村》（*Silent Village*，1943 年）这类电影在威尔士语的背景下重新构建了被德国毁灭的捷克乡村利迪策（Lidice）的样子，它显示纳粹主义是一种残酷的意识形态。浓茶和香烟有助于缓解焦虑，并且在最黑暗的时刻，快乐还是能冲破黑暗。在斯旺西出生的喜剧演员哈利·斯考姆比（Harry Secombe）当时在皇家炮兵部队服役。他逐渐形成了一种无与伦比的特长：用覆盆子击打敌人，模仿希特勒，并且他还同斯皮克·米利根（Spike Milligan）一道发展了喜剧模式。不过，印刷品和广播所带来的绝大多数消息都是关于威尔士人——作为不列颠的公民——正在为生存而战，正在与一个共同的敌人作战，并且来自各行各业的人们都期待着"尽自己的一份力"。尽管广大的人民群众许诺全力支持作战，展现了一种统一的不列颠运动，并且还提供了许多关于英雄主义和勇敢精神的例子，但是所谓的敦刻尔克精神并没有在所有的地方广为流传。一种根深蒂固的压力与紧张情绪不能被忽视。

通过引导人们从事新的劳动并推动人口的迁移，战时国家的需求削弱了传统的社会网络，这是需要我们关注的第一个焦点。成千上万的不同背景的男男女女们被动员加入军队，或者在田间地头、在工厂里、在战争工业中从事工时很长、颇费精力的工作。军队拒绝将威尔士战士们按照传统的编队方式安置在威尔士军官下指挥作战，这引发了人们的愤怒，并且同样的事情也发生在年轻的未婚女性身上，她们被征召入伍，但是却被"奴隶式的列车"（slave trains）运往密德兰和英格兰南部。在威尔士内部,冲突则因为妇女的临时解放而爆发。到 1943 年,威尔士的妇女劳工的数量已经超过了男性,因为她们涌进报偿丰厚的工作去制作炸药、炮弹和雷管。"琼斯太太去哪里?"是一幅海报上的提问,它表现了一位目光坚定的年轻女性正在加入兵工厂女工的六部队的场景。她们的世界翻转了,她们享受到了自由解放的成果。营房操场上的军训把害羞腼腆的乡村女孩变成了自信完美的战士。工厂的女工立志要为推翻希特勒作出自己的一份贡献,她们现在觉得,除了养育孩儿、打扫后花园和做饭以外,她们还可以有更多的人生。这种转变在男性中引发了恐惧与反感。当知道兵工厂女工们的工资居然比他们还高时,煤矿工们很不高兴,并且他们的妻子也强烈谴责这些精力旺盛的女暴发户们,因为她们通过购买粉饼、口红和丝织袜炫富。当"青春年少的女孩"纷纷奔到美国大兵在当地的营地时,不从国教牧师们急于作出道德的审判并且希望她们全身心地扑到家庭事务上去。秘密地追

图 44　威尔士摄影师杰夫·查尔斯(Geoff Charles, 1909—2002 年)把他收藏的 12 万份底片捐赠给了威尔士国立图书馆。这些底片中最好的一批是在 1939 年第二次世界大战爆发不久被疏散的儿童抵达蒙哥马利郡的纽敦火车站时所拍的场景。(威尔士国立图书馆)

256　求浪漫情怀让孤独的已婚妇女们抛下了道德的枷锁而投入到这一风潮中。不足为奇的是,性病和私生子的出现呈明显上升态势。

人口迁移进威尔士也引发了广泛的不安与惊慌。成千上万的妇女与儿童被从饱受炸弹威胁的英格兰城市中心疏散,他们来到了"更加安全"的威尔士的乡村和城镇,不过,他们发现自己虽然受到了亲人般的欢迎——至少在一开始时如此,但这个地方却极其寒冷。这些女性疏散者的生活方式与接待家庭相当不同,她们会毫无顾忌地在酒吧里喝酒、吸烟并且随意破口大骂。威尔士家庭大多非常重视虔诚与整洁。他们惊恐地发现那些从英格兰危险地区被派遣(dispatched)——这个词很合适——来的贫穷的、哭哭啼啼的儿童们身上长着头虱、脓疱、疥疮,而且这些孩子完全不懂餐桌礼仪。虽然有关他们尿床、说脏话和做

257　些令人震惊的行为等传闻无疑夸大其词了。综合来看,大多数儿童最终都安定下来,他们享受着乡村中更加宁静的生活方式,甚至学会了威尔士语。内部的迁移也在威尔士大学的象牙塔中引发了幻想的破灭。在阿伯里斯特威斯和班格尔的工人阶级家庭出身的学生很反感那些来自伦敦大学的高傲又富裕的学生疏散者。只有当他们展现自己拥有消防队员、防毒面具操作者以及娱乐表演者的能力时,他们才会被接纳到圈子里。

战时政府剥夺了个人的权利和自由并且牺牲了无辜者的利益,这些都在考验着人民的忠诚度。在 1945 年,有 2 920 名正直的反对者被记录在案。他们中的一些人决心让自己的声音能够洪亮又清晰地传递出去,即使这会对他们的职业生涯造成不利影响也在所不惜。1941年,反战抗议人士约沃斯·C.皮特(Iorwerth C. Peate)丢掉了他在威尔士国立博物馆民俗生活部的管理人职位,只好百折不挠地游说最高层才最终官复原职。T.E.尼古拉斯(T. E. Nicholas)头戴一顶平顶帽,留着海象式的胡须并且系着蝶形领带,他是一位在阿伯里斯特威斯广为人知的人物,他在当地以做牙医为生。此外,他早先是大不列颠共产党员并且以身为和平人士而闻名遐迩,他对法西斯主义也是特别厌恶。但是,他和他的儿子却被投入监狱,理由非常可笑,他们私藏印有纳粹

党徽的纸旗。按照《国防管理 18B》(*Defence Regulation 18B*)法案，当局有权随意拘留他人。正是凭借这一法案，尼古拉斯和他的儿子被关押在监狱中近四个月。在关押期间，尼古拉斯用监狱的厕纸写出了一些威尔士语的十四行诗。

作战部对大片土地的侵占也属于故意侵害公民权利的行为。在1940 年，愤怒之情爆发了。当时，军队在不列肯郡伊普特(Epynt)山地区占领了 4 万英亩(6 万公顷)的土地，总共有 4 000 多人被驱离此地，这些都是些讲威尔士语的家庭，他们世代居住于此。通过采纳地缘政治的修辞术以及大量的比喻手法，那些捍卫威尔士共同体整体性的人大声表达了他们的抗议之声。贵格派诗人沃尔多·威廉姆斯(Wɛldo Williams)认为，军队侵占彭布鲁克郡的普雷斯劳(Preselau)地区——这里的农民习惯冬天牧牛——是对他们的文明价值观的一种威胁："让我们保卫抵挡野兽之墙，让我们防止泉水变成泥潭。"民族主义政党——威尔士党——正式与这场"英国人的战争"划清界限，但是它的中立立场给自己也造成了巨大的伤害。这个时代正值威尔士语广播不断衰败并且民族庆祝节大会也处在消沉阶段的时期，所以要想指责民族主义者的异心并非难事。1943 年在为增加威尔士大学在议会中的席位而举行递补选举时，在大学内外的许多政界大佬纷纷指出：给桑德斯·李维斯(Saunders Lewis)——威尔士党主席、一位曾被判刑的纵火犯——投票的行为是对法西斯主义和叛国罪的支持，同时，这一行为也在帮助李维斯完成当年盖伊·福克斯(Guy Fawkes)[①]未竟之事业。

在军需的压力下努力控制消费行为的证据也比比皆是。尽管食物生产者被鼓励扩大粮食和畜类产品的产出量，但是为了实现人人作出一点牺牲的精神，一个消费者定量配给计划被引入，大众获得食物、衣物和汽油的数量随之减少。不过，在此期间，有些脾气偏强的农民住在

258

---

① 盖伊·福克斯是 1605 年英国国会火药阴谋案的主犯，该纵火案企图炸死英国国王詹姆士一世与英国主要大臣。——译者注

更加偏远的乡村，他们拒绝执行这种在其看来不切实际的配给制或者谷物生产目标的要求。这些要求是由郡战争农业执行委员会（County War Agricultural Executive Committees）提出来的，他们喜欢对这些农民厉声发出警告，但农民们往往对此充耳不闻：

农民们！现在要日夜劳作。
为正义的战斗贡献你的力量。

地方长官们发现，私自宰杀动物、违背灯火管制规定以及扰乱汽油配给制的行为不断增多。黑市繁荣起来了。当零售商、农民和游荡闲散人员发现了这一体系的漏洞时，他们就会从事一些非法的、小规模的以物易物和其他交换行为。在加的夫、纽波特和斯旺西产生了一批由老练的伪造者和骗子组成的骨干群，他们在当地从事配给券的交易、入室偷盗以及诈骗等活动并且没有受到惩罚。

然而，情况却是只有统一到一个共同的事业下时成功才会到来。大多数人对此心知肚明，并且逆境出人才，军事伤亡人数攀升（大约 1.5 万人在战斗中牺牲）时，这点尤其明显。不过，第一次世界大战时主要的受害者是军事人员，但这次平民伤亡人数更为惨重。飞机改变了战争的形态，它将战争变成了空军力量的较量并且成为征服陆地的手段。那些生活在中心城市或者工业区的人成为大规模空袭的目标。由于纳粹空军（Luftwaffe）的袭击，炸弹将布特镇（Butetown）、迪塞德（Deeside）和纽波特等地毁灭大半，但是斯旺西遭受了最猛烈的冲击，在 1941 年 2 月 19—21 日的"三夜闪击战"（Three Nights Blitz）中，该市主要建筑都被炸烂了。就在这样的岁月中，赢得胜利的决心依然强烈。当战争结束时，群众走上街头载歌载舞，欢快的泪水汩汩流出，烟花尽情燃放，街边路灯燃烧着的尽是荣耀。1945 年 8 月 6 日，当一颗原子弹——它有一个奇怪的外号"小男孩"（Little Boy）——被投放到广岛时，威尔士在战争中所遭受的血泪与破坏也就不觉得太严重了。未来的历史将在原子弹的破坏性威力以及迫在眉睫般的核军备竞赛的阴影下进行。

从 1945—1963 年，年满 18 周岁的男性有义务从事两年军事服役。不过，他们随后发现自己要么要在训练营进行数小时的毫无目的的军事训练，要么就被送往韩国、埃及和塞浦路斯这样的战争区域从事危险的战斗，许多人在那里丢了性命或者受伤。对于一些人来说，军事服役是一件顺心如意的事情，它能帮助人们培养自律的性格；但是对于另外一些人来说，只恨退伍通知书为什么不能赶紧到来。战后的世界变得更小，更加黑暗，更加危险。关于核裁军问题一场场尖锐的斗争开始了。1957 年，安奈林·比万的立场出现了大幅度的反转，他开始支持不列颠建立核威慑力量，这场斗争变得特别激烈。如此众多的靶场、训练营以及核电站矗立在威尔士的土地上，这意味着自克伦威尔共和国时期以来，这里从未承载过如此众多的外来军事人员。因此，并不奇怪的是，一场内部构成复杂的和平运动出现了，它由人文主义者、生态主义者、市民自由主义者、女性主义者以及和平主义者组成。从 1958 年起，抗争核裁军运动（CDN）的时代开始，这时出现了一位为人熟悉的标志性人物，他就是伯特兰·罗素（Betrand Russell）。他出生于蒙茅斯郡，死于梅里奥尼斯郡。每年向奥尔德马斯顿的游行①总能招来一大批吵吵嚷嚷的威尔士人。到 20 世纪 80 年代，社会上出现了一波强烈的反对美国巡洋舰和三叉戟战略核导弹的浪潮。地方和平组织始终为自己的目标在加倍努力工作。在伯克郡的格林汉姆康蒙（Greenham Common）地区，爱好和平的妇女成为威尔士的一道亮丽的风景，她们给予地方和平组织以支持。1986 年恐怖的切尔诺贝利灾难之后，携带着放射性物质的云雨在威尔士北部倾泻下来，污染了当地的牧场与蓄水池。这也在提醒着人们，在梅里奥尼斯郡的特劳斯弗内斯和安格尔西郡的威尔法（Welfa）的核电站可能会发生什么样的事情。

让和平运动拥护者感到懊恼的是，马岛战争在 1982 年 4 月爆发

260

---

①　奥尔德马斯顿游行是发生在 20 世纪 50—60 年代的反核武器的社会运动。奥尔德马斯顿是英国核武器研究所所在地。——译者注

了,这是一场迟来的挽救不列颠在后帝国时代面临衰落威胁的努力,不过并无效用。大批军舰被派往南美洲意欲将马尔维纳斯群岛(Malvinas)从阿根廷人手中抢回来。威尔士战士们也冒着炮火参与到这场危险的活动中来,同时,他们面对的阿根廷战士可能是维多利亚时代迁居到巴塔哥尼亚的威尔士移民后代。这种辛酸的经历对首相玛格丽特·撒切尔(Margaret Thatcher)可没什么影响。下议院议长乔治·托马斯(George Thomas)则支持"铁娘子"炫耀武力,他宣称:"我们仍旧是一个人数不多却坚强无比的民族。"他的确不擅长使用闪烁的词汇来表达模糊的含义,但是威尔士对战争的看法与强烈坚持沙文主义的保守党政客和《太阳报》(the Sun)的编辑相比却大为不同。32名威尔士士兵殒命战场。在5月,当阿根廷的空中之鹰(sky hawks)攻击位于布拉夫湾(Bluff Cove)的加拉哈德爵士(Sir Galahad)①时,西蒙·维斯顿(Simon Weston)被严重烧伤。维斯顿后来在他那部感人心脾的自传中描绘了他的战友们:他们被火围住,"在地上抽搐、打滚,直到变成一具沉默的死尸"。即使如此,他和他的威尔士士兵战友们仍然认为,他们作为战士有责任击败侵略者并且捍卫不列颠的荣耀。

维多利亚和爱德华时代的帝国主义战争往往规模不大但持续很久,可是到了21世纪早期,超级大国所发动的战争常使用大规模杀伤性武器,这能够迅速了结战争,但也会造成大量的伤亡并给平民带来"震慑与敬畏"。就是这种策略让2003年3—4月间的伊拉克战争——不列颠在其中扮演了美国的小伙伴的角色——变成了一件引发深刻矛盾的事件。威尔士人民参与其间并有人因此丧命,这件事情不但造成了伊拉克境内的不稳定状况的出现,并且恐怖主义对其他地区的袭击也因此大增。抗议人士宣称战争既不合法也不道德。就在战争爆发之前,数以万计的人们走上加的夫和伦敦的街头加入反战的大游行。甚

---

① 加拉哈德爵士是古代不列颠亚瑟王的圆桌骑士之一,作者在这里用这位勇敢的骑士来形容威尔士士兵。——译者注

至在这一时期结束时,战争与和平的问题依然是威尔士政治生活的聚焦点。不过,反对军事主义仍然是少数人的事业。纵观历史,威尔士人对于参加战争、支持战争这件事从未犹豫过。

20 世纪的文化变迁与其他重要的社会变迁一样深刻。这个时期最令人惊讶的文化特征是讲威尔士语的人数大规模下降。在 1901 年的人口调查中,有 929 824 人(大约占到人口的 50%)讲威尔士语。在不列颠正处于如日中天的时候,并且英语也是占主导地位的语言时代中,非常有可能的是,生活在威尔士的人在日常生活中几乎主要使用威尔士语作为交流媒介。在威尔士的内陆地区(y fro Gymraeg),超过 80% 的人讲威尔士语并且本地语言在家庭生活、邻里交往、宗教、大众文化乃至政治活动中都处于一种强有力的、生机勃勃的状态。事实上,讲威尔士语的绝对人数仍在不断上升。到 1911 年时达到顶峰,共有 977 366 人讲威尔士语。不过,到这一阶段,能够同时掌握两种语言也是常态。在此之后,威尔士语进入螺旋式下跌状态,直到 2001 年才止住这一趋势。英语使用的持续增加将威尔士语打下了神坛,并且损害了它的声望价值。两次世界大战不可避免地夺走了一批讲威尔士语者的性命。在两次世界大战之间,当时恶劣的生存条件降低了工人阶级的生活水平,成千上万年轻的、富有活力的讲威尔士语者被迫迁往他处。其中 66% 的外迁到英格兰的人口不到 30 岁。比如,在 1921—1951 年期间,朗达城的讲威尔士语者的数量从 6.9 万人猛跌到 3.1 万人。在更长的一个时间跨度内,来自英格兰的大量的工人阶级人群、职业阶层以及退休者内迁到威尔士,他们大多数人并未在语言上与当地融合,这意味着一场持续的英语西迁进程。伴随着电话,特别是无线通信以及电视和大众媒体的刺激,英语渗透到了威尔士的所有地区。从爱德华时代以来,在学习和使用英语方面就存在着一股强大的推动力,这一进程是以牺牲威尔士语为代价的。有一种广泛存在的观念,那就是把英语看作一种"进步的"语言,这种观念变得根深蒂固,于是以英语作为授课媒介的学校也成为常态。在这样一个时代里,人们觉得维持

262

生计比保卫语言和民族建构要更为重要，所以"威尔士语划不来"以及"不要在威尔士语上虚度光阴"成为人们熟悉的乐曲。

十年一次的人口调查持续进行，每次产生的数据对讲威尔士语者都是一次猛烈的打击，他们从中强烈地感受到一种失落、失败以及疏离感。到 1951 年，讲威尔士语的人数比例已经下降到 29%。成年人中只会说威尔士语的人跟坎布里亚山区中的金子一样稀少。在南威尔士的说英语的城镇中，本地语言成为愚钝的象征。其实，在公众眼中，已经看不到威尔士语了。实际上，甚至在大战之前，那些爱国文化社团看到社会对威尔士语的信心摇摇欲坠，他们就已经在采取措施（去挽救它了）。到 1940 年时，威尔士青年团——一个自愿组成的、面向讲威尔士语儿童的社团——开展了欧洲最大的青年运动。但是，这些活动并不能抵御强大的英语碾压机。到 20 世纪 50 年代后期，威尔士语能够成功存活的概率已经显现出不祥的预兆。

正是在这个节骨眼上，桑德斯又回到了公共舞台上。这次，他又拿起了大棒，捍卫自己为之奋斗的语言。在 1962 年 2 月一个著名的广播节目《语言的命运》（*Tynged yr Iaith*）中，他预言：如果目前的趋势继续下去的话，到 21 世纪来临时，威尔士语作为一种活语言的地位就将结束。他所传达的信息明确无误：语言衰败只能通过非正统的政治手段加以改变。对于李维斯来说，这是一件需要巨大的道德勇气的行为。他所号召的非暴力活动启迪了年轻的讲威尔士语者。一群组织缜密、意志坚决的活动家在几个月的时间内就成立了威尔士语言协会（Cymdeithas yr Iaith Gymraeg），他们立志要改变本地语言的前景。1962 年标志着威尔士语进入到政治领域。威尔士语言协会的狂热活动点燃了威尔士的政治气氛并且造成了人们观念的对立。这群年轻的活动家（其人数从未超过 2 000 人）表示，他们的非暴力不合作主义得益于甘地和马丁·路德·金的实践。不过，威尔士哲学家 J.R.琼斯（J. R. Jones）所说的话同样令人久久难忘："你要了解，……你的国家……正在离你远去，一阵贪婪的风正将它吞噬，并把它送到另一个国家和文明的手中。"正是这样的观点为他们提供了动力，并催促着他们对已有

图 45 戏剧家、诗人、文学评论家、小说家和政治家桑德斯·李维斯（1893—1985 年）是 20 世纪威尔士最为多才多艺、最具争议的人物之一。"尽管他身材瘦小，"R.S.托马斯如此评价他，"但是他威名远扬。"这是一幅由蒂格温·琼斯（Tegwyn Jones）所作的漫画。（蒂格温·琼斯）

的秩序提出严峻的挑战。地方当局和司法机构不断犯错，因为他们面对的抗议者们设计了一个个具有独创性的策略从而战胜了他们。只写有英语的道路指示牌被人用绿漆涂掉，有人爬上电视塔，还有人去打断法庭审理，并且许许多多的游行与抗议活动就在电视镜头面前毫无顾忌地进行。黑尔什姆（Hailsham）勋爵将他们称为"狒狒"，后来这一称呼变得家喻户晓。不过，这种直接的非暴力活动提供了政治上的动力，它为语言的重生奠定了基础。没有一场现代运动比复兴威尔士语命运的活动做得更多了。它开启了一系列重要的活动：双语路牌标识和双语管理，更高的法律权利，从幼儿园到大学的以威尔士语为媒介的教育，威尔士语广播电视的出现，以及 1967 年和 1993 年两部与威尔士语相关的法案——其没能满足人们的期待，但是它们依然为这门语言提供了

264

强大的心理支撑，至少一个威尔士语言委员会（Welsh Language Board）得以建立并以推动本地语言在更大范围内的使用为使命。其他的活动也逐渐开花结果。伴随着 1962 年威尔士书籍理事会（Welsh Books Council）的成立，国家资金补助与书籍贸易的专业化意味着威尔士语出版物的数量呈现高增长的趋势：从 1975 年的 308 本增加到 2004 年的 583 本。甚至更令人吃惊的是，从 20 世纪 80 年代早期开始，威尔士语的地方报纸（papurau bro）也在增加，这项成就也刺激了语言在地方事务（parish-pump）层面的复兴。

威尔士语言衰落的浪潮最终被扭转过来了，公众持续的抗议活动、财政上的补助、人们的自救行为以及威尔士政客中的同情者在幕后的游说努力是成功的原因。2001 年人口调查数据显示，讲威尔士语的总人数——582 358 人（占人口的 20.8％）——自 1911 年以来首次出现上涨。其中还包含了一段最令人愉悦的信息，那就是在 3—14 岁年龄段中讲威尔士语的人数出现了明显上升。同时，在有晋升空间的职业阶层中也存在着明显的增长趋势，这是因为，人们不再羞于说威尔士语，而是把它看作获得报偿丰厚的工作机会的敲门砖。在心理上，这一数据也表明人们不愿意接受这一语言将不可避免地走向灭亡这一现状。但是有待观察的是，威尔士人是否有能力为他们的本地语言的存活设计出一套方案。到这个世纪末期，传统上联系紧密的乡村内陆地区已经变成了威尔士人先前的自己的一处阴影，相当高比例的讲威尔士语者在语言上处于孤立状态，并且在城市地区，讲威尔士语的人士处于一种碎片化的网络状态中，他们明显不足以接替成为一种强大的威尔士语共同体。威尔士议会政府高调宣称他们的目标是在威尔士贯彻双语，这一目标是否仅仅是一种虔诚但难以完成的意向声明还是个未知数；那些熟悉其他凯尔特语言历史的人无须提醒都知道政客们是如何让少数族裔的语言静静消亡的。最重要的是：在这样一个全球化不断加深的环境中，迅猛发展的技术变迁、大众媒体以及跨国公司决定了文化类型。对此，威尔士的语言该如何自适呢？正是在这样的背景下，作为凯尔特六大语言中最强大的威尔士语，它的命运仍在徐徐展开中。

265

266

图 46 威尔士语言协会建立于 1962 年。为了在威尔士的公共领域为威尔士语获得合法地位,他们在威尔士开展了一系列非常成功的不合作运动。其成员主要由年轻的、受过良好教育的、中产家庭出身的人组成,他们坚持非暴力直接行动并且非常拥护这样一个观念:"一个没有自己语言的民族就是一个没有心脏的民族。"(威尔士国立图书馆)

1957 年,著作等身的小说家伊斯尔温·弗克·伊利斯(Islwyn Ffowc Elis)出版了一部叫作《在未来威尔士的一周》的科幻小说。在这部作品中,作者描绘的威尔士已经变成了西部英格兰的一个地区,在这里没有人会讲威尔士语。正如我们已经看到的,这样的场景不管多么牵强附会,到这个世纪结束时已经予以避免了。不过,英语在 20 世纪的威尔士崛起为主导性语言的确是事实。如果说威尔士语的时间已经消耗殆尽,英语的命运却在几十年中无可阻碍地在改善。在 20 世纪初,威尔士吸收外来移民的水平跟美国差不多。大多数的外来者来自英格兰,他们定居在繁荣的南部工业和城市地区。到 1914 年,他们占人口的六分之一。他们并不必然敌视威尔士语,但是总的来说,英国人并不太会轻易接受除自己母语外的其他语言,特别是当很少有社会压力要求他们这么做时。在南威尔士地区,当英语成为这些在威尔士出生的工人阶级中的通用语言后,更多的人会被反复教导:学习威尔士语是一件没什么用处的事情。人口的高流动性、旅游业、大众媒体、人口的移入移出乃至低技术工厂的最终崩溃都有利于英语的入侵。对于大多数人来说,这是一件不可避免的事情,但也受到人们欢迎,它拓宽了人们的视野并且提高了人们的文化品位。根据 2001 年的人口调查,几乎 4/5 的威尔士人都是只说英语的单一语言者,并且生活在威尔士的人中大约 59 万人(占人口的 22％)出生在英格兰。在这个世纪的进程中,由于盎格鲁-美利坚文化(Anglo-Americanism)的支撑,英语已经成为一种全球语言,它在广告、商业、外交、政治、学术、体育和休闲业中随处可见。

自工业革命以来,威尔士就不断地接纳少数族裔的到来。他们增进了当地社会和文化的水平,同时又在归属感问题上面临着进退两难的尴尬。近来,历史学者们花费了更多的时间和精力去检视由于族裔和文化多元性所带来的问题。来自西班牙的钢铁工和煤矿工家族定居在南威尔士,而来自意大利的移民则创办餐厅、咖啡馆、冰激凌屋以及油炸食品店。在老虎湾居住的万国移民社区包括西印第安人、阿拉伯人、希腊人、中国人、印度人和斯堪的纳维亚人。他们中的大多数人都在这处世界上最大的煤炭出口港从事着艰苦的工作。如果认为在此地没有矛盾那就错了。在饥荒肆虐和失业率居高不下的时代,在外国出生的人们很容易被人指责在窃取当地人的工作并垄断了市场。1911年,特里迪加的犹太店主成为人们出自本能仇恨的对象,因为他们被认为在榨取高额租金并且哄抬了物价。1919 年,在加的夫,工作并生活在码头的黑人被一伙愤怒的暴徒袭击。但是,从绝对数量来看,外国人

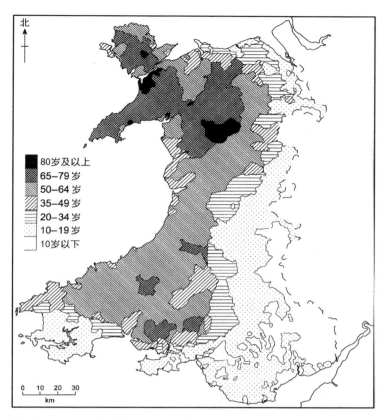

地图 10　2001 年能够讲威尔士语的人口比例。100 年以前,存在一个具
有主导性的核心区域,在其中 90% 以上的人口讲威尔士语。到 2001 年,
威尔士语核心区已经明显缩小了,但是在城市的中产阶级和 3—15 岁之间
年龄段的人群中讲威尔士语的人数则在上升。

还是相对较少的。在大部分情况下,威尔士语和英语对自己优势地位
的分歧要明显超过族裔之间的紧张。到 2001 年,尽管威尔士少数族裔
的人口的多元化要比之前有了明显提高,但是其数量仍旧相对较少。
在 6.2 万名非白种人的威尔士少数族裔中(占到全部人口的 2.1%),最
集中的聚居地是加的夫、纽波特和斯旺西,这意味着威尔士人作为一个
宽容民族,其程度到底有多大尚未接受考验。的确,2006 年的威尔士
与它在 1906 年时相比,其在文化的多样性和社会的宽容度上有了更好
的提升;威尔士那些持有自由主义观点的中产阶级市民在反对种族隔

离的年代里坚决反对种族主义,并且在 20 世纪最后几十年里,他们又为寻求政治庇护的人士提供支持。但是,如果有人宣称在威尔士的过去和现在都不存在偏见和歧视的话,那他就是个愚蠢之人了。少数族裔在威尔士政治中仍处于边缘化的地位。大多数非白人明星——诸如,科林·杰克逊(Colin Jackson)、瑞恩·吉格斯(Ryan Giggs)和科林·查韦斯(Colin Charvis)——都与体育有关,而无法涉足权力的通道。如果我们要想在威尔士认同之外彻底理解多重认同的意义,我们的心态需要改变。对于读者来说,最好的起点可能就是《糖与板岩》(*Sugar and Slate*, 2002 年),这是一部感人至深的自传,它讲述了夏洛特·威廉姆斯(Charlotte Williams)——一位白种的讲威尔士语的母亲和来自圭亚那的黑人父亲结合所生之女——的故事。

对威尔士语未来的恐惧以及讲英语者的抱负都深刻影响了使用这两种语言写作的作家们,并且激发了一波独特的、令人印象深刻的创造性写作潮流。威尔士联邦大学经常被人批评过分注重精英主义,但是它对于最优秀的威尔士语作家们来说却是一处舒适的地方,他们在这里能够安心地完成本科学业或者担任讲师。在班格尔,教师兼语言纯正主义者约翰·莫里斯-琼斯(John Morris-Jones)带给知识界一声春雷,他对于自己成为北方威尔士知识界的领袖很是骄傲。莫里斯-琼斯出版了一部《威尔士的语法》(*A Welsh Grammar*, 1913 年),同时他还妖魔化了吟游诗人大会并且指责约洛·莫根威格伪造神话的行为。莫里斯-琼斯借此规定了新的正字法以及学术标准,这些都是些让人们震惊不已的行为。在加的夫,W. J.格鲁菲德(W. J. Gruffydd)是一位暴脾气的难缠之人,就是他在自己办的杂志《作家》(*Y Llenor*)上屡屡挑起激烈的争论。就在同一时期的阿伯里斯特威斯,一群诗人——T.格温·琼斯、T.H.帕里-威廉姆斯(T. H. Parry-Williams)以及 D.格温那特·琼斯(D. Gwenallt Jones)聚在一起成为呼吁现代主义的最响亮的声音。在斯旺西,多才多艺的戏剧家、诗人、小说家兼文学批评家桑德斯·李维斯如同巨人一般耸立在威尔士语的文学世界之上。从 20 世纪 20 年代起,文化民族主义在威尔士语上表现出更具创造性、更具活

269

力的潜力,当然这往往是以对多元化的不宽容为代价的。

当新一代的作家提醒他们,红龙有两种语言时,这种内部的多元化又浮现了。从19世纪90年代开始,大批以英语为母语的劳工流入南威尔士,随后使用英语教学的中等学校纷纷涌现,并且威尔士语受到歧视的情况也愈演愈烈。于是,生活在南威尔士工业和城市区域的一些作家也开始用英语写作诗歌和小说。他们中的一些作品包含着哀伤和多愁善感的情绪,但是大部分的作品则反映了那个时代以阶级为基础的社会和政治抗争的情形。虽然这一文学群体的内部刊物《威尔士》(1937年—)和《威尔士评论》(1939年—)从题目上就明白无误地显示了它们的倾向,但是它们所发出的声音依然被人称作"盎格鲁-威尔士"写作。李维斯·琼斯(Lewis Jones)的著名小说中的强烈的现实主义,杰克·琼斯(Jack Jones)对矿工家庭所作的多姿多彩的描写,格温·托马斯(Gwyn Thomas)的嬉笑怒骂,甚至理查德·卢埃林(Richard Llewelyn)的畅销小说《青山翠谷》(*How Green Was my Valley*)中让人厌烦的多愁善感——在五年中重印了28版——都说明,威尔士的英语文学有能力去适应、改变和重新发明自己。诗人狄兰·托马斯(Dyland Thomas)是一位充满雄心的诗人,他可谓天真无邪又白璧无瑕,并且他变成了一位国际名人。由于对地方风气感到绝望,他离开了斯旺西的康金顿大道(Cwmdonkin Drive)并前往伦敦的波希米亚居住区生活。在那里,他成为一名诗人并获得声誉。但也是在那里,他酗酒成性并整日与女性调情,这成为他不安稳生活的根源。他那颇具魅力的《牛奶树下》(*Under Milk Wood*)是一部"反映各种声音的剧作"。这部作品被理查德·伯顿用洪亮的声音朗读过,并且于1954年在广播中播放——一年后,诗人在纽约去世——并长期获得人们的欢迎。此外,他的《死亡也并非所向披靡》(*And death shall have no dominion*)和《不要温柔地走进那个良夜》(*Do not go gentle into that good night*)也是诗歌名篇。他的这些镌刻在人们心中的词句如黄钟大吕般在这个深受恐惧与冲突折磨的世界中回响。

格温那特是炉工之子,他的诗歌有着锻铁一般的气息,而李维斯·

270

琼斯(Lewis Jones)的小说《库玛地》(*Cwmardy*，1937 年)和《我们活着》(*We Live*，1939 年)则受到了共产主义的影响，与格温那特的作品有着相同的精气神。同时，凯特·罗伯茨(Kate Roberts)的短篇小说以及卡拉多克·普理查德(Caradog Prichard)的小说《一个洒满月光的夜晚》(*Un Nos Leuad*，1961 年)也向世人呈现了他对工业群体的富有才华的虚构性描写。不过，尽管两大语言阵营的作家们有许多共同之处，他们的关系却更加紧张。严厉无情的话也说出口了：威尔士语作家常把盎格鲁-威尔士写作看作缺乏创造性并且是二流水平，而后者则指责他们是一些心胸狭隘的自由党人和民族主义者，认为他们的眼光只局限在地方。鸿沟一直无法跨越，直到 R.S.托马斯(R.S. Thomas)、埃米尔·汉弗莱斯(Emyr Hamphreys)和吉莉安·克拉克(Gillian Clarke)这批威尔士语作家出现后才发生了改变。这些人在威尔士的盎格鲁化的地区长大，他们用英语写作并且抛弃了诸如"盎格鲁-威尔士的"以及"在威尔士的英语作家"这类带有歧视性的标签。威尔士语文化委员会[The Welsh Arts Council，后来改名为威尔士文化委员会(the Arts Council of Wales)]建立于 1967 年，它成为与两种语言相关的文学创作的主要资助者。它还在 1986 年出版了威尔士语版的《威尔士文学指南》(*Cydymaith I Lenyddiaeth Cymru*)和英语版《牛津威尔士文学指南》(*The Oxford Companion of Literature of Wales*)，在其中，他们宣称两大语言写作间的矛盾已经被埋葬。威尔士已经成为这样的一块土地：两大语言和而不同。文学批评家们现在有意识地谈及"内在的不同"和"对应性文化"以及包容和合作的品质。这两种语言在 1945 年之后的时期里突出表现在用新的声音构成一曲大合唱。这些变化在辛哈内德韵律诗(*cynghanedd*)和(威尔士语的)自由格律诗歌的复兴，期待已久的女性主义诗人的突破性表现以及一波集愉悦、嘲讽和讽刺于一身的后现代虚构与幻想作品中也能看到，它们的成就对于威尔士人的自我理解有着重要意义。过去的分歧在消退，两大语言作家们对于"这个新的、彩虹般的现代主义"倾慕不已。一个长久存在的、严肃的思想依旧存在：要是 20 世纪的威尔士是一个具有国际影响力的完全独立的国家的话,像桑德斯·李维斯、埃米尔·汉弗莱斯以及 R.S.托马斯这样才华横溢的作家们会获得诺贝尔文学奖吗?

从历史上看,威尔士文学与基督宗教之间存在着有机的联系,但是很快我们就可以清楚地看到,后者在面对现代社会中未曾预料到的紧张与压力时同样脆弱不堪。正如威尔士人的母语在不断萎缩,基督宗教的处境也是如此。然而,爱德华时代之人是不会认为在 21 世纪之初威尔士的宗教组织会陷入一种凄惨的、荒废的状态。不从国教派的领导人尤其相信精神的整体重生已经在 1904—1905 年的宗教复兴的火花中再次崛起了,这是现代威尔士的最后一次宗教复兴主义的浪潮。尽管复兴的萌芽在伊万·罗伯茨(Evan Roberts)成为公众人物之前就出现了,但是这位 26 岁的来自格拉摩根郡罗合(Lougor)市的前矿工依然是这波复兴活动的先锋人物。伊万·罗伯茨在进行他的七次传教活动时依靠着一群颇有魅力的妇女的帮衬,这些妇女负责组织祈祷聚会、唱圣歌并且有时候还负责布道,总之她们负责帮罗伯茨"把火种带往"威尔士各地。《西部邮报》的记者"奥斯丁"(Awstin)连篇累牍地报道了犯有重罪者的忏悔以及对他们进行治疗的箴言,这些报道进一步点燃了人们的热情。上帝的"荣耀的善工"让醉酒者戒除酒精,让橄榄球运动员拥抱圣经而不是橄榄球,让骂骂咧咧的矿工们组织临时的五旬节地下聚会以修复他们的马路。唱着"这儿的爱宽如海洋"(*Dyma gariad fel y moroedd*)这样特色鲜明的拯救主义音乐,成千上万的人由此倒入耶稣的怀抱。实际上,过去从未有一个时代能像此时对于威廉·威廉姆斯(即潘特塞琳)以及桑基和穆迪(Sankey and Moody)创作的赞美诗那般投入如此的热情。通过不寻常的光、奇迹以及驱逐恶魔等传说,这场运动中包含着的一种强烈的想象色彩也凸显出来。然而,到 1906 年初,这场精神之火开始逐渐熄灭。许多新皈依者仍旧在礼拜堂的包围中,但是更多的人丢失了他们的信仰或者走回到老路上。正如一位背教的皈依者所观察到的这幅残酷景象:"复兴运动不过是威尔士古老宗教传统的一首挽歌……即将死去前的病态的红光。"伊万·

罗伯茨已经筋疲力尽,他退出公共生活并且于1951年在加的夫逝世。但是有些不从国教者对过往时光眷恋不已,对于1904—1905年最后的这波伟大的复兴运动饱含神圣的热情,他们依然在极力培养对它们的美好回忆。

272 　期待的热情在逐渐消退,不从国教者又重新开启了对威尔士政教分离的派系主义战争。在许多方面,这场痛苦的、不光彩的斗争最后的表演舞台是在政治领域,而非宗教场所。严重的政治内耗——劳德·乔治与圣亚萨(St Asaph)主教争吵不休——以及上院的席位分配策略使得必要的立法在1914年之前都无法制定,但就在这时,大战开始了。六年之后,四个威尔士安立甘教区形成了一个独特又独立的总教区(province)。不从国教派的喜悦到1920年就开始消退了,部分的原因在于政教分离却让国教徒因祸得福。在维多利亚统治中期曾经被不从国教派占去的大片地盘现在又回来了,并且由于不受坎特伯雷的管辖,威尔士教会能够在一个新的方向上进行奋斗。他们现在可以招募有才干之人担任主教职位并且能够有意识地融入威尔士社会中去。

　应当注意的是,不要把威尔士不从国教派衰落的时间设定得太早。在第一次世界大战前夕,每400位生活在威尔士的人就享有一座礼拜堂,并且在全部人口中,大约有20％的人是不从国教派的教友。但是,这些宗教领袖们的良好愿景却被一系列他们无力控制的事件挫败了。连续四年不间断的战争和牺牲造成了一种幻灭感。人们对宗教的兴趣减弱,这点在归来的战士身上尤为明显,因为他们在大陆上目睹了残酷的、人为的毁灭行为。作家卡拉多克·伊文思(Caradoc Evans)也有这样的幻灭感。他在讽刺作品《我的人民》(My People,1915年)和《卡佩尔·锡安》(Capel Sion,1916年)中声称不从国教派礼拜堂是专横和虚伪的,这引发了人们普遍的愤恨之情。他曾经充满玄机地说:“威尔士是一个有着隐秘罪恶的国度。”并且他还认为威尔士对所谓“盎格鲁-威尔士”作家的反感情绪很大程度上可以归结于他所嘲讽的非国教徒们的麻木无情的行为。教堂聚集活动越来越与已经声名扫地的自由主义联系在一起。年轻人现在也相信劳工运动所强调的社会正义和博爱，相信这场运动能够给他们更好的机会在必要时活下去并且对未来有盼头。这样的观念如今也不再有什么不妥了。现在再想连哄带骗地让人去听取关于地狱之火的布道或者去唱忧愁黯淡的赞美诗难得多了。在一些情况下，他们的幻灭感进一步发展成了玩世不恭的心态或者无神论思想。大规模的人口外迁将成千上万的年轻的、态度积极的信仰者带出了威尔士。对于留下来的人，他们的牧师再想鼓吹已经虚弱无力的社会福音也很难让人信服了。鉴于这样不利的条件，不从国教派人数在两次世界大战期间仍能保持这样高的水平实属不易。

273

　　第二次世界大战对人们信仰的消失产生了极大的作用。从 1945 年起，人们变得更加富裕、更容易流动并且更加不信任传统的说教，于是教会和礼拜堂不再必然承担作为共同体内社会和文化焦点的任务。主流的不从国教各派系面临着惊人的成员流失现象。许多礼拜堂只剩下一群群上了年纪的礼拜者、孱弱之人或者对未来惶恐不安之人在使用。在安立甘派圈子中，增加成员的希望也被击得粉碎，并且甚至在共同体中，传统的传教热情也在消退。在如此逆境中，主流的基督徒们转向普世教会主义——这场防御战的最后一搏——但是，为时已晚。在这个世纪的最后几十年，人们在应对福音主义、圣灵降临主义（Pentecostalism）以及天主教的发展上的确失败了，尤其是非基督宗教的崛起——伊斯兰教、印度教、锡克教以及佛教——它们在城市地区纷纷获得了一些不大不小的地盘。到第三个 1 000 年来临时，无法想象的事情发生了：威尔士变成了一个后基督教社会。到 2005 年，活跃的基督徒已经下降到总人口的 6％左右。讽刺的是，根据 2001 年的人口调查，大约 72％的生活在威尔士的人仍旧宣称他们是基督徒，但是他们明显不打算去做礼拜或者为他们宣称的信仰付出代价。威尔士人并非与基督教背道而驰，他们只是更喜欢做些其他的事情。

　　基督教地位的衰落有其文化上的意义。在过去，宗教代表着一种共同体意识，它成为社会-文化生活的核心，但是现在的情况则是，基督福音（Christian witness）不再处于地方或者政治民族的中心位置了。

教会与礼拜堂不能再声称具有道德权威,它们在诸如堕胎、离婚和同性恋等事务上的意见也不再为人们认真对待。自由、平等和社会正义被认为比宗教信仰能够更加好地体现威尔士的特性。处于后现代的威尔士不太关心过去的虔信问题。尽管保守主义者尽了最大的努力,但那些基督信徒曾经攒动涌来的宗教场所如今也纷纷关闭,只留下一片废墟或者被改造成私宅、储物室、车库、电影院、酒馆以及俱乐部。随着宗教仪式的衰败,不从国教者的信仰或者"良心"也被丢弃在一旁。自 20 世纪 60 年代以来,威尔士一到周日就"千门闭户"的传统场景开始消失,宗教的退潮趋势从中能够明显地感觉到,因为人们要在安息日继续经营小酒店、电影院以及各色商店。消费者自然对于从这样的限制中解放出来感到高兴,但是主日学校、讲坛布道和《圣经》阅读的消失却也意味着教师和作家们不再能够随意提到《加大拉的猪群》(*Gadarene swine*)、《巴比伦河》(*Waters of Babylon*) 乃至《多疑的托马斯》(*Doubting Thomas*),并且也不能指望它们能被理解。狂热的足球迷们对麦克斯·博伊斯(Max Boyce)①的"赞美诗与咏叹调"(Hymns and Arias)的熟悉程度有可能超过其对威廉姆斯·潘特塞琳的伟大的赞美诗的了解。这场文化转变虽然相当平静,但却是威尔士历史上最具决定性意义的一个转折点。

从某些方面来看,威尔士的宗教派系早先没能消耗掉人们的生命与活力,这的确让人感到吃惊。大战以来,被称作大众媒体的新兴事物崛起了。由于人们对旧式生活方式的幻想已经破灭,并且人们有了更多的休闲时间可供支配,这就给大众媒体以可乘之机。随着广播、电视和电影进入到极速成长的公共空间中,文化景观也迅即发生转变。在这个时期同样出现了威尔士本地出版业被压制的局面,因为大都市中的主流报业不断扩张,但是它们在报道关系威尔士利益的事情时却极尽扭曲或者大力贬斥。在整个世纪中,威尔士都缺乏独立、繁荣、以威

---

① 麦克斯·博伊斯是威尔士最著名的娱乐明星,《赞美诗与咏叹调》是他最著名的作品之一,2011 年他曾应邀为英格兰足球超级联赛作了此曲的特别版。——译者注

尔士为根基并且受益于威尔士的报业系统，同时，对于这个时代在政治和文化上的两难问题，威尔士也无法产生热烈的、批评性的争论。英国广播公司（BBC）在目光敏锐的总经理约翰·里思（John Reith）的领导下，从1922年起开始制作节目并且在数年后成为一家国有公司。里思坚信，他的主要责任是确保无线电成为向世界传播"不列颠"观念的工具。由于使用"标准"英语，主持人和评论者用优雅的语音将诸如王室婚礼、加冕礼、周年庆典、各种仪式和节庆活动带进威尔士的客厅中。里思喜欢对凯尔特人进行种族主义的评论，威尔士人也针锋相对地将他的公司称为"傲慢自大的企业"（Big Bumptious Concern），他们不禁哀叹这种大都市褊狭心态的不良影响。在威尔士于1937年从吝啬的英国人手中获得威尔士地区（Welsh Region）的地位前，他们需要进行密集的游说。这一活动对人们的心态和品味产生了至深的影响。作家们和广播业者抓住这一机会培养出一种更加独特的、民主的广播方式，这一方式——尽管不是完全性的——能够满足双语社会的需求。

从20世纪50年代开始，电视就成为主导型媒体。由于BBC始终反映的是传统价值观和精英阶层的文化，1955年商业电视的到来（1958年威尔士电视台和西部电视台随之成立）给BBC的垄断权以致命一击。随后的媒体革命全面削弱了BBC作为大众品位和文化主宰者的神圣地位。追求自治的本能，再加上在20世纪60年代的文化革命中对新奇的、具有竞争力的表达模式的持续渴求，这些都释放了进一步的创造活力。到1968年时，BBC威尔士频道以及哈莱克电视台（Harlech Television，HTV）的创办极大地提高了威尔士广播业的文化使命。出于一系列不同但又令人振奋的目的，BBC在1977年为威尔士语和英语听众创办了不同的广播频道。民族主义热情的高涨以及威尔士语运动的开始，意味着电视被挑出来作为正衰败不堪的本地语言问题的象征。1979年由于保守党政府方面规划的失败使它违背了自己早先的诺言，他们没有批准建立一个全威尔士语的电视频道。这样的一个频道本来是能够满足那些决心建立一个单独频道之人的愿望的，这些人希望能够制作连贯的威尔士语系列节目，同时还有些人非常希望将这样一项服务交付给他们认为的中立的群体手中，如今是无法满足他们的愿望了。不过，当威尔士党荣誉主席格威弗·伊文思(Gwynfor Evans)这位现代民族主义运动的著名人物发誓除非政府遵守诺言，不然他就绝食至死时，保守党屈服了，威尔士四台(Sianel Pedwar Cymru, S4C)这样一个全新的频道从1982年11月起开始播送节目。在这样一个被认为微不足道的事情中采取如此极端的措施对于外人来说似乎难以理解，甚至感到不可思议，但是这个新频道却成为文化复兴的醒目标识。在创办的早期，它通过利用手中资源播放许多原创性的节目而获得了大量且不断增多的观众。威尔士四台还促使一个独立的制作部门发展起来并且它还追求拓宽受众面以及提高威尔士语节目的质量。它的收视率在1996年达到顶峰。在此之后，由于传播性更广的数字电视和卫星电视的影响，其开始执行——这引发了广泛的警惕——一种在电视节目中去威尔士语化的手段，这造成了语言的衰退并更加强调双语因素所具有的更加强大的优势，而这归因于在新型的多频道竞争环境中收视率需要得到提高。

让虔诚的不从国教者感到特别难以接受的是，自两次世界大战期间以来，威尔士人就对电影院的发展投入了巨大的热情。人们进入到这一处处奢华的新式"梦想殿堂"并且忍受着其间跳蚤肆虐带来的瘙痒，他们逃离日常生活的各种痛苦，只为一睹散发着光芒的好莱坞明星们所制造的惊奇场景。作为人们业余爱好的、以礼拜堂和吟游诗人大会为底色的舞台表演活动，现在以一种更加朴素的但却又活跃的方式在复兴，这在某种程度上得益于广播与电影院的刺激，不过黑白动作片的影响让人完全无法抗拒。到30年代中期，比起不列颠的其他地方，南部威尔士人均拥有电影院的数量是最多的。"感谢上帝带来了影像"，工人阶级的观众们如是说，因为他们看到查理·卓别林和巴斯特·基顿(Buster Keaton)的滑稽表演时呵呵不止，并且他们对克拉克·盖博(Clark Gable)和葛丽泰·嘉宝(Greta Garbo)的外貌也是垂涎三尺。尽管那些万人迷男演员总是来自好莱坞，并且尽管电影导演们倾向于通过一种虚构的、理想化的美国棱镜来看待威尔士，但是威尔士制作的诸如《激扬的山谷》（*the Proud Valley*，1939 年）——主演是保罗·罗伯逊（Paul Robeson），他扮演了一位在威尔士山谷中的非裔美国司炉工的角色——这类电影描绘了工人城镇的生活，从而用一种沁人心脾的手法表现了一种强烈的共同体精神。此外，才华横溢的纪录片制作者们使用细致逼真的、激进的、创新的方式对穷人和失业者的痛苦遭遇进行描绘，从而有力地捍卫了这些共同体的内在一致性。但是，那些出身相对卑微但却有才华的年轻演员们为了出名则要去伦敦。一些人被威尔士人的那些无休无止的音乐厅模式给吸引住了，在伊琳工作室（Ealing Studios）①看来这是在冒充喜剧，但是他们中的一些人却成了国际巨星。最著名的当数理查德·伯顿（Richard Burton）这位来自格拉摩根郡庞特迪芬（Pontrhydyfen）的矿工之子，他的外貌相当帅气又酷爱读书，他说话的声音美妙至极，并且他神态威严又相当自然，这使他与其他人明显区分开来。在当代还有一位颇有魅力的人物是来自塔尔伯特港的安东尼·霍普金斯（Anthony Hopkins），他逃离了威尔士和伦敦东区的生活前往加利福尼亚担任一名演员并成为一名导演。当威尔士对他死去的另外一位儿子议论纷纷时，他却因在电影《沉默的羔羊》（*The Silence of the Lamb*，1991 年）中扮演汉尼拔·莱克特（Hannibal Lecter）而获得了奥斯卡表演奖并受到广泛好评。只有好挖苦他人者才会嫉妒他的成功。由于缺乏资源和足够的观念，威尔士本地电影工业没有太多的渠道给电影人提供机会或者助其进步，甚至像《少年战士》（*Milwr Bychan*，1986 年）和《海斯·温》（*Hedd Wyn*，1992 年）这样受到好评的电影也无力改变现状。好莱坞仍处于统治地位，并且在世纪末，对于名流、明星以及八卦闲聊来说，正处于有利时刻。所以，《西部邮报》每天都会刊出凯瑟琳·泽塔·琼斯（Catherine Zeta Jones）的照片，但却不愿费一点力气去想想威尔士本地电影工业正处于重新定义、重新评估的紧迫阶段。

277

---

① 伊琳工作室是位于伦敦的一家著名的电影与电视制作公司。在 20 世纪 30 年代它们制作了大量的喜剧作品。——译者注

　　与之相反的是,特别是从 20 世纪 40 年代开始,音乐界努力保持与资本、技术的新发展同步前进,并且还努力了解人们不断变化的情感。直到这时,威尔士作为"歌曲之邦"的声誉还是基于其在礼拜堂和庆祝节大会上的表演活动,威尔士的合唱音乐更善于表现热烈的情感以及戏剧化的场景,而不是音乐技术上的精湛。音乐文学缺乏协力发展并且批评性的建议也很少见。威尔士民族庆祝节在 1950 年按照完整的威尔士原则举办并重新焕发活力。它对年轻一代的音乐才子们产生了强有力的影响,至少在乡村音乐和即兴创作音乐(cerdd dant)上如此,不过,后者逐渐丧失了即兴的成分并且成为一种更加程式化的艺术样式。庆祝节大会也成为培养杰出的独奏者的场所。威尔士国家歌剧院(WNO)成立于 1946 年,它主要由威尔士艺术委员会资助。威尔士国家歌剧院面向富裕的中产阶级观众,它创作了各种歌剧并且培养本土的歌手,这些歌手既能在优秀的合唱团中工作又可凭借自己的才干单独表演。在这样一个小国产生了诸如斯图亚特·布罗斯(Stuart Burrows)、玛格丽特·普利斯(Margaret Price)、杰伦特·伊文思(Geraint Evans)、格温内斯·琼斯(Gwyneth Jones)这样一批人,并且他们还广受推崇,这值得我们谈一谈。自 2004 年 11 月在加的夫的威尔士千禧年中心(Millennium Center)安置下来后,威尔士国家歌剧院充分利用了男中音布莱恩·特菲尔(Bryn Terfel)的强势存在以及他那华美的声音。特菲尔在国家舞台上的成功给威尔士这个名字带来了巨大的荣光。战后,威尔士也看到一批具有国际声望的作曲家的崛起:丹尼尔·琼斯(Daniel Jones)、威廉·马蒂亚斯(William Matthias)以及阿伦·霍迪诺特(Alun Hoddinott)展示了一种强烈的具有个人特色又具有想象力的精湛技巧,并且在许多方面这是一种真正的威尔士人才具有的才干。1949 年,威尔士音乐与戏剧学院在加的夫开办,这是另外一个重大进步。它培养年轻的作曲家和歌手,致力于推动培养音乐鉴赏能力的多样性并且与来自不同地区、不同语言的人进行交流。

　　最重要的是,战后的"婴儿潮"对大众音乐鉴赏的口味产生了影响。年轻人点燃并维持了一股强大的流行音乐革命,这场革命与电影业的情况一样，也是追随着美国的先例。比尔·哈利（Bill Haley）在 1957 年席卷了加的夫，而披头士乐队的"默西之声"（Mersey Sound）也在风潮激荡的 60 年代迅速在威尔士各地传播开来。晶体管收音机在家中和公共场所大声播放摇滚音乐。玛丽·霍普金（Mary Hopkin）的歌曲《往日时光》（*Those were the days*）则抓住了时代的脉搏。达菲德·伊万（Dafydd Iwan）演唱的威尔士语的歌曲或哀怨忧人，或嬉笑怒骂，这些都激发了人们的想象力并且触摸到了他同辈活动家们的灵魂。雪莉·贝西（Shirley Bassey）和汤姆·琼斯（Tom Jones）这些歌手在 20 世纪 60 年代就享有盛誉，他们凭借着经久不衰的声望和良好的作风直到 21 世纪初仍能给那些面带稚气的歌手树立榜样。另外一处容纳着青年人活跃精力的蓄水池在 20 世纪 90 年代也被挖掘出来了。这十年以"冷酷威尔士"（Cool Wales）的形象为特征，并且它在形成现代威尔士认同上起到了重要的作用。在一个同质化的全球音乐文化中，威尔士的摇滚乐队使用一些带有奇异色彩的名字，比如疯狂街头传教士（Manic Steet Preacher）、紧张症（Catatonia）、超级毛茸动物（Super Furry Animals）以及立体音响（Stereophonics）。这些乐队的成员使用威尔士语并且他们与之有着千丝万缕的联系，不过他们成了国际巨星，但是我们在其语言表达、方言口音、强健的声效中却丝毫看不出其对威尔士语有所熟悉。

　　可以说出人意料的是，威尔士人对时尚的鉴赏力是有某种独特性的。"摇摆的六十年代"（swing sixties）中充斥着自由和轻佻的氛围，但这些因素却吸引着那些想在服装行业大展拳脚的人。人人都从伦敦得到启发。正是在那里，玛丽·奎恩特（Mary Quant）——出生在大都市但她的双亲是威尔士人——赢得了世界级的声誉，她将迷你短裤、贴身短裤、彩色连裤袜（coloured tights）、针织衫推广开来。许久之后，来自梅瑟的罗兰·爱思（Laura Ashley）在威尔士中部定居下来，她凭借着与众不同的花式图案和设计在伦敦引发了人们的纷纷议论。当她的企业在 1986 年上市时，其估值超过 2 亿英镑。威尔士的男性也尝试着用一种颇具生气的方式来表现变迁中的情感和美学。大卫·伊曼纽尔

(David Emanuel)与黛安娜——这位不幸的威尔士王妃——共同为她的 1981 年婚礼设计了王妃礼服。同一时期,朱利安·麦克唐纳德(Julien Macdonald)为著名模特们设计服装,他的设计用料秉持着越少越好的理念。尽管时尚界对于许多人来说既充满魅力又让人困惑,但是威尔士人参与到这一层面的活动说明了新的消费者文化和市场的出现,也说明了一种更加普遍的文化自信力的出现。

在时尚达人们获得高曝光率之前,威尔士人就享受着他们的体育英雄们的成就所带来的尊严感。一个民族不可能只靠体育过活,但是自维多利亚统治后期以来,体育上的才能就在推动着威尔士认同的构建,至少使得他们与不列颠人有了更多的区别。宗教仪式衰落的一个主要原因就是休闲娱乐的崛起以及体育运动不断地大众化——以及随之而来的商业化——趋势。旧世界的乡村娱乐和消遣不可置疑地陷入一种缓慢的衰退状态之中,同时,现代经济和生活方式为有组织的团队运动在地方和全国层面提供了急剧增多的机会。因此,体育运动在文化模式多样的结构中产生了它的作用。通过凸显一种“他者性”(otherness)的意识,它能让比赛参加者和支持者表达出一种民族认同的情感。这在 1945 年之后的时代变得非常重要的。在这样的时代,由于新闻、广播和电视能够做到广覆盖的报道,实际上没有人能够与主要的赛事绝缘了。

尽管有组织的团队运动受到人们的重视,但是单人自行车赛手、赛狗选手、养鸽人以及跑步爱好者也还是有发挥的空间的。不过,他们这些人都不如一个贫穷的工人阶级出身的男孩从事拳击比赛挣得多。拳击比赛通常会变成一件悲惨又残忍的事件,但是它却给了贫穷的年轻人逃避现实的渠道和他们挣大钱的机会。它也就拥有了一大批忠诚的追随者。其中一批最杰出的爱德华时代的拳击手生活在南部威尔士。弗雷迪·威尔士(Freddie Welsh)赢得了 1909 年轻量级冠军赛,而超级受欢迎的、超级成功的次轻量级的世界冠军吉米·王尔德(Jimmy Wilde)在职业生涯中只输掉了四场比赛。当最轻量级的大众英雄“无敌”吉姆·德里斯科尔(Jim Driscoll)在 1925 年下葬时,加的夫可谓万人空巷,因为成千上万的哀悼者们聚拢起来在向"这位威尔士王子"致意。尽管威尔士盛产那种有着敏捷舞步和眼疾手快之人,但是更加强大的拳击手们也会被当作偶像崇拜。1937 年 8 月,前矿工托米·法尔(Tommy Farr)和美国的重量级选手乔·路易斯(Joe Louis)交手。这场比赛举行时,成千上万的威尔士人特地去听了广播解说。后来,这些人在去他们的坟墓拜访时都认为,他们最喜爱的选手遭到了不公正的待遇①。运气不佳和悲剧的故事在拳击赛中比比皆是。在战后,诸如乔·厄斯金(Joe Erskine)和强尼·欧文(Jonny Owen)等不幸的拳击手所展现的职业生涯历程就是明证。

但是经济社会的结构以及对大规模观赏型体育赛事强烈的渴求都意味着团体运动走进舞台的中央。从维多利亚后期开始,英式橄榄球和英式足球就对民众形成了强烈的吸引力。英式橄榄球最初来自具有社交排他性的公立学校这一圈子,但是它的光环很快消退了,因为工人阶级创建了许多地方联赛和球队,并且吸引了大批忠诚的球迷。英式橄榄球不仅提供了带来财源滚滚的激情时刻,而且它在现代威尔士认同的形成中起到了关键性的作用。1905 年,威尔士球队击败了看起来无可匹敌的新西兰全黑队,他们随之成为民族英雄。在 1900—19□1 年的黄金时代中,国家队赢得了六次三连冠。但是,正如其他的运动那样,它的命运与时代经济的波动有着密切的关系。经济萧条带来的乌云不仅在球场看台上出现,而且在球队的更衣室中也能显露出来,□为球队成绩不佳,越来越多的球员为了追求更好的物质奖励去参加英格兰北部的橄榄球联盟赛事。1945 年之后,这股精气神才得以恢复。不过,第二个黄金十年一直推迟到 1969—1979 年才到来,当时经济大繁荣、出类拔萃的天才级球员以及重新焕发的民族骄傲情绪共同打□了一支球队,这支球队赢得了六次的三连冠以及三次的大满贯冠军。我们评价我们的伟大球员是看其在人们的记忆中能否长久存在。根据这

281

①　在 1937 年的这场比赛中,两位选手存在一个争议点。裁判的判定对路易斯有利,但这一判决受到了全场观众的嘘声。尽管法尔输掉了这场比赛,但是现代历史学家认为,法尔赢得了祖国的热爱,并且这场比赛成为第一场波及全威尔士的体育媒体事件。——译者注

样的标准,吉拉德·戴维斯(Gerald Davies)惊人的变向侧跑(sidesteps)能力,巴里·约翰(Barry John)沉着冷静的姿势以及加雷斯·爱德华兹(Gareth Edwards)——穿威尔士球衣中最伟大的橄榄球队员——的全能型才华都永不褪色。这样的盛况是不可能维持的。从20世纪80年代开始,经济衰退和赛场上失败的情景再次袭来。柯林斯价值观(如果它们曾经存在的话)消失了,金钱权力玷污了比赛。"业余杀马特"(Shamateurism)被职业化所替代,威尔士橄榄球联盟自讨苦吃,造成了草根队员的反抗,背弃橄榄球联盟的事件不断增多,并且迅速(甚至眼花缭乱的)变化的游戏规则将威尔士橄榄球打入了冷宫。在一片绝望中,一批沉默寡言的教练们——被称为拯救者——从澳大利亚和新西兰召集而来,他们要重新恢复那份自尊心。不过从2004—2005年赛季的经历来看,威尔士橄榄球的球员们的奔跑技能正在爆发,威尔士橄榄球风头正劲。

从一开始,英式足球在威尔士就是一项平等的运动。在1914年之前,它可能显得简单、易上手并且吵吵嚷嚷,一旦它扎下根来,就很难再抑制它的成长了。威尔士足球协会成立于1876年。在该协会的支持下,英式足球首先在威尔士东北部发展起来,此后它向南进军与当时的管理规则(handling code)正面交锋。但是从参与度和支持度来看,尽管它成为人们社会和娱乐生活的有机构成,但是它作为民族骄傲象征物的机会却是较少的。与橄榄球类似,足球运动员的财富也反映了游戏的经济水平,并且运动员们转会到英国足球联盟成为始终困扰威尔士足球业的一大问题。然而,总有些时刻值得回味。1927年在温布利(Wembley),一个意外的进球帮助加的夫队在英国足总杯(FA cup)上打败了强大的阿森纳队。1938年在加的夫,当威尔士队在5.8万名狂热的球迷面前战胜英格兰队时,喧闹的庆祝活动就开始了。但是一燕不成夏。20世纪40年代,在斯旺西成长起来的杰出本土天才却被英格兰足球联盟俱乐部给拐走了。1957年,生于辛布威拉(Cwmbwrla)的巨人约翰·查尔斯(John Charles)成为第一位前往意大利效力的威尔士超级明星,他从利兹转会到尤文图斯(Juventus)的费用创纪录地达到 6.5 万英镑。这位"绅士巨人"(Gentle Giant)从未耍手段、搞偷袭、行诈骗,他是年轻人的良好榜样。那些有幸在查尔斯盛年时亲眼看到过他的人将永久铭记他那腾空而起的飞跃、强有力的头球以及迅疾如风的射门。当 20 世纪 60 年代查尔斯进入他足球生涯的末年时,带给球迷阵阵激情的场面变少了,尽管约翰·托沙克(John Toshack)在四个赛季(1978—1982 年)中成功地把斯旺西城市队从丁级联赛带到甲级的历程堪称杰出成就。与之形成鲜明对比的是,国家队却总是在关键时刻掉链子,他们在主要比赛的资格赛阶段就充分暴露了其失败的技艺。

在 20 世纪,新型政治威尔士形成了。大概的趋势如下。直到 1922 年前,自由党都在主导着政治生活。然而,到这时,工党在南威尔士的山谷区已经势力颇盛。在历史的发展过程中,其影响进一步延展到整个威尔士,为此自由主义开始失势,并被赶出了农村选区。从 1945 年起,工党霸权大体维持了下来,直到威尔士党崛起才改变了这一局面,并且更重要的变化是保守主义在 1979 年后的复兴。考虑到这些因素,那个时代的政治学者纷纷提及三个威尔士模式,这一模式主要是基于一种语言类型和认同概念来划分的。在西北威尔士的威尔士语内陆地区,威尔士党处于领先地位并且主导着事物的发展。在南威尔士的工业化山谷区,这里以威尔士人的威尔士(Welsh Wales)而闻名于世。工党尽管在这里已显颓势,但仍然处于统治地位。最后,东北海岸地带以及南威尔士地区的选民们把自己看作不列颠威尔士的组成部分,并且对他们来说,如果出现一个工党执政的政府或者分离主义,那真是可怕至极。在这个世纪接近尾声时,一些极其特别的事情发生了。在一种乐观情绪的支撑下(以及一种对来自威斯敏斯特的保守党政府的持续的反感情绪的推动下),威尔士人在 1997 年同意了权力下放模式。威尔士国民议会得以建立,这是一个覆盖整个威尔士的代表机构,可以认为它构成了威尔士民主政制史中的最重要的里程碑。

图47　1957年,约翰·查尔斯成为第一位转会到意大利的威尔士足球超级明星。这个强大的男人有着惊人的平衡力、触觉以及控制力。他被推崇为"绅士巨人",他在球场上的表现堪称楷模。在这个时代,意大利的防守实行令人畏惧的"四三三"(catenaccio)阵式,几乎可以说无法突破。他曾93次破门进球,帮助尤文图斯队赢得了三次意大利冠军杯以及两次意大利杯的冠军。(格伦达·查尔斯)(Glenda Charles)

283
　　这些变化反映出公众对于一种水平更高、更有效率的民主化进程

284
的需求在不断增加。值得回忆的是,在20世纪到来时,不列颠所有的成年妇女以及大约40％的成年男性都没有投票权。争取选举权的压力随着好斗的妇女参政权论者提议开展"现实的"武力斗争而与日俱增,只是由于总体战的出现而受到了削弱。但是在1918年2月,伟大

的《人民代表法案》给予全体男性以选举权以及 30 岁以上的女性以投票权。战争女英雄们以及先前的"摩登女郎"(flappers)对此感到愤愤不平不足为奇，不过十年后，所有的妇女都获得了跟男性一样的投票权利。1969 年，投票年龄降低到 18 岁，并且在大约同一时期，权力下放的问题被宣称时机已到并且应当开始启动，这为改善民主弊端的可能性开辟了道路，威尔士进一步从白厅①束缚中解放出来。到 2006 年，威尔士国民议会进驻一座气派的房屋中，这所房屋由罗格斯勋爵②设计，其位于加的夫湾。在很有预见地被叫作"森内斯"(Senedd，即议会)后，这座大楼为威尔士人民提供新的机会，使他们能够设立目标以掌控自己的命运。

100 年以前，威尔士人的信仰系于自由主义的事业。在 1906 年的一次震惊世人的选举中他们赢得了巨大的胜利，他们在全部威尔士席位上只丢掉了一个。在一把宽阔大伞的保护下，自由主义将农民、工人、小资产阶级和煤矿主聚集起来，他们组成的这支雄赳赳的同盟队伍并不太关心地方自治，但他们强烈要求将他们的不从国教支持者从来自异邦的安立甘教会手中解放出来。然而，这一事业的动力主要有赖于劳德·乔治。汤姆·伊利斯(Tom Ellis)这位出生于农舍的自由主义看门人死得不得其时。不过在他死后，劳德·乔治才在 1899 年成长为一位众所周知的名人。这位平民主义者对于看台上的观众来说简直是一个奇迹。当他朝达官显贵、王侯将相以及土地所有者开火时，他的保守主义敌人变得越来越尖刻，也越来越脆弱。无论何时，当他提到贫者的困苦时，他的心中都充满怒火和愧意，并且他在 1909 年提出的"人民的预算案"是改变他所在党派选举命运的一个重大福利，这帮助他们在 1910 年的威尔士占去了 40% 的选票。

但是，当战争爆发时，曾经在维多利亚和爱德华时代启动自由主义的大众激情已经消退。旧日曾经让领导者们激情澎湃的斗争——二地

① 即英国政府主要机关所在地。——译者注
② 即理查德·罗格斯(Richard Rogers)，著名不列颠设计师，以设计高科技建筑闻名。——译者注

改革、戒酒运动、地方自治和政教分离——如今要么已经成功，要么直接被排除在政治议题之外。正如我们将看到的，自由派人士曾经奉若真理的信念对于南威尔士的赤贫无产阶级社群来说，并没有什么意义，在那里工党能够把自己打造成人民意志的旗手和民主复兴的代表。从1918年起，自由主义看起来越来越与时代脱节。甚至劳德·乔治的点石成金术也不起作用了。1918年，他在"配给票选举"（coupon election）①中赢得了信任投票，但只是延缓了这一不可避免的趋势的进程。付出的代价就是在自由党各级之间造成了毁灭性的分裂。在饱受冲突之苦的爱尔兰，王室警吏团（the Black and Tans）制造的流血暴行也严重损害了劳德·乔治的个人形象。他那元首般的行事作风以及暗地里交易荣誉头衔（honours system）的行为引发了类似"劳德·乔治知道我的父亲／我的父亲知道劳德·乔治"②这样吸人眼球的文字，再加上他那相当明显的不道德行为，这些因素最终在1922年促成了他的倒台。这位"威尔士男巫"就这样退出了政治舞台。根据一位并不友好的历史学家的记载，他不得不经历"辛酸的赎罪过程，他将不得不参加自己那漫长的葬礼"。不过，他在北方威尔士仍有着广泛的群众基础，并且他相信自己返回公共生活只是时间问题。这位苍老的狮子在1929年再次发出怒吼。他提出的激进的计划"我们能征服失业"是基于凯恩斯原则，这一计划成为聚集整个威尔士候选人的号角。但是光辉岁月已经结束：只有十位候选人当选，并且自由党的得票比已经滑落到24%。

　　1945年3月26日，劳德·乔治——早前被晋封为德威福尔劳德-乔治伯爵（Earl Lloyd-George of Dwyfor）——去世了。工党在这时已

---

　　①　在1918年选举前，一些议会候选人收到了政府的配给票（coupon），表示认可他们为联合政府的官方代表。配给票是当时爱国主义的体现，有助于候选人获得成功，而那些没有收到配给票的人则多是因为反战、和平思想，这给他们的选举增加了难度。所以，1918年的选举被称为"配给票选举"。——译者注

　　②　这是20世纪早期英国的一首儿童歌曲。关于这首歌的起源众说纷纭，有人认为它是第一次世界大战时期的进行曲。也有人指出，这是在指责劳德·乔治私自滥发荣誉头衔，因为当时获得荣誉不再需要与乔治直接接触，只需要给他寄一张支票即可。——译者注

经掌握了主动权。到 1966 年,唯一的自由党席位由来自蒙哥马利郡偏僻乡村的埃姆林·胡桑(Emlyn Hooson)占有。由于内部的分裂、脆弱的党组织以及明显缺乏的竞选激情等因素,威尔士自由党人蜷缩到了自己的阴影下苟延残喘。现在需要一场疾风劲草般的外科手术。在 1983 年和 1987 年,自由党与社会民主党(Social Democratic Party)结成同盟并一同战斗,后来他们又合并成自由民主党人(Liberal Democrats)。他们获得了相当不错的选举票数。特别是在 2005 年,当时他们拿到了四名国会议员的名额,但是其获得选票数的比例(18％)却显示其仍然无法在大众视野中安营扎寨。只是在劳德·乔治的人生中,自由主义才给威尔士的政治带来了独特的韵律。

人们可能认为保守党正好利用威尔士自由主义权势衰退的机会并且在制定政策中起到重要的作用,但情况恰恰相反。在 1914 年之前,安立甘土地所有阶级对政教分离的反对已经或多或少锁定了自己的命运,并且在 1906 年自由党崩溃之时,没有一个保守党候选人能重新夺回任何的席位。尽管保守主义在两次世界大战期间的命运要好一些——1924 年拥有九个国会议员席位,1935 年则拥有六个——但其整个获取选票的比例仅达到 21％。保守党摇摇欲坠的组织、缺乏受欢迎的领袖人物以及他们不接触工人阶级这一不足都意味着其选举吸引力主要面向富裕阶层以及英国化的人。20 世纪 30 年代的经历让威尔士人把保守主义与失业联系在一起,并且在 1945 年的选举中,"不要再来,不要托利党再来"的呼声在工人阶级的选区嘹亮响起。安奈林·比万在他的《为什么不能相信托利党?》(*Why not Trust the Tories?*)这类作品中提醒摇摆不定的选民(尽管人数不多):在支持保守主义的过程中,从来就不能获得什么好处。尽管他后来对于自己把托利党描绘为"比寄生虫还低等"的鲁莽言论表示后悔,但是人民大众中的反托利党情绪之高是不容置疑的。在 1945 年的选举中,由于保守党与失业、经济停滞以及绥靖主义解不开的联系,他们在威尔士被人们坚决抛弃了。

尽管工党在威尔士的 1951 年大选中赢得了全部选票的 60％,但是它却在整个不列颠与再崛起的托利主义战斗中失败了。威尔士保守

286

党的席位数量——1951年和1953年都只有五个——太少以至于无法保持选民对党派的忠诚，但是在威尔士人走向富裕的过程中，他们对于工党的忠诚度却没有动摇。过去执行过的错误政策以及他们的领袖们迟钝的傲慢自大，造成了保守党在1951—1974年间从未能够获得超过八个议席。工党在威尔士发展势头良好，尤其是当1970—1974年保守党政府导致了劳资关系的困境以及臭名昭著的"每周三天"政策①后，这点更明显了。从1974年起，卡拉汉（Callaghan）政府开始对公共支出进行控制，但却没能遏制住通货膨胀和失业率的居高不下，这导致了所谓"不满的冬天"。在感到自己的富裕生活受到威胁的警示后，越来越多的威尔士选民开始相信在通货膨胀和社会动荡的年月里，一个再度崛起的保守党可能有智慧、有毅力去捍卫他们的利益。工党的挫败在1979年为撒切尔时代开辟了道路，此后18年将是来自威斯敏斯特的保守党统治的天下。

我们不难理解为什么威尔士部门或者私人利益群体把玛格丽特·撒切尔从1979年起推行的强大的货币学派原则看作是一种颇具吸引力的措施，不会再有繁荣与萧条的循环，不再对工会会员或者地方分权主义者（devolutionists）搞妥协，也不再对欧洲有退让。这位格拉瑟姆小店主的女儿可不是来搞妥协的。1979年，保守党选出了11名威尔士的国会议员并且他们赢得了32%的选票。1983年又有三位成员位列其中。在新自由主义指导下，富裕的、有势力的、有影响力的顶层人物得到了极大的扩张，但是社会其他阶层则为此付出了惨重的代价。通过精心策划的经济收缩措施，撒切尔削弱了威尔士的制造业并且提高了失业率。在马岛战争中收拾了加尔铁里（Galtieri）将军后，威尔士煤矿工成为她的下一个目标。在1984—1985年的矿工罢工中，数千名警察被调集而来与正在抗议和罢工的煤矿工们发生了正面冲突。尽管妇女们特别参与其中，她们以坚韧不拔又勇猛无比的姿态在警戒线外

①　当时的保守党政府为了缓解电力使用紧张，要求自1973年12月31日开始，商业电力消费限制在每周连续三天内。——译者注

北

1 格温内斯
2 克卢伊德
3 波厄斯
4 德维德
5 西格拉摩根
6 中格拉摩根
7 南格拉摩根
8 格温特

- - - 郡边界
...... 地区边界

厄内斯默恩

阿尔夫

德威福尔

梅里奥尼斯

艾伯蒙威

科尔温

德林

弗林特

阿伦与戴西德

雷克瑟姆梅勒

格林杜尔

蒙哥马利

克利迪艮

拉德诺

布雷肯

蒙芽斯

普利斯利

卡马森

迪内弗尔

斯旺西

拉内利

里乌河谷

内斯

阿凡

奥格莫尔

格拉摩根谷

塔夫伊利

加的夫

纽波特

莫斯顿菲利

布莱奈格温特

伊斯特拉德菲达

卡菲利

托法恩

南彭布鲁克

0 10 20 30
km

地图 11 从 1974 年 3 月 1 日起，一个重组地方政府的法案开始执行，这是对 1536 年建立的郡体系的大调整。此后，威尔士由 8 个郡和 37 个区自治会组成。这个体系运行到 1996 年 3 月 1 日，此后威尔士建立了 22 个单一管理区（unitary authorities）。（见地图 12）

表达抗争，此外她们还积极筹措资金和食物，不过铁娘子依然占了上风。令威尔士托利党温和派感到相当不满的是，公有设施的私有化在飞速进行，并且半自治的非选举产生的政府代理机构——其间充斥着托利党任命的人员——的数量也在急速增加。威尔士选民在新的变化面前退缩了，他们在 1987 年选出了八名保守党的国会议员。这是又一次的胜利，它让撒切尔在选举中已经三连胜了。但就在这时，她的刚愎自用让她在 1990 年引入了人头税（poll tax），这项愚蠢的政策最终导致了她的下台。这时的玛格丽特·撒切尔在威尔士已如蝗灾一样为人厌恶。讽刺的是,在 1990 年 11 月的那场残酷又迅疾地驱赶她下台的宫廷政变中,有两位威尔士人参与到赌注中,他们是迈克尔·赫塞尔廷(Michael Heseltine,生于斯旺西)和乔弗里·豪(Geoffrey Howe,生于塔尔博特港),并且他们在其中还起到了重要的作用。玛格丽特·撒切尔的那位缺乏经验的继位者约翰·梅杰(John Major)很少关注威尔士事务。在 1997 年的大选中,没有一个威尔士保守党议员归来,这跟 1906 年的情况一样,真是可怕的岁月(annus horribilis)。威尔士保守主义终结于这个世纪,一如它在这个世纪开始时的样子:苦苦挣扎,却无法满足时代的需求。

也是在 1906 年,改变威尔士政治景观的那个党诞生了。它最初是作为 1900 年成立的劳工代表委员会(Labour Representation Committee)问世,而在 1906 年它发展完善成为工党。尽管工党早年没有在威尔士制造出什么声势来,但是在战前社会的不同领域所燃起的社会动荡局势却对它十分有利。这是一个社会中存在着强烈的敌对情绪和争吵不休的时代,当时的工人群众正要求改善工作条件和提高报酬。在多年的沸腾后,卡那封郡的事件使事情达到了沸点。当时的彭林家族对板岩矿工极尽恫吓,但矿工们并未被吓到,3 000 名板岩矿工在 1900 年 11 月开始了一场艰苦卓绝的罢工,这是不列颠历史上持续时间最长的一场罢工运动。最终,工人们屈服了,但是一种极其不好的感情被激发了,并且"不参加罢工者"(scabs)和"罢工破坏者"(traitors)一直未被原谅。这样的事情并无特别的或者值得惊奇之处。一大波事件已经进入到危急关头。暴动在煤田区爆发了,当时的产业工人们获得了具有战斗精神的美誉。1910 年汤尼潘帝的起义促使内政大臣温斯顿·丘吉尔派遣军队到该地区去协助警察。工人们与警察的暴力冲突导致了 1 人死亡和 500 人受伤。从结果来看,与梅瑟和纽波特[以及彼特卢(Peterloo)和托尔普德尔(Tolpuddle)]一样,汤尼潘帝这个名字也进入到了工人阶级神话学中。1911 年 6 月,在万国商船云集的加的夫港工作的海员们也开始了一场声势浩大的罢工。在 8 月的铁路罢工中,拉内利(Llanelli)地区有人因此丧命。充满战斗精神的起义煽动者点燃了阶级冲突的大火。诺亚·阿伯莱特(Noah Ablett)在著名的《矿工的下一步》(*Miners' Next Step*,1912年)中号召工人们开始升级版的罢工系列的斗争,他提出新的罢工应该获得最低工资制度以及煤矿控制转移权。充满了千禧年味道的工联主义无法被忽视。妇女参政权论者的要求也越来越响亮,她们决心与维多利亚时代妇女形象永久地划清界限,因为她们不是一种端庄、弱势的存在。所以,她们的呼声虽然高涨,却无法激发进一步的冲突。所有这些发展都引发了当局严肃的思考。

随着南威尔士河谷的人们对阶级冲突的豪言壮语纷纷响应,越来越多的工人阶级对权利有着更强烈的感受了,他们更加频繁地表达自己的不满之情,也更愿意全身心地参加到工会的活动中去。基尔·哈迪一直认为威尔士人与其他凯尔特民族一样都是天生的社会主义者。甚至在北方威尔士这样的自由主义大本营中——R.席利恩·罗伯茨(R. Silyn Roberts)和大卫·托马斯(David Thomas)这类人正在此处活跃——工党也开始把自己打造成真正的"人民的政党"。通过将选民数量倍增,1918年的《人民代表法案》为工党打开了新的天地,这一点也与已经退役的服役人员高涨的期待不谋而合。由于不能适应这个时代快速变化的社会经济现状,自由主义在工业地区停滞不前,而恰恰是在这些地方,南威尔士矿工联盟(South Wales Miners Federation,简称"联盟")激发了人们的尊严感与自信心。随着自由党-工党领导人梅本(Mabon)的温和态度开始消失,联盟采取了更具决定意义的"左倾"道路。到1921年时,它的成员已经增加到20万人。1919年的桑基委员会(Sankey Commission)①曾经建议提高矿工工资并且要求将他们的工作日时间减少到六小时。由于这一建议未被采纳,一波怒气在煤田区升起。1921年国有煤矿关停潮造成了苦涩的后果,并且工业衰退的幽

290

---

① 根据1919年英国议会的《煤炭工业委员会法案》成立的委员会处理煤矿国有化联合经营事宜。该委员会主席为加斯蒂斯·桑基(Justice Sankey),故该委员会俗称"桑基委员会"。——译者注

灵、呼啸而来的高失业率以及不断下降的生活水准对工人阶级的政治化有着重要的作用,并且它们还促进了工党的崛起,人们把工党看作代替资本主义政府的唯一出路。

1925 年回归金本位制对煤矿业极端不利,并且它也间接导致了 1926 年 5 月 3—12 日的总罢工,这场罢工导致了不列颠的瘫痪。充满激情的矿工领导人 A.J.库克(A. J. Cook)创造了一句简单有力的口号:"低报酬一文也不值;大白天一秒也不干"(Not a penny off the pay;Not a minute on the day)——但是,正如光芒四射的夏日阳光终将退去,不拿报酬的家庭终将面临崩溃,矿工们最终也被迫屈服,他们在此之前不屈不挠奋斗了六个月。悲愤的情绪深深笼罩着人们的生活。诗人伊德里斯·戴维斯(Idris Davies)的著名诗句"我们终将铭记 1926 年,直到我们的血流尽"在此之后经常被不屈服的矿工和他们的后代反复使用。所以,1929 年托利党只在威尔士赢得了一个席位也就不奇怪了。相对应地,工党则占据了 25 个席位和 37％的选票。工党开展的向饥饿进军(hunger marches)、静坐停工和街头罢工的运动,再加上消灭无家可归、失业和病弱无助状态的活动汇聚成为工党的支持力量,从而保证了其在南威尔士山谷地带拥有选举领导地位。工党唯一值得重视的对手是"莫斯科"小分队,也就是在南威尔士煤田区成长起来的共产党,其由一位自称为"不可救药的反叛分子"亚瑟·霍纳(Arthur Horner)领导。在 20 世纪 30 年代,共识策略开始主导政治。劳工运动把立足点放到了作为工联代表的位置上,他们在地方和全国层面上全力以赴关注他们选区的事情。比如,在朗达,那些来自最著名的南威尔士山谷地区的选举代表纷纷从"深深的集体和个人忠诚度……以及一种丰富的团体文化中"获得了力量,而且这种力量能够使他们建立民主体系并且拓宽他们感召力的基础。一些重要的工联主义者、市政委员以及国会议员通过参加工人协会、工人教育协会(WEA)课程或者是像伦敦的中央劳工学院和哈莱克学院(Coleg Harlech)的成人教育而提高了自己的水平,也正是这种方法帮助了工党维持他们在政治上的霸权。他们所受教育不仅提高了他们对自己遗产的理解

291

力,并且也鼓励了一种更高程度的团结及和谐状态的成长。因此,在威尔士的许多地方,工党作为追求工人阶级权利的领导者而享有良好声誉。它的主要代言人是安奈林·比万。比万要求他的同胞应当享受从摇篮到坟墓的免费医药服务、医疗服务和牙医服务。尽管这引发了保守党阵营一浪高过一浪的痛恨之情,但是比万赢得了比其他20世纪威尔士政治家更广泛的群众拥戴。在他的帮扶下,工党之星持续崛起:1950年,工党赢得的选票达到了58％之巨。

13年的所谓"托利党暴政"(Tory misrule)帮助工党在1966年进入鼎盛时期,当时工党赢得了32个席位以及61％的选票。到这一阶段,威尔士成为工党的大本营并且它仿佛成为一种坚不可摧的多数党。正如詹姆斯·格里菲斯(James Griffiths)所见,这个党在三代人里实现了惊人的成长是"人们生活状态的忠实写照,也是威尔士人民奋斗不息的真实反映"。它的权势的增长不仅因其代表劳动人民的需求,而且也是因为自巴茨凯尔主义时期以来,在威尔士范围内,那些情感丰富的、中产的人民和知识分子组成了更加广泛的选区,工党实现了对他们的吸引。当保守主义在其他地方获得了强大的支持时,工党继续在威尔士获得大量选票(1987年和1992年分别为45％和50％)。当时人们普遍认为,在稍后的选举中,唐宁街10号将迎来第一位在威尔士出生的首相,但是由于投票前夕的傲慢表现以及伦敦小报的反威尔士批评言论——其间他被称为"一个狡猾的威尔士空谈者"——使得矿工之子尼尔·金诺克(Neil Kinnock)的首相梦破碎了。五年之后,工党再次大获全胜。工党在威尔士获得了令人欢呼的34个议席,保守党则遭遇惨败。事后证明,托尼·布莱尔的"第三条道路"(Third Way)是一种融合了其他良性措施的撒切尔主义,但是正如2005年大选所显示的,甚至那些被激怒的传统工党选民也不愿意冒险吞下来自威斯敏斯特的保守主义的那一剂苦方。

威尔士政治局面在20世纪20年代中期之后也开始发生转变,这是因为一个肩负着民族自决原则的政治党派崛起了。在1925年8月,在普理赫尔(Pwllheli)召开的民族庆祝节大会上,一小群受过良好教育

图48 安奈林·比万（1897—1960年），这位威尔士性情最暴烈的演说家既不尊重也不信任托利党。他因将托利党人描述为"比害虫都低级"的言论而备受指责。他那充满阶级意蕴的话语仍旧是"给他人口中带来清凉的薄荷"。（威尔士国立图书馆）

的威尔士代言人急切地渴望维护本地语言的地位，他们成立了威尔士民族党(Plaid Genedlaethol Cymru)。这个党派在1932年宣称拥护民族自治，但它在许多年里不过是一股微弱的势力。这个党由一群学者主导，这些学者从文化的角度看待和表达自己的民族主义，其对于那些耗时颇多且让人感觉索然无味的拉票活动并不感兴趣，所以他们的选区也比较小。从1926—1939年期间该党的主席都是桑德斯·李维斯(Saunders Lewis)。在表面上，他是一个理想的代表人物，是欧洲文明的领军人物，是一位热情洋溢的爱国者，还是威尔士人中为数不多的准备探寻理性问题的人。但是，如果说劳德·乔治热情又亲切，安奈林·比万机智又迷人的话，那么李维斯则是一个冷冰冰的人。他的嗓音高而尖，喜欢佩戴领结，做事沉着冷静，并且身上带着的贵族式脾性让他对无产阶级充满了蔑视，这些都让他几乎不具备政治领导人那种与民同乐的品质。此外，皈依天主教的行为让他失去了狂热的不从国教分

293

子的支持。由于深受法国右翼理论家论述的影响，这位威权主义的拥趸发展出了一套大战略。他的战略其实基于威尔士去工业化的现状，这样的战略既不实用也不受欢迎。这引发了他的社会主义者同事 D.J. 戴维斯（D. J. Davies）的严重焦虑。这位追求进步主义的经济学家——他的作品中充满了力量与激情——展现了自己对当时经济现状更好的理解力以及对劳动人民的苦难更加敏锐的了解。就其智慧与原创精神来说，桑德斯·李维斯在选举中也有着严重的缺陷。1936 年 9 月，在其他两位值得尊重的威尔士人的陪伴下，他在位于林恩的彭内伯斯（Penyberth）地区的英国皇家空军轰炸学校处纵火——这是一种象征行为，他表示对威尔士屈服于英格兰的反对之情，这一行为让这三个纵火犯被判刑关进监狱达九个月。即使如此，他的党派在随后的投票选举中的表现可谓充满厄运并且时常受人嘲弄。只是在将来的岁月中，"林恩的这场大火"才对民族主义者的思想造成了强有力的心理影响。在第二次世界大战末期，威尔士党仍旧是一个资金不足、组织涣散的压力集团，他们没有国会议员席位，也看不到撼动工党霸权地位的前景。被没收保证金①已经几乎成为疲倦的、备受挫折的候选人们的生活方式了。

然而，从 1945 年起，民族主义伟业的曲折历程掀开了新的一页。格威弗·伊文思（Gwynfor Evans）出生于巴里，他坚持基督徒价值观、和平主义和社会正义，他担任了威尔士党主席并且在这一职位上一干就是 36 年。与劳德·乔治和安奈林·比万一起，他们成为 20 世纪威尔士顶级政治人物中的三巨头。令人好奇的是，在许多方面这样一个性格温和、谦恭有礼的人身上散发着一种高贵、体面的气息，却被他的政敌深深地憎恶。部分的原因在于，从长远来看，他改变了这个被工党领袖嘲讽为"不足一文党"（the little party）的前景，不过，也可以说，在他向公众展示的这副和蔼、文雅的面孔下，他有着一种桀骜不驯的本

294

---

① 英国选举中，候选人要在大选前向选举办公室缴纳一定的参选保证金。如果候选人未能获得八分之一的选票，这笔保证金将上交国库。这是为了防止一些不是真心参选的人参加选举。保证金制度始于 1918 年，现在的保证金数额为 500 英镑。——译者注

性。他已经成长为一位精明的政治操纵者,他重构了这个党。但是两个主要党派的合作主义活动意味着政治操纵已经没有多少空间了。议会候选人的竞选更多地变成了镜花水月,甚至晚至 1959 年也只有 77 571 名选民认同威尔士党的纲领。不过其间发生的一系列的事情为之带来了好运。议会为了给利物浦供水遂决定将基普塞伦(Capel Celyn)村和特雷沃恩(Tryweryn)河谷淹没。于是从 1957 年起,喧嚣开始了。与桑德斯·李维斯的"语言的命运"广播一道,这一变化在刺激业已疲乏又停滞不前的民族主义者方面有着类似的作用。它也点燃了年轻一代抗争者的激情。哈罗德·威尔逊(Harold Wilson)的工党在 1964 年证明自己没有人们所期待的那般向左翼倾斜,并且它明显对正在崛起的自治呼求缺乏理解,这也在刺激着人们。关于地方管理中的冷漠行为与唯利是图的传闻令人感到不安,它在摧毁着工党的声誉。威尔士党乐于宣传这些暴露出来的与丑闻有关的种种故事。在 60 年代中期,民族主义热情的风起云涌帮助威尔士党成为一股强有力的政治力量。1966 年的递补选举中,工党在卡马森郡的议席落入格威弗·伊文思之手,并且该党很轻易地就攻进了朗达西区(Rhondda West, 1966 年)和卡菲利(Caerphilly, 1968 年)这些工党的重要堡垒区。在尽一切努力以阻止民族主义者的炮火中,1969 年 7 月,查尔斯王子的加冕礼在仓促间于卡那封城堡中完成。曝光度最高的是自由威尔士军(Free Wales Army),这是一个华而不实的组织,它是以浮夸的动作而不是军事上的强势闻名于世。然而,到 1970 年,威尔士党的全部选票已经增加到 17.5 万张。即使如此,它依然没能扩大在工业和城市地区的吸引力,因为在这些地区,工党的霸权依然坚强有力。1974 年 10月,在威尔士党夺得了三个席位(没有一个属于工业选区)后,在全部 36 个席位中,他们只丢掉了其中的 10 个。威尔士党的选票比例也只是从 1974 年的 11％增加到 2001 年的 14％,呈现温和上涨趋势。要是在加的夫湾能够像北海那样发现大量的石油储藏的话,威尔士党的事业走向将会明显不同。但是,1979 年权力下放策略的惨败造成了一种深深的幻灭感。尽管在 20 世纪进入尾声时越来越多的人把自己看作"威尔士人"而不是"不列颠人"，但这并不意味着他们愿意涌到威尔士党的旗帜下效力。在 80 年的时光里，在政体（body politic）中依旧可以强烈地感受到威尔士民族主义的存在，但是从整体来看，它并未能够明显、持续地在投票选举中展示自己。事实上，威尔士党的选票份额受到了保守党票数的挤压。

图 49　"记忆特雷沃恩"（Cofiwch Dryweryn）是一个在威尔士经常可以看到或者听到的口号。1957 年，议会通过了特雷沃恩法案。该法案允许利物浦郡议会在梅里奥尼斯郡购买土地并建造蓄水池。八年之后，因向利物浦供水，800 英亩土地以及基普塞伦村被淹没。以上村庄中村民的抗议被忽视了。尽管有着大量舆论反对，这一策略仍旧被贯彻实施。（威尔士国立图书馆）

　　这把我们最终带往了关于权力向威尔士下放的这段错综复杂的故事。尽管与其宣称的相反，1918 年之后的工党很少认真对待权力下放问题。从工联主义分子的立场和中间派的理想来看，他们在面对这一问题被捅破时继续闭眼不见、充耳不闻。安奈林·比万是一位坚定的反分离主义者，并且有许多像他一样的人都认为现代社会的种种失败和可怕之处都来源自民族主义。让比万感到高兴的是，他目睹了 20 世纪 50 年代"建立威尔士议会"（Parliament for Wales）运动所经历的错误的启动及其步履蹒跚的进程。然而，由于难以抵御诸如詹姆斯·格里

296

菲斯（James Griffths）、克莱登·休斯（Cledwyn Hughes）和戈伦伟·罗伯茨（Goronwy Roberts）等赞同权力下放的人士的攻势，并且随着来自民族主义者阵营压力的增加，工党也加速了机构建设的进程，它在1964年成立了威尔士办公室（Welsh Office）。它位于加的夫——该城在1955年成为首府——它的第一任常驻国务秘书（Secretary of State）就是詹姆斯·格里菲斯。按照格里菲斯自己所述，他是用自己的"心灵与灵魂"来支撑这项事业。随着一些让人震颤的事情的发生以及投票选举中的险胜，当局不得不在现有宪制上建立一个皇家委员会。这一委员会由大法官基尔布兰登（Lord Kilbrandon）领导，他在1974年的报告中要求对政治权力进行一场激进的改造。作为回应，一些新迹象出现了。工党表现出愿意摆脱中间派形象的欲望，并且它也不愿意被人们认为它正在实行一种自上而下的控制。面对民族主义者咄咄逼人的态势，再加上在1974年后因丢失有效多数派地位而受到的挫败，詹姆斯·卡拉汉（James Callaghan）领导下的工党政府在紧要关头将权力下放议案交由公民投票。

这将工党对权力下放的爱恨情仇一股脑儿给捧出来了。毫不奇怪，在他们内部出现了深深的分裂。讽刺的是，反对权力下放的人士可以任性地阻碍他们自己政府的提议。在尼尔·金诺克（Neil Kinnock）和列奥·阿布斯（Leo Abse）的领导下，参加"说不"运动的人坚持认为，权力下放将是一场灾难，它将最终导致联合王国的灭亡并且会让不讲威尔士语的人陷于不利境地。同样，那些生活在威尔士北方的人担心生活在工党主导的议会"暴政"下将不会是一个令人愉悦的经历。由于工党权力下放支持者的胆小怯懦以及民族主义者不太愿意代表一个没有征税权的议会展开活动，这场投票所希望的赞成通过的结局没有出现。这个事件的结果完全可以预料得到。权力下放是以四比一的结局（以讽刺的方式）在圣大卫日被断然拒绝的。震惊与失望之情明显存在。在工党一片混乱之中，这场灾难为玛格丽特·撒切尔这位权力下放活动最激烈的敌人铺平了一条道路。撒切尔将沿着这条道路成为第一位进入唐宁街10号的妇女。工会被削弱了，矿工也受到了伤筋动骨

297

的痛击,并且被派往威尔士办公室的右翼理论家态度恶劣,这些都在强烈地提醒着反对权力下放的人士,他们的手段并不高明。

保守党的 18 年统治对于支持权力下放的人士来说就是一段舔舐伤口的漫长时光。态度冷淡的人士一听到首相的名字就浑身发抖,他们赶紧抛弃了这项事业。但是货币主义所造成的破坏却促使热诚的权力下放支持者坚持着他们的原则。乐观主义已经让他们忍受住了重重考验,正是在这种精神的支持下,他们决心完成未竟之事业。当保守党在 1997 年遭受选票大溃败后,新一任的工党首相托尼·布莱尔(Tony Blair)尽管没有太多热情,但依然信守了他的前任约翰·史密斯(John Smith)的承诺,他对权力下放问题作了回应。这次于 1997 年 9 月在苏格兰和威尔士举行的全民公投造成了戏剧性的不同结局。苏格兰人的投票成功地实现了权力下放,而威尔士人也随之获得成功,不过只是刚刚过线。之后的作家们经常评论说,或者是以谴责的方式评论说,6 721张选票(0.6%)的微弱多数在这个情绪高昂的夜晚给支持权力下放的人士带来了胜利,但是在 1979—1997 年间给"赞同"投票的 30%的摇摆选民也非常引人注目。在这段时期内,很多东西发生了改变。最热衷于权力下放的人出现在这些地区——格温内斯、卡马森郡、内斯-塔尔波特港以及南威尔士河谷——在这些地区,保守主义造成的社会-经济波动能够被深切地感受到。此外,整个威尔士的年轻选民并未因 1979 年的羞辱而伤痕累累,他们明确显示出在威尔士创建一个更加民主的政治文化的决心。关键的是,工党政府在这个时刻利用了这场运动来发展自己的力量。

1998 年 7 月的威尔士政府法案为威尔士建立了国民议会,其曰 60 名成员组成(其中的 40 人是代表选区而被选举出来的,另外 20 人则根据额外的成员体系选出)。国民议会获得的权力远不及苏格兰议会所得权力那样广泛。然而,人们一般还是把这看作威尔士历史中的重要时刻。时人普遍认为罗恩·戴维斯(Ron Davies)——威尔士国务秘书,并且也是一位全心全意推动权力下放的人物——将会成为首席大臣(First Minister)。但是,在他于克莱芬公园(Clapham Common)自

298

299

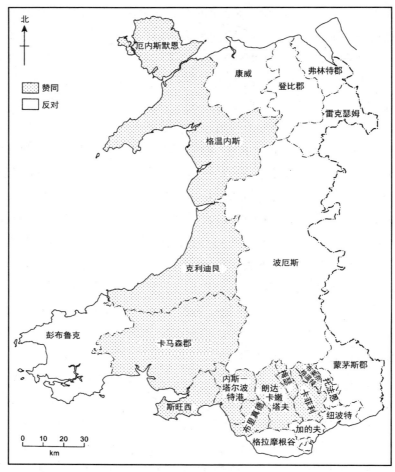

北

赞同
反对

厄内斯默恩

康威   弗林特郡
        登比郡
        雷克瑟姆

格温内斯

波厄斯

克利迪艮

彭布鲁克

卡马森郡

蒙茅斯郡

内斯—   托法恩
塔尔波   卡菲利
特港   朗达   纽波特
        卡嫩
布里真德   塔夫   加的夫
斯旺西   格拉摩根谷

0 10 20 30
km

地图 12   在 1997 年 9 月关于权力下放的公民投票中，只有微弱多数的选民
（50.3%）宣称自己赞同建立一个威尔士的国民议会。投票的数据显示了一个分
裂的民族，同时也显示了人们对于权力下放的不确定性以及对自己身份的迷茫。

我坦陈曾经的"疯狂时刻"[①]后，罗恩·戴维斯退出了公共舞台，这让威
尔士政治家们花了好一阵子时间才从这一令人尴尬且不幸的打击中恢
复过来。在这样关键的时刻失去了他这般形象的政治家是一个沉重的

---

① 1998 年，罗恩·戴维斯在伦敦参加了一个著名的同性恋俱乐部会友活动后，他遭到
持刀抢劫的危险。事情曝光后，戴维斯承认自己为双性恋者。——译者注

图 50　在权力下放后的威尔士有着一系列成功的故事。其中的一个是威尔士国民议会中有着超高比例的妇女代表。在 2003 年 5 月的选举之后，妇女占据了议会成员的 50％，这也是世界上妇女在代表议会中所有过的最高比例。两位议会成员埃德温娜·哈特（Edwina Hart）和简·戴维森（Jane Davidson）在这张照片拍摄时并不在场（西部邮报和厄科有限公司）

打击。支持权力下放的人士内心深受震动。阿伦·迈克尔（Alun Michael）这位布莱尔派的官员接替担任国务秘书（稍后成为首席大臣）。颇受欢迎的候选人罗德里·摩根（Rhodri Morgan）虽然这次没能获胜，不过在迈克尔 2000 年 2 月作出了稍带抱怨情绪的辞职行为后，他最终成为首席大臣。摩根一说起话来喋喋不休，会有着突然爆发的热情，同时作为一位并不成功的电视主持人，他还有着让人倍感亲切的技能；此外据说，摩根还伪造了自己普通平民出身的形象。作为一名性格强硬的职业政客，他给自己设定了一个目标：在工党领导的管理体系内，他追求一种具有独特威尔士形式的民主社会主义，这在 1999 年 5 月的大选中为他们赢得了很大一部分的选票。

　　但是乐观主义的新氛围很快就被分歧与敌视情绪所扼杀。先前由罗恩·戴维斯所倡导的包容性计划被抛弃了，党派忠诚占据了它的位置。少数族裔并无自己的代表。尽管女性议会成员（AMs）到 2003 年占据了国民议会成员的 50％（这是一个令人羡慕的进步，它使得国民

300

议会成为妇女代表制的国际领导者)，但是意识形态和党派上的分歧让政客们无法为了一个共同的目标而团结在一起。由于被混乱不堪的争吵和琐碎的纷争羁绊，议会政府无力解决对立情绪并且看起来没有意愿把自身改造成一个真正激进的、富有创造性的机构。它的许多批评者，特别是那些要求进行基本立法和征税权力的人，将之冠以"踩在高跷上的郡议会"或"清谈俱乐部"这样的称号。罗德里·摩根坚持认为，权力下放方案是"一个娇弱的花朵"，它需要时间才能有组织地成长起来。但是，他自己时常发作的犹豫不决的性格在他面对独立派组成的理查德委员会(Richard Commission)的裁定时暴露无遗。这份意见一致的裁定出版于 2004 年，理查德委员会在其中认定国民议会应当获得基本的立法权。正如这份目光深远的报告所揭示的那样，现行的体系中充满了诸多的障碍以至于它简直无法让人去期待它能实现有效运作。但是，首席大臣和他的同事们却没有展现太多更加激进的宪政改造的热情，理查德委员会的报告被束之高阁。在一片混乱的观点中，联合王国政府的白皮书《为了威尔士更好的政府》(*Better Government for Wales*)在 2005 年 6 月出版了。该白皮书公开否定了理查德委员会的提议，转而走中间路线，也就是构建一个在现状和与苏格兰议会所获得的权力有点类似的更大的立法权之间的中间状态。同时，伊丽莎白二世女王也被邀请去为在加的夫建立的一所壮观的、环境友好型的议会之家揭幕，时间就在 2006 年的圣乔治日。仍有待观察的是这所非常重要的机构是否能够作出建设性的、严肃的决议，因为这些决议是他们赢得人民支持和青睐的必由之路。正如罗恩·戴维斯一直强调的那样，权力下放是一个长时间的过程而不是一个短期的事件："人们不要认为，既然现在权力下放这个妖怪跑出了瓶子，它会自动再跑回去，或者它不会伸展一下自己的肌肉。"

第八章　威尔士路在何方?

很少有 20 世纪的威尔士语诗人获得如沃尔多·威廉姆斯(Waldo Williams)那般广泛的追捧。尽管他没有写出一部皇皇巨著,但是他的威尔士认同意识却让他成为一位富有想象力的演奏者,这是很少有人可匹敌的。他的《记忆》(*Cofio*)和《同一个威尔士》(*Cymru'n Un*)这类诗歌与历史学家们相唱和,都反映了一种急迫情感的表达:地理、历史、景观、人民和语言的独立性。他曾经谈及的是"事情已经被遗忘很久了╱现在也不过是一阵耳旁风",并且他看待记忆者的角色是"保持房屋矗立在一群监督者中"。因此,尽管这篇后记起了如此的标题,但是历史学家并不能因为事情尚处在未知状态就免除了自己的责任。一个民族是由它的历史和它的人民所塑造的。威尔士也跟其他民族一样,无论是从长期还是短期去构建一个民族,都需要大量文化记忆的帮劲。所有形式的历史,无论是真实的还是虚构的,想象的还是发明的,口头的还是书面的,新鲜的还是老生常谈的,其对于形成人们的认同观念都起着关键的作用。因此值得去考虑民族认同的护身符是怎样在数个世纪中发生了改变,并且历史学家们是如何根据时代的需要去检视以及培育一种威尔士他者性意识的。需要反复强调的是,威尔士是一个想象的共同体,它是一种人为的构造物,它如同一种阿米巴虫,可以根据人民的渴求与外在力量的影响而对自身的形态和特征进行改变。

中世纪的作家、编年史家和诗人们把威尔士人看作不列颠最早的居民。他们的认同依赖于他们的直系后代、他们在威尔士历史边界内的领域、威尔士的律法、基督宗教以及本地语言之间的互动而产生。他们最早被称作不列颠人(Britons)，后来被称为威尔士人(Cymry)，他们骄傲于自己的遗产，并且他们在面对萨克逊人、爱尔兰人、维京人和诺曼人入侵时表现得非常顽强并足智多谋。在 1282 年以及 1400 年，他们中的大批成员群起反抗，结果遭到了优势敌军的袭击并且因为内部纷争而被致命地削弱。作为一群有着丰富经验的老手，他们能够利用危急时刻制定紧急应对政策，他们从胜利者的魔掌下一再把自己从危亡境地中拯救出来。难以消除的内部纷争既有地理上的原因，也有政治原因，它们说明这是一个碎片化的社会。在其中，威尔士人作为一个被征服的民族，他们在诗人的一再允诺中寻找安慰：一位"预言之子"将会到来，他将恢复这片岛屿初民的合法遗产。

当亨利·都铎在 1485 年成为英格兰国王时，威尔士的历史也进入一个新的阶段。他们不再对自己国家的灭亡状态自怨自艾，现在威尔士人(至少是那些威尔士社会当然的占据统治地位的土地精英们)对亨利的胜利感到很高兴，他们把这看作一种获得解放的行为。随后而来的《统一法案》提到"亲密的和谐与统一状态"把英国人和威尔士人团结在一起。都铎和斯图亚特时代的历史学家高声赞美这段可喜可贺的结合所具有的好处。伊丽莎白时代的作家乔治·欧文(George Owen)把威尔士当作英格兰内部的一个郡看待，认为威尔士如今已经失去了本地的法律，而且本地的语言也退缩到次等的地位，威尔士被认为缺乏独立的历史。"因为威尔士人很顺利地融入英国人之中"，威廉·魏恩(William Wynne)在 1697 年写道，"两个民族以及他们的人民的历史也就被统合起来了。"当时历史学家一致的看法是，英格兰和威尔士已经被融合进一个互惠互益的实体之中。就早期现代时温顺的威尔士人而言，他们有着自己独特的认同。这样的认同是基于他们与一系列事物的联系，这包括：讽刺作家所谈及的"本地急促不清的语言"；对新教信仰的忠诚以及对家族谱系的热爱，没有真正的威尔士民族统一的意识。作为一个处于并不有利地位的不列颠的地区，人们在很大程度上认为，威尔士并不是一个有具体意义的政治或经济单元。到维多利亚时代，它仅仅被看作"一个地理术语"。

当大不列颠和爱尔兰联合王国在 1800 年出现时，一个非常现实的问题就是威尔士将被这个利维坦所吞没，并且可能永远不会再以一个可辨识的形象出现。然而，威尔士再一次展现了自己极为强硬的一面和辗转腾挪的本事，它在不列颠性（Britishness）这个观念中找到了自己的一席之地。从 18 世纪中期开始，威尔士的文人（主要是中等阶层）建立了内涵丰富的各种文化机构，它们的设立是为了强调威尔士的独特性并且为了激发一种新的民族性意识。尽管作为一种政治和管理构造有着自己的优势，但是新成立的联合王国并没有排除发展出一种建立在语言、文化和宗教基础上的现代威尔士认同的可能性。19 世纪威尔士史学家因此抓住了新的机遇把威尔士塑造为一种新教民族的形象：它的人民——乡民（gwerin）都是虔诚的、性情温和的并且富有教养的，这些人受到他们祖先牺牲精神的感染，虽然面对着地主、土地代管人（stewards）、主教和牧师的压榨，他们依然产生了一种自己独有的认同意识。这样一种将乡村农民浪漫化的观念是由曾在牛津读书的历史学家 O.M.爱德华兹通过辛勤研究培育出的，这全是"为了威尔士的利益"而为之。这个曾感染了爱德华兹情绪的威尔士宣称将自己置于不列颠国家和不列颠帝国中来获得认可。这个民族自强不息，它的政治生活已经民主化了，工业转型以及经济增长给予青年威尔士（Cymru Fydd）一种新的精神面貌。

回头来看，我们知道这样的视角有着严重的缺陷，但是在 1983 年威尔士大学建立以前，大多数的记忆保存执行者（remembrancers）都是内心澎湃的业余人士。传奇、神话和修辞大量出现，不过学术上的争论却很少。第一位把威尔士史研究放置到一个受到尊重的学术基石上的人是 J.E.劳德（J. E. Lloyd）。他的两卷本皇皇巨著《从最早的时期到爱德华征服之间的威尔士史》（*A History of Wales from the Earliest Times to the Edwardian Conquest*，1911 年）是威尔士史学史中的一道关键的分水岭。在威尔士,严肃的历史写作是在 1911 年开始的。直到这时,历史写作在很大程度上充满了时代错置的评论、党同伐异的偏见和目的论式的写作范式。然而,尽管这个学科开始了职业化的道路,但要是认为威尔士现在对活跃的历史话语产生了回应那就错了。许多人抱怨历史作品只是面向学术读者而写作,并且威尔士大学背叛了一手缔造它的乡民们。事实上,历史学家 J.F.里斯甚至宣称历史对威尔士民族性意识的形成有着微不足道的影响。历史学被认定没有实现自己的作用,而在两次世界大战期间的经济萧条所产生的愤怒和玩世不恭的情绪让这种意识更加尖刻。它已经演变成一种抑郁之气并深深地影响着诗人伊德里斯·戴维斯:"谁不从历史中吸取教训/就是在奴隶制的泥淖中沉沦。"但是,历史研究在欧洲范围内的复兴并没有在威尔士得到回响,并且只是在 1945 年之后的时期,传统的主流描写范式才开始发生改变。

威尔士历史研究兴趣的迸发是 20 世纪后半期最鼓舞人心的事件之一。高等教育的扩张、档案革命、阅读公众的大量出现,以及最重要的一点,像大卫·威廉姆斯(David Williams)和格兰摩尔·威廉姆斯(Glanmor Williams)这样的历史学家所具有的激情四射的领导力,这些都意味着更多的人具备了对过去的真正理解以及对历史的同情能力。像《威尔士历史评论》[*Welsh History Review*(1960 年—   )]、《劳工》[*Llafur*(1972 年—   )]和《民族记忆》[*Cof Cenedl*(1986 年—   )]等历史杂志提供了别样的视角并且在守旧的辉格派和自由党-工党式的解释之外,提供了另一种解读,甚至到 20 世纪 80 年代早期,埃里克·霍布斯鲍姆(Eric Hobsbawm)也认为在当下的威尔士,历史写作呈现出"先进的、富有冒险精神的和视野广阔的"特征。几处重要的进展——传统工业的衰落,在数个世纪中起到独特作用的本地语言的艰难发展,基督教命运的退潮,不列颠帝国的消亡以及对权力下放及其后果的争论——都在刺激着历史学者对认同问题的思考。历史书籍的题目——《威尔士宗教、语言和民族性》(*Religion, Language and Nationality in Wales*)、《威尔士何时形成》(*When was Wales?*)和《威尔士问题》

(*Welsh Question*)——强调了一条道路,在这条道路上,(民族)认同中的熟悉的标志纷纷被解魅或者被解构。社会科学家们开始辨别在"三个威尔士模式"(three-Wales model)——威尔士语核心区(y fro Gymraeg)、威尔士人的威尔士(Welsh Wales)和不列颠人的威尔士(British Wales)——中存在的政治分裂,并且关于语言问题和权力下放问题造成的分歧让格兰摩尔·威廉姆斯在1979年观察到,威尔士人是"如此弱小的一个民族,它不能自己制造一个伤口,并沉浸其中不能自拔"。他的同事、道莱斯城出生的历史学家格温·A.威廉姆斯(Gwyn A. Williams)是一位给人连连惊喜的信息传播者,他在电视节目中技惊四座,但是他在1979年以后的年月里同样感到深深的苦闷,因为威尔士共同体在面临资本主义的重压和固有矛盾时一蹶不振并且还由此失去了诸多的认同标志。没有历史学家比他更明确地意识到一个可资利用的过去的观念所具有的潜力。他把威尔士的历史描绘为一系列分裂、破碎和危机的过程,威尔士人在其中借助重新发明自己而生存了下来。他在1985年的判断令人震惊,他说威尔士人已经变成了"一个站在酸雨中的赤身裸体的民族"。他所深恶痛绝的撒切尔主义正好与广受欢迎的"不列颠史"(British History)的崛起同时发生。这个不列颠史促进了中世纪和早期现代研究新方法的出现,但在另一方面,它也证明了这不过是盎格鲁中心主义的改头换面而已。到20世纪90年代早期,威尔士历史学家互有冲突的言论反映了这个时代模糊的、脆弱的情绪。菲利普·詹金斯(Philip Jenkins)强调"威尔士必须在一个不列颠的背景下被审视",同时,约翰·戴维斯(John Davies)在他那本关于威尔士通史的杰出著作中声称,在著书立说过程中,"他怀着一种信仰和信念,那就是这个民族在完整意义上来讲尚待实现"。正如事情所证明的那样,后者预言成功的概率在迅速地累积。1997年,威尔士人表达了自己渴望看到自己的民族性意识和市民认同:他们是以极其微弱的优势通过建立自己的(民族)政治机构来实现的。

因此,讽刺的是,就在最近每次进行的投票或者调查显示越来越多的人认为他们更多的是作为威尔士人而不是不列颠人而存在的时候,在这个各种力量汇聚在一起的后现代的世界中，要想维持一个内在一致的认同意识变得越来越难，甚至已经不可能了。到第三个千禧年到来时，威尔士人作为不列颠岛上最古老和最纯正的民族这样一个事实在威尔士并没有什么意义，因为威尔士已经变成了一个异质的、多元文化的社会。威尔士语这个欧洲最古老、最优美的活语言也是一个人数在逐渐衰退的民族的母语。无论是出于选择的结果还是机会的匮乏，五分之四的威尔士人口已经不说这种语言了。基督教自圣徒时代以来就对威尔士人有着根本性的意义，但如今它也不再被认为是民族认同的支柱了。随着威尔士变成一个更加多元、更加博采众长的社会，并且随着新的认同象征物——诸如体育、音乐和媒体——提供新的文化自信，要想获得一种统一的意识更加困难了。实际上，在21世纪变迁的环境中，期待着民族成为一种内在一致的实体变得有点脱离实际了。如果接下来的趋势持续进行并且得到加强——人口相对自由的迁徙，全球化的经济体系，技术的进步，文化的融合，尤其是信息技术上的革命——威尔士将变成一个多民族的共同体，它将越来越难以定型，也越来越多样。

这把我们带回到沃尔多·威廉姆斯，他的作品深受人类全体具有统一性概念的影响。在《威尔士是同一的》(*Cymru'n Un*)这篇迷人的十四行诗中，他用追忆的方式宣称："在我心中，威尔士是同一的。实现的方式我却并不知道。"尽管历史显示了威尔士人更喜欢分裂而不是融合，像威廉姆斯这样的诗人们却更经常地关注统一与完整性。另一方面，当前的历史学家们却比之前时代更急切地去探索威尔士的多样化、碎片化和多层面的本性。一个时代可能到来了，在这个时代里，构建一个统一的民族认同将会被认定既不可行也不再需要。鉴于此，有如下想法颇能令人感到安慰：随着威尔士国民议会开始通过给人们提供有效率的民主治理从而提高了他们的生活品质，这将帮助威尔士人在方方面面保存对过去的记忆，这是一种给他们的多层面的认同以力量的方式。有一件事情我们可以确定：一个没有记忆的民族是没有未来的。

引 用 来 源

第一章　早期的居民

威尔士的消极形象来源于约翰·范布勒爵士(Sir John Vanbrugh), *Aesop*, 1697 年, 引自 Francis Jones, "An Approach to Welsh Genealogy", *Transaction of the Honourable Society of Cymmrodorion*(1948 年), p.429 和 Ned Ward, *A Trip to North-Wales* (London, 1701), p.6; 这位威尔士考古学家是 Glyn Daniel, *The National Museum as a Mirror of Ancient Wales* (Cardiff: National Museum of Wales, 1983), p.14; 西奥菲勒斯·伊文思(Theophilus Evans)对威尔士人的祖先进行了详细的描写, 参见 *Drych y Prif Oesoedd* (Mwythig, 1740), p.7; 约洛·莫根威格(Iolo Morganwg)关于宇宙的起源, 见 The National Library of Wales 13093E, p.167; 对达尔文的诽谤言论引自 R.Tudur Jones, *Ffydd ac Argyfwng Cenedl: Cristionogaeth a Diwylliant yng Nghymru 1890 – 1914*, volumn II: *Dryswch y Diwygiad*(Abertawe: Tŷ John Penry, 1982), p.36; 约翰·琼斯引自 Harri Williams, *Duw, Daeareg a Darwin*(Llandysul: Gomer Press, 1979), p.18; 帕夫兰的"人史"引自 Stephen Aldhouse-Green, *Paviland Cave and the "Red Lady"*

(Bristol：Western Academic and Specialist Press，2000)，p.xxiv；"冰层突出处"引自 Michael Reed，*The Landscape of Britain*（London：Routledge，1990），p.29；"第一个黄金时代"引自 E. G. Brown，*Britain and the Western Seaways*（London：Thmas & Hudson，1972），p.25；巴利·坎利夫关于"海洋心态"的评论引自 *Facing the Ocean: The Atlantic and its Peoples*，*8000BC – AD1500*（paperback edn，Oxford：Oxford University Press，2004），p.554；关于飘向天空的石头，参见 Vicki Cummings and Alasdair Whittle，*Places of Special Virtue: Megaliths in the Neolithic Landscapes of Wales*（Oxford：Oxbow Books，2004），chapter 7；由"凯尔特痴迷者和凯尔特怀疑者"在这场令人担忧的战斗中所造成的某些"精神分裂迹象"的解释参见 Patrick Sims-Williams，Celtomania and Celtoscepticism，*Cambrian Medieval Celtic Studies*，36（1998），pp.1–35；凯尔特艺术的成就引自 Miranda J. Green（ed.），*The Celtic World*（London：Routledge，1995），p.345；卡拉塔克斯的演讲引自 Graham Webster，*Rome against Caratacus: The Roman Campaigns in Britain AD48 – 58*（paperback edn，London：Routledge，2003），p.38；在安格尔西岛被断言的种族屠杀引自 *The Annals of Tacitus*，XIV，p.30；多米蒂拉的致意引自 Christopher J. Arnold and Jeffrey L. Davies，*Roman and Early Medieval Wales*（Stroud：Sutton，2000），pp.41–42；有关马克西姆斯的宣言的书写引自 Gwyn A. Williams，*When was Wales? A History of Welsh*（London：Black Raven，1985），p.20；关于《仍在这里》的词句和记录，参见 *Yma O Hyd*（Pwllheli：Eisteddfod Genedlaethol Urdd Gobaith Cymru，1998）。

第二章　英雄时代（383—1063）

"蛀虫的吞噬"是瑞格法西的说法，引自 A. W. Wade-Evans，"Rgygyfarch's Life of Saint David"，*Y Cymmrodor*，24（1913），p.71；"乌鸦的叫声"形象见 Gwyn A. Williams，*Excalibur: The*

Search for Arthur（London：BBC Books，1994），p.42；西德兰诗歌引自 A. O. H. Jarman，"Saga Poetry-The Cycle of Llywarch Hen"，in A.O.H.Jarman and Gwilym Reed Hughes(eds.)，*A Guide to Welsh Literature*，volume I（revised edn，Cardiff：University of Wales Press，1992），pp.92－94；作为"首领与荣光"的海维尔·达引自 Thomas Jones(ed.)，*Brut y Tywysogyon or The Chronicle of the Princes*（Cardiff：University of Wales Press，1952），p.7；作为"金光闪耀的国王"的格鲁菲德·阿颇·卢埃林的内容引自 Mike Davies，"Gruffydd ap Llewelyn，King of Wales"，*Welsh History Review*，21，no.2（2002），p.247；作为"首领和保护者"的格鲁菲德·阿颇·卢埃林的内容出现在 Jones（ed.），*Brut y Tywysogyon*，p.15；温迪·戴维斯带领着她的同事参加了一项任务，叫作"Looking Back to the Early Medieval Past：Wales and England，a Contrast in Approaches"，*Welsh History Review*，22，no.2（2004），p.197；达菲德·詹金斯所制造的"海维尔源头"的内容见 T.M.Charles-Edwards，Morfydd E. Owen and Paul Russell(eds.)，*The Welsh King and his Court*（Cardiff：University of Wales Press，2000），p.17；关于法律"存在于律师们的口中"的内容出现在 T.M.Charles-Edwards，*The Welsh Laws*（Cardiff：University of Wales Press，1989），p.6；有关社会的开放性，见 Michael McCormick，*Origins of the European Economy：Communication and Commerce AD300－900*（Cambridge：Cambridge University Press，2002），p.797；作为"基督教构成部分"的圣徒相关内容，见 Wendy Davies，*Wales in the Early Middle Ages*（Leicester：Leicester University Press，1982），p.176；人民对于上帝的信仰由尤文库斯手稿中的伊兰诺恩诗歌所揭示，引自 Ifor Williams，*The Beginnings of Welsh Poetry*，ed. Rachel Bromwich（Cardiff：University of Wales Press，1972），p.101；吉尔达斯对于"卑鄙人员"的批评引自 A.O.H. Jarman，*The Cynfeirdd：Early Welsh Poets and Poetry*（Cardiff：University of Wales Press，1981），p.2；约洛·莫根

威格夸张手法出现在 The National Library of Wales 13144A, f.389；"金光闪耀的"战士的消亡，见 Jarman, *The Cynfeirdd*, p.54 以及全部的文本形象，见 John T.Koch, *The Gododdin of Aneirin*（Cardiff：University of Wales Press, 1997）；一份现存的文字版威尔士语的翻译件，见 Dafydd Jenkins and Morfydd E. Owen, "The Welsh Marginalia in the Lichfield Gospels", *Cambrian Medieval Celtic Studies*, 5（1983），p.51；"威尔士"和"威尔士人"相关概念的讨论，见 Huw Pryce, "British or Welsh? National Identity in Twelfth-Century Wales", *English Historical Review*, 116, no.468（2001），pp.775 - 801.

第三章　盎格鲁-诺曼征服者（约 1063—1282）

劳德作为"指路明灯"的形象出现在桑德斯・李维斯给他写的哀悼诗歌中：这首诗歌由约翰・罗兰兹（John Rowlands）分析，见 R. Geraint Gruffydd（ed.）, *Bardos: Penodau ar y Traddodiad Barddol Cymreig a Cheltaidd*（Caerdydd：Gwasg Prifysgol Cymru, 1982），pp.111 - 127；有关亨利王的故事见 R. T. Jenkins, "Syr John Edward Lloyd", *Y Llenor*, 26（1947），p.82；关于威尔士人作为野蛮人的描写引自 Alexander Grant and Keith J. Stringer（eds.）, *Uniting the Kingdom? The Making of British Hisotry*（London：Routledge, 1995），p. 60；*Brut y Tywysogyon* 的编者引自 Thomas Jones, "Historical Writing in Medieval Welsh", *Scottish Studies*, 12, part 1（1968），p.24；血腥暴力的威尔士诗歌见 Joseph P. Clancy, *The Earliest Welsh Poetry*（London：Macmillan, 1970），pp.145 - 146；1112年的历史记录见 Jones（ed.）, *Brut y Tywysogyon*, p.49；关于英国定居者筑城而居的内容引自 R. R. Davies, *Domination and Conquest: The Experience of Ireland, Scotland and Wales 1100 - 1300*（Cambridge：Cambridge University Press, 1990），p.15；彭布鲁克郡的分区的内容见 George Owen, *The Description of Penbrokshire*, ed.Henry Owen (4vols., London: Honourable Society of Cymmrodorion, 1892 – 1936), I, p.47;马尔斯伯里的威廉引自 David C. Douglas and George W. Greenway (eds.), *English Historical Doucuments*, *volume II*: *1042 – 1189* (2nd edn, London: Eyre Methuen, 1981), p.745;瑞格法西的抱怨引自 Michael Lapidge, "The Welsh-Latin Poetry of Sulien's Family", *Studia Celtica*, 8/ 9(1973 – 1974), p.91;冷眼旁观的本卡迪尔的老人的内容见 Gerald of Wales, *The Journey through Wales and The Description of Wales*, trans. Lewis Thrope (London: Penguin Books, 2004), p.274;卢埃林·阿颇·格鲁菲德的充满挑衅意味的支持者引自 Jones (ed.), *Brut y Tywysogyon*, p.110;威尔士的吉拉德关于他的祖父的观点引自 A. J. Roderick, "Marriage and Politics in Wales, 1066 – 1282", *Welsh History Review*, 4, no.1 (1968), p.7;对威尔士的吉拉德的难题的梳理见 Pryce, "British or Welsh? National Identity in Twelfth-Century Wales", pp.775 – 801;"强大的征服者"引自 Roger Turvey, *The Lord Rhys: Princes of Deheubarth* (Llandysul: Gomer Press, 1997), p.109;辛德尔·布雷迪·马维尔的控制力引自 Nerys Ann Jones and Ann Parry Owen (eds.), *Gwaith Cynddelw Brydydd Mawr* (2 vols., Cardiff: University of Wales Press, 1991), I, p.5;达菲德·本弗拉斯的诗歌引自 N. G. Costigan et al. (eds.), *Gwaith Dafydd Benfras ac Eraill o Feirdd Hanner Cyntaf y Drydedd Ganrif ar Daeg*(Caerdydd: Gwasg Prifysgol Cymru, 1995), p.433;里加德·古尔的内容引自 Peredur I. Lynch, "Court Poetry, Power and Politics", in Charles-Edwards et al. (eds.), *The Welsh King*, p.184;关于黑皮书的抄写者的描写见 Daniel Huws in *Medieval Welsh Manuscripts* (Cardiff: University of Wales Press, 2000), pp.71 – 72;"勇敢的战斗之狮"的形象见 Rhian M. Andrews et al (eds.), *Gwaith Bleddyn Fardd a Beirdd Eraill Ail Hanner y Drydedd Ganrif ar Ddeg* (Caerdydd: Gwasg Prifysgol Cymru, 1996), p.234;卢埃林·阿颇·

格鲁菲德的激动人心的话引自 R. R. Davies in "Edward I and Wales", in Trevor Herbert and Gareth E. Jones (eds.), *Edward I and Wales* (Cardiff: University of Wales Press, 1988), pp.4 - 5;对卢埃林随后与民族性的"缺乏关联"的强调见 Llinos Beverley Smith, "Llywelyn ap Gruffudd and the Welsh Historical Consciousness", *Welsh History Review*, 12, no.1 (1984), p.27;对卢埃林的抱怨引自 Joseph P. Clancy, *Medieval Welsh Poems* (Dublin: Four Courts Press, 2003), p.173;布莱登·法德的末日恐惧引自 Rhian Andrews et al (eds.), *Gwaith Bleddy Fardd*, p.593.

第四章 瘟疫、叛乱与复兴(约 1283—1536)

霍希·如的预言引自 Wiliam Owen Roberts, *Pestilence* (Bridgend: Seren, 1991), p.38;卢埃林·费晨的诗歌复制自 Dafydd Johnston (ed.), *Galar y Beirdd. Poets' Grief* (Cardiff: Tafol, 1993), pp.51 - 53;克林恩的话引自 Rosemary Horrox, *The Black Death* (Manchester: Manchester University Press, 1994), p.84;迷茫的卡迪根郡农民的哭声引自 William Rees, "The Black Death in Wales", *Transactions of the Royal Historical Society*, 4th series, 3(1920), p.244, n.5;"飓风"这句话出现在 Glanmor Williams, *The Welsh Church from Conquest to Reformation* (revised edn, Cardiff: University of Wales Press, 1976), p.153;悲惨的 1282 年编年史家的形象出现在 Thomas Jones (ed.), *Brenhinedd y Saesson or The Kings of Saxons* (Cardiff: University of Wales Press, 1971), p. 259;"龙之牙"参见 Tony Cornan, *The Shape of My Country: Selected Poems and Extracts* (Llanrwst: Gwasg Carreg Gwalch, 2004), p.44;威尔士法令的引用参见 Ivor Bowen (ed.), *The Statutes of Wales* (London: T. Fisher Unwin, 1908), p.2;"一条蛇潜行在草丛之中"出自 David Moore, *The Welsh War of Independence c. 410 - c. 1415* (Stroud: Tempus, 2005), p.268;梅林预言的功效引自 N. Denholm-Young, *The Life of*

Edward the Second（London：Thoomas Nelson & Sons Ltd, 1957），p.69；对威尔士人缺陷的评论引自 Rees Davies, "Race Relations in Post-Conquest Wales：Confrontation and Compromise", *Transactions of the Honourable Society of Cymmrodorion*（1975），pp.37 – 38；"邪恶民族"的内容出自 Gruffudd Llwyd, 参见 Rhiannon Ifans（ed.）, *Gwaith Gruffudd Llwyd a'r Llygliwiaid Eraill*（Aberystwyth：University of Wales Center for Advanced Welsh and Celtic Studies, 2000），p.149；莎士比亚的描写出现在 *I Henry IV*, III.i；"出生在异国他乡一般"引自 Brynley F. Roberts, "Un o Lawysgrifau Hopcyn ap Tomas o Ynys Dawy", *Bulletin of the Board of Celtic Studies*, 22, part 3（1967），p.228；"强烈的痛苦"这首诗由 R. S. Thomas 所作, 参见他的 *Collected Poems 1945 – 1990*（London：J.M.Dent, 1993），p.32；作为"雄狮"的格林杜尔引自 Gruffydd Aled Williams, "The Literary Tradition to c.1560", 见 J.Beverley Smith and Llinos Beverley Smith（eds.）, *Merioneth County History*, volumn II（Cardiff：University of Wales Press, 2001），pp.558 – 559；厄斯克的亚当引自 Ralph A. Griffiths, "After Glyn Dŵr：An Age of Reconciliation?", *Proceedings of the British Academy*, 117（2002），p.142；"欺骗与诡计"出现在 Keith Williams-Jones, "The Taking of Conwy Castle, 1401", *Transactions of the Honourable Society of Cymmrodorion*, 39（1978），p.9；有关"中世纪智库"的内容参见 David Walker, *Medieval Wales*, p.175；首次提出 1410 年作为转折点, 参见 A. J. Roderick（ed.）, *Wales through the Ages*（2vols., Llandybe：Christopher Davies, 1959 – 1960），I, p.183；"共同体的慰藉"引自 Llinos Beverley Smith, "Disputes and Settlement in Medieval Wales：The Role of Arbitration", *English Historical Review*, 421（1991），p.856；达菲德·阿颜·格威利姆的"闪耀着感性之光"参见 *Gwyn Thomas, Dafydd ap Gwilym: His Poems*（CardiffL University of Wales Press, 2001），p. xix；舒恩·桑沮丧的提醒句引自 A. O. H.

Jarman and Gwilym Rees Hughes (eds.), *A Guide to Welsh Literature 1282 - c.1550*, volumn II, revised by Dafydd Johnston (Cardiff: University of Wales Press, 1997), p.153;"值得崇拜的木匠"引自 Ifor Williams, *Lectures on Early Welsh Poetry* (Dublin: Dublin Institute for Advanced Studies, 1944), p.7.

第五章　早期现代的威尔士（1536—1776）

理查德·普利斯的"一个独特的共同体"概念引自 D. O. Thomas, *Richard Price 1723 - 1791* (Cardiff: University of Wales Press, 1976), p.67;"亲切友好和统一和谐"的形象在 1536 年法案中可见端倪并且完整的文本参见 Brown (ed.), *The Statutes of Wales*, pp.75 - 93;格拉布街的轻蔑言论引自 Geraint H. Jenkins, *Thomas Jones yr Almanaciwr 1648 -1713*(Caerdydd: Gwasg Prifysgol Cymru, 1980), pp. 123 - 124;兰德斯克分界线参见 Owen, *Description of Penbrokshire*, I, p.47;丘其亚德的话引自 A. H. Dodd, *Studies in Stuart Wales* (2nd edn, Cardiff: University of Wales Press, 1971), p.75;对陌生人的冷言冷语引自 Rees L.Lloyd, "Welsh Masters on the Bench of the Inner Temple", *Transactions of the Honourable Society of Cymmrodorion* (1937), p.195;关于伊利斯·格鲁菲德的内容引自 Prys Morgan, "Elis Gruffudd of Gronant-Tudor Chronicler Extraordinary", *Flintshire Historical Society Publications*, 25 (1971 - 1972), p.11;托马斯·卢埃林谈论威尔士语单一论者的内容见 *An Historical Account of the British or Welsh Versions and Editions of the Bible* (London: Richard Hett, 1768), p.71;伦敦作为世界的中心，参见 William Owen Pughe, *A Dictionary of the Welsh Language* (2 vol., London: Evan Williams, 1803), I, sig. clv;"探索旋涡"出自伯纳德·贝林(Bernard Bailyn)之口，引自 Nicholas Canny (ed.), *Europeans on the Move: Studies on European Migration 1500 - 1800* (Oxford: Clarendon Press, 1994), p.2;对辛劳的农奴的描写参见 Owen,

Description of Penbrokshire, I, pp.41 – 44;对专横的"镀铜之王"的描写参见 J. R. Harris, *The Copper King: A Biography of Thomas Williams of Llanidan* (new edn, Ashbourne: Landmark Publishing, 2003), p.xiv;李维斯·莫里斯论未开发的财富参见 Plans of Harbour, *Bars, Bays and Roads in St George's Channel* (London, 1748), p.11;布里斯托作为"南威尔士的重要市场"见 The National Library of Wales 1760 A, f. 12ʳ;1536 年《统一法案》前言部摘取的句子来自 Brown (ed.), *Statute of Wales*, pp.75 – 76;对英格兰语言上的飞地的描写参见 David Powel, *The Historie of Cambria* (London: Rafe Newbeie & Henrie Denham, 1584), p.5;"他们自己民族的主宰"语出自 Owen, *Description of Penbrokshire*, III, p.91;威廉·沃恩的话出自 *The Arraignment of Slander* (1630), 引自 J. Gwynfor Jones, *The Welsh Gentry 1536 – 1640* (Cardiff: University of Wales Press, 1998), p.244;对"弑君者"和"野兽"的提及见 Geraint H. Jenkins, *Protestant Dissenters in Wales 1639 – 1689* (Cardiff: University of Wales Press, 1992), pp. 39 – 40;菲利普·琼斯的描写见 Austin Woolrych, *Britain in Revolution 1625 – 1660* (Oxford: Oxford University Press, 2002), p.567;"我们的威尔士利维坦"语出自 The National Library of Wales 2532B, f.377;约洛·莫根威格对"皮条客"的论述出自 The National Library of Wales 21319A, f.38;好斗的教士引自 Glanmor Williams, *Welsh Reformation Essays* (Cardiff: University of Wales Press, 1967), p.40;对威尔士语的嘲讽，见 Richard Suggett, "Slander in Early-Modern Wales", *Bulletin of the Board of Celtic Studies*, 39 (1992), pp.119 - 153;关于议会的"英国性"，见 Mark Stoyle, *West Britons: Cornish Identities and the Early Modern State* (Exeter: University of Exeter Press, 2002), p.5;亨利·沃恩的话引自 L. C. Martin (ed.), *The Works of Henry Vaughan* (2ⁿᵈ edn, Oxford: Clarendon Press, 1957), p.166;瓦瓦索·鲍威尔所作圆颅党的歌出自 The National Library of Wales 366A, f.9；英国监督者引自 Geraint H. Jenkins, "'Horrid Unintelligible Jargon': The Case of Dr Thomas Bowles", *Welsh History Review*, 15, no.4（1991）, p.511；"男孩堆"出现在 Tom Beyon, "Howell Harris's visits to Cardiganshire", *Historical Society of the Presbyterian Church of Wales*, 30, no.1 (1945), p.50；威廉·索尔斯伯里引自 Garfield H. Hughes (ed.), *Rhagymadroddion: 1547–1659* (Caerdydd：Gwasg Prifysgol Cymru, 2000), p.11；对威尔士的"清除掉"见 Thomas Jones, *The British Language in its Lustre* (London, 1688), sig. A3ʳ；土著居民的形象见"Constitutions of the Honourable Society of Cymmrodorion", *Y Cymmrodor*, I (1877), p.15；"骄傲热烈的威尔士人"形象见 J. H. Davies (ed.), The Letters of Lewis, *Richard*, *William and Jones Morris of Anglesey 1728–1765* (2 vols, Aberystwyth, 1907–1909), I, p.346.

第六章　现代世界的熔炉（1776—1900）

《威尔士人》中的报告引自 H. Gethin Rhys, "'Yr Haiarnfarch'：Y Rheilffyrdd a'r Cymry yn ystod Bedwaredd Ganrif ar Bymtheg", in Geraint H. Jenkins (ed.), *Cof Cenedl XX* (Llandysul：Gomer Press, 2005), pp.112–113；"参差不齐的顶点"的比喻见 Williams, *When Was Wales?*, pp.173–174；约洛·莫根威格和"月宫之人"见 The British Library Add.15027, ff.79–80；"工业世纪的卡戎"引自 D. Tecwyn Lloyd, *Safle'r Gerbydres ac Ysgrifau Eraill* (Llandysul：Gomer Press, 1970), p.120；E. D. Lewis 对"广阔的黑色克朗迪克"的描写见 K. S. Hopkins (ed.), *Rhondda Past and Future* [Rhondda：Rhondda Borough Council, (1975)], p.23；"无法抵御的急流"的使用见 Thomas Rees in *Miscellaneous Papers on Subjects relating to Wales* (London：John Snow & Co., 1867), p.86；只懂威尔士语的岩石引自 Merfyn Jones, *The North Wales Quarrymen, 1874–1922* (Cardiff：University of Wales Press, 1981), p.78；"内心深处仍是爱

尔兰人"引自 Paul O'Leary, *Immigration and Integration: The Irish in Wales 1798 – 1922* (Cardiff: University of Wales Press, 2000), p.301;爱德华·查尔斯引自 E. G. Millward (ed.), *Cerddi Jac Glany-Gors*[(Abertawe): Cyhoeddiadau Barddas, 2003], pp.10 – 11;约瑟夫·詹金斯对澳大利亚的判定引自 Bethan Philips, *Pity the Swagman: The Australian Odyssey of a Victorian Diarist* (Aberystwyth: Cymdeithas Lyfrau Ceredigion, 2001), p.261;对"山姆大叔"的服从引自 Aled Jones and Bill Jones, *Welsh Reflections: Y Drych and America 1851 – 2001* (Llandysul: Gomer Press, 2001), p.65;亨利·理查德对服从法律的威尔士人的言论出现在 Henry Richard, *Letters on the Social and Political Condition of the Principality of Wales* [London: Jackson, Walford & Hodder, (1867), pp.72 – 73;威廉·琼斯的反地主长篇演说见 The National Library of Wales 13221E, f.387;托马斯·坎贝尔·福斯特的断层线见 *Times*, 18 September 1843;在瑞贝卡地区的警察引自 David J. V. Jones, *Rebecca's Children: A Study of Rural Society, Crime and Protest* (Oxford: Clarendon Press, 1989], p.41;自由党政治家乔治·奥斯本·摩根论什一税之战引自 J. P. D. Dunbabin, *Rural Discontent in Nineteenth Century Britain* (London: Faber & Faber, 1974), p.283;彭林勋爵对威尔士人的谴责引自 Ivor Wilks, *South Wales and the Rising of 1839* (Llandysul: Gomer Press, 1989), p.69;《自由畅言》引自 ibid, pp.87 – 88;关于小礼拜堂作为"美化"的内容见 Thomas Rees, 引自 Christopher Turner in "The Nonconformist Response", in Trevor Herbert and Gareth E. Jones (eds.), *People and Protest: Wales 1815 – 1880* (Cardiff: University of Wales Press, 1988), p.103;对引人注目的马修·伊文尼的描写见 Sioned Davies, "Performing from the Pulpit: An Introduction to Preaching in Nineteenth-Century Wales", in Joseph F. Nagy (ed.), *Identifying the Celtics: CSANA Yearbook 2* (Dublin: Four Courts Press, 2002), p.136 n. 88；大卫·里斯的呼声引自 Thomas Rees, *History of Protestant Nonconformity in Wales* [2ⁿᵈ edn, London: Sunday School Union, (1883)], p.225；"合唱界的威灵顿"引自 Gareth Williams, *Valleys of Song: Music and Society in Wales 1840 - 1914* (Cardiff: University of Wales Press, 1998), p.91；对维多利亚中期的威尔士声望的描写见 Ieuan Gwynedd Jones, *Explorations and Explanations: Essays in the Social History of Victorian Wales* (Llandysul: Gomer Press, 1981), p.270；在卡西的威尔士卫理公会引自 Aled Jones, "The Other Internationalism? Missionary Activity and Welsh Nonconformist Perceptions of the World in the Nineteenth and Twentieth Centuries", in Charlotte Williams, Paul O'Leary and Neil Evans (eds.), *A Tolerant Nation? Exploring Ethnic Diversity in Wales* (Cardiff: University of Wales Press, 2003), p.53；关于生育控制的方法，见 Russell Davies, *Secret Sins: Sex, Violence and Society in Carmarthenshire, 1870—1920* (Cardiff: University of Wales Press, 1996), p.273 n.69；丹尼尔·欧文对虚伪人物的批判见 Robert Rhys, "Daniel Owen (1836—1895)", in Hywel Teifi Edwards (ed.), *A Guide to Welsh Literature c. 1800—1900* (Cardiff: University of Wales, 2000), p.149；"肃杀萧索的寂静"引自 David Cooper (ed.), *The Petrie Collection of the Ancient Music of Ireland* (Cork: Cork University Press, 2002), p.32；对于充满偏见的 1847 年委员，见 Reports of the Commissioners of Inquiry into the State of Education in Wales (London, 1847), pp.1847 (870), XXVII；"沉默的机器"引自 *Y Punch Cymraeg*, 16 April 1864；《西部邮报》的厉声评论，见 *Western Mail*, 10 April 1891；"古代幸福"引自 Ceri W. Lewis, *Iolo Morganwg* (Caernarfon: Gwasg Pantycelyn, 1995), p.158；"炉边的天使"形象，见 R. Tudur Jones, "Daearu'r Angylion: Sylwadau ar Ferched mewn Llenyddiaeth, 1860—1900", in J. E. Caerwyn Williams (ed.), *Ysgrifau Beirniadol XI* (Dinbych: Gwasg Gee, 1979), pp.191 -

226;托马斯·吉布森对妇女们的担心见 *Cambrian News*, 26 Octcber 1885;"我们将会有投票权"引自 Kay Cook and Neil Evans, "'The Petty Antics of the Bell-Ringing Boisterous Band': The Women's Suffrage Movement in Wales, 1890—1918", in Angela V. John (ed.), *Our Mother's Land* (Cardiff: University of Wales Press, 1991), p.164;出版业作为"上帝统治下的发动机"引自 Matthew Cragoe in *An Anglican Aristocracy: The Moral Economy of the Lanfed Estate in Carmarthenshire*, 1832 - 1895 (Oxford: Clarendon Press, 1996), p.242;对于"重建这个古老国度"的尝试,见 Hywel Teifi Edwards, *Codi'r Hen Wlad yn ei Hôl 1850 - 1914* (Llandysul: Gomer Press, 1989), pp.1 - 26;O. M.爱德华兹和联合王国国旗的形象,见 Owen M. Edwards, *Llyfr Nest* (Gwrecsam: Hughes a'I Fab, 1913), p.53.

第七章 威尔士觉醒? (1901—2006)

爱德华八世的格言引自 Ted Rowlands, "*Something Must be Done*": South Wales v Whitehall 1921 - 1951 (Merthyr Tydfil: TTC Books, 2000), p.97;威尔士作为"文明的地方"引自 Colin Baber and L. J. Williams (eds.), *Modern South Wales: Essays in Ecoromic History* (Cardiff: University of Wales Press, 1986), p.203;"国王的煤炭"引自 David Lloyd George, *Through Terror to Triumph* (London: Hodder & Stoughton, 1915), pp.178 - 179;加的夫"迎着波浪畅游"出自 R. T. Jenkins, *Edrych ynôl* (Llundain: Clwb Llyfrau Cymraeg, 1968), p.231;威尔士被排除在"工业学习竞赛"之外出自 John Elliott, *The Industrial Development of the Ebbw Valleys 1780 - 1914* (Cardiff: University of Wales Press, 2004), p.178;卡迪根郡的落后引自 John Davies, 'The Communal Conscience in Wales in the Inter-War Years', *Transactions of the Honourable Society of Cymmrodorion*, new series, 5(1999), pp.148 - 149;"煤炭上沾血"引

自 Bill Jones and Chris Williams, *B.L.Coombes* (Cardiff: University of Wales Press, 1999), p.76;"车轮上的黑死病"出自小说家 Gwyn Thomas 的 *The Subsidence Factor* (Cardiff: University College Cardiff Press, 1979), p.13;比万关于"空洞的闹剧"的嘲讽引自 Trevor Herbert and Gareth E. Jones (eds.), *Wales between the Wars* (Cardiff: University of Wales Press, 1988), p.46;"思想单纯、信仰纯正的民众们"语出自诗人 Idris Davies, 参见 Dafydd Johnston (ed.), *The Complete Poems of Idris Davies* (Cardiff: University of Wales Press, 1994), p.6;对道莱斯家族的致意, 见 Glanmor Williams, *A Life* (Cardiff: University of Wales Press, 2002), p.1;詹姆斯·格里菲斯关于国民保险的演讲引自 James Obelkevich and Peter Catterall (eds.), *Understanding Post-War British Society* (London: Routledge, 1994), p.126;安耐林·比万及其咨询者引自 David Gladstone, *The Twentieth-Century Welfare State* (Basingstoke: Macmillan, 1999), p.127;迪尔德丽·贝多(Deirdre Beddoe)对男人地位在上的抱怨见 *Out of the Shadow: A History of Women in Twentieth-Century Wales* (Cardiff: University of Wales Press, 2000), p.178;人口的流入与流出, 见 Graham Day, "'A Million on the Move'? : Population Change and Rural Wales", *Contemporary Wales*, 3 (1989), pp.137–159;劳德·乔治作为"反对不列颠的人"引自 Peter Warwick (ed.), *The South African War: The Anglo-Boer War 1899–1902* (Harlow: Longman, 1980), p.220;索尔斯伯里勋爵关于战争的言论引自 John Gooch (ed.), *The Boer War: Direction, Experience and Image* (London: Frank Cass, 2000), p.16;尊敬的约翰·威廉姆斯对战斗的呼号引自 Robert R. Hughes, *Y Parchedig John Williams, D. D. Brynsiencyn* (Caernarfon: Gwasg y Cyfundeb, 1929), p.228;"年轻人的扭曲的身体"的记录见 Alan Llwyd (ed.), *Cerddi R. Williams Parry: Y Casgliad Cyflawn 1905–1950* (Dinbych: Gwasg Gee, 1998), p.66;关于"奇迹般的大力士", 见

Geraint H. Jenkins（Dr Thomas Richards 引用）in Peter Stead and Huw Richards（eds.）, *For Club and Country: Welsh Football Greats*（Cardiff: University of Wales Press, 2000）, p.23;海斯·温诗歌的节选出自 Gerwyn Williams, "The Literature of the First World War", in Dafydd Johnston（ed.）, *A Guide to Welsh Literature c.1900—1998*, volume VI（Cardiff: University of Wales Press, 1998）, pp.26 - 27;大卫·伊冯·琼斯的话引自 Baruch Hirson and Gwyn A. Williams, *The Delegate for Africa: David Ivon Jones 1883—1924*（London: Core Publications, 1995）, p.197;北方威尔士妇女和平委员会的口号引自 Sydna A. Williams, " 'Love, not War-Hedd nid Cledd' : Women and the Peace Movement in North Wales, 1926 - 1945", *Welsh History Review*, 18, no.1（1996）, p.79;关于琼斯太太, 见 Mari A. Williams, *Where is Mrs Jones Going?: Women and the Second World War in South Wales*（Aberystwyth: University of Wales Centre for Advanced Welsh and Celtic Studies, 1995）;沃尔多·威廉姆斯的诗句引自 Robert Rhys in "Poetry 1939 - 1970", in Johnston（ed.）, *A Guide to Welsh Literature*, 6, p.98;CWAECs 的警告引自 R. J. Moore-Colyer, " The County War Agricultural Executive Committees: The Welsh Experience, 1939 - 1945", *Welsh History Review*, 22, no.3（2005）;"一个人数不多却坚强无比的民族"的内容见 George Thomas, *Mr Speaker: The Memoirs of the Viscount Tonypandy*（London: Century Publishing, 1985）, p.211;布拉天湾的恐怖场景引自 Simon Weston, *Walking Tall*（paperback edn, Rochester: 22 Books, 1995）, p.147;威尔士哲学家的惊人的话见 J. R. Jones, *Gwaedd yng Nghymru*（Lerpwl: Cyhoeddiadau Modern Cymreig, 1970）, pp.81 - 82;关于"内在的不同"和"对应性文化", 见 M. Wynn Thomas, *Internal Difference: Twentieth-century Writing in Wales*（Cardiff: University of Wales Press, 1992）和 *Corresponding Cultures: The Two Literature of Wales*（Cardiff: University of Wales

Press, 1999)；"一个新的、彩虹般的现代主义"的文字出现在书的封皮上，见 Menna Elfyn and John Rowlands (eds.), *The Bloodaxe Book of Modern Welsh Poetry* (Tarset: Bloodaxe Books, 2003)；"死去前的病态的红光"引自 D. Densil Morgan, "Diwygiad Crefyddol 1904 – 1905", in Jenkins(ed.), *Cof Cenedl* XX, p.198；"秘密的罪"可见于 The National Library of Wales 20033C, pp.12 – 13；"傲慢自大的企业"引自 R. Alun Evans, *Stand By! Bywyd a Gwaith Sam Jones* (Llandysul: Gomer Press, 1998), p.60；"感谢上帝带来了影像"引自 Stephen Ridgwell, "South Wales and the Cinema in the 1930s", *Welsh History Review*, 17, no.4 (1995)；体育的"他者性意识"的表达见 Martin Johnes, *A History of Sport in Wales* (Cardiff: University of Wales Press, 2005), p.112；劳德·乔治的"漫长的葬礼"见 Michael Bentley, "The Liberal Party, 1900 – 1939: Summit and Descent", in Chris Wrigley (ed.), *A Companion to Early Twentieth-Century Britain* (Oxford: Blackwell, 2003), p.35；关于"比害虫都低级"，见 John Campbell, *Nye Bevan and the Mirage of British Socialism* (London: Weidenfeld & Nicolson, 1987), p.204；伊德里斯·戴维斯论 1926 年罢工，见 Johnston (ed.), *The Complete Poems of Idris Davies*, p.6；"深深的集体和个人忠诚度"引自 Chris Williams, *Democratic Rhondda: Politics and Society 1885—1951* (Cardiff: University of Wales Press, 1996), pp.207 – 208；詹姆斯·格里菲斯引自 Duncan Tanner, Chris Williams and Deian Hopkin (eds.), *The Labour Party in Wales 1900 – 2000* (Cardiff: University of Wales Press, 2000), p.117；金诺克作为"一个狡猾的威尔士空谈者"引自 James Thomas, "'Taffy was a Welshman, Taffy was a Thief': Anti-Welshness, the Press and Neil Kinnock", *Llafur*, 7, no.2 (1997), p.96；詹姆斯·格里菲斯的"心灵与灵魂"的责任引自 Robert Griffiths, *Turning to London: Labour's Attitude to Wales 1898 – 1956* (Abertridwr: YFanerGoch, 1978), p.32；国民议会政府作为"一个娇弱的

花朵"引自 Richard Rawlings，*Delineating Wales: Constitutional*，*Legal and Administrative Aspects of National Devolution*（Cardiff：University of Wales Press，2003），p. 10；"权力下放妖怪"见 Ron Davies，*Devolution: A Process not an Event*（Cardiff：Institute of Wales Affairs，1999），p.9।

第八章　威尔士路在何方？

"保持房屋"引自 James Nicholas，*Waldo Williams*（Cardiff：University of Wales Press，1975），p.62；威尔士人的"亲密的和谐统一"引自 William Wynne，*The History of Wales*（London：M. Clark，1697），p.328；主教巴塞尔·琼斯（Bishop Basil Jones）使用了"一个地理术语"这个词，引自 Kenneth O. Morgan in *Rebirth of a Nation: Wales 1880-1980*（Oxford：Clarendon Press，1981），p.3；"谁不从历史中吸取教训"语出自伊德里斯·戴维斯，*The Angry Summer: A Poem of 1926*（Cardiff：University of Wales Press，1993），p.43；霍布斯鲍姆的评论引自一篇书评，见 *Welsh History Review*，2，no.3（1983），p. 425；"自己制造个伤口"引自 Glanmor Williams in *Religion*，*Language and Nationality in Wales*（Cardiff：University of Wales Press，1979），p.33；"赤身裸体的民族"引自 Williams，*When was Wales?* p.305；"在不列颠的背景下"审视威尔士出自 Philip Jenkins，*A History of Modern Wales 1536-1990*（London：Longman，1992），p.405；约翰·戴维斯所说的"完整意义上的民族"见 *A History of Wales*（London：Allen Lane，1993），p.686；"威尔士是同一的"这句话见 Nicholas，*Waldo Williams*，p.4।

进一步阅读指南

参考文献

受空间限制,下面的列表只是在写作本卷时所参考文献的精选部分。这并不包括那些威尔士语言的出版物以及关于不列颠历史的作品以及文章。

Harold Carter (ed.), *The National Atlas of Wales* (Cardiff: University of Wales Press, 1989).

Elwyn Davies, *A Gazetteer of Welsh Place-Names* (3rd edn, Cardiff: University of Wales Press, 1975).

The Dictionary of Welsh Biography down to 1940 (London: The Honourable Society of Cymmrodorion, 1959).

Philip Henry Jones, *A Bibliography of the History of Wales* (3rd edn, Cardiff: University of Wales Press, 1989).

John T. Koch (ed.), *Celtic Culture: A Historical Encyclopedia* (5 vols., Santa Barbara, CA: ABC – CLIO, 2006).

H. C. G. Matthew and Brian Harrison (eds.), *Oxford Dictionary of National Biography* (Oxford: Oxford University Press, 2004).

Hywel Wyn Owen, *The Place-Names of Wales* (Cardiff: University of Wales Press and The Western Mail, 1998).

Melville Richards, *Welsh Administrative and Territorial Units, Medieval and Modern* (Cardiff: University of Wales Press, 1969).

Meic Stephens (ed.), *The New Companion to the Literature of Wales* (Cardiff: University of Wales Press, 1998).

前言

E. G. Bowen (ed.), *Wales: A Physical, Historical and Regional Geography* (London: Methuen, 1957).

John Davies, *A History of Wales* (London: Allen Lane, 1993).

John Davies, *The Making of Wales* (Cardiff: Cadw. Welsh Historic Monuments, 1996).

R. R. Davies, Ralph A. Griffths, Ieuan Gwynedd Jones and Kenneth O. Morgan (eds.), *Welsh Society and Nationhood* (Cardiff: University of Wales Press, 1984).

R. R. Davies and Geraint H. Jenkins (eds.), *From Medieval to Modern Wales* (Cardiff: University of Wales Press, 2004).

A. H. Dodd, *A Short History of Wales* (Ruthin: John Jones, 1998).

Frank V. Emery, *The World's Landscapes: Wales* (London: Longmans, 1969).

Gwynfor Evans, *Land of my Fathers* (6th edn, Talybont: Y Lolfa, 2000).

Trevor Fishlock, *Wales and the Welsh* (London: Cassell, 1972).

John B. Hilling, *The Historic Architecture of Wales* (Cardiff: University of Wales Press, 1976).

Emyr Humphreys, *The Taliesin Tradition* (new edn, Bridgend: Seren, 2000).

Philip Jenkins, *A History of Modern Wales 1536 – 1990* (London: Longman, 1992).

Martin Johnes, *A History of Sport in Wales* (Cardiff: University of Wales Press, 2005).

Dafydd Johnston, *The Literature of Wales* (Cardiff: University of Wales Press, 1994).

Gareth E. Jones, *Modern Wales: A Concise History c. 1485 – 1979* (2nd edn, Cambridge: Cambridge Uiversity Press, 1994).

Gareth E. Jones and Gordon W. Roderick, *A History of Education in Wales* (Cardiff: University of Wales Press, 2003).

Gareth E. Jones and Dai Smith (eds.), *The People of Wales* (Llandysul: BBC Radio Wales, 1999).

J. Graham Jones, *A Pocket Guide to the History of Wales* (Cardiff: University of Wales Press, 1990).

Philip Henry Jones and Eiluned Rees (eds.), *A Nation and its Books: A History of the Book in Wales* (Aberystwyth: The National Library of Wales, 1998).

Peter Lord, *The Visual Culture of Wales: Medieval Vision*; *Industrial Society*; *Imaging the Nation* (Cardiff: University of Wales Press, 1998 – 2003).

Prys Morgan (ed.), *Wales: An Illustrated History* (2nd edn, Stroud: Tempus, 2005).

Prys Morgan and David Thomas, *Wales: The Shaping of a Nation* (Newton Abbot: David & Charles, 1984).

D. Huw Owen (ed.), *Settlement and Society in Wales* (Cardiff: University of Wales Press, 1989).

Thomas Parry, *A History of Welsh Literature*, trans. H. Idris Bell (Oxford: Clarendon Press, 1970).

William Rees, *An Historical Atlas of Wales* (new edn,

London: Faber & Faber, 1972).

A. J. Roderick (ed.), *Wales through the Ages* (2 vols., Llandybïe: Christopher Davies, 1972).

Dai Smith, *Wales: A Question for History* (Bridgend: Seren, 1999).

Dai Smith, *Wales! Wales?* (London: Allen & Unwin, 1984).

Peter Smith, *Houses of the Welsh Countryside* (2nd edn, London: HMSO, 1988).

David Walker, *A History of the Church in Wales* (Penarth: Historical Society of the Church in Wales, 1976).

David Williams, *A History of Modern Wales* (2nd edn, London: John Murray, 1977).

Glanmor Williams, *Religion, Language and Nationality in Wales* (Cardiff: University of Wales Press, 1979).

Glanmor Williams, *The Welsh and their Religion* (Cardiff: University of Wales Press, 1991).

Gwyn A. Williams, *The Welsh in their History* (London: Croom Helm, 1982).

Gwyn A. Williams, *When was Wales? A History of the Welsh* (London: Black Raven, 1985).

L. J. Williams, *Digest of Welsh Historical Statistics* (2 vols., Cardiff: Government Statistical Service, 1985 – 1998).

第一章　早期的居民

Leslie Alcock, *Economy, Society and Warfare among the Britons and Saxons* (Cardiff: University of Wales Press, 1987).

Stephen Aldhouse-Green (ed.), *Paviland Cave and the 'Red Lady'* (Bristol: Western Academic and Specialist Press, 2000).

Christopher J. Arnold and Jeffrey L. Davies, *Roman and Early*

Medieval Wales (Stroud: Sutton, 2000).

Martin J. Ball (ed.), *The Celtic Languages* (London: Routledge, 2002).

George C. Boon, *The Legionary Fortress of Caerleon-Isca* (Cardiff: National Museum of Wales, 1987).

E. G. Bowen, *Britain and the Western Seaways* (London: Thames & Hudson, 1972).

Richard J. Brewer, *Caerleon-Isca* (Cardiff: National Museum of Wales, 1987).

Richard J. Brewer, *Caerleon and the Roman Army* (2nd edn, Cardiff: National Museums and Galleries of Wales, 2000).

Richard J. Brewer, *Caerwent Roman Town* (2nd edn, Cardiff: Cadw. Welsh Historic Monument, 1997).

Steve Burrow, *Catalogue of the Mesoliothic and Neolithic Collections in the National Museum and Galleries of Wales* (Cardiff: National Museums and Galleries of Wales, 2003).

Nora K. Chadwick, *The Druids* (2nd edn, Cardiff: University of Wales Press, 1997).

Vicki Cummings and Alasdair Whittle, *Places of Special Virtue: Megaliths in the Neolitic Landscapes of Wales* (Oxford: Oxbow Books, 2004).

Barry Cunliffe, *The Ancient Celts* (Oxford: Oxford University Press, 1997).

Barry Cunliffe, *Facing the Ocean: The Atlantic and its People*, *8000BC – AD1500* (paperback edn, Oxford: Oxford University Press, 2004).

Glyn E. Daniel and Idris Foster (eds.), *Prehistoric and Early Wales* (London: Routledge & Kegan Paul, 1965).

Jeffrey L. Davies and David P. Kirby (eds.), *Cardiganshire*

County History, volume 1: *From the Earliest Times to the Coming of the Normans* (Cardiff: University of Wales Press, 1994).

John Davies, *The Celts* (London: Cassell, 2000).

Miranda J. Green (ed.), *The Celtic World* (London: Routledge, 1995).

Miranda Green, *Exploring the World of the Druids* (London: Thames & Hudson, 1997).

Miranda Green and Ray Howell, *Celtic Wales* (Cardiff: University of Wales Press and The Western Mail, 2000).

Miranda Green and Ray Howell (eds.), *Gwent County History*, volume I: *Gwent in Prehistory and Early History* (Cardiff: University of Wales Press, 2004).

Simon James, *The Atlantic Celts: Ancient People or Modern Invention?* (London: The British Museum, 1999).

Frances Lynch, *A Guide to Ancient and Prehistoric Wales: Gwynedd* (revised edn, Cardiff: Cadw. Welsh Historic Monuments, 2001).

Frances Lynch, *Prehistoric Anglesey* (revised 2nd edn, Llangefni: The Anglesey Antiquarian Society, 1991).

Frances Lynch, *Stephen Aldhouse-Green and Jeffrey L.Davies*, *Prehistoric Wales* (Stroud: Sutton, 2000).

William H. Manning, *Report on the Excavations at Usk 1965 - 1976* (2 vols, Cardiff: University of Wales Press, 1981, 1989).

William H. Manning, *Roman Wales* (Cardiff: University of Wales Press, 2001).

V. E. Nash-Williams, *The Roman Frontier in Wales*, ed. M.G. Jarrett (2nd edn, Cardiff: University of Wales Press, 1969).

Stuart Piggott, *The Druids* (Harmondsworth: Penguin, 1974).

Glanville Price (ed.), *The Celtic Connection* (Gerrards Cross:

Colin Smythe, 1991).

Anne Ross, *Druids* (Stroud: Tempus, 1999).

H. N. Savory (ed.), *Glamorgan County History*, volume II: *Early Glamorgan* (Cardiff: Glamorgan County History, 1984).

Graham Webster, *Rome against Caratacus: The Roman Campaigns in Britain AD 48 -58* (London: Routledge, 2003).

第二章　英雄时代（383—1063）

E. G. Bowen, *Saints, Seaways and Settlements in the Celtic Lands* (Cardiff: University of Wales Press, 1969).

E. G. Bowen, *The Settlements of the Celtic Saints in Wales* (Cardiff: University of Wales Press, 1954).

Rachel Bromwich, A. O. H. Jarman and Brynley F. Robert (eds.), *The Arthur of the Welsh* (Cardiff: University of Wales Press, 1991).

T. M. Charles-Edwards, *Early Irish and Welsh Kinship* (Oxford: Clarendon Press, 1993).

T. M. Charles-Edwards, *The Welsh Laws* (Cardiff: University of Wales Press, 1989).

K. R. Dark, *Civitas to Kingdom: British Political Continuity 300 -800* (Leicester: Leicester University Press, 1994).

Oliver Davies, *Celtic Christianity in Early Medieval Wales* (Cardiff: University of Wales Press, 1996).

Sean Davies, *Welsh Military Institutions, 633 - 1283* (Cardiff: University of Wales Press, 2004).

Wendy Davies, *Patterns of Power in Early Wales* (Oxford: Clarendon Press, 1990).

Wendy Davies, *Wales in the Early Middle Ages* (Leicester: Leicester University Press, 1982).

G. H. Doble, *Lives of the Welsh Saints*, ed. D. Simon Evans (Cardiff: University of Wales Press, 1971).

Nancy Edwards and Alan Lane, *Early Medieval Settlement in Wales AD 400 - 1100* (Cardiff: Early Medieval Wales Research Group, 1988).

Nancy Edward and Alan Lane (eds.), *The Early Church in Wales and the West* (Oxford: Oxbow Books, 1992).

D. Simon Evans (ed.), *The Welsh Life of St David* (Cardiff: University of Wales Press, 1988).

Elissa R. Henken, *The Welsh Saints: A Study of Patterned Lives* (Cambridge: D. S. Brewer, 1991).

Daniel Huws, *The Medieval Codex* (Cardiff: University of Wales Press, 2000).

A. O. H. Jarman, *The Cynfeirdd: Early Welsh Poets and Poetry* (Cardiff: University of Wales Press, 1981).

Dafydd Jenkins, *The Law of Hywel Dda* (Llandysul: Gomer Press, 1986).

Dafydd Jenkins and Morfydd E. Owen, *The Welsh Law of Women* (Cardiff: University of Wales Press, 1980).

John T. Koch, *The Gododdin of Aneirin* (Cardiff: University of Wales Press, 1997).

John T. Koch (ed.), *The Celtic Heroic Age: Literary Sources for Ancient Celtic Europe and Early Ireland and Wales* (3rd, Aberystwyth: Celtic Studies Publications, 2000).

J. E. Lloyd, *A History of Wales from the Earliest Times to the Edwardian Conquest* (2 vols., 3rd edn, London: Longmans, 1939).

Henry R. Loyn, *The Vikings in Wales* (London: University College, 1976).

Kari L. Maund, *Ireland, Wales and England in the Eleventh*

355

Century (Woodbridge: Brewers, 1991).

Kari L. Maund, *The Welsh Kings: The Medieval Rulers of Wales* (Stroud: Tempus, 2000).

David Moore, *The Welsh Wars of Independence c.410 - c.1415* (Stroud: Tempus, 2005).

V. E. Nash-Williams, *The Early Christian Monuments of Wales* (Cardiff: University of Wales Press, 1950).

Mark Rednap, *The Christian Celts: Treasures of Late Celtic Wales* (Cardiff: National Museum of Wales, 1991).

Mark Rednap, *Viking in Wales: An Archaeological Quest* (Cardiff: National Museums and Galleries of Wales, 2000).

Ifor Williams, *The Beginnings of Welsh Poetry* (2nd edn, Cardiff: University of Wales Press, 1990).

第三章　盎格鲁-诺曼征服者（约 1063—1282）

Richard Avent, *Cestyll Tywysogion Gwynedd. Castles of the Princes of Gwynedd* (Cardiff: HMSO, 1983).

Robert Bartlett, *Gerald of Wales 1146 - 1223* (Oxford: Clarendon Press, 1982).

A. D. Carr, *Llywelyn ap Gruffydd* (Cardiff: University of Wales Press, 1982).

A. D. Carr, *Medieval Wales* (Basingstoke: Macmillan Press, 1995).

F. G. Cowley, *The Monastic Order in South Wales, 1066 -1349* (Oxford: Oxford University Press, 1990).

R. R. Davies, *The Age of Conquest: Wales 1063 - 1415* (Oxford: Oxford University Press, 1990).

R. R. Davies, *The British Isles 1100 - 1500: Comparisons, Contrasts and Connections* (Edinburgh: John Donald, 1988).

R. R. Davies, *Domination and Conquest: The Experience of Ireland, Scotland and Wales 1100 – 1300* (Cambridge: Cambridge University Press, 1990).

R. R. Davies, *The First English Empire: Power and Identities in the British Isles 1093 – 1343* (Oxford: Oxford University Press, 2000).

Sioned Davies, *The Four Branches of The Mabinogi. Pedeir Keinc y Mabinogi* (Llandysul: Gomer Press, 1993).

Nancy Edwards (ed.), *Landscape and Settlement in Medieval Wales* (Oxford: Oxbow Books, 1997).

Trevor Herbert and Gareth Elwyn Jones (eds.), *Edward I and Wales* (Cardiff: University of Wales Press, 1988).

Daniel Huws, *Medieval Welsh Manuscripts* (Cardiff: University of Wales Press, 2000).

A. O. H. Jarman and Gwilym Rees Hughes (eds.), *A Guide to Welsh Literature*, volume I (revised edn, Cardiff: University of Wales Press, 1992).

Gwyn Jones and Thomas Jones (trans.), *The Mabinogion* (revised edn, London: J. M. Dent, 1993).

Huw Pryce (ed.), *The Acts of Welsh Rulers, 1120 – 1283* (Cardiff: University of Wales Press, 2005).

Huw Pryce (ed.), *Literacy in Medieval Celtic Societies* (Cambridge: Cambridge University Press, 1998).

Huw Pryce, *Native Law and the Church in Medieval Wales* (Oxford: Oxford University Press, 1993).

Brynley F. Robert, *Gerald of Wales* (Cardiff: University of Wales Press, 1982).

Brynley F. Robert, *Studies on Middle Welsh Literature* (Lampeter: The Edwin Mellen Press, 1992).

J. Beverley Smith, *Llywelyn ap Gruffudd Prince of Wales* (Cardiff: University of Wales Press, 1998).

J. Beverley Smith (ed.), *Medieval Welsh Society: Selected Essays by T. Jones Pierce* (Cardiff: University of Wales Press, 1972).

Ian Soulsby, *The Towns of Medieval Wales* (Chichester: Phillimore, 1983).

David Stephenson, *The Governance of Gwynedd* (Cardiff: University of Wales Press, 1984).

Arnold Taylor, *Studies in Castles and Castle-Building* (London and Ronceverte: Hambledon Press, 1985).

Arnold J. Taylor (ed.), *The Welsh Castles of Edward I* (London: Hambledon Press, 1986).

Roger Turvey, *The Lord Rhys: Prince of Debeubarth* (Llandysul: Gomer Press, 1997).

David Walker, *Medieval Wales* (Cambridge: Cambridge University Press, 1990).

David Walker, *The Norman Conquerors* (Swansea: Christopher Davies, 1977).

David H. Williams, *The Welsh Cistercians* (Leominster: Gracewing, 2001).

J. E. Caerwyn Williams, *The Court Poet in Medieval Wales* (Lampeter: The Edwin Mellen Press, 1997).

J. E. Caerwyn Williams, *The Poets of the Welsh Princes* (Cardiff: University of Wales Press, 1994).

第四章 瘟疫、叛乱与复兴（约 1283—1536）

Richard Bromwich, *Dafydd ap Gwilym* (Cardiff: University of Wales Press, 1974).

A. D. Carr, *Medieval Anglesey* (Llangefni: The Anglesey

Antiquarian Society, 1982).

A. D. Carr, *Owen of Wales: The End of the House of Gwynedd* (Cardiff: University of Wales Press, 1991).

S. B. Chrimes, *Henry VII* (new edn, New Haven and London: Yale University Press, 1999).

R. R. Davies, *Lordship and Society in the March of Wales, 1282 – 1400* (Oxford: Clarendon Press, 1978).

Huw M. Edwards, *Dafydd ap Gwilym: Influences and Analogues* (Oxford: Clarendon Press, 1996).

D. Simon Evans, *Medieval Religious Literature* (Cardiff: University of Wales Press, 1986).

H. T. Evans, *Wales and the War of the Roses* (new edn, Stroud: Alan Sutton Publishing, 1995).

Helen Fulton, *Dafydd ap Gwilym and the European Context* (Cardiff: University of Wales Press, 1989).

Ralph A. Griffths (ed.), *The Bouroughs of Medieval Wales* (Cardiff: University of Wales Press, 1978).

Ralph A. Griffths, *Conquerors and Conquered in Medieval Wales* (Stroud: Alan Sutton Publishing, 1994).

Ralph A. Griffths, *King and Country: England and Wales in the Fifteenth Century* (London: The Hambledon Press, 1991).

Ralph A. Griffths, *The Principality of Wales in the Later Middle Ages*, volume II: *South Wales, 1277 – 1536* (Cardiff: University of Wales Press, 1993).

Ralph A. Griffths, *Sir Rhys ap Thomas and his Family: A Study in the Wars of the Roses and Early Tudor Politics* (Cardiff: University of Wales Press, 1993).

Ralph A. Griffths and Roger S. Thomas, *The Making of the Tudor Dynasty* (Stroud: Alan Sutton Publishing, 1985).

Elissa R. Henken, *National Redeemer: Owain Glyndŵr in Welsh Tradition* (Cardiff: University of Wales Press, 1996).

A. O. H. Jarman and Gwilym Rees Hughes (eds.), *A Guide to Welsh Literature 1282 - c. 1550*, volume II, revised by Dafydd Johnston (Cardiff: University of Wales Press, 1992).

Francis Jones, *The Princes and Principality of Wales* (Cardiff: University of Wales Press, 1969).

J. E. Lloyd, *Owen Glendower* (Oxford: Clarendon Press, 1931).

Alan Palmer, *Princes of Wales* (London: Weidenfeld & Nicolson, 1979).

T. B. Pugh (ed.), *Glamorgan County History*, volume III: *The Middle Ages* (Cardiff: Glamorgan County History Committee, 1971).

Williams Rees, *South Wales and the March 1284 - 1415* (new edn, Bath: Cedric Chivers, 1974).

A. C. Reeves, *The Marcher Lords* (Llandybïe: Christopher Davies, 1983).

Glanmor Williams, *Harri Tudur a Chymru. Henry Tudor and Wales* (Cardiff: University of Wales Press, 1985).

Glanmor Williams, *Owain Glyndŵr* (revised edn, Cardiff: University of Wales Press, 2005).

Glanmor Williams, *Renewal and Reformation in Wales*, c. 1415 - 1642 (paperback edn, Oxford: Oxford University Press, 1993).

Glanmor Williams, *The Welsh Church from Conquest to Reformation* (revised edn, Cardiff: University of Wales Press, 1976).

Keith William-Jones (ed.), *The Merioneth Lay Subsidy Roll 1292 - 1293* (Cardiff: University of Wales Press, 1976).

第五章 早期现代的威尔士（1536—1776）

T. M. Bassett, *The Welsh Baptists* (Swansea: Ilston House,

1977).

Lloyd Bowen, *The Politics of the Principality of Wales*, *c.1063 - 1642* (Cardiff: University of Wales Press, 2006).

Ceri Davies (ed.), *Dr John Davies of Mallwyd: Welsh Renaissance Scholar* (Cardiff: University of Wales Press, 2004).

Ceri Davies, *Latin Writers of the Renaissance* (Cardiff: University of Wales Press, 1981).

A. H. Dodd, *Studies in Stuart Wales*, *1660 - 1815* (Cardiff: University of Wales Press, 1976).

E. D. Evans, *A History of Wales*, *1660 - 1815* (Cardiff: University of Wales Press, 1976).

William P. Griffith, *Learning*, *Law and Religion: Higher Education and Welsh Society*, *c.1540 - 1640* (Cardiff: University of Wales Press, 1996).

Trevor Herbert and Gareth Elwyn Jones (eds.), *The Remaking of Wales in the Eighteenth Century* (Cardiff: University of Wales Press, 1988).

Trevor Herbet and Gareth Elwyn Jones (eds.), *Tudor Wales* (Cardiff: University of Wales Press, 1988).

David W. Howell, *Patriarch and Parasites: The Gentry of South-West Wales in the Eighteenth Century* (Cardiff: University of Wales Press, 1986).

David W. Howell, *The Rural Poor in the Eighteenth-Century Wales* (Cardiff: University of Wales Press, 2000).

Melvin Humphreys, *The Crisis of Community: Montgomeryshire 1680 - 1815* (Cardiff: University of Wales Press, 1996).

Branwen Jarvis (ed.), *A Guide to Welsh Literature c.1700 - 1800* (Cardiff: University of Wales Press, 2000).

Geraint H. Jenkins, *The Foundation of Modern Wales: Wales 1642 - 1780* (Oxford: Oxford University Press, 1993).

Geraint H. Jenkins, *Literature, Religion and Society in Wales, 1660 - 1730* (Cardiff: University of Wales Press, 1978).

Geraint H. Jenkins, *Protestant Dissenters in Wales, 1639 - 1689* (Cardiff: University of Wales Press, 1992).

Geraint H. Jenkins, (ed.), *The Welsh Language before the Industrial Revolution* (Cardiff: University of Wales Press, 1997).

Philip Jenkins, *The Making of a Rural Class: The Glamorgan Gentry 1640 - 1790* (Cambridge: Cambridge University Press, 1983).

David Ceri Jones, *"A Glorious Work in the World": Welsh Methodism and the International Evangelical Revival, 1735 - 1750* (Cardiff: University of Wales Press, 2004).

Gareth Elwyn Jones, *The Gentry and the Elizabethan State* (Swansea: Christopher Davies, 1977).

J. Gwynfor Jones (ed.), *Class, Community and Culture in Tudor Wales* (Cardiff: University of Wales Press, 1989).

J. Gwynfor Jones, *Concepts of Order and Gentility in Wales 1540 - 1640* (Llandysul: Gomer Press, 1992).

J. Gwynfor Jones, *Early Modern Wales, c. 1525 - 1640* (Basingstoke: Macmillan, 1994).

J. Gwynfor Jones, *Wales and the Tudor State* (Cardiff: University of Wales Press, 1989).

J. Gwynfor Jones, *The Welsh Gentry 1536 - 1640* (Cardiff: University of Wales Press, 1998).

M. G. Jones, *The Charity School Movement* (Cambridge: Cambridge University Press, 1938).

R. Tudur Jones, *Congregationalism in Wales*, ed. Robert Pope (Cardiff: University of Wales Press, 2004).

Derec Llwyd Morgan, *The Great Awakening in Wales* (London: Epworth, 1988).

Prys Morgan, *The Eighteenth Century Renaissance* (Llandybïe: Christopher Davies, 1981).

Geoffrey F. Nuttall, *The Welsh Saints, 1640 – 1660* (Cardiff: University of Wales Press, 1957).

Geraint Dyfnallt Owen, *Elizabethan Wales* (Cardiff: University of Wales Press, 1962).

William Rees, *Industry before the Industrial Revolution* (2 vols., Cardiff: University of Wales Press, 1968).

Thomas Richards, *The Puritan Movement in Wales, 1639 – 1654* (London: National Eisteddfod Association, 1920).

Michael Roberts and Simone Clarke (eds.), *Women and Gender in Early Modern Wales* (Cardiff: University of Wales Press, 2000).

Joan Thirk (ed.), *The Agrarian History of England and Wales*, volume 5: *1640 – 1750* (2 vols., Cambridge: Cambridge University Press, 1985).

Hugh Thomas, *A History of Wales, 1485 – 1660* (Cardiff: University of Wales Press, 1972).

Peter D. G. Thomas, *Politics in Eighteenth-Century Wales* (Cardiff: University of Wales Press, 1998).

W. S. K. Thomas, *Stuart Wales* (Llandysul: Gomer Press, 1988).

W. S. K. Thomas, *Tudor Wales* (Llandysul: Gomer Press, 1983).

Geraint Tudor, *Howell Harris: From Conversion to Separation: 1735 – 1750* (Cardiff: University of Wales Press, 2000).

Glanmor Williams (ed.), *Early Modern Glamorgan: Glamorgan County History*, volume IV (Cardiff: Glamorgan County

History Trust, 1974).

Glanmor Williams, *Renewal and Reformation: Wales*, *c.1415 - 1642* (paperback edn, Oxford: Oxford University Press, 1993).

Glanmor Williams, *Welsh and the Reformation* (Cardiff: University of Wales Press, 1997).

Glanmor Williams, *Welsh Reformation Essays* (Cardiff: University of Wales Press, 1967).

Penry William, *The Council in the Marches of Wales under Elizabethan I* (Cardiff: University of Wales Press, 1958).

第六章 现代世界的熔炉（1776—1900）

Colin Baber and L. J. Williams (eds.), *Modern South Wales: Essays in Economic History* (Cardiff: University of Wales Press, 1986).

Dudley Baines, *Migration in a Mature Economy: Emigration and Internal Migration in England and Wales 1861 - 1900* (Cambridge: Cambridge University Press, 1985).

Matthew Cragoe, *An Anglican Aristocracy: The Moral Economy of the Landed Estate in Carmarthenshire*, *1832 - 1895* (Oxford: Clarendon Press, 1996).

Matthew Cragoe, *Culture*, *Politics and National Identity in Wales* 1832 - 1886 (Oxford: Oxford University Press, 2004).

Andy Croll, *Civilizing the Urban: Popular Culture and Public Space in Merthyr*, *c. 1870 - 1914* (Cardiff: University of Wales Press, 2000).

Martin J. Daunton, *Coal Metropolis: Cardiff 1870 - 1914* (Leicester: Leicester University Press, 1977).

John Davies, *Cardiff and the Marquesses of Bute* (Cardiff: University of Wales Press, 1981).

Russell Davies, *Hope and Heartbreak: A Social History of Wales 1776 - 1871* (Cardiff: University of Wales Press, 2005).

Russell Davies, *Secret Sins: Sex, Violence and Society in Carmarthenshire, 1870 - 1920* (Cardiff: University of Wales Press, 1996).

A. H. Dodd, *The Industrial Revolution in North Wales* (3rd edn, Wrexham: Bridge Books, 1990).

Hywel Teifi Edwards (ed.), *A Guide to Welsh Literature c. 1800 - 1900* (Cardiff: University of Wales Press, 2000).

Chris Evans, *"The Labyrinth of Flames": Work and Social Conflict in Early Industrial Merthyr Tydfil* (Cardiff: University of Wales Press, 1993).

D. Gareth Evans, *A History of Wales 1815 - 1906* (Cardiff: University of Wales Press, 1989).

W. Gareth Evans, *Education and Female Emancipation: The Welsh Experience, 1847 - 1914* (Cardiff: University of Wales Press, 1990).

Trevor Herbert and Gareth E. Jones (eds.), *People and Protest: Wales 1815 - 1880* (Cardiff: University of Wales Press, 1988).

Trevor Herbet and Gareth E. Jones (eds.), *Wales 1880 - 1914* (Cardiff: University of Wales Press, 1988).

David W. Howell, *Land and People in Nineteenth Century Wales* (London: Routledge & Kegan Paul, 1977).

David Jenkins, *The Agricultural Community in South-West Wales at the Turn of the Twentieth Century* (Cardiff: University of Wales Press, 1971).

Geraint H. Jenkins (ed.), *Language and Community in the Nineteenth Century* (Cardiff: University of Wales Press, 1998).

Geraint H.Jenkins (ed.), *A Rattleskull Genius: The Many Faces of Iolo Morganwg* (Cardiff: University of Wales Press, 2005).

Geraint H. Jenkins (ed.), *The Welsh Language and its Social Domains 1801 - 1911* (Cardiff: University of Wales Press, 2000).

Geraint H. Jenkins and J. Beverley Smith (eds.), *Politics and Society in Wales 1840 - 1922* (Cardiff: University of Wales Press, 1988).

Angela V. John (ed.), *Our Mother's Land: Chapters in Welsh Women's History 1830 - 1939* (Cardiff: University of Wales Press, 1991).

Aled G. Jones, *Press, Politics and Society: A History of Journalism in Wales* (Cardiff: University of Wales Press, 1993).

David J. V. Jones, *Before Rebecca: Popular Protest in Wales, 1793 -1835* (London: Allen Lane, 1973).

David J. V. Jones, *Crime in Nineteenth-Century Wales* (Cardiff: University of Wales Press, 1992).

David J. V. Jones, *The Last Rising: The Newport Chartist Insurrection of 1839* (Cardiff: University of Wales Press, 1999).

David J. V. Jones, *Rebecca's Children: A Study of Rural Society, Crime and Protest* (Oxford: Clarendon Press, 1989).

Dot Jones, *Statistical Evidence Relating to the Welsh Language 1801 - 1911* (Cardiff: University of Wales Press, 1998).

Ieuan Gwynedd Jones, *Communities: Essays in the Social History of Victorian Wales* (Llandysul: Gomer Press, 1987).

Ieuan Gwynedd Jones, *Explorations and Explanations: Essays in the Social History of Victorian Wales* (Llandysul: Gomer Press, 1981).

Ieuan Gwynedd Jones, *Mid-Victorian Wales: Observers and the Observed*. (Cardiff: University of Wales Press, 1991).

R. Merfyn Jones, *The North Wales Quarrymen*, *1874 - 1922* (Cardiff: University of Wales Press, 1981).

R. Tudur Jones, *Faith and the Crisis of a Nation: Wales 1890 - 1914*, ed. Robert Pope (Cardiff: University of Wales Press, 2004).

William D. Jones, *Scranton and the Welsh 1860 -1920* (Cardiff: University of Wales Press, 1997).

W. R. Lambert, *Drink and Sobriety in Victorian Wales c.1820 - 1895* (Cardiff: University of Wales Press, 1983).

Louise Miskell, *"Intelligent Town": An Urban History of Swansea 1780 -1855* (Cardiff: University of Wales Press, 2006).

Kenneth O. Morgan, *Wales in British Politics 1868 - 1923* (3rd edn, Cardiff: University of Wales Press, 1980).

J. H. Morris and L. J. Williams, *The South Wales Coal Industry*, *1847 -1875* (Cardiff: University of Wales Press, 1958).

Paul O'Leary, *Immigration and Integration: The Irish in Wales*, *1798 -1922* (Cardiff: University of Wales Press, 2002).

Paul O'Leary, (ed.), *Irish Migrants in Modern Wales* (Liverpool: Liverpool University Press, 2004).

Gwenfair Parry and Mari A. Williams, *The Welsh Language and the 1891 Census* (Cardiff: University of Wales Press, 1999).

Gwyneth Tyson Roberts, *The Language of the Blue Books: The Perfect Instrument of Empire* (Cardiff: University of Wales Press, 1998).

David Smith (ed.), *A People and a Proletariat: Essays in the History of Wales 1780 -1980* (London: Pluto/ Llafur, 1980).

Robert Smith, *Schools*, *Politics and Society: Elementary Education in Wales*, *1870 - 1902* (Cardiff: University of Wales Press, 1999).

Ryland Wallace, *Organise! Organise! Organise! A Study of*

Reform Agitations in Wales 1840 – 1902 (Cardiff: University of Wales Press, 1999).

Ivor Wilks, *South Wales and the Rising of 1839* (paperback edn, Llandysul: Gomer Press, 1989).

David Williams, *John Frost: A Study in Chartism* (Cardiff: University of Wales Press, 1939).

David Williams, *The Rebecca Riots* (Cardiff: University of Wales Press, 1955).

Gareth Williams, *Valleys of Song: Music and Society in Wales, 1840 –1914* (Cardiff: University of Wales Press, 1998).

Glanmor Williams (ed.), *Merthyr Politics: The Making of a Working-Class Tradition* (Cardiff: University of Wales Press, 1966).

Gwyn A. Williams, *The Merthyr Rising* (2nd edn, Cardiff: University of Wales Press, 1988).

John Williams, *Was Wales Industrialized? Essays in Modern Welsh History* (Llandysul: Gomer Press, 1995).

J. Gwynn Williams, *The University Movement in Wales* (Cardiff: University of Wales Press, 1993).

第七章　威尔士觉醒？(1901—2006)

Jane Aaron (ed.), *Our Sister's Land: The Changing Identities of Women in Wales* (Cardiff: University of Wales Press, 1994).

Martin Adeney and John Lloyd, *The Miners' Strike* 1984 –1985: *Loss Without Limit* (London: Routledge & Kegan Paul, 1986).

John Aitchison and Harold Carter, *Language, Economy and Society: The Changing Fourtunes of the Welsh Language in the Twentieth Century* (Cardiff: University of Wales Press, 2000).

Deirdre Beddoe, *Out of the Shadowes: A History of Women in*

Twentieth - Century Wales (Cardiff: University of Wales Press, 2000).

David Berry, *Wales and the Cinema* (revised edn, Cardiff: University of Wales Press, 1996).

John Campbell, *Nye Bevan and the Mirage of British Socialism* (London: Weidenfeld & Nicolson, 1987).

Paul Chambers, *Religion, Secularization and Social Change in Wales* (Cardiff: University of Wales Press, 2005).

D. Hywel Davies, *The Welsh Nationalist Party 1925 - 1945: A Call to Nationhood* (Cardiff: University of Wales Press, 1983).

John Davies, *Broadcasting and the BBC in Wales* (Cardiff: University of Wales Press, 1994).

Andrew Edwards, *The Decline of the Labour Party and the Rise of Plaid Cymru in North-West Wales, 1960 - 1975* (Cardiff: University of Wales Press, 2006).

D. Gareth Evans, *A History of Wales, 1906 - 2000* (Cardiff: University of Wales Press, 2000).

Hywel Francis, *Miners against Facism: Wales and the Spanish Civil War* (new edn, Abersychan: Warren & Pell Publishing, 2004).

Hywel Francis and Dai Smith, *The Fed: A History of the South Wales Miners in the Twentieth Century* (Cardiff: University of Wales Press, 1998).

Angela Gaffney, *Aftermath: Remembering the Great War in Wales* (Cardiff: University of Wales Press, 1998).

K. D. George and Lyn Mainwaring (eds.), *The Welsh Economy* (Cardiff: University of Wales Press, 1988).

Keith Gildart, *North Wales Miners: A Fragile Unity 1945 - 1996* (Cardiff: University of Wales Press, 2001).

Trevor Herbert and Gareth E. Jones (eds.), *Post-War Wales* (Cardiff: University of Wales Press, 1995).

Trevor Herbert and Gareth Elwyn Jones (eds.), *Wales between the Wars* (Cardiff: University of Wales Press, 1988).

Trevor Herbet and Peter Stead (eds.), *Hymns and Arias: Great Welsh Voices* (Cardiff: University of Wales Press, 2001).

David W. Howell and Kenneth O. Morgan (eds.), *Crime, Protest and Police in Modern British Society* (Cardiff: University of Wales Press, 1999).

Colin Hughes, *Lime, Lemon and Sarsaparilla: The Italian Community in South Wales, 1881 – 1945* (Bridgend: Seren Books, 1991).

Trystan O. Hughes, *Winds of Change: The Roman Catholic Church and Society in Wales, 1916 – 1962* (Cardiff: University of Wales Press, 1999).

Graham Humphrys, *South Wales* (Newton Abbot: David & Charles, 1972).

Geraint H. Jenkins, *The University of Wales: An Illustrated History* (Cardiff: University of Wales Press, 1993).

Geraint H. Jenkins and Mari A. Williams (eds.), *"Let's Do Our Best for the Ancient Tongue" : The Welsh Language in the Twentieth Century* (Cardiff: University of Wales Press, 2000).

Angela V. John (ed.), *Our Mothers' Land: Chapters in Welsh Women's History 1830 – 1939* (Cardiff: University of Wales Press, 1991).

Martin Johnes, *Soccer and Society: South Wales, 1900 – 1939* (Cardiff: University of Wales Press, 2002).

Dafydd Johnston (ed.), *A Guide to Welsh Literature c. 1900 – 1996*, volume VI (Cardiff: University of Wales Press, 1998).

Gareth Elwyn Jones, *Controls and Conflicts in Welsh Secondary Education 1889 – 1944* (Cardiff: University of Wales Press, 1982).

Glyn Jones, *The Dragon has Two Tongues*, ed. Tony Brown

(revised edn, Cardiff: University of Wales Press, 2001).

Stephen Knight, *A Hundred Years of Fiction: Writing Wales in English* (Cardiff: University of Wales Press, 2004).

Richard Lewis, *Leaders and Teachers: Adult Education and the Challenge of Labour in South Wales, 1906 – 1940* (Cardiff: University of Wales Press, 1993).

Michael Lieven, *Senghennydd: The Universal Pit Village 1890 – 1930* (Llandysul: Gomer Press, 1994).

Laura McAllister, *Plaid Cymru: The Emergence of a Political Party* (Bridgend: Seren, 2001).

John McIlroy, Alan Campbell and Keith Gildart (eds.), *Industrial Politics and the 1926 Mining Lockout* (Cardiff: University of Wales Press, 2004).

Iain McLean and Martin Johnes, *Aberfan: Government and Disasters* (Cardiff: Welsh Academic Press, 2000).

Peter M. Miskell, *A Social History of the Cinema in Wales, 1918 – 1951* (Cardiff: University of Wales Press, 2006).

Densil Morgan, *The Span of the Cross: Christian Religion and Society in Wales 1914 – 2000* (Cardiff: University of Wales Press, 1999).

Kenneth O. Morgan, *Modern Wales: Politics, Places and People* (Cardiff: University of Wales Press, 1995).

Kenneth O. Morgan, *Rebirth of a Nation: A History of Modern Wales* (new edn, Oxford: Oxford University Press, 1998).

John Osmond (ed.), *The National Question Again: Welsh Political Identity in the 1980s* (Llandysul: Gomer Press, 1985).

Alan Butt Philip, *The Welsh Question: Nationalism in Welsh Politics 1945 – 1970* (Cardiff: University of Wales Press, 1985).

Robert Pope, *Building Jersualem: Nonconformity, Labour and the Social Question in Wales, 1906 – 1939* (Cardiff: University of

Wales Press, 1998).

David A. Pretty, *The Rural Revolt that Failed: Farm Workers's Trade Unions in Wales 1889 – 1950* (Cardiff: University of Wales Press, 1989).

Teresa Rees, *Women and Work* (Cardiff: University of Wales Press, 1999).

Ted Rowlands, *"Something Must Be Done": South Wales v Whithall 1921 –1951* (Merthyr Tydfil: TTC BOOKS, 2000).

Dai Smith, *Aneurin Bevan and the World of South Wales* (Cardiff: University of Wales Press, 1993).

David Smith and Gareth Williams, *Fields of Praise: The Official History of the Welsh Rugby Union* (Cardiff: University of Wales Press, 1980).

Peter Stead, *Acting Wales: Stars of Stage and Screen* (Cardiff: University of Wales Press, 2002).

Meic Stephens (ed.), *The Arts in Wales: 1950 –1975* (Cardiff: Welsh Arts Council, 1979).

Robert Stradling, *Wales and the Spanish Civil War* (Cardiff: University of Wales Press, 2004).

Duncan Tanner, Chris Williams and Deian Hopkin (eds.), *The Labour Party in Wales 1900 – 2000* (Cardiff: University of Wales Press, 2000).

Brinley Thomas (ed.), *The Welsh Economy: Studies in Expasion* (Cardiff: University of Wales Press, 1962).

M. Wynn Thomas (ed.), *A Guide to Welsh Literature*, volume Ⅷ: *Welsh Writing in English* (Cardiff: University of Wales Press, 2003).

Steven Thompson, *Unemployment, Poverty and Health in Interwar South Wales* (Cardiff: University of Wales Press, 2006).

Chris Williams, *Capitalism, Coummunity and Conflict: The South Wales Coalfield 1898 – 1947* (Cardiff: University of Wales Press, 1998).

Chris Williams, *Democratic Rhondda: Politics and Society, 1885 – 1951* (Cardiff: University of Wales Press, 1996).

Mari A. Williams, *A Forgotten Army: Female Munitions Workers of South Wales, 1939 – 1945* (Cardiff: University of Wales Press, 2002).

第八章　威尔士路在何方?

Jane Aaron and Chris Williams (eds.), *Postcolonial Wales* (Cardiff: University of Wales Press, 2005).

Paul Chaney, Tom Hall and Andrew Pithouse (eds.), *New Governance-New Democracy? Post-Devolution Wales* (Cardiff: University of Wales Press, 2001).

Graham Day, *Making Sense of Wales: A Sociological Perspectives* (Cardiff: University of Wales Press, 2002).

David Dunkerley and Andrew Thompson (eds.), *Wales Today* (Cardiff: University of Wales Press, 1999).

Richard Rawlings, *Delineating Wales: Constitutional, Legal and Administrative Aspects of National Devolution* (Cardiff: University of Wales Press, 2003).

Bridget Taylor and Katarina Thomson (eds.), *Scotland and Wales: Nations Again?* (Cardiff: University of Wales Press, 1999).

M. Wynn Thomas, *Internal Difference: Twentieth-Century Writing in Wales*. (Cardiff: University of Wales Press, 1992).

Charlotte Williams, Neil Evans and Paul O'Leary (eds.), *A Tolerant Nation? Exploring Ethnic Diversity in Wales* (Cardiff: University of Wales Press, 2003).

索　引

(索引中的页码为原书页码，即本书边码)

A

Aberfan 阿伯凡 236

Abraham, William (Mabon) 亚伯拉罕，威廉(马邦) 204,290

Act for the Better Propagation of the Gospel in Wales《威尔士更好传播福音法案》158

Acts of Union《统一法案》131,132–133, 143–148

agriculture 农业 139–140,191–197,240
　　agriculture societies 农业协会 140

Alice Rowena, daughter of Hengist 爱丽丝·罗文，亨基斯特的女儿 33

Anarawd 安拉德 41

Aneirin 安耐林 56

Anglo-Welsh writing 盎格鲁-威尔士写作 269–271

Annales Cambriae (The Welsh Annals)《威尔士编年史》34,87

Anti-Corn League 反谷物法联盟 221

Archaeologia Britannica (The Archeology of Britain), Edward Lhuyd《不列颠考古学》，爱德华·鲁维德 2–3,169

Armes Prydein (The Prophecy of Britain)《不列颠的预言》53,61

Arthur 亚瑟 32,35,84

Ashley, Laura 爱思，罗兰 279

association football 足球协会 281–282

B

Bassey, Shirley 贝西，雪莉 278

BBC Wales BBC 威尔士频道 275

Beaker Folk 宽口陶器人 15

Beaumaris Castle 博马里斯城堡 105

Beeching Report 比钦报告 241

Benedictines 本笃会士 72

Better Government for Wales《为了威尔士更好的政府》300

Bevan, Aneurin 比万，安奈林 233,237,

238,239,259,286,291,293,296

Bevan, Bridget 贝文，布丽奇特 161

Black Death 黑死病 96,97-102,108

Bleddyn Fardd 布莱登，法德

Book of St Chad（Lichfield Gospel）《圣查德之书》《《利其菲尔德福音书》）58

Breintiau Gwŷr Powys（The Liberties of the Men of Powys）《波伊斯人民的自由》84

Brenhinedd y Saesson（The Kings of the English）《英国人诸王史》43

Bronze Age 青铜器时代 14-15

Brut y Brenhinedd 《国王编年史》84-85

Brut y Tywysogyon（Chronicle of the Princes）《国王编年史》33-34,41,65,87,122

Brycheiniog, kingdom 布莱卡涅戈，王国 34

Bulkeleys of Baron Hill, Anglesey 巴伦山的巴克利斯家族，安格尔西郡 120,148

Burrows, Stuart 布罗斯，斯图亚特 278

Burton, Richard 伯顿，理查德 269,277

Bushell, Thomas 布谢尔，托马斯 141

Bute family 布特家族 197

C

Cadwaladr the Blessed 受祝福者卡德瓦拉德 127

Caerleon 卡莱尔 26

Caernarfon 卡那封 26

　castle 城堡 102,105

Caerwent 卡尔文特 27-28,29

Calvinistic Methodism 加尔文卫理公会 161-165

Cambrian Archaeological Association 坎布里亚考古协会 6

Cambrian Society 坎布里亚协会 217

Cambridge Juvencus Manuscript 剑桥尤文库斯手稿 56

canals 运河 175

Canwyll y Cymru（The Welshmen's Candle），Rees Prichard 《威尔士人的蜡烛》，里斯·普理查德 157,159

Capel Celyn 基普塞伦 294

Caradogion Society 卡拉多克协会 24

Caratacus 卡拉塔克斯 22-24

Cardiff 加的夫 173,178,183-184,229,231,234,296

Carmarthen 卡马森 26,27,28,103,143,160

Castell y Bere 凯斯特·威·比尔 82

castles 城堡

　English 英国人 103

　Norman 诺曼人 68-69

　Welsh 威尔士人 81-83

Catatonia 紧张症 278

ceffyl pren（wooden horse）"木马" 194

Celts 凯尔特人 3,17-21

Ceredigion, kingdom 克利迪艮，王国

Charles, John 查尔斯，约翰 281-282

Charles, Thomas, Bala 查尔斯，托马斯，巴拉 205,207-208

Chartists 宪章派 201-203

Chester 彻斯特 26

cinema 电影院 276-277

circulating schools 巡回学校 160

Cistercians 西多会 72,86-88

civil wars 内战 149-151

Clarendon Code 克拉伦敦法令 158

Clarke, Gillian 克拉克，吉莉安 270

clas 母教会 54－55

coal industry 煤炭工业 179－181,227－
229,234,240

Conservatives 保守党 282,286－288

Constantine 君士坦丁 29

copper mining 铜矿采集业 179

Council in the Marches 边地会议 146

Courts of Great Sessions 大法庭法院 146,
147,221

Courts of Quarter Sessions 四季法庭 146

Cradock, Walter 克拉多克，沃尔特 157

Crawshay, Richard 科劳塞，理查德 197

Crécy, battle of 克雷西，战争 106

Cromwell, Thomas 克伦威尔，托马斯
129,131,132,144,153

Cunedda 库涅达 32,40

Cyfarwyddwr Periodas（A Guide to Marriage），
William Williams《婚姻指导》，威廉·
威廉姆斯 164

Cynddelw Brydydd Mawr 辛德尔·布雷
迪·马维尔 84

Cynddylan 西德兰 36,57

Cynfeirdd（Early Poets）森菲尔德（早期诗
人们）57,83

Cywyddwyr 威尔士诗人 121

D

Dafydd ap Gruffudd 达菲德·阿颇·格鲁
菲德 91,92

Dafydd ap Gwilym 达菲德·阿颇·格威利
姆 99,121,217

Dafydd ap Llywelyn 达菲德·阿颇·卢埃
林 90

Dafydd Benfras 达菲德·本弗拉斯 84

Dafydd Nanmor 达菲德·南莫 121

Dark Age 黑暗时代 32－33

Darwin, Charles 达尔文，查尔斯

Davies, D. J. 戴维斯，D. J. 293

Davies, Dan, Merthyr 戴维斯，丹，梅瑟
209

Davies, David, coalowner 戴维斯，大卫，煤
矿主 204

Davies, Evan（Myfyr Morganwg）戴维斯，
埃文（米菲瑞·莫根威格）218

Davies, George Maitland Lloyd 戴维斯，乔
治·梅特兰·劳德 251

Davies, Gerald 戴维斯，吉拉德 281

Davies, Idris 戴维斯，伊德里斯 304

Davies, Ithel 戴维斯，伊泰尔 251

Davies, John, historian 戴维斯，约翰 历史
学家 305

Davies, Dr John, Mallwyd 戴维斯，约翰博
士，马尔维德 167

Davies, Richard 戴维斯，理查德 154

Davies, Ron 戴维斯，罗恩 298

Davies, William, martyr 戴维斯，威廉，殉
道者 156

De excidio Britanniae（On the Ruin of
Britain），Gildas《论不列颠的毁灭》，吉
尔达斯 33

Deceangli 迪肯戈利部族 21

Dee, John 德，约翰 138,167

Deheubarth 德赫巴思王国 41,42,79

Demetae 迪米特人部族 21

depression 萧条 234－236

Derfel, R. J. 德尔斐，R. J. 218

Descriptio Kambriae（Description of Wales），Gerald of Wales《威尔士速记》，威尔士的吉拉德 77

Description of Penbrokshire，George Owen《彭布鲁克郡概览》，乔治·欧文 135

Din Lligwy 迪恩·林威 29

Disestablishment 政教分离 272

Dobson, Harry 多布森，哈利 253

Dolbadarn castle 多巴达恩城堡 81

Driscoll, Jim 德里斯科尔，吉姆 280

Druids 德鲁伊特人 20,24

Drych y Prif Oesoedd（A Mirror of the First Ages），Theophilus Evans《早期时代的镜鉴》，西奥菲勒斯·伊文思 1－2,169

Dyfed, kingdom 德维德，王国 34,41

Dyrham, battle of 迪拉姆，战争 36

E

Ednyfed Fychan 艾德内芬德·费晨 83

Education Act（1870）教育法案（1870 年）216

Edwards, Gareth 爱德华兹，加雷斯 281

Edwards, O. M. 爱德华兹，O. M. 226,229,303

Edwards, Thomas（Twm o'r Nant）爱德华兹，托马斯（蒂姆·奥尔·南特），169

eisteddfodau 民族庆祝大会 83,166

election（1868）选举（1868 年）222

Eleanor, daughter of Simon de Montfort 埃莉诺，西蒙·德·蒙福特之女 76,91,94

Elias, John 伊莱亚斯，约翰 206,210

Ellis, Tom 伊利斯，汤姆 223,284

Emanuel, David 伊曼纽尔，大卫 279

emigration/ migration 移出／移入

America 美国 138,188－190

Australia 澳大利亚 187－188

Liverpool 利物浦 186－187

London 伦敦 137,185

Patagonia 巴塔哥尼亚 190

Epynt Mountain 伊普特山 257

Erskine, Joe 厄斯金，乔 280

Ethé, Hermann 埃特，赫曼 250

evacuees 疏散者 256－257

Evans, Caradoc 伊文斯，卡拉多克 272

Evans, Christmas 伊文斯，克里斯特莫斯 206

Evans, Ellis Humphrey（Hədd Wyn）伊文思，伊利斯·汉弗莱（海斯·温）248－249

Evans, Geraint 伊文思，杰伦特 278

Evans, Gwynfor 伊文思，格威弗 275,293,294

Evans, Thomas（Thomas Glyn Cothi）伊文思，托马斯（托莫斯·格林·科西）221

F

Fad Felen（Yellow Plague）黄热瘟疫 97

Falklands War 马岛（福克兰岛）战争 260

Farr, Tommy 法尔，托米 280

First World War 第一次世界大战 233,247－253

Free Wales Army 自由威尔士军 294

Fron-goch camp 弗隆戈奇营地 251

Frost, John 弗罗斯特，约翰 202

G

Gee, Thomas 吉，托马斯 222

gentry（*uchelwyr*）乡绅（伍彻威）123,147,148

Gerald of Wales 威尔士的吉拉德 64,65,
76－78,81,86

Gerald of Windsor 温莎的吉拉德 75

Gibson, John 吉本森,约翰 220,222

Glywysing 格里威辛格 34

Gododdin 葛德丁 36,40

　Y Gododdin 《厄戈德丁》57

Gogynfeirdd (Poets of the Welsh Princes)
戈哥菲尔德（威尔士王的诗人）83,171

Gomer 戈默 5

Gorsedd of the Bards 吟游诗人大会 3,217

Government of Wales Act (1998) 威尔士政
府法案（1998 年）297

Gower Anglicana 安立甘高尔区 70

Gresford Colliery 格雷斯福德煤矿 236

Griffiths, Ann, Dolwar Fach 格里菲斯,安
妮,多瓦・法赫 208

Griffiths, James 格里菲斯,詹姆斯 233,
239

Gruffudd ab yr Ynad Coch 格鲁菲德・阿
波・耶・亚德・科克 95

Gruffudd ap Cynan 格鲁菲德・阿颜・塞
南 74,78

Gruffudd ap Gwenwynwyn 格鲁菲德・阿
颜・格温威温 90

Gruffudd ap Llywelyn 格鲁菲德・阿颜・
卢埃林 42－44,90

Gruffudd ap Maredudd 格鲁菲德・阿颜・
马瑞多德 98

Gruffudd ap Nicolas 格鲁菲德・阿颜・尼
古拉斯 119

Gruffudd ap Rhydderch 格鲁菲德・阿颜・
瑞德希 42

Gruffydd, W. J. 格鲁菲德, W. J. 269

Guto'r Glyn 古托尔・格林 121

Gwenllian 戈温莉安 78,87,92,94

Gwent, kingdom 格温特,王国 42

Gwerful Mechain 格尔菲・梅尚 122

Gwyn, Richard 格温,理查德 156

Gwynedd, kingdom 格温内斯,王国 34,
40,41,42,79,81－95,103

Gwyneddigion 格温内斯协会 169

H

Hall, Augusta, Lady Llanover 奥古斯塔・
豪尔,兰欧弗夫人 219

Hardie, Keir 基尔・哈迪 226,229,246,
251,289

Harlech Television 哈莱克电视台 275

Harris, Howel 哈里斯,霍威尔

Hendregadredd Manuscript 亨德瑞加德瑞
斯手稿 122

Herbert, Sir William, of Raglan 赫伯特,
威廉大人,拉格兰的

Historia Brittonum (The History of Britons)
《不列颠史》58

Historia Regum Brittaniae (The History of
the Kings of Britain), Geoffrey of
Monmouth《不列颠诸王史》,蒙茅斯的
杰弗里 35,58,84

A History of Wales from the Earliest Times to
the Edwardian Conquest, J. E. Lloyd《从
最早的时期到爱德华征服之间的威尔士
史》,J. E.劳德 63,103

Hoddinott, Alun 霍迪诺特,阿伦 278

Honourable Society of Cymmrodorion 早期
居民荣誉研究会 3,169,172

Hopkin, Mary 霍普金,玛丽 278

Hopkins, Anthony 霍普金斯,安东尼 277

Horner, Arthur 霍纳,亚瑟 290

Horton, Colonel Thomas 霍顿,上校托马斯 150

Hugh of Avranches 阿弗朗什的休 66

Hughes, John（Hughesovka）休斯,约翰（休斯夫卡）179

Hughes, Stephen 休斯,斯蒂芬 159

Humphreys, Emyr 汉弗莱斯,埃米尔 270,271

Hywel ap Gruffydd, Sir 海维尔·阿颇·格鲁菲德,先生 106

Hywel Dda ap Cadell 海维尔·达·阿颇·卡戴尔 41－42,45

I

Ieuan Wyn (d.1384) 叶延·维恩（1384 年去世）109

In Parenthesis, David Jones 《插入词》,大卫·琼斯 253

Incomers 移民

  Irish 爱尔兰人 185,251

  Italian 意大利人 185,267

  Jewish 犹太人 185,268

industrial revolution 工业革命 173－185

inscribed stones 刻有文字的石头 60

Iolo Goch 约洛·戈赫 112

Iron Age 铁器时代 15－17

iron and steel industry 钢铁工业 234

iron industry 制铁工业 142,174,178

Itinerarium Kambriae (Journey through Wales), Gerald of Wales 《威尔士巡游》,威尔士的吉拉德 77

Iwan, Dafydd 伊万,达菲德 278

J

Jacobitism 詹姆斯党 151

Jenkins, Joseph 詹金斯,约瑟夫 188

Jenkins, Philip, historian 詹金斯,菲利普,历史学家 305

Joan, daughter of King John 琼,约翰王之女 76,89

John, Barry 约翰,巴里 281

Jones, Alfred Lewis 琼斯,阿尔弗雷德·李维斯 186

Jones, D.Gwenallt 琼斯,D.洛温纳特 251,269,270

Jones, Daniel 琼斯,丹尼尔 278

Jones, Captain David, of Swansea 琼斯,船长大卫,斯旺西的 253

Jones, David Ivon 琼斯,大卫·伊冯 251

Jones, Evan (Ieuan Gwynedd) 琼斯,伊文（居安·格温内斯）219

Jones, Griffith, Llanddcwror 琼斯,格里菲斯,兰斯奥尔 160,163

Jones, Griffith Rhys 琼斯,格里菲斯·里斯 209

Jones, Gwyneth 琼斯,格温内斯 278

Jones, Jack 琼斯,杰克 259

Jones, John (Jac Glan-y-gors) 琼斯,约翰（雅克·格兰伊戈斯）221

Jones, John of Gellilyfdy 琼斯,杰利菲德的约翰 167

Jones, Colonel John, Maesygarnedd 琼斯,上校约翰,梅斯加内斯 151

Jones, John, Tal-y-sarn 琼斯,约翰,泰拉萨恩 6

Jones, Lewis 琼斯,李维斯 269,270

Jones, Mary, Bala 琼斯, 玛丽, 巴拉 208

Jones, Michael D. 琼斯, 迈克尔·D. 190,
223

Jones, Colonel Philip 琼斯, 上校菲利普
150

Jones, Robert Ambrose (Emrys ap Iwan) 琼
斯, 罗伯特·安布罗斯 (艾莫瑞斯·阿
颇·伊万) 223

Jones, T. Gwynn 琼斯, T. 格温 269

Jones, Thomas, almanacker 琼斯, 托马斯,
年历编纂者 160, 169

Jones, Tom 琼斯, 汤姆 278

K

Katheryn of Berain 贝兰的凯瑟琳 148

Kinnock, Neil 金诺克, 尼尔 291 – 292, 296

L

Labour Party 工党 282, 286 – 287, 288 –
292

Landsker 兰德斯克 70, 133

Law of Hywel Dda 海维尔·达之法 45 –
49, 85, 145

Lawrence, T. E. (Lawrence of Arabia) 劳
伦斯, T. E. (阿拉伯的劳伦斯) 251

lead and copper industry 铅铜冶炼中心
141, 182

Lee, Rowland 李, 罗兰德 129, 144

Lewis, Lewis (Lewsyn yr Heliwr) 李维斯,
李维斯 (李维辛·伊尔·海利维尔)
201

Lewis, Lewis William (Llew Llwyfo) 李维
斯, 李维斯·威廉姆斯 (李维·李维弗)
209

Lewis, Richard (Dic Penderyn) 李维斯, 理
查德 (迪克·品德伊恩) 201

Lewis, Saunders 李维斯, 桑德斯 258, 262,
269, 271, 293

Tynged yr Iaith (Fate of the Language)
《语言的命运》262, 294

Lewis, W. T. (Lord Merthyr) 李维斯, W.
T. (梅瑟爵士) 204

Lewys Glyn Cothi 莱维斯·格林·科西
121

liberalism 自由主义 282, 284 – 285

Liberation Society 解放协会 221

Lightfoot, John 莱特福特, 约翰 2

Lindow Man 林道人 20

Le Livre des seintes medicines 《神圣的医学或
者救治术之书》99

Llewelyn, Richard 卢埃林, 理查德 269

Lloyd, J. E. 劳德, J. E. 63, 303

Lloyd George, David 劳德·乔治, 大卫
223, 229, 233, 246, 247, 248, 252, 272,
284 – 285, 293

Llwyd, Humphrey 卢德, 汉弗莱 154, 167

Llwyd, Morgan 卢德, 摩根 157, 158

Llyfr Coch Hergest (Red Book of Hergest)
《赫哲斯特的红皮书》123

Llyfr Du Caerfyrddin (Black Book of
Carmarthen)《卡马森郡的黑皮书》88

Llyfr Gwyn Rhydderch (White Book of
Rhydderch)《瑞德希的白皮书》123

Llyfr Tonau Cynulleidfaol, John Roberts《集
会音乐书》, 约翰·罗伯茨 209

Llygad Gŵr 里加德·古尔 84, 92

Llywarch ap Llywelyn "Prydydd y Moch"
卢沃奇·阿颇·卢埃林"猪群诗人"89

Llywelyn ab Iorwerth 卢埃林·阿波·约沃斯 76,79,82,84,86,88

Llywelyn ab Owain 卢埃林·阿波·欧文 66

Llywelyn ap Gruffudd 卢埃林·阿颇·格鲁菲德 74,76,79,82,84,85,88－95,102

Llywelyn ap Gruffudd Fychan 卢埃林·阿颇·格鲁菲德·费晨 117

Llywelyn ap Gruffudd (Llywelyn Bren) 卢埃林·阿颇·格鲁菲德（卢埃林·布伦）108

Llywelyn Fychan 卢埃林·费晨 98

Llywelyn Goch ap Meurig Hen 卢埃林·盖奇·阿颇·莫里格·昂 122

M

Mabinogion 马宾诺戈 279

Macdonald, Julien 麦克唐纳德，朱利安 141

Mackworth, Sir Humphrey 迈克沃斯，汉弗莱爵士 141

Mackworth, Margaret Haig 麦克沃斯，玛格丽特·海格 251

Madoc 马多克 188

Madog ap Llywelyn 马多克·阿颇·卢埃林 107

Magnus Maximus 马格纳斯·马克西姆斯 30－31

Manic Street Preachers 疯狂街头传教士 278

Mansels of Glamorgan 格拉摩根郡的曼泽尔家族 148

Marchia Walliae 威尔士边地 66

Maredudd ap Bleddyn of Powys 波厄斯郡的马瑞多德·阿颇·布莱登 66

Matthews, Edward, Ewenni 马修斯，托马斯，伊文尼 206

Matthias, William 马蒂亚斯，威廉 278

Maurice, Sir William of Clenennau 莫里斯，克莱瑙的威廉爵士 149

Meredith, Billy 梅雷迪思，比利 231

Merfyn Frych 弗里其，摩里芬 40

Merthyr Tydfil 梅斯蒂德菲尔 142,179,183,198－200,221,234,236
riots (1831) 起义（1831 年）200－201

Mesolithic period 中石器时代 9－10

Michael, Alun 迈克尔，阿伦 299

Milk Marketing Board 牛奶营销委员会 235

Miners' Next Step, The, Noah Ablett《矿工的下一步》，诺亚·阿伯莱特 289

miners' strike(1984－1985) 矿工罢工 244,288

missionaries 传教士 210

Mona Antiqua Restaurate（Ancient Anglesey Re-established），Henry Rowlands《重建古老的安格尔西》，亨利·罗兰兹 135

Morgan, Sir Henry 摩根，爵士亨利 138

Morgan, Rhodri 摩根，罗德里 299,300

Morgan, William 摩根，威廉 154

Morgannwg, kingdom 莫根威格，王国 42

Morris, Lewis 莫里斯，李维斯 142,169,172

Morris, Richard 莫里斯，理查德 169

Morris-Jones, John 莫里斯-琼斯，约翰 5,268

Mostyn family of Flintshire 弗林特郡的莫

斯汀家族 120,148

Mount Badon 巴登山 34

Myddelton, Hugh 梅德尔顿,休 141

N

National Assembly for Wales 威尔士国民议
会 245,282,306

National Eisteddfod of Wales 威尔士民族
庆祝节 4,277

National Library of Wales 威尔士国立图书
馆 229

National Museum of Wales 威尔士国立博
物馆 6,11,229

national service 义务兵役 259

Neanderthal era 尼安德特人时代 7

Nennius 尼乌斯 33,58

Neolithic period 新石器时代 11 – 14

Nest 奈斯特 75

Nicholas, T. E. 尼古拉斯,T. E. 257

Nonconformity 不从国教派 205 – 12,
272 – 274

Normans 诺曼人 63 – 79

North Wales, principality 北威尔士,公国
106

Novello, Ivor 诺韦洛,伊洛 254

O

Observations on the Nature of Civil Liberty,
Richard Price《公民自由本质的观察》,
理查德·普利斯 131

Offa's Dyke 奥法堤坝 37

Ordovices 古奥陶部族 21

Owain ap Cadwgan of Powys 波伊斯的欧
文·阿颇·卡德瓦根 75

Owain Glyndŵr's rebellion 欧文·格林杜
尔叛乱 102,110 – 118

Owain Gwynedd 欧文·格温内斯 79,86

Owain Lawgoch(Owain of the Red Hand)
欧文·劳戈赫（红手欧文）109 – 110

Owen Rhoscomyl 欧文·罗斯克梅尔 231

Owen, Daniel 欧文,丹尼尔 211,212

Owen, David（Brutus）欧文,大卫（布鲁图
斯）211

Owen, George, Henllys 欧文,乔治,亨利
斯的 70,147,302

Owen, Hugh, educationist 欧文,休,教育
家 215

Owen, John, epigrammatist 欧文,约翰,讽
刺诗人 167

Owen, Johnny 欧文,强尼 280

Owen, Owen, Montgomeryshire 欧文,欧
文,蒙哥马利郡 186

Owen, Robert, Newtown 欧文,罗伯特,牛
顿 201

Oxford movement 牛津运动 212

P

Palaeolithic period 旧石器时代 7

Parry, Joseph 帕里,约瑟夫 209

Parry, R. Williams 帕里,R.威廉 248

Parry-Williams, T. H. 帕里-威廉姆斯,T.
H. 269

Paviland cave 帕夫兰洞穴 9

Peate, Iorwerth C. 皮特,约沃斯·C. 257

Pecham, John 佩卡姆,约翰 85,93

Pencader, inhabitant of 本卡迪尔,当地居
民 74

penceirddiaid（chief poets）伟大的诗人 167

Penn, William 潘恩,威廉 138,159

Pennal Letters 派瑙信件 116

Penrhyn, Lord 彭林,爵爷 204

Pen-rhys, shirne 朋里斯,圣地 125

Penry, John 彭利,约翰 157

Penyberth 彭内伯斯 253,293

Pestilence（*Y Pla*）, William Owen Roberts 《瘟疫》,威廉·欧文·罗伯茨 96

Physicians of Myddfai 梅斯法村的医生们 98

Plaid Genedlaethol Cymru 威尔士民族党 292 - 295

Plasau'r Brenin（The King's Masions）D. Gwenallt Jones 《国王的宅邸》,D.格温纳特·琼斯 253

Poitiers, battle of 普瓦捷,战斗 106

Pontnewydd cave 庞特尼威德洞穴 7 - 8

populations 人口 80, 137, 174, 183, 232, 237

Powel, David, of Ruabon 鲍威尔,大卫,鲁阿本的 146,167

Powell, Vavasor 鲍威尔,瓦瓦索 157,159

Powys, kingdom 波伊斯,王国 34,40,42, 79

Price, Margaret 普利斯,玛格丽特 278

Price, Richard 普利斯,理查德 132,172

Price, William 普利斯,威廉 202,218

Prichard, Caradog 普理查德,卡拉多克 270

Prichard, Rees 普理查德,里斯 157

Prise, Sir John 普雷斯,爵士约翰 146

Pura Wallia 威尔士地区 66

Q

Quant, Mary 奎恩特,玛丽 279

R

railways 铁路 176 - 177

Rebecca Riots 瑞贝卡起义 193

Recorde, Robert 雷克德,罗伯特 167

Rees, Henry 里斯,亨利 206

Rees, J. F. 里斯,J. F 304

Rees, Robert（Eos Morlais）里斯,罗伯特（伊奥斯·莫莱斯）209

Rees, Sarah Jane（Cranogwen）里斯,萨拉·简（克拉诺戈温）220

Rees, William 里斯,威廉 222

Reformation 宗教改革 152 - 172

Reliquiae Diluvianae（Evidence of the Flood）, William Buckland 《洪水的证据》,威廉·巴克兰德 9

reservoirs 水库 176

Rheged 雷吉德 36,56

Rhodri Mawr 罗德里·马维尔 40

Rhondda 朗达 181

Rhygyfarch 瑞格法西 50,52,74

Rhys, Lord, Prince of Deheubarth 里斯王,德赫巴斯国君主 66,75,79,88

Rhys ap Gruffydd of Dynevor 迪尼沃的里斯·阿颇·格鲁菲德 129

Rhys ap Maredudd, lord of Dryslwyn 里斯·阿颇·马瑞多德,杜伊斯温领主 107

Rhys ap Tewdwr 里斯·阿颇·泰得 76

Rhys ap Thomas, Sir 里斯·阿颇·托马斯,爵士 120,128

Rhys, Sir John 里斯,爵士约翰 216

Rhys, Morgan John 里斯,摩根·约翰 188,221

Rhys, Siôn Dafydd 里斯, 舒恩·达菲德 166

Richard Commission 理查德委员会 300

Richard, Henry 理查德, 亨利 222

roads 道路 175

Roberts, Bartholomew 罗伯茨, 巴塞洛缪 139

Roberts, Evan, revivalist 伊万·罗伯茨, 宗教复兴派 271

Roberts, Kate 罗伯茨, 凯特 270

Roberts, Samuel 罗伯茨, 萨缪尔 189, 195

Roger of Montgomery 蒙哥马利的罗杰 66

Roman era 罗马时代 21 – 31

Roose, Leigh Richmond 罗斯, 利·里奇蒙德 231, 248

Rowland, Daniel 罗兰德, 丹尼尔 161, 163, 206

Rowlands, Henry 罗兰兹, 亨利 20

Royal Commission on the Ancient and Historical Monuments and Constructions in Wales and Monmouthshire 威尔士和蒙茅斯郡古代和历史遗迹与建筑皇家委员会 6

Royal Institution of South Wales 南威尔士皇家协会 6

rugby 威尔士橄榄球国家队 231, 280 – 281

Russell, Bertrand 罗素, 伯特兰 259

S

St Augustine 圣奥古斯丁 55

St David 圣大卫 32, 50, 52 – 53, 54

St Winefride's spring 圣·温弗里德泉 50

Saints 圣徒 49 – 56

Lives of the Welsh saints 威尔士圣徒《生平传记》50

Salesbury, William 索尔斯伯里, 威廉 154, 166

Samwell, David 萨姆韦尔, 大卫 187

Scotch Cattle 苏格兰牛 200

seafaring 航海业 178

Secombe, Harry 斯考姆比, 哈利 254

Second World War 第二次世界大战 254 – 259

conscientious objectors 正直的反对者 257

Seisyllwg 塞西里威格 40, 41

Senana, wife of Gruffudd ap Llywelyn 色那那, 格鲁菲德·阿颇·卢埃林的妻子 76

Senghennydd 辛格亨尼斯 236

Severn Bridge 塞汶大桥 241

Sianel Pedwar Cymru (S4C) 威尔士四台 275 – 276

Silures 志留人部族 21

Siôn Cent 舒恩·桑 121

slate quarrying 板岩采掘业 182, 198

strike 罢工 289

Society for the Promotion of Christian Knowledge (SPCK) 推动基督知识协会 160

Society of Mines Royal 王家矿业协会 141

Some Specimens of the Poetry of the Ancient Welsh Bards, Evan Evans 《一些古老威尔士吟游诗人的诗歌样本》, 伊万·伊文思 171

"Song of Heledd" (Canu Heledd) 《海蕾特之歌》57

"Song of Llywarch Hen" (Canu Llywarch

Hen)《卢沃奇·亨之歌》57

South Wales Miners' Federation 南威尔士矿工联盟 204,290

Spanish Civil War 西班牙内战 253

Stanley, Henry Morton 斯坦利,亨利·默顿 224

Stanley, Sir William 斯坦利,勋爵威廉 128

Statute of Wales（1284）《威尔士法令》（1284 年）103

Steel Company of Wales 威尔士钢铁公司 241

Stereophonics 立体音响 278

Strathclyde 斯特拉斯克莱德 36,56

Sulien 苏利恩 52

Sunday schools 主日学校 208

Super Furry Animals 超级毛茸动物 278

Swansea 斯旺西 143,259

T

Taliesin 塔列辛 56

Telford, Thomas 特尔福德,托马斯 176

Terfel, Bryn 特菲尔,布莱恩 278

Thatcher, Margaret 撒切尔,玛格丽特 243 -244,287,297

Thomas, D.A.（Lord Rhondda）托马斯,D. A.(朗达爵士）204

Thomas, Dylan 托马斯,狄伦 269 - 270

Thomas, Edward 托马斯,爱德华 248

Thomas, Gwyn 托马斯,格温 269

Thomas, R.S. 托马斯,R. S. 270,271

Thomas, William 托马斯,威廉 166

tinplate industry 马口铁工业 181

Tithe Wars 什一税之战 197

Toleration Act（1689）《宽容法案》（1689 年）159

Tonypandy 汤尼潘帝 289

Toshack, John 托沙克,约翰 282

Traed mewn Cyffion（Feet in Chains）, Kate Roberts《脚上枷锁》,凯特·罗伯茨 253

Treachery of the Blue Books 蓝皮书的背叛 213

Treachery of the Long Knives 长刀背叛 33

Treaty of Aberconwy《艾伯康威和约》92

Treaty of Montgomery《蒙哥马利协定》91

Trevithick, Richard 特里维西克,理查德 176

Tryweryn 特雷沃恩 294

Tudor, Henry 都铎,亨利 127 - 277

Tudor, Jasper 都铎,贾斯珀 128

Tudor, Owain, of Penmynydd 都铎,欧文,佩尼那斯的 127

Tudur Aled 都多·阿利德 119,121,166

Tudur ap Goronwy 都多·阿颇·戈伦伟 108

U

University of Wales 威尔士大学 6,224

Urban, bishop of Llancaff 厄本,兰达夫的主教 86

Ussher, James, archbishop of Armagh 厄舍,詹姆士,阿马大主教 2

V

Valentine, Lewis 瓦伦丁,李维斯 251

Vaughan, Henry 沃恩,亨利 158

Vaughan, Robert of Hengwrt 沃恩,亨格威特的罗伯特 167

Vaughan, Sir William 沃恩,爵士威廉

138,149

Vaughans of Cardiganshire 卡迪根郡的沃恩家族 148

Vikings 维京人 37－40

Vita Davidis《大卫生平》52

Vita Edwardi Secundi《爱德华二世生平》107

Vortigern（Gwetheyrn）沃蒂根 33

W

Wales Millennium Centre 威尔士千禧年中心 278

Wallace, Alfred Russel 华莱士，阿尔弗雷德·罗素 6

We Live, Lewis Jones《我们活着》，李维斯·琼斯 253,270

Welsh Piety, Griffith Jones《威尔士的虔诚》，格里菲斯·琼斯 161

Welsh Arts Council 威尔士语文化委员会 270,277

Welsh Books Council 威尔士书籍理事会 264

Welsh College of Music and Drama 威尔士音乐与戏剧学院 278

Welsh Development Agency 威尔士发展署 244

Welsh Intermediate and Technical Education Act（1889）《威尔士中等与技术教育法案》（1889 年）220

Welsh language 威尔士的语言 56－58, 136,148,154,165,184－185,261－266

Welsh Language Acts 威尔士语言法案 264

Welsh Language Board 威尔士语言委员会 264

Welsh Language Society（Cymdeithas yr Iaith Gymraeg）威尔士语言协会 262－264

Welsh League of Nation Unions 威尔士国际联盟同志会 253

Welsh League of Youth 威尔士青年团 253,262

Welsh National Opera company 威尔士国家歌剧院公司 277

Welsh Office 威尔士办公室 296

Welsh Sunday closing 威尔士周日歇业 210,274

Welsh Trust 威尔士信托机构 159

Welsh, Freddie 威尔士，弗雷迪 280

Weston, Simon 维斯顿，西蒙 260

Wilde, Jimmy 王尔德，吉米 252,280

William Fitz Osbern 威廉·菲茨·奥斯本 66

William, David 威廉，大卫 304

Williams, Edward（Iolo Morganwg）威廉姆斯，爱德华（约洛·莫根威格）3－5, 20,171,175,217,221,223

Williams, Glanmor 威廉姆斯，格兰摩尔 304

Williams, Gwyn A. 威廉姆斯，格温·A. 305

Williams, Hugh 威廉姆斯，休 202

Williams, Jane, Ysgafell 威廉姆斯，简，伊斯戈菲尔 218

Williams, John（Ab Ithel）威廉姆斯，约翰（阿波·伊泰尔）218

Williams, Revd John, Brynsiencyn 威廉姆斯，尊敬的约翰，布雷森西 247

Williams, Thomas "Copper King" 威廉姆

斯,托马斯,"镀铜之王" 141

Williams, William, Pantycelyn 威廉姆斯,
　威廉,潘特希林 161,164,208,271

Williams, Zephaniah 威廉姆斯,西番雅
　202

witchcraft 猎巫 156

women 妇女 47,75 - 76,100 - 101,218 -
　220,233,238,242,255,300

Women's Land Army 妇女土地服务队 249

woollen industry 羊毛纺织工业 141,181,
　234

Wroth, William 沃若斯,威廉 157

Wynne, Edith 魏恩,伊迪斯 209

Wynne, William 魏恩,威廉 302

Wynns of Gwydir 圭迪尔的温恩家族 120

Y

Young Wales 青年威尔士 223